中国总会计师协会“税务会计师”（CTAC）系列教材

企业税务管理

（第二版）

主编　汤贡亮　王君彩

经济科学出版社

图书在版编目（CIP）数据

企业税务管理/汤贡亮，王君彩主编．—北京：经济科学出版社，2013.10
中国总会计师协会“税务会计师”（CTAC）系列教材
ISBN 978-7-5141-3875-7

Ⅰ.①企… Ⅱ.①汤… ②王… Ⅲ.①企业管理-税收管理-中国-教材 Ⅳ.①F812.423

中国版本图书馆CIP数据核字（2013）第241121号

责任编辑：段 钢 卢元孝
责任校对：杨 海
责任印制：邱 天

企业税务管理
（第二版）
主编 汤贡亮 王君彩
经济科学出版社出版、发行 新华书店经销
社址：北京市海淀区阜成路甲28号 邮编：100142
总编部电话：010-88191217 发行部电话：010-88191522
网址：www.esp.com.cn
电子邮件：esp@esp.com.cn
天猫网店：经济科学出版社旗舰店
网址：http://jjkxcbs.tmall.com
北京万友印刷有限公司印装
787×1092 16开 19.5印张 480000字
2014年4月第2版 2014年4月第1次印刷
ISBN 978-7-5141-3875-7 定价：52.00元
（图书出现印装问题，本社负责调换。电话：010-88191502）

“税务会计师”系列教材编写委员会

主　任：盖　地

副主任：汤贡亮

委　员：盖　地　汤贡亮　张晓彬　王君彩　肖太寿
李　军　谢新宏　蔡　昌　李俊英　张孝先
罗斌元　高金平　郎文俊

第二版序言

我国从计划经济快速转变为市场经济的进程中，会计也随着改革开放而经历了巨大的变革。在企业国际化经营与发展中，财会专业理论不断丰富更新，财会工作领域不断扩展，财会人员正在和必将发挥愈来愈重要的作用。

为适应社会主义市场经济的需要，面对愈来愈复杂的现代税务法规制度和愈来愈高的企业管理的要求，企业财务会计应该与时俱进。我国企业在完成会计制度与国际接轨之后，正在进一步苦练内功，深化企业管理机制与体制的变革，企业在公司治理、战略规划、预算管理、绩效管理、风险与内部控制等挑战面前，深入学习并准确执行不断深化改革的税务法规制度，运用现代税务管理、科学纳税筹划、防范和控制税务风险等专业理论与方法，已是势在必行。

2010 年 2 月 22 日，中共中央政治局召开会议，审议《国家中长期人才发展规划纲要（2010 ~ 2020 年）》，"会议认为，制定实施《国家中长期人才发展规划纲要（2010 ~ 2020 年）》，是贯彻落实科学发展观、更好实施人才强国战略的重大举措，是在激烈的国际竞争中赢得主动的战略选择。实现全面建设小康社会的奋斗目标，必须加快建立人才竞争比较优势，努力建设人才强国。要坚持服务发展、人才优先、以用为本、创新机制、高端引领、整体开发的指导方针，加强人才资源能力建设，推动人才结构战略性调整，创新人才工作体制机制，实行人才投资优先，实施更加开放的人才政策，加快人才工作法制建设，加强和改进党对人才工作的领导，培养造就宏大的高素质的人才队伍。"

2010 年 6 月，《国家中长期人才发展规划纲要（2010 ~ 2020 年）》经党中央、国务院批准颁布实施。这是我国第一个中长期人才发展规划，提出了到 2020 年我国人才发展的总体目标，即培养造就规模宏大、结构优化、布局合理、素质优良的人才队伍，确立国家人才竞争比较优势，进入世界人才强国行列，为在 21 世纪中叶基本实现社会主义现代化奠定人才基础。

2010 年 10 月，财政部发布的《会计行业中长期人才发展规划（2010 ~ 2020 年）》是我国会计行业第一个中长期人才发展规划，明确提出"当前和今后一个时期，我国会计人才发展的指导方针是：服务发展，以用为本，健全制度，创新机制，高端引领，整体开发"。为我国会计人才发展指出了明确的方向。

国家税务总局在全国税务系统干部教育培训规划中指出："按照素质优良、

结构合理、突出重点、形成梯次的要求，积极开展业务骨干培训。要组织一些学科交叉、起点较高、专业性强的培训项目，精选一批有培养潜力的一线中青年骨干，有计划、分步骤地开展复合型人才培训，力争使税收工作急需的各领域的专业骨干人才数量更加充足，业务更加精湛，结构更加合理，作用发挥更加充分。”

长期以来，中国总会计师协会一直致力于各行各业企业总会计师等高、中级财会骨干人才的培训教育工作。近几年来，为适应新形势下强化企业依法纳税、规避企业税务风险、提高企业税务管理水平等方面的迫切需要，陆续组织举办了多种多样的涉税方面的培训活动，协会在服务于会员和社会的工作中，深深感受到目前企业和社会对具有涉税资质的会计师专业人才的需求愈来愈迫切、愈来愈关注。

有鉴于此，中国总会计师协会按照中央和有关部门的要求，深入学习贯彻落实科学发展观，为实施人才强国战略服务尽力，借鉴美国等发达国家税务会计师的经验，按照素质优良、结构合理、突出重点、起点高、专业性强的要求，组织推出对具有会计师水平的企业财税骨干，有计划、系统性地开展涉税复合型人才培训项目。为此，协会诚邀我国涉税领域一批知名专家学者编写税务会计师项目培训教材，着眼于建立一套全面提高企业财税骨干综合素质和涉税工作能力、理论联系实际、侧重实务操作、具有税务特色的教材体系。

这套教材分为《税务会计实务》、《纳税筹划》、《税务稽查与企业涉税风险防范》、《税法解析》、《企业税务管理》等5册，财政部会计准则委员会咨询专家、天津财经大学会计与财务研究中心主任、天津财经大学商学院会计学系首席教授、博士生导师盖地总纂，中央财经大学等高校和科研机构一些知名专家学者主编。教材全面、系统地阐述了我国现行税收法规、企业涉税管理、税务会计实务、企业涉税风险防范与纳税筹划等方面专业理论、知识与技能，既可以作为税务会计师的培训教材，也可以作为企事业单位财会人员、注册会计师、注册税务师等方面人员的专业参考读物。我们注重教材的开发与利用相结合，随着经济发展和财税改革将及时更新并不断补充编写新教材。

我们相信，随着党和国家人才强国战略的实施，大力开发国民经济和社会发展重点领域急需的紧缺专门人才，将为发展现代产业体系和构建社会主义和谐社会提供人才智力支持。努力推进企业经营管理人才、专业技术人才等人才队伍建设，培养造就数以亿计的各类人才、数以千万计的专门人才，为我国企业腾飞和实现社会主义现代化奠定坚实的基础。

董 锋

2013年8月

第二版前言

《企业税务管理》（第一版）作为中国总会计师协会“税务会计师”（CTAC）系列教材之一，于2010年8月由经济科学出版社出版。本书按照企业涉税业务流程安排的框架结构，较好地满足了税务会计师对加强企业税务管理在理论上与实际操作上的需要。

2010年以来，随着我国经济体制改革的深入发展，我国的税收制度也在不断改革与完善，税收立法不断向前推进。例如，2011年2月第十一届全国人民代表大会常务委员会第十九次会议通过了《中华人民共和国车船税法》；2011年10月，财政部、国家税务总局对《中华人民共和国增值税暂行条例实施细则》进行了第二次修订；自2012年起，经国务院批准，财政部、国家税务总局开始在部分省、直辖市选择部分行业实施营业税改征增值税试点，等等。为了及时反映我国税制的最新发展，更好地贯彻依法纳税的原则，本书第二版在第三章“企业纳税政策管理”第四节“企业分税种纳税政策管理基本内容”中将有关税种的税收制度与纳税政策的内容作了相应的调整和补充。

衷心感谢中国总会计师协会领导和有关工作人员对本书编写的热情支持，感谢经济科学出版社领导和责任编辑对本书再版的全力支持。

书中不妥之处，恳请读者指正。

汤贡亮　王君彩

2013年12月

目　录

第一章　总　论

第二章　企业税务管理的原则、内容与方法

第三章　企业纳税政策管理

第四章　企业纳税成本管理

第五章　企业设立阶段的税务管理

第六章　企业存续阶段的税务管理

第七章　企业变更、终止阶段的税务管理

第八章　企业纳税风险的税务管理

第九章　企业纳税争讼的税务管理

第一章　总　　论

第一节　企业税务管理的概念与特性

一、企业税务管理的概念

企业税务管理是现代企业财务管理中一个重要的价值管理体系。税收作为企业财务管理的重要经济因素和财务决策变量，已渗透到企业生产经营的各个部分、各个环节之中。因此，企业税务管理是现代企业管理职能的延伸，更是企业财务管理职能的深化。

对企业税务管理的认识，大致有以下几种代表性的观点①：

一是“无关论”。有些学者认为，如果企业守法经营，照章纳税，该缴多少缴多少，那也就没有什么管理可言。因此，税务管理是税务征管部门的事，与企业无关。这种观点导致了人们对企业税务管理问题熟视无睹，影响了企业的发展和竞争力。

二是“关系论”。有些学者认为，企业税负的轻重，关键看企业与税务管理局的关系如何。如果关系好，什么问题都好商量，其税负自然就轻；如果关系不好，那就什么问题都不好商量，其税负自然就重。所以，人们就认为企业税务管理无非就是跟税务管理当局搞好关系。这种观点导致人情税、关系税屡禁不止，腐败滋生，依法治税任重道远。

三是“技巧说”。也有学者认为，企业能否少缴税，关键看企业相关人员是否熟练掌握某些偷逃税或避税的技巧。只要能达到少缴税的目的，那么其相关人员就敢于冒险，甚至不择手段，什么技巧都行，什么技巧都敢用，不顾法律后果。有的虽然侥幸过关占了一时的便宜，但从长远看，可能“赔了夫人又折兵”，影响自身的发展。

随着我国法律法规的健全以及从业人员专业知识能力的增强，近年来出现了一种比较流行且广受推崇的“筹划论”。相对于前三种观点，这种观点确实进了一大步。它认为企业可以通过筹划把政策用好用足，把技巧用得恰到好处，最大限度地达到减轻税负的目的，而且不少成功的筹划案例确实让人耳目一新。但是，筹划虽然属于企业税务管理的一个重要方面，但它注重的仍然是技巧和方法层面，不足以包含企业税务管理的全部，比如，筹划不包括对企业涉税业务和纳税实务全过程的监控，筹划也解决不了因有关人员工作粗心而导致违规受罚等管理层面的问题。

上述几种对企业税务管理的认识有一个共同点，那就是都没有真正从管理的角度去看待

---

① 王家贵：《企业税务管理》，北京师范大学出版社 2007 年版。

企业税务管理，因此都有一定的片面性和局限性。下面，我们就先从管理的概念入手，来认识企业税务管理。

二、管理的含义

自从人类社会产生以来，管理就作为一种普遍的社会现象而存在。它随着人类社会的产生而产生，又随着人类社会的发展而发展。在现代社会里，管理是到处可见的，而且种类繁多，从社会管理、政府管理、宏观经济管理等大的方面到企业班组管理、家庭管理、学校管理等小的方面管理都是存在的。若从经济的角度来看，管理更是多种多样，有经济管理、财政管理、税务管理等。总之只要有人类活动的地方，就会有管理的存在。科学管理之父泰罗曾说过："管理是确切知道要别人去干什么，并注意引导他们用最好、最经济的方法去干。"由此可见，管理的本质就是追求效率。

从哲学上看，管理是集中人的脑力和体力达到预期目的的活动。管理不仅表现在对人与人之间关系的调整上，也表现在如何运用自己的体力和脑力上，比如早晨起来锻炼身体，然后去上班，还比如工作先干什么，后干什么，采取何种手段。现代管理是一种高度科学化、组织化的活动，是一定组织中的管理者在一定环境下，为了达到一定目的，运用各种手段，对某一范围的人、财、物、信息等资源进行计划、组织、协调、控制的行为。管理是现代社会运行中一种蕴藏无限潜能的软资源。

即使是研究管理学的学者，他们对于什么是管理的认识，也是存在着各自不同的见解。德鲁克认为，"管理就是牟取剩余"，所谓"剩余"就是产出大于投入的部分。任何管理活动都是为了一个目的，就是要使产出大于投入。西蒙认为，"管理就是决策"。决策贯穿于管理的全过程和管理的所有方面，任何组织都离不开对目标的选择，任何工作都必须经过一系列的比较、评价、拍板后才能开始。如果决策错了，执行得越好，所造成的损失就越大。所以只有说管理就是决策，才能真正反映管理的真谛。穆尼认为，"管理就是领导"。任何组织中的一切有目的的活动都是在不同层次的领导者的领导下进行的，组织活动的有效性，取决于领导的有效性，所以管理就是领导。法约尔认为，"管理就是实行计划、组织、指挥、协调和控制。"企业的全部活动可分为技术活动、商业活动、财务活动、安全活动、会计活动和管理活动。管理就是实行计划、组织、指挥、协调和控制，并提出了管理的 14 条原则。孔茨则认为，"管理就是通过别人来使事情做成的一种职能。"为了达到管理的目的，就要进行计划、组织、人事、指挥、控制，管理就是由这几项工作所组成的。还有人把管理看做是一个由计划、组织、领导、控制所组成的过程，或是管理者组织他人工作的一项活动，也有人认为管理就是用数学方法来表示计划、组织、控制、决策等合乎逻辑的程序，并求出最优答案的一项工作，等等。

目前对于什么是管理没有一个统一的标准，管理在现代社会中存在着很重要的功能和作用，应该从多方面来把握这一概念：

首先，管理具有三要素：主体、对象和目标。管理的主体，即实施活动的出发者，管理是组织中的管理，管理的载体是组织，是由担任主管工作的人或小组来完成的，并区分操作者与管理者；管理的对象，即一切可调用的资源（原材料、人员、资本、土地、厂房、设备等）；管理的目标，即对组织的资源进行有效的整合和利用。管理的根本任务是完成组织既定目标。

其次，管理具有动态性、科学性和艺术性。动态性，即成功的管理者没有固定的模式。管理者可以是未成年人，也可以是老人，如今女性管理者也屡见不鲜。科学性，即首先是管理活动的规律性，是有章可循的。有序活动是有规章的，无序活动也必须符合客观规律。其次是管理手段的科学化，包括数学的运用和现代化工具的使用。艺术性，即人们对资源运用的组合技巧，是管理手段运用的技巧。有时候技巧就是管理者的天赋和直觉，所以说，管理技巧是一种非理性的东西。

最后，管理具有二重性。一方面，管理所具有的自然属性。管理是由人类活动的基本特点所产生的，是人类社会活动的客观需要，是社会分工所产生的社会劳动过程的一种特殊职能。管理的自然属性是不以人的意识为转移的，也不以社会的形态和意志为转移。另一方面，管理所具有的社会属性。管理是一定社会经济关系的反映。资本主义管理的社会属性带有剥削性和资本独裁性，社会主义管理是为人民服务，管理的目的是协调人与人之间以及个人、集体、国家三者之间的利益。

三、税务管理

（一）税务管理的概念

实践证明，要充分发挥税收应有的职能作用，就要制定正确的、适合国情的税收政策、税收制度和税收法令，而且要全面正确的贯彻执行。税收政策、制度和法令的制定是否正确，取决于对本国建设方针、政策的理解以及对客观经济情况及其发展前景的认识。而正确的税收政策、制度和法令能否正确地贯彻落实，则取决于执行中是否有一整套科学的管理体系和管理方法。否则，税收就无所依托，其应有的职能作用就无从发挥。亦即，税收固有的职能必须通过税务管理才能实现，税收工作的成效也要以税务管理的质量作为保证。

税务管理有一个发展演变的过程。税务管理是伴随着税收的产生而产生的，也就是当人类社会发展到一定历史阶段，随着生产力水平的提高，剩余产品的出现，国家的产生，税收从整个社会产品的分配中分离并独立出来，税务管理就应运而生了。在原始社会，由于没有税收分配活动，所以也就没有税务管理。到了奴隶社会，产生了税收，虽然只是税收的雏形，但是税务管理的一些办法已经出现。如国家派出官员“巡野视稼”，即根据一年的农业收成好坏来课征赋税；再如，周朝对通过关卡的货物要征收“关市之赋”，并设立课税检查的“司贡”、“司货”等管理者，登记管理这些税收。这时期的税务管理不完整，缺乏系统性，与现代税务管理有许多差别。到了封建社会，国家的财政收入与皇室的财政收入逐渐分开，专门的税务管理机构开始出现，税务管理制度和管理办法也逐步严密。近代以来，税务管理又得到了进一步加强。但是，在半封建半殖民地社会中，税务管理大权被列强把持，使中国的经济受到严重损失。国民党政府强化税务管理的目的是不断提高税收负担，维护其政权的存在。新中国成立后，建立了新的税务管理制度。经过60年的奋斗，已经初步建立了基本适合我国国情和符合社会主义原则的税务管理制度。因此，税务管理自始至终存在于税收分配活动的全过程之中。由此可见，税务管理和税收之间有密切的联系。尽管目前还有些不够完善的地方，仍然比以往其他社会形态下的税务管理制度要完善得多。

那么，什么是税务管理呢？根据上述内容，我们可以作如下界定：税务管理就是基于人们对经济与税收分配规律的认识，采取符合客观实际的必要措施，对税务活动的全过程自觉地进行计划、组织、协调和监督，使税务机关和纳税义务人（法人和自然人）在征纳过程中遵循国家规定的政策、法令、制度，以达到实现国家税收职能的目的。计划、组织、协调、监督四个方面在实际税务管理工作中是一种有机的结合，它们密不可分，相辅相成，构成税务管理的基本内容。

（二）税务管理的内容

税务管理的内容相当广泛。广义上，包括上至国家税收体系的建立，税收政策、法令、制度的制定，下至基层税务部门的征查核管；就狭义而言，仅指基层税务部门所进行的征查核管工作。一般说，税务管理指狭义上的，可划分为征收管理和核算管理两类。

税收的征收管理，系指税务部门为了对纳税单位及个人依法征税而订立必要的工作制度，据此同纳税义务人建立经常的业务联系，保证对纳税义务人进行必要的服务与监督，以达到在提高经济效益，培养和扩大税源的前提下，贯彻税收政策，执行税收法令，确保税款及时足额入库，完成税收任务。这是税务部门尤其是基层税务部门的基础性工作。征收管理是税务管理的业务核心，由税务专管员承担基本责任，同时要有计划地与会计人员密切配合。征收管理包括稽核税额和征收税款两大部分，所以也称为稽征管理。具体工作内容主要是：按照国家制定的税法规定，确定课税对象、纳税义务人（单位或个人）、适用税率、核定税额、办理减免税、处理违章案件；按照各级税务机关制定的税务管理制度，办理税务登记、进行纳税鉴定、做好征前辅导，督促申报纳税、组织税款入库，进行纳税检查、管理发货票和外销产品以及建立健全资料档案等；另外，还要根据各个时期的任务与要求，运用多种形式，宣传税收性质、作用、方针政策、法令规定、征收方法、管理制度。在整个征收管理过程中，必须以党和国家的方针政策为指导，深入调查研究，掌握经济信息，摸清税源变化，了解纳税人的纳税态度与思想动态，及时采取措施解决各种问题。对需要运用税收政策进行调节的经济单位，应及时提出报告与建议，供上级机关研究；运用税收征管工作联系面广、了解情况多的优势，及时向纳税单位传递经济信息，推动其落实经济责任制与岗位责任制，促使改善经营管理，加强经济核算，开展技术革新，最大限度地提高经济效益。

核算管理，是指税收的计划、会计、统计和票证管理，属于税务系统的内部控制制度，也是税务管理的重要组成部分。“它担负着工商税收核算的任务，是组织税收收入不可缺少的工具，也是税收工作实行科学管理的必要手段。”通过一系列核算管理，可以起到“内管外控”的作用，把组织收入的全过程，包括事先预测、事中控制和事后检查，都纳入一整套完整严密的工作制度中，以各种必要的预算、核算和审核的方法来保证正确地贯彻税收政策，组织税收收入。

综上所述，征收管理和核算管理组成了税务管理的主要内容。征收管理主要是对外开展稽核征收工作以完成税收任务，核算管理则主要按照管理的原则对内控制征收业务的正确进行。二者不可分割，相辅相成。

（三）税务管理的两重性——自然属性和社会属性

税务管理是人们在社会再生产过程中对税收分配活动的管理，属于经济管理的范畴，是整个经济管理的范畴，也是整个经济管理的一个重要组成部分。任何经济管理都具有两重性：一方面具有自然属性，另一方面又具有社会属性。税务管理是对以国家为主体的国民收入分配和再分配活动的管理，所以它同样具有二重性，不过其二重性有自身特定的内容。

从自然属性来看，税务管理是人们共同劳动的产物，必然反映着一定的生产力发展的客观要求，必须适应社会生产力的发展。这体现在一定阶段税务管理所采取的管理形式、管理方法和管理手段均反映着人和物的关系，它们必须与一定生产力发展水平相适应，都要反映社会生产力发展的客观要求并要受到生产力发展水平的制约。例如，在当前情况下，随着社会生产力的发展，新的科学技术和新兴产业部门不断涌现，经济和社会管理日趋复杂，因而在税务管理上也就要求采用现代化的管理技术手段和科学的组织管理方法，以达到更加有效的管理目的。

从税务管理的社会属性来看，税收不仅是一个历史范畴，同时还是一个分配范畴，它体现一定的生产关系，所以税务管理也具有社会属性的一面。在税收分配过程中，不仅要处理人和物的关系，还要处理社会产品分配中大量的人与人的关系。在任何社会形态下，税务管理总是和一定的生产关系相联系，并体现着一定的生产关系。

（四）税务管理的作用

税务管理的作用是税务管理职能在一定条件下的具体表现。税务管理职能内在于税务管理的范畴之中，不受社会外部条件的影响而存在，税务管理的作用则是税务管理职能形象化的外在表现，其实现的程度受社会各种客观条件的影响和制约。当前税务管理发挥的主要作用有以下几方面①：

1. 推动国家不断完善税制体系。税收的本质是一种特殊的分配关系。税务管理的本质作用之一就是根据市场经济的发展状况，不断调整和完善这种特殊的分配关系，使之与社会主义市场经济建设和国家的经济战略相适应，并推动税收分配规范化、法制化、标准化，与国际接轨。在市场经济发展的进程中，既定的税收制度、体系、结构与不断变化的社会经济状况必然会出现新的不适应，这就需要通过税务管理的科学决策，进一步改革和完善税制，使之与经济状况相适应，满足市场经济发展的需要。税务管理的这一作用是税务管理的决策职能得到充分发挥的外在表现。

2. 促进依法治税，确保财政收入。税务管理通过宣传落实国家税收政策、法令，组织税收分配活动，筹集财政资金，规范征收管理，强化稽查等大量深入细致的常规税收工作，查处违反税收政策、法令和规定的行为，揭露和防范各种违法行为的发生，保证应收税款及时足额入库，从而促进征纳双方认真贯彻执行国家的税收政策、法令，提高纳税人和全社会的税收法制意识，推动国家依法纳税和纳税人自觉依法纳税的进程。

3. 贯彻国家经济政策，充分发挥税收杠杆作用。税收作为国家对经济实施宏观调控的重要杠杆，配合金融货币政策和价格政策等其他经济杠杆发挥对市场经济的调节作用。根据国家的产业政策通过制定税收政策和税收制度，合理协调税种，确定税率，适当给予减免税等手段，调节不同产品、企业和行业的盈利水平，影响产品结构、部门或行业结构、分配结构和消费结构，达到经济结构调整的目的。同时，在维护税法统一的前提下，通过转化征管

---

① 杨抚生：《税务管理》，中国财政经济出版社 2007 年版。

模式等日常的征收管理活动，对于不同的征税对象，因事因地制宜区别对待，发挥税收杠杆作用，促进经济健康协调发展。

4. 增强税务机构效能，提高管理水平。科学、合理地设置税务机构，配备税务人员和征管设施，提高税务机构的组织效能，是税务管理的职能之一。在税务管理过程中，通过改革征管模式、调整税务机构内部职责分工与人力投入方向，不断增强税务机构组织效能；通过改善征管手段与设施，广泛运用现代化征管手段，如税务服务大厅的建设和纳税、管理微机网络化建设等，增强税务管理的服务职能，使税务管理水平不断提高。同时通过人力资源的合理配置，实现税务人员结构最佳组合，从而提高整体的管理效率。

5. 对征纳双方进行稽查监督、维护国家利益。对纳税人自觉履行纳税义务情况和税务人员的执法行为进行稽查监督，处理税务违法案件，纠正执法错误，是税务管理的重要职能。一方面通过对纳税人生产经营活动和纳税情况的检查监督，可以及时发现、制止和查处纳税人的违法行为，督促纳税人自觉地将应纳税款及时足额地上缴给国家，减少税收流失；另一方面通过对税收执法者的监督检查，严防职权滥用，制止执法的随意性，消除管理性税收不公，确保税收执法规范统一、高效、公正，从而达到依法治税、保证财政收入、维护国家利益的目的。

6. 提供纳税服务，维护纳税人合法权益。在税收活动中确立纳税人主体地位，通过税收服务体系提供纳税服务，维护纳税人合法权益是税务管理的一个重要作用。在具体工作中，通过信息服务系统的建立，利用信息技术进行税法宣传和咨询，可以提高税收政策的透明度和纳税人自觉纳税的意识；通过程序服务系统的建立，利用现代化的手段，简化纳税程序，为纳税人提供多种简便快捷方式和便利场所，使纳税人切实享受到高效优质的服务；通过纳税人权益服务系统的建立，即行政执法保护体系和司法保护体系的建立再加上社会中介服务机构，可以全方位地为纳税人权益服务，除了税务代理可为纳税人提供社会化办税服务外，在税务管理中，行政复议、行政诉讼、行政赔偿等活动也可以为纳税人提供执法保护和司法服务，从法律上对税务机关及工作人员执法随意性进行约束，从而有效地维护纳税人的合法权益。

四、企业税务管理

企业税务管理是企业管理的一个重要的体系。企业的基本任务是不断生产物美价廉的产品，满足社会日益增长的需要，不断积累资本，向着现代企业的方向发展。企业管理是生产活动的基础性工作，对提高经济效益起着决定性作用。一个企业创办之后的一定时间内，人、财、物等基本条件是相对固定的，厂房、机器、人员、资本都已就绪，这时管理因素就成为最重要的因素。把先进设备、大量的资本和优秀的人才投入生产过程，可以大大提高企业的生产效率，提高市场竞争力。但产品的质量和经济效益还必须通过管理来实现。事实证明，企业发展的困难主要是来自管理水平的落后，而这一问题往往被忽视。实践表明，具有相同规模和相同技术水平的企业，因为管理者的素质和管理水平的不同，其经济效益悬殊较大。甚至某些技术装备较差的企业，会因管理有方而蒸蒸日上。

（一）企业税务管理的概念

企业税务管理是企业在遵守国家税法，不损害国家利益的前提下，充分利用税收法规所提供的包括减免税在内的一切优惠政策，达到少缴税或递延缴纳税款，从而降低税收成本，实现税收成本最小化的经营管理活动。[①] 它是一种合理、合法的避税行为，不是违法的偷税，是国家税收政策所允许的。在国外，纳税人为有效减轻税收负担，都对税务管理加以研究，专门聘请税务顾问研究税收政策和征管制度的各项规定，利用优惠政策，达到节税的目的。根据上述内容，我们可以把企业税务管理作如下界定：企业税务管理是指企业采用税务计划、决策、控制、组织实施等方法而使其税收成本最小化的一系列管理活动。

在较低的税务管理水平甚至没有税务管理企业中，在税务问题上其结果必然是：一是税收利益受损。企业可能因为不懂纳税筹划甚至未正确计算税款而多缴税，税负居高不下，正当的税收权利得不到依法保障；二是税务风险加大。由于不懂法或偷逃税款而被税务机关处罚导致企业陷入纳税丑闻，严重的甚至导致企业破产；三是与税务部门关系紧张。要么惧怕与税务部门打交道，要么激化征纳矛盾，产生税务纠纷，影响了企业的税务形象。

所以，加强企业税务管理对企业来说有非常重要的意义。[②] 第一，企业税务管理有助于实现企业的财务目标。作为市场经济主体，与其他企业在公开、公平的环境下竞争，取胜的关键之一在于能否降低公司的成本支出，增加盈利。税收是公司的一项重要外部成本，流转税的高低直接影响到公司营业成本的大小，所得税的多少直接影响到公司投资成本的高低。因此，税收支出也是公司成本控制的一项重要内容，在法律许可的范围内少缴税款，也就等于增加了公司的净收益。可见，税务管理与其他降低成本的措施具有同等重要的经济意义，有助于公司实现财务目标。第二，税务管理有助于提高企业财务与会计管理水平。公司要进行纳税筹划，必须对相关会计法规和税法规定非常熟悉，有关的业务流程和财务政策的规定必须非常清晰、明确，会计核算做到规范、完整，这样方能降低涉税风险。否则，一旦引起税务机关的异议，就会得不偿失。因此，纳税筹划有助于公司的财务管理水平和会计核算水平的提高。第三，税务管理有助于规避企业的涉税风险，提升企业形象。由于历史的原因，我国目前的税收征管体系还不完善，"关系税"、"人情税"仍然存在。但随着市场经济的不断规范，税务机关的征管力度将不断加强，对企业特别是上市公司来说，将更多面对政府、监管机构、投资者、中介机构挑剔的目光。良好的公司形象可以博得消费者、投资者、监管机构和政府的更多信赖，争取到宽松的外部环境，赢得更多的市场机会。公司通过税务管理，将过去的地下作业转化为阳光作业，化解公司的涉税风险，将有助于公司形象的提升。

（二）企业税务管理的构成

1. 企业税务管理的主体

企业是社会经济运行的基本单位，其运行结果是国家税收产生的源泉。依法纳税是企业必须履行的义务，税务管理是企业生产经营中不可回避且必须做好的工作。因此，企业税务管理的主体是负有纳税义务的各类企业，管理的具体执行者是企业内部管理人员。随着社会

---

① 潘江颖、梁清德：《浅谈加强企业税务管理》，载《东北财经大学学报》2001 年第 5 期。

② 张五平：《企业税务管理研究》，华北电力大学硕士论文，2007 年。

经济的发展、专业化分工的细化，许多企业已将全部或部分企业税务管理工作委托税务咨询机构办理。但税务管理的外包不会影响企业在企业税务管理中的主体地位，具体原因如下：

第一，企业是纳税义务人，是纳税的主体，其税收法律责任不可以转嫁。

第二，税务代理公司只能按照所签订的代理合同条款代理企业的有关纳税事宜。这是一项民事活动，代理合同关系的建立并不能够转变企业本身固有的对税收法律责任的承担，不能转移企业与税务机关之间固有的征纳关系，不能改变企业税务管理的主体地位。

2. 企业税务管理的客体

企业税务管理的客体是企业纳税全过程。企业纳税过程与企业生产经营的各个方面有着密切的联系，涉及企业投资、筹资、生产、经营等各个环节，涉及与纳税相关的人、财、物、信息等资源的计划、组织、协调与控制。企业纳税管理包括纳税政策管理、纳税成本管理、纳税程序管理、纳税风险管理以及纳税争议管理五个方面。

（三）企业税务管理的依据

企业税务管理的依据大致有五类：一是国家明令颁布的税收法规和分税制的暂行条例；二是与企业生产经营和权益保护有关的法规；三是各级政府颁布的行政法规及政策条例；四是某些行业性标准和国际惯例等，虽没有法定约束力，但企业必须遵守；五是企业自身制定或与他人约定的具有一定法律约束力的章程、合同、协议及规章制度等。

企业税务管理主要依据的是《税收征收管理法》。这是新中国成立以来的第一部税收征管法，它主要从税款征收管理程序方面规范征纳双方的行为，明确征收机关和纳税人的权利义务关系，因此，它是纳税人自身税务管理必须遵守的基本依据之一。

除《税收征管法》以外，所有与税务有关的税收法规、行政法规和政策条例等都是企业税务管理的依据。此外，《公司法》、《合同法》、《会计法》、《刑法》和《民事诉讼法》以及国务院和地方政府颁布的与税收相关的政策条例和行政法规等凡属与企业生产经营和权益保护相关的法规也是企业税务管理的重要依据。

相对而言，国际惯例、行业技术参数标准、行业收费及定价标准、企业会计准则等企业需要遵守的规章虽然只能作为企业税务管理的参考依据（一般应从属于国家明令颁布的法律），但它们通常是企业必须遵守的外部管理规章，且通常会作为判定计税依据是否合理的重要参考标准，所以，这些规章都是企业税务管理的重要依据。

再就是企业自己制定或与他人约定的章程、合同、协议及企业管理规章制度等，它们具有法定约束力，可以直接作为企业计税的依据之一，有的虽不能直接作为计税依据，但也会间接影响企业税负，所以，它们也是企业税务管理的重要依据。且税收征管部门检查或稽查中会对这些相关依据作必要的分析与研究，企业税务管理需对此作必要的规范。

（四）企业税务管理的目标

企业税务管理的实质是现代企业管理中财务管理的重要组成部分。企业税务管理应服从于企业管理的整体发展目标，服从企业管理不同时期的发展需要。在社会主义市场经济条件下，企业是独立的经济主体，追求利润最大化是企业生产经营的根本目标，企业税务管理活动也应围绕此目标展开。因此，广义上来说，企业税务管理的目标是节约纳税成本，降低纳税风险，提高企业资金使用效益，实现利润最大化，推动企业可持续发展。

由于企业税务管理作为企业管理的重要组成部分，其目标与企业的总体管理目标也存在着一致性，所以，企业税务管理的目标定位也直接关系着税务管理的有效开展。狭义上说，企业税务管理的目标主要包括准确纳税、规避涉税风险和税务筹划。一是准确纳税。指企业按照税法规定，严格遵从税收法律、法规，确保税款及时、足额上缴，同时又使企业应享的政策尽享。二是规避税务风险。包括规避处罚风险和规避遵从税法成本风险（外部环境、资源差异产生的遵从成本的不确定）两个方面。三是税务筹划。指纳税行为发生之前，在不违反法律、法规的前提下，通过对纳税主体的经营活动或投资行为等涉税事项做出事先安排，以达到少缴税和递延缴纳目标的一系列谋划活动。

五、企业税务管理和政府税务管理的关系

企业税务管理与政府税务管理是既有区别又有联系的。企业税务管理是企业内部的管理者为了实现整体利益最大化的目标，依据国家法律法规的规定，运用科学的管理手段与方法，对企业纳税过程中涉及的人、财、物、信息等资源进行计划、组织、协调、控制的行为，政府税务管理是国家及其征税机关，依据客观经济规律和税收分配的特点，对税收分配全过程进行决策、计划、组织、协调和监督，以保证税收职能得以实现的一种管理活动。

（一）企业税务管理和政府税务管理的联系

两者的主要联系在于依据同样的法律从税款征收与缴纳两个不同侧面对税收问题进行管理。它们都要依据国家有关税收法规、政策来进行，且企业税务管理从属于政府的税务管理，即企业税务管理必须服从征收部门的管理，接受征管部门的检查、指导和监控，企业税务管理是政府税收征收管理的必要补充，因此，可以说企业税务管理是政府税务管理的延伸。

（二）企业税务管理和政府税务管理的区别

企业税务管理与政府税务管理的不同主要体现在两者管理目标、管理主体和管理内容等几个方面。

1. 目标不同。企业税务管理的目标是为了实现企业整体利益最大化，它管理企业自身的涉税行为，是一种依法的自律性管理。而政府税务管理是为了保证税收的财政职能、经济调节职能得以实现，它是一种外向行为，是一种针对纳税人的社会行政管理行为。企业税务管理是力求依法降低自身税负的自救性行为，企业力求通过强化自身管理来达到降低税负、依法维护自身权益等目的。而征管部门的税务管理是为了防止国家税收流失、保证政府税收足额征收的责任性行为。

2. 管理主体不同。企业税务管理的管理主体是企业内部的管理者，而政府税务管理的管理主体是国家及其征税机关。企业税务管理是一种融合自身生产经营特点的内部组织行为，它是通过依法规范自身业务流程、约束自身涉税行为、优化自身纳税方案等来实现其管理目标的内部组织活动。而征管部门的税务管理则是凭借国家赋予的政治权力并代表国家组织财政收入、保证国家参与国民收入分配活动的组织管理系统，它是一种国家管理社会经济活动的专业性职能管理行为。

3. 管理内容不同。企业税务管理的管理内容是对企业纳税过程中涉及的人、财、物、信息等资源进行计划、组织、协调与控制，而政府税务管理的管理内容是对税收分配全过程进行决策、计划、组织、协调和监督。同时，企业税务管理是一种依法的自律性管理。它管理的是企业自身的涉税行为，而不是别人的涉税行为。而征管部门的税务管理则是一种外向行为，是一种针对纳税人的社会行政管理行为。

第二节 企业税务管理的产生与发展

一、企业税务管理的产生

（一）管理的产生

在社会发展中，人类为了满足自身不断增长的需求，首先通过生产劳动，发明工具，向大自然要资源；当向大自然索取的能力受限于个人力量时，人类又创建了组织，通过分工协作，发挥群体力量，进一步提高向大自然索取资源的能力。

古人宣扬“欲为万恶之源”，借此“扬善抑恶”，使有限的资源能够满足人们有限的需求的同时，也努力寻找和实践着另一种在有限资源情况下协调欲望无限和资源有限之间矛盾的方法，那就是我们后人所说的“管理”。管理是在一定的情境下，通过科学运用人力资源和其他资源，以有效地实现目标的活动或过程，它致力于通过科学的方法来提高资源的利用率，力求以有限的资源实现尽可能多（或高）的目标。

尽管对管理进行正式的研究一直到 19 世纪末 20 世纪初工业革命诞生工厂制度以后才开始，但人类的管理活动是伴随着人类社会第一个社会组织形式——血缘家族的诞生而产生的。在血缘家族中，人们一起劳动，一起狩猎，就必然需要有人负责分配工作，协调个人的行动，以更好地获取食物、抵御野兽的袭击。我们不知道当时负责指挥的人叫什么，但我们可以想象必然有履行这种管理职能的人存在。可能一开始，这种指挥是自发的、盲目的，但通过多次实践，人们就会慢慢地从中获得经验，更有效地协作与指挥，并将指挥者和指挥的方法变成习俗。

而当部落间为了争夺资源而进行战争时，部落成员必然会推选军事首长以统一指挥，军事首长也会从战争中不断总结经验，以提高其指挥水平，从而带领部落成员更有效地通过战争掠夺他人的资源。当人类通过农业和畜牧业、通过战争获得了较多食物和奴隶并因而产生私有财产时，如何有效地使用这些私人财产以更好地满足自身的需求更成为贵族们必然要考虑的问题，自我管理应运而生。当家庭、国家、教会相继形成之后，如何将有限的资源在家庭或国家或教会内有效配置也纳入了人类思考的范围，家庭管理、国家管理、教会管理也相应产生。

可以说，人类在开始记载他们的活动之前就已感受到了在通力合作中对他们的活动进行协调的必要性。原始社会恶劣的自然环境，使人们产生了经济、社会和政治的需要，为了满足需求，人们建立了各种经济、社会和政治组织，而有组织的活动又要求行使某些职能以有效地分配、利用人类的努力和稀少的自然资源，于是管理也就自然随之产生、发展。

从以上论述中可以看到，管理产生的根本原因是由于人的欲望的无限性和资源的有限性之间的矛盾，管理的功能就在于通过科学的方法来提高资源的利用率，力求以有限的资源实现尽可能多或高的目标。管理与生产劳动、组织、战争、贸易、法律、伦理道德一样，都是人们为了有效地协调资源有限和欲望无限之间矛盾所采用的方法或手段。

（二）企业税务管理的产生

无论是从新古典经济学、新制度经济学还是从利益相关者理论角度对企业的目标来做分析，企业的目标最终还是为了实现企业的利润最大化。税收对于每个企业来说都是一项很大的开支，它不仅涉及企业的利润，而且还和股东的利益有很大的关系。在市场经济背景下，企业受追求经济利益最大化原则的驱动，减轻税收负担的意识也越来越强。在此情况下，企业的税务管理是顺其自然的，而企业之所以能够从事税务管理，来降低企业的成本，是因为存在着历史发展的可能性和必然性，企业税务管理是在一定的社会条件下产生的。

西方经济发达国家经过几百年的法制建设，企业经营者均有较强的自觉依法纳税意识，各企业虽然都设法合理避税，但是很少有企业人为采用非法手段偷税，企业税务管理均趋向于合法化、技巧化。在这些国家，由于税务制度不同、企业组织形式不同，因而企业税务管理的情况也不相同。主要分为两大类：一是在法国、德国等国家，税务制度与财务制度合二为一，会计准则与税法要求一致，因此这些国家的企业不需要很多人力物力专门从事税务管理，会计的主要目标是满足政府税务管理的需要。企业只要根据政府的会计制度搞好财务管理，就能达到企业税务管理的目标。二是在英国、美国等国家，财务会计有充分的独立性，不受税法约束，纳税人的纳税事项需通过税务会计另行调整。一方面，这些国家的企业组织形式是以股权分散的股份企业为主，企业把股东利益放在首位；另一方面，这些国家的税务制度十分庞杂，较高的税率与十分复杂的减免规定并存。这种情况促使企业为了谋取自身利益，耗费大量精力回避纳税，不惜重金聘请社会中介机构为其出谋划策。据统计，在美国有数十万的税务律师、税务会计师、避税顾问等，这些人均受过良好的教育，是相当优秀的精英人才。他们中的一部分人为个人服务，另外一部分则每天琢磨如何帮助他们所服务的企业降低税收成本，个别大型跨国公司甚至想方设法影响国会通过有利于自身的法案。很多英、美企业为了企业利益把大量所得向低税负国家转移，这些国家的企业税务管理已趋向于极端化发展。

1. 企业税务管理产生的原因

首先，税收是国家为了满足社会的公共需要，对社会产品进行的强制、无偿分配。税收具有强制性、无偿性和固定性三大特征。虽然国家通过提供社会产品来补偿纳税人的税款支出，但是对具体纳税企业而言，支出税款不但没有获得相应的回报，还会直接减少企业的经营利润。税收是企业必须支付的最大的外部成本，每个企业都有尽可能降低税款支付及相关成本的强烈愿望和动机，由此产生了纳税筹划、偷税、避税等减少税款缴纳的操作行为。随着社会法制化进程的加快、税收征收管理法规的建立与健全、税务机关征收管理水平的提高，以及税收稽查和行政处罚力度的加大，企业偷税、避税所带来的风险将不断上升，纳税成本也将随之加大。如何降低纳税成本、如何控制纳税风险，已成为每个企业必须面对的问题。目前，许多企业已开始选择风险较小的纳税筹划方式来降低纳税成本，对纳税成本与纳税风险进行初步的管理。

其次，由于市场经济的主要特征之一是竞争。所以在市场经济条件下，企业作为市场经济的主体要在激烈的市场竞争中取胜，就必须对生产经营活动进行全方位、多层次的运筹，从投入与产出的角度考虑如何以最小的投入取得最大的产出。经济利益的驱动应该是企业税务管理产生的最直接的动力和原因。随着社会经济技术的发展，市场产品日益丰富，消费者对产品质量、产品价格和售后服务的要求越来越高。一方面，消费者对低价位、高品质商品的追求增强，使产品生产成本的刚性加大，可压缩的成本空间越来越小；另一方面，信息技术的广泛应用使各类产品价格透明度增大，为了争取市场份额，企业不得不实行高品质、低价位的经营策略，导致经营利润空间越来越小。提高企业盈利水平、实现开源节流，已成为企业发展的必由之路。税收制度中大量税收优惠的存在、各国间税收制度差异的存在，以及税后制度滞后于经济发展的客观事实，给企业提供了降低纳税支出的较大空间。许多企业已从纳税筹划入手，取得了降低纳税成本与风险、提高盈利水平的丰硕成果。

最后，随着经济全球化的发展，企业经营范围逐步扩大，经营方式趋向多样化，涉税种类及纳税环节开始逐渐增多，跨地区、跨国界的纳税问题愈加突出。企业原有的纳税管理方式已开始无法满足企业可持续发展的需要。新税收征管法的实施，税收征收、管理、稽查、处罚力度的加大，使企业潜在的纳税成本与风险逐年上升。为了应对复杂的纳税环境、降低纳税成本、防范纳税风险、推动企业可持续发展，有效进行纳税管理已成为企业发展的必然选择。

2. 我国企业税务管理的产生

与这些国家比，我国在过去相当长的时间内一直是纯粹的计划经济，企业经营活动由国家直接控制，即使在“利改税”以后，政府也常常以实现“利税”的多少评价企业负责人的经营业绩，会计与税务合二为一，企业经营中不存在税务管理问题。随着经济体制改革的不断深入，多元化的股权结构和债券结构代替了政府投资一统天下的局面。在会计制度与税务制度改革以后，我国税法与会计准则之间的差距呈扩大趋势，依法纳税，合法降低企业税收负担的观念逐步为企业接受，企业税务管理逐渐成为企业财务管理的重要组成部分。[①]

随着我国改革开放的不断深入和市场经济体制的逐步完善，作为市场经济主体的企业为适应日趋激烈的市场竞争，应通过不断丰富管理内容、创新管理方式来提升自身的管理水平。从管理的具体内容来看，涵盖了经营管理、财务管理、人力资源管理、项目管理、资金管理等一系列内容，而企业税务管理却是企业长期忽略的内容，在企业管理中存在着缺位情况。因此，在理论上探讨、在实践中强化企业税务管理，对于规范企业涉税行为、规避税务风险都具有重要的现实意义。

二、企业税务管理的发展

（一）国外企业税务管理的发展历程

企业税务管理在国外的发展经历了很长的时间，它的发展是通过税务筹划来进行的，我

① 刘贤志、周明刚：《论企业税务管理》，载《冶金财会》2001 年第 11 期。

们先通过税务筹划思想的缘起与发展，来了解企业税务管理是如何在国外发展的。

1. 税务策划思想

税务筹划既有助于提高纳税人的纳税意识、实现纳税人经济利益最大化、提高企业财会管理水平以及企业竞争力，又有助于优化产业结构和资源配置、提高税收征管水平、健全和完善税收法律制度等，具有合法性、超前性、目的性、普遍性、多变性、专业性以及政策导向性等显著特点。虽然税务筹划方法多种多样，各具特色，但是税务筹划中蕴涵的根本思想（理念）具有普遍性，对增强税务筹划工作的科学性与可操作性具有非常重要的指导价值。

首先，税务筹划的系统思想。企业所从事的经营活动种类繁多，在生产经营过程中面临的税收问题也多种多样。企业生产经营活动主要分为供、产、销等流程，这些大流程又由各种小流程构成。税收与流程密切相关，税收产生于经济业务，业务流程决定税收的性质与流量。通过流程再造和优化，可以相应改变税收的性质与流量。在进行税务筹划方案设计时，应通过形式转化、“口袋转移”和业务期间转换，充分利用业务流程再造优势来改变税收。流程理念和转化理念服务于系统思想，系统思想要求从整体和全局出发，综合权衡各税种的税收负担，决不能因为对某个税种进行筹划而将税负转嫁到另一个税种，或者使某一环节税负减轻的同时增加另一环节税负，进而造成企业总税负的增加，得不偿失。

其次，税务筹划的战略思想。迈克尔·波特（Porter，1985）在《竞争优势》一书中提出的“价值链（value chain）”理论认为，一般企业都可以被看做是一个由管理、设计、采购、生产、销售、交货等一系列创造价值的活动所组成的链条式集合体。战略联盟是两个及以上企业通过价值链某项或某几项活动的共享与协调，达到拓展价值链和增强竞争力目的的活动。税务筹划是纳税人在税收法律制度许可范围内，通过对涉税事项的巧妙安排和策划，以达到税后利润最大化和涉税风险最小化的财税管理活动。税务筹划与企业的融资、投资和收益分配活动密切相关，而税收又具有刚性和无偿给付等特征，因此，税务筹划可能引致经营风险和财务风险，产生“牵一发而动全身”的连锁反应。

税务筹划不仅是一个财务问题，而且是一种实现企业价值增长与战略目标的重要工具。企业价值链某一环节的改善或优化，都可能与税务筹划发生直接或间接的关联。因此，应站在战略高度，用战略思想统领税务筹划工作，结合企业内外部环境的变化，将企业价值链与税务筹划有机结合，对企业未来全部涉税事项进行统筹策划，最终达到企业整体税负最轻和涉税风险最小化的税务筹划目标。

最后，税务筹划的契约思想。公司是一系列契约的联结，是人们之间交易产权的一种方式，市场经济就是契约经济。从契约角度考虑税收问题，至少包括两个层面：一是公司与税务当局之间，存在着一种法定的契约关系，是依靠双方对税法的遵从来维护的，税法就是一种公共契约；二是公司与各利益相关者（包括股东、债权人、供应商、顾客、职工等）之间，存在着复杂的博弈竞争合作关系，其博弈合作靠契约来维系。对于纳税人来说，树立契约思想，可以在更大范围内、更主动地实现统筹规划，并按签订的契约，统一安排纳税事宜（蔡昌，2007）。

契约是维持各种社会关系最基本的因素。税务筹划在不同的国家和地区，或者在特定国家的不同经济社会发展阶段，得到税收法律制度的认可度存在较为明显的差异。当突破税法的“容忍”限度，纳税人便无法再借助自由等契约理念的保护，而以形式上的合法性掩盖损公肥私的目的。由于对资源使用效率最大化动机的驱使、征纳双方的有限理性以及税收法律制度的非完备性，导致契约理念在税务筹划中被异化，不仅使税务筹划丧失正当性，而且使契约理念本身的价值目标和功能遭到践踏。在税务筹划中，契约自由空间的底线就是税法边界，税务筹划越接近税法边界，税法刚性就越强；离税法边界越远，税务筹划行为越安全。在现实中，税收契约的非完备性及其执行的不到位，可能会给税务筹划带来空间。因此，需要促进税务筹划中被异化的契约思想向理性回归，重塑税务筹划的合法性和正当性基础。

2. 现代意义上的企业税务管理

现代意义上的企业税务管理是近代市场经济发展的产物。资本主义产生后，随着市场经济的不断发展，企业税务管理开始产生并逐渐发展。其发展经历了两个阶段：

第一个阶段，企业税务管理的建立阶段。在资本主义初期，税收法制极不健全，有的纳税人通过疏通税务机关减少纳税，有的纳税人直接使用偷税、漏税等不合法的手段对企业的生产经营活动作出相应的安排，以达到降低纳税成本的目的。两次世界大战的爆发使西方各国经济及财政遭受重创，许多国家为了增强国家财力，加重了课税，也加强了税收征管的力度，纳税人开始感受到非法纳税运作的高额代价。为了更好地管理好企业的纳税问题，他们开始寻求外部帮助及内部解决的方式。1910 年左右，税务代理在许多西方国家出现，税务代理公司开始帮助企业进行节约税收支出的活动。1935 年，英国上议院议员汤姆林爵士针对“税务局长诉温斯特大公案”作出的“任何一个人都有权安排自己的事业，如果依据法律所做的某些安排可以少缴税，那就不能强迫他多缴税”的著名论断，肯定并推动了节税筹划的发展，节税筹划开始逐渐被企业实践，企业税务管理进入初步建立阶段。

第二个阶段，企业税务管理的发展阶段。1945 年以后，西方各国税收法制开始逐步完善，社会法治环境开始逐步改善，腐败的税务官员得到惩处，纳税人通过特定关系或非法手段少缴税款所承担的成本与风险越来越高。如何合法少缴税款、减少纳税风险已成为企业生存发展中不可回避的问题，以节税筹划为核心的企业纳税管理开始萌芽。随着世界经济的高速发展、企业经营领域与地域的日益扩展，以及各国税收制度的不断改革与税收征收管理技术的提高，企业纳税问题日趋复杂。企业对解决好纳税问题的强烈需求，推动了以节税筹划为核心的企业纳税管理的全面发展。正如美国南加州大学 W. B. 梅格斯博士在《会计学》中谈到的那样：“美国联邦所得税变得如此复杂，使为企业提供详尽的税收筹划成为一种职业，现在几乎所有的公司都聘用税务专家，研究企业在主要经营决策上的税收影响，为合法地少缴税款制订计划。”

3. 20 世纪 80 年代税务管理专业发展趋势

随着企业税务筹划的发展，自 20 世纪 80 年代以来，税务管理专业化发展趋势十分明显。主要表现在以下几个方面：

（1）许多企业都聘用税务顾问、税务律师、审计师、会计师、国际金融顾问等高级专门人才从事以纳税筹划为中心的纳税管理活动，形成了在生产经营及财务决策活动中纳税筹划先行的习惯做法。例如，由于西雅图的所得税为 47%，普遍高于其他各州，波音公司于 2001 年放弃经营了 85 年的大本营，将总部从西雅图搬到了芝加哥，节约税金支出是一个重要原因。

（2）众多的会计师、律师和税务师事务所纷纷开辟和发展有关纳税筹划的咨询业务，为企业纳税管理事务委托代办创造了良好的条件。

随着经济竞争的加剧及专业化分工的发展，纳税事务委托代办已成为许多企业的选择。

例如，日本有85%以上的企业委托税务理士代办，美国约有50%的企业委托税务代理人办理，澳大利亚约有70%以上的纳税人通过税务代理人办理。

（3）随着经济全球化程度的加深和国际税收环境的日益复杂，跨国纳税管理已成为当今跨国经营管理不可缺少的组成部分。例如，以生产日用品闻名的联合利华公司，其子公司遍布世界各地，面对着各个国家复杂的税制，母公司聘用了45名高级税务专家对公司全球纳税事务进行管理，仅纳税筹划一项，一年就直接给公司增加数以百万美元的节税收入。

（4）近年来，纳税管理活动领域的专业化现象越加明显。所谓专业化是指税务专家专门为某一特定经济活动出谋划策。例如，20世纪末期，美国出现了专为金融工程进行纳税管理及纳税筹划的金融工程师。金融工程指创新金融工具，设计、开发、实施金融手段，以及创造性地解决金融问题。参与金融工程的人员称为金融工程师。为防止敌意接管、债券调换等纯粹因为税收利益所驱动的交易大量存在，具有纳税管理及纳税筹划能力的金融工程师也随之出现。

（5）许多企业为了提高纳税管理的有效性，设置了专门的税务会计，在企业纳税管理中发挥了重要作用。税务会计的职责有二：一是根据税法规定对应税收入、可扣除项目、应税利润和应税财产进行确认和计量，计算和缴纳应交税金，编制纳税申报表来满足税务机关等利益主体对税收信息的要求；二是根据税法和企业的发展计划对税金支出进行预测，对纳税活动进行合理筹划，发挥税务会计的融资作用，尽可能使企业税收负担降到最低。随着通货膨胀和高利率的出现，企业管理者增强了对货币时间价值的认识，税务会计的职责重心也开始转移到第二项职责。由于成效显著，税务会计迅速发展，纳税管理专业化程度快速提高。

从上面我们可以看得出，企业税务管理在国外的发展也是经历了很长的时间，它也是随着时代和企业的发展完善而逐渐健全的。企业税务管理随着西方各个国家税务管理的发展完善而逐步发展，这也对我国的企业税务管理的发展提供了借鉴。

（二）我国企业税务管理的发展历程

1. 建立时期（新中国成立至“文革”时期）

企业税务管理在这一时期的建立与发展，得益于我国在这个时期的几次税制改革。从新中国成立到文革时期，根据不同时期的政治经济形势，经过不断调整，我国逐步形成了与计划经济体制相配套的高度集中的财政管理制度。我国高度集中的财政管理制度是以统一领导、分级管理为基本指导思想。高度集中财政管理体制的运行可以从预算体制、税收体制、基本建设财务体制及企业财务体制等不同的角度来分别表述，因为从根本上讲，高度集中的财政管理体制是由传统体制下社会资源配置方式决定的。这时期的财政收入制度以非税收入为主，它以低价统购农副产品和低工资制为条件，从而使财政收入得以超常扩大，同时国有企业利润几乎全额上缴，实行国有企业固定资产折旧上缴制度，国有、集体经济税收收入居次要地位。财政支出是事无巨细大包大揽的财政支出体制，经济建设支出浩大，财政成为社会投资主体，同时财政除承担国防、外交、行政经费等国家政权建设支出外，还几乎包揽了科技、教育、文化、卫生等社会事业。纵观中国近现代社会发展道路及现代化进程，这一时期的财政管理体制和运行机制扮演了承前启后的重要角色，既完成了时代赋予的历史使命，又以自身弊病的逐渐显露，为人们认识财税体制改革的必要性和紧迫性提供了现实的佐证并推动了改革。传统体制下的财政体制与运行机制为中国社会主义经济建设和社会发展作出了巨大贡献，同时其弊病随中国经济社会发展而逐渐显露，也带来了不可忽视的消极影响。但是，这一时期税制改革的进行，在很大程度上完善了我国的税制，企业税务管理在这个时期也得到了很大程度的提高。在传统体制下，不仅国有企业实现利润基本全部上缴财政，而且企业固定资产折旧亦由财政集中。在经济性质上，固定资产折旧是固定资产消耗的价值补偿部分，应留给企业，用以维持简单再生产的正常进行。国有企业固定资产折旧上缴的财政收入机制直到1978年改革开放后才得以改变，逐步取消。这又决定了企业并不注重甚至无须注重企业的税务管理。无论怎样，这一时期的企业税务管理都得到了很大发展，下面就具体从各个时期加以介绍。

（1）从1949年10月1日新中国成立到1952年为国民经济恢复时期，也是我国社会主义税务管理初步建立和形成的阶段。1950年1月，政务院颁布了《全国税政实施要则》，在此基础上统一了税法，初步确立了集中统一下因地制宜的高度集中型的税务管理体制。1951年1月30日，财政部颁布了《全国各级税务机关暂行组织规程》，从中央到地方共设六级税务机构。全国税政的统一和税务机构的建立健全，为新中国的税务管理奠定了坚实的基础。紧接着税务总局又着手建立各项税务管理制度，先后制定了《各级税务机关暂行会计制度》、《全国各级税务机关计划工作规则》、《各级税务机关检查工作规则》、《各级税务工作人员奖惩暂行办法》、《税务复议委员会组织通则》等。同时还建立了工商业税稽征管理制度，提出在大中城市税务局建立专责管理制度，明确税收专管员职责。为了反对偷税漏税，从政策上、征收方法上、机构设置和群众护税等方面都采取了一系列措施。这一时期，中央特别重视税务干部队伍建设，提出“宁使其他各部缺少一个部长，而不要让税务机关成为一个弱的工作机关”，举办中央税校及各区分校和不同层次的训练班，培养了大批税务干部，及时满足了新中国税务管理的需求。

为了适应新形势下的需要，税收上本着对公私企业区别对待，繁简不同的原则，配合国家其他经济政策，积极发展国营企业，扶持集体经济，利用、限制、改造资本主义工商业，在稽征方式上采取按营业地址的行政区划片编组，各税统管，区别对待，分别征收：对账证件全的业户，采取查账征收；对账证不全的业户，采取自报公议、民主评定的方法征收。从而使税收不仅能更多地为国家积累建设资金，有利于国家重点建设，保证了“一五”计划的胜利实现，而且有力地巩固了工农联盟，发展了社会主义经济，为国家实现对农业、手工业和资本主义工商业的社会主义改造做出了积极贡献。

（2）1956～1966年是全面建设社会主义的十年。这一时期的税务管理在曲折中前进，经历了削弱—恢复的发展过程。税务管理受到冲击的主要原因是受苏联“非税论”的影响以及“大跃进”“左”倾思想的干扰，从而片面简化税制，搞“税利合一”，削弱了税务的调节作用。受冲击最大的是税务机构，被大刀阔斧地砍简，税务干部大批下放。征管力量的削弱，导致税收政策法令贯彻实施困难。税务管理体制也在放权与收权的反复中不断调整，许多行之有效的税务管理制度遭到破坏，浮夸风泛滥，打乱了税收征管的正常秩序。虽然在国民经济调整时期，税务机构、管理人员有所加强，恢复和制定了一些稽征管理办法，但由于整个经济工作中“左”的指导思想未能得以根本纠正，税务管理松弛局面也未能得以全面扭转。

在生产资料所有制的社会主义改造基本完成后的一段时期，社会经济关系逐渐由多种经济成分变为单一的社会主义经济成分，有些人认为税收的作用越来越小，税收“取消论”、“税利合并论”和“非税论”等随之产生。由于受这种思潮的影响，削弱了税务管理。1958年，全国各地财税机构合并，调走了大批税务干部支援其他单位，基层税务所被并入人民公社财务部门。因此，出现了“有税无人收”、“有人不收税”的现象。税收工作的削弱，使国家财政收入受到了很大损失。

2. 破坏时期（“文革”时期）

在1966~1976年“文革”时期，极“左”思潮和“非税论”占主导地位，认为税收没有存在的必要或税制越简化越好。1973年，对税制进行了兼并、改革，税制趋向单一化。与此同时，企业税务管理的发展在这一时期受到了阻碍，发展的进度和程度都比较缓慢。

由于“左”的错误和林彪、江青反革命集团的干扰与破坏，整个税收工作遭受了极为严重的冲击和挫折。某些别有用心的人把当时已经非常简化的税制当成“烦琐哲学”来批判；“依法办事、依率计征”原则被斥责为“资产阶级的管、卡、压”；税务机构从上而下被简并或被撤销、改名；税务干部大批下放农村，走所谓“五七道路”；新中国成立以来建立和形成的各项管理制度，有的被砸烂，有的名存实亡，税收法纪被严重破坏。其间，在周恩来总理和邓小平同志主持中央工作时，税收工作也有过明显好转，恢复了机构，充实了干部，建立和恢复了一系列税务管理制度，但是在当时极“左”思潮的巨大压力下，一些好的措施也难以真正贯彻执行，我国税务管理处于极其困难的时期。

在这一时期，由于随着企业的下放，逐步实行了中央与地方间在财政收支、物资分配与基本建设方面的“大包干”，因此，这一时期企业税务管理的发展无从谈起。

3. 恢复发展时期（改革开放至1994年税制改革）

党的十一届三中全会的召开是中国共产党历史上具有深远意义的一次重要会议。它结束了粉碎“四人帮”以来的两年中各项工作在徘徊中前进的局面，做出了把党和国家的工作重点转移到社会主义现代化建设上来的战略决策。1979年4月的中央经济工作会议上提出了对整个国民经济实行“调整、改革、整顿、提高”的方针。

从1979年到20世纪90年代初，是中国在尚未确立市场经济目标模式的情况下于渐进改革的探索中向市场经济转变的时期。1978年以后，随着改革开放的推进，在农村，政社合一的人民公社解体，农民及乡镇企业摆脱了政府的直接管理，获得了生产经营自主权而焕发活力；在城市，随着国有企业的“简政放权”，以及个体经济、私营经济和“三资”企业的迅速发展，政府缩小指令性计划范围，放松对市场的控制，使越来越多的企业经营活动脱离了政府的直接干预，市场调节的范围越来越大。到1992年党的十四大正式提出市场经济改革目标模式、强调市场调节的基础作用以后，市场取向的改革进入了新的改革阶段。与此相呼应，财税体制也进入了发展的新时期。随着我国经济发展步入正轨、企业的快速发展以及财税体制的不断完善，企业税务管理的发展同样也是很显著的。①

1978年党的十一届三中全会后，经济领域发生了深刻变化。过于简单的税制不适应发展商品经济的需要，如没有涉外税制，不利于引进外资；不规范、不合理的税目、税率设计，不利于税收调节经济职能的发挥等。因此，国家对税制进行了改革，首先，初步建立涉

① 贾康、赵全厚：《中国财税体制改革30年回顾与展望》，人民出版社2008年版。

外税制。本着“税负从轻、优惠从宽、手续从简”的原则，我国于1980~1981年先后颁布了《中外合资经营企业所得税法》、《外国企业所得税法》和《个人所得税法》，明确了对外资企业和外籍人员征税问题。其次，实行两步“利改税”。1983年实行第一步“利改税”：即对国营企业上缴的利润改为缴纳企业所得税，多数企业税利并存。1984年实行第二步“利改税”，在实现国营企业以税为主的同时，改革对内资企业征收的税种和开征了许多新税种。随着我国以利改税为核心的税制改革的开展，建立了流转税、所得税并举的复合税制。国有企业从原来的上缴利润改变为缴纳税收，由于许多企业对税收认识不足，在纳税实践中出现了许多偏差。为了帮助企业准确纳税，一些地区的离退休税务干部组建了税务咨询机构，为纳税人解答税法方面的问题，这是税务代理的雏形。税务代理的出现不仅促进了企业纳税意识的初步建立，还从外部推动了企业对纳税管理的认识与理解。

这一时期既是新中国成立以来税收制度进行全面深入改革取得突破性进展的时期，也是税务管理步入全面加强阶段并不断走向科学化、法制化与现代化的历史性变革时期。改革开放以来，我国税务管理从单项改革突破到整体配套改革；从经验型管理逐步上升到以科学理论为指导的全面规范化管理，得到长足发展。税务管理体制适应经济体制改革和财税体制改革不断调整和完善，在“统一税政、适度分权”的原则下，正在探索建立与财政体制相适应的税务管理体制，税务机构也得到恢复和强化。针对“十年动乱”给税收征管造成的严重破坏，在迅速恢复和健全各项税收征管制度的基础上，1986年国务院颁布了《税收征收管理暂行条例》。从此税务管理进入了一个新的重要发展阶段，为经济体制改革，加速实现社会主义现代化建设作出了新的贡献。

20世纪90年代，我国的国民经济有了较大的发展。大量外商投资企业的进入给我们带来了先进的管理理念，尤其是外商投资企业较强的纳税管理意识给内资企业的管理者带来了不少启示，外商投资企业纳税筹划的实践效应，更使许多内资企业开始认识到税收是企业经营过程中不可避免的外部成本，加强纳税的运作与管理可以有效降低这一外部成本。一些理念先进的沿海内资企业开始效仿外商投资企业对纳税问题的策划与运作，但是由于税务管理制度不健全及人们对企业税收政策、纳税筹划理解上的偏差，导致一些企业有意无意地运用了偷税、逃税等违法手段减少税款的缴纳。1988年，国家税务总局在全国逐步开展了税收征管改革，实行了征、管、查三分离的税收征管方式，随后推出了一系列税收征收法规，并对1986年推出的《税收征收管理条例》进行了较大的修改，于1992年颁布实施了《税收征收管理法》。这些措施与法规的颁布实施，加强了对纳税人的征收管理，加大了对违法行为的处罚力度，一些企业切实体会到了违法操作的高昂代价，纳税观念开始转变，对纳税管理在企业发展中的作用有了新的认识，纳税管理的意识开始逐步建立。

4. 完善时期（1994年税制改革至今）

从1994年起，我国财政管理体制进行了根本性的变革，即实行“分税制”财税体制改革，建立以“分税制”为基础的分级财政体制。1994年的财税体制改革的实质，是按照市场经济全局的要求，从“行政性分权”转为“经济性分权”。这次改革的着力点集中在解决改革开放前十几年中由于局限在“条块分割”行政隶属关系控制体系内“放权”、“让利”所导致的企业无法公平竞争和搞活、财政体制关系紊乱、财政实力过弱、中央财政调控能力不足、地方低水平重复建设严重等问题，关键内容是以构建分税分级财政体制来正确处理政府与企业、中央与地方两大基本经济关系，为适应市场经济客观要求，实现财政职能的转轨和正确处理政府与市场的关系奠定基础。这一时期分税制改革的原因，主要是为了克服当时表现出来的问题，适应新时期经济体制和社会经济迅速发展的要求，正确处理中央与地方、政府和企业的分配关系，调动各方面的积极因素，以利于建立社会主义市场经济新体制和实现我国的社会主义现代化。实行分税制财税体制改革以正确处理中央与地方的分配关系，调动两个积极性，促进国家财政收入合理增长、合理调节地区之间财力分配、坚持统一政策与分级管理相结合的原则、坚持整体设计与逐步推进相结合的原则为指导思想。以中央财政与地方财政税收划分、支出划分以及中央财政对地方税收返还额的确定为主要内容；同时，分税制财税体制改革的配套措施也相继实施，例如改革国有企业利润分配制度、同步进行税制和税务管理体制改革，建立以增值税为主体的流转税体制，统一企业所得税制，并将国税、地税机构分别设立、改进预算编制办法，硬化预算约束、建立适应分税制需要的国库体系和转移支付制度等。

党的十四届三中全会作出《中共中央关于建立社会主义市场经济若干问题的决定》，提出建立社会主义市场经济的目标和“积极推进财税体制改革”。按照“统一税法、公平税负、简化税制、合理分权”的原则，深化税制改革，初步同国际接轨。我国于 1994 年进行了一次全面性、结构性、规范性的税制改革，在地方各级组建了国家税务局与地方税务局两套税务机构。这次全面性的税制改革，主要涉及流转税、所得税及大部分地方税种。通过上述改革，我国税收制度基本上构成了以流转税与所得税双主体（并重）为主的多税种、多层次征收的复合税制体系。

1994 年我国实行了以分税制为核心的新税制改革，1996 年又实施了“以申报纳税和优化服务为基础，以计算机网络为依托，集中征收，重点稽查”的税收征管改革，初步实现了税收征管的程序化、现代化。改革使纳税人认识到必须自觉、准确地履行各项纳税义务。但是，由于新税制实施不久，在执行过程中，纳税人深感自身难以准确、完整地履行纳税义务，纳税存在巨大的潜在风险与高额成本。为了解决这个问题，寻求纳税帮助的需求应运而生。1996 年人事部和国家税务总局联合下发了《注册税务师资格制度暂行规定》，规范了税务代理人的资格及行为，推动了我国税务代理事业的健康发展，同时为企业改善纳税管理状况提供了较好的外部环境。

随着市场经济的发展，特别是 2001 年以来，新《税收征管法》全面实施，国家对偷漏税违法行为的打击力度加强：企业利用偷、骗、欠等违法手段减少税款缴纳，一旦被税务机关查处，不仅会带来经济上的损失，而且还会造成名誉的损害，企业正常的生产经营将遭受极其严重的影响。企业行为自主化、利益独立化，权力意识得到了空前强化，在征纳双方权利主体对等的条件下，企业开始运用自我保护权，采取一些合法的手段减轻税负、维护自身收益。国内外税收法制差异性及不完整性的存在又为企业充分运用自我保护权节约纳税成本提供了广阔的空间。近年来，以纳税筹划为中心的专题性文章、书籍、讲座如雨后春笋般涌现，许多财经大学还将纳税筹划列为财会专业学生的必修课程。虽然企业纳税管理理论与实践在我国刚刚起步，但是，企业内在利益的驱动和其对降低税负的客观需要将进一步促进纳税管理理论与实践的全面发展。

2003 年至今是新一轮税制改革阶段。按照党的十六届三中全会决定，我国进入了社会主义市场经济发展时期。针对现行税制同市场经济迅速发展出现的一系列不适应或矛盾，按照“简税制、宽税基、低税率、严征管”的原则，进行了深化改革。比如 2008 年内外资企业所得税的合并，2009年增值税转型全国范围内的推行等。特别是新《中华人民共和国税收征管法》已列入全国人大的立法日程。这些新的税制改革和税收征管制度的改革无疑会进一步要求企业加强税务管理，也为企业通过税务管理来完善相关制度、推动企业发展提供了难得的契机。

总之，从我国企业税务管理的历史过程来看，在社会主义时期，尤其是目前的税务管理，发展的速度很快，无论是企业税务管理人员、管理体制和管理制度，还是企业税务管理形式与管理手段，都较以前的企业税务管理要完善得多，是历代所不可比拟的。同时，我们还应看到，虽然我国目前的企业税务管理与以前各代、各期相比是最完善的时期，但是，由于受封建意识的影响，以及新中国成立后有过两次（“大跃进”和“文革”时期）企业税务管理被削弱的沉痛教训，企业税务管理的发展还是有很长的路要走。

第三节 企业税务管理的职能与作用

一、企业税务管理的职能

（一）管理的职能

要想了解企业税务管理的职能，首先需要了解一下职能的概念。职能是指人、事物、机构所应有的职责和功能。从人的职能角度讲，是指有一定职位的人完成其职务的能力。同时，从另一个角度来看，职能指的是一组知识、技能，行为与态度的组合，能够帮助提升个人的工作成效，进而带动企业对经济的影响力与竞争力。

那么什么是管理职能呢？最早系统提出管理职能的是法国的法约尔。他提出管理的职能包括计划、组织、指挥、协调、控制五个职能。在法约尔之后，许多学者根据社会环境的新变化，对管理的职能进行了进一步的探究，有了许多新的认识。但当代管理学家们对管理职能的划分，大体上没有超出法约尔的范围。随着管理理论的不断发展，到20世纪70年代以后，管理学家们通常认为基本的管理职能包括计划、组织、领导、控制。

1. 计划职能。为了使管理有效益，首先必须确立清楚的目标。而为了提高效率，就要对资源的投放、工作的开展事先进行研究、安排，为此就要进行计划的制订，明确实现目标的途径。所以，计划职能是管理的首要职能。

2. 组织职能。在制订出切实可行的计划后，为了将目标变成为现实，就要进行组织工作。组织工作是为了有效地达成计划所确定的目标而进行分工协作、合理配置各种资源的过程，它是计划职能的自然延伸。

3. 领导职能。在一个组织中，领导职能就是管理者利用职权和威信施展影响，指导和激励各类人员努力去达到目标的过程。领导工作的重点在于调动相关人员的积极性，协调相关人员之间的关系。

4. 控制职能。因为环境的不确定性、组织活动的复杂性和管理失误的不可避免，所以为了保证有效地实现目标，我们就必须对环境、组织成员和组织活动等加以控制。控制是管理的一项基本职能。

在上述各项职能中，计划职能主要着眼于有限资源的合理配置，组织职能主要致力于贯彻落实，领导职能着重于激发和鼓励人的积极性，控制职能的重点则在于纠正偏差，它们从各自不同的角度出发，相互配合，共同致力于管理效率和效益的提高，最终达到以有限的资源实现尽可能多或高的利益的管理目的，所以它们都是管理的有效手段。

（二）企业税务管理的职能

企业税务管理职能是管理职能的具体化，所以，企业税务管理职能是管理职能的细化。企业税务管理职能是纳税管理本身所固有的对企业纳税活动进行决策、计划、组织、调控的内在职责与功能。企业税务管理职能存在于税务管理的范畴之中，不受社会外部条件的影响。企业税务管理职能贯穿于企业经营管理全过程，其作用程度受社会客观条件的影响和制约。从广义上讲，企业税务管理职能贯穿于企业生产、经营、投资、理财、营销、管理等所有活动；从狭义上讲，企业税务管理职能可以具体到某一产品、某一税种、某一政策、某一具体纳税事务的运作。

1. 企业税务管理的计划职能

企业税务管理的计划职能是指为了执行企业整体发展中投资、筹资、生产、经营、分配等重大问题的抉择，依据企业的未来发展目标及生产经营特点，在国家法律允许的范围内，从企业整体发展出发，对企业投资、筹资、生产、经营、分配中的纳税事宜作出相应计划的职能。计划是实现决策的具体操作方案，是决策的延伸和具体化。企业应依据未来发展的目标，制定长期、中期及短期的纳税计划和措施，提高税务管理的有效性与可预见性，为管理调控奠定良好的基础。

企业税务管理中计划职能具有以下四个重要性质：一是计划的目的性。计划的目的性有两层含义：首先，制订计划本身不是目的，如果为了计划而计划，那么计划就不可能对实际工作有有益的指导作用，计划的目的性体现在其对组织目标的贡献上；其次，计划的目的性又不是孤立的，本级计划只有在对上级目标的完成有利，同时又能够指导下级目标的确定的时候，才能够说它是有益于组织的目的性的。在企业日常管理中，管理者掌握了计划的目的性，就能够促使各级主管努力掌握上下情况，领会企业总体发展的战略及精神，洞察下一级管理环境的变化，做出既能够有效指导本级管理、又有利上下贯通的好的计划来。二是计划的首位性。众所周知，管理的计划、组织、人事、领导和控制等项职能往往是交织在一起的，它们及其他管理活动形成了一个完整的管理系统；但是，计划职能在这样的管理系统中具有独特的地位，主要体现在计划的首位性上；计划工作要为全部其他职能性工作确定目标；我们确定组织框架、选择领导方针、制定激励制度、规定工作程序、实施有效控制等，都离不开计划工作的指导。三是计划的普遍性。在企业管理的计划工作中，另一种常见的错误倾向是，不同层次的管理者对计划的重视程度不同。有些基层主管甚至错误地认为，计划只是高级管理者的事情，基层的主要任务是落实计划而不是制订计划。还有，不同发展阶段的企业，面临的关键任务不同，有些企业也会因此而在特定时期忽视企业的计划职能。这样，就导致了管理工作的被动，使得上级计划在基层因缺乏操作性而不能落实或受到忽视。可以说，这样的错误认识主要来源于管理者对计划的普遍性缺乏必要的认识。四是计划的效益性。任何管理活动之所以需要计划，主要是因为计划能够带来比不计划更高的回报。在企业管理这种环境下，我们所说的"回报"，其指标不仅是指用时间和金钱来衡量的收益，还应该包括用企业内部个人和集体的满意程度和"士气"等指标来衡量的收获。这从另一个角度再次说明科学的管理始终都在追求以较少的资源投入来获得同等回报，或以相同的资源投入来获得较大的回报。

2. 企业税务管理的组织职能

管理学认为，组织职能一方面是指为了实施计划而建立起来的一种结构，这种结构在很大程度上决定着计划能否得以实现；另一方面，是指为了实现计划目标所进行的组织过程。组织职能对于发挥集体力量、合理配置资源、提高劳动生产率具有重要的作用。从静态角度解释，组织是为了达到某些特定目标，经由分工与合作及不同层次的权力和责任制度而构成的集合。作为一种实体，任何组织都有一定的结构，即组织结构，它是组织全体成员为实现组织目标而进行分工协作，在职务范围、责任、权力方面所形成的结构体系。包括职能结构、层次结构、部门结构、职权结构等。从动态的角度看，它是指在组织目标已经确定的情况下，将实现组织目标所必须进行的各项业务加以分类组合，并根据管理幅度原理，划分出不同的管理层次和部门，将指挥和监督各类活动所必需的职权授予各层次、各部门的主管人员，以及规定这些层次和部门间的相互配合关系。其目的就是要通过建立一个适于组织成员相互合作、发挥各自才能的良好环境，来消除由于工作或职责方面所引起的各种冲突，使组织成员都能在各自的岗位上为组织目标的实现作出应有的贡献。所以，企业税务管理的组织职能是为了保证纳税管理目标的实现和计划执行对各管理要素进行合理的配置，包括对企业纳税管理方式的确立、对纳税管理人员的组织与配备、对纳税计划的实施与调控、对纳税具体事项的协调与安排。组织职能的有效实现可以保证决策与计划的顺利执行。这在企业税务管理中是一个有效的整体，各项职能之间存在着相互促进的作用。

3. 企业税务管理的领导职能

在组织保证的基础上，管理者必须选择适当的领导方式，有效地指挥、调动和协调各方面的力量，最大限度地发挥组织效率，于是就产生了领导职能。在现代社会中，组织数量越来越多，规模越来越大，结构日趋复杂，因而领导职能日显重要，已成为现代管理的关键。领导作为现代管理中的一种职能，其目的就是让被领导者服从、接受并努力去实现组织目标。在现代管理中，不同领导者的领导效能高低是不同的。影响领导效能的直接因素是领导者决策质量的高低和领导者权力的大小。决策正确，就能调动组织成员的积极性、主动性和创造性，从而领导效能就高；反之，领导效能就低。领导者权力的大小对领导效能起着十分重要的作用。领导者的权力有正式权力和非正式权力之分，正式权力的大小决定于组织中由法规、制度等明文规定的领导者的地位和职务，非正式权力的大小取决于领导者个人威望的高低。一名优秀的领导者，应不断提高自身素质，从而提高决策质量，同时又要把正式权力和非正式权力有机结合起来，从而提高领导效能。

企业税务管理作为企业管理的组成部分，必然会对企业的发展起到领导作用，有助于调动成员的积极性和主动性。其效能的高低取决于领导者素质和企业税务管理部门地位的高低。

4. 企业税务管理的控制职能

控制是对组织活动的动态监测与调节，以实现组织目标的过程。控制是重要的管理职能之一。控制有两个环节和三个步骤。两个环节是监测和调节环节。三个步骤是：（1）测度，即测度现状，衡量实际绩效。（2）比较，即将现状与标准（目标）比较。这两个步骤均为监测环节。(3) 调节，即发现偏差予以纠正，如果是由于主观努力不够，则应提高工作水平，如果发现标准定得不符合实际，则应当修订标准。

企业税务管理部门在进行税务管理的过程中，通过对相关活动的测度和比较，能够发现企业运行中的一些问题。能够有效地推动相关税收法律制度和企业管理制度的完善，从而有利于企业管理水平的提高和发展。

二、企业税务管理的作用

企业税务管理是企业管理的重要组成部分，加强企业税务管理对规范企业行为、规避税务风险具有重要的现实意义。加强企业税务管理，需要确定企业税务管理的具体目标和模式，在此基础上探讨企业税务管理的应对措施，达到准确纳税、有效控制税务风险、税务筹划的目的。企业税务管理的作用是企业税务管理职能在一定时期形象化的外在表现，可以从宏观和微观两方面来分析。

（一）宏观分析

从宏观而言，企业税务管理在促进政府实现经济调控目标、完善税制、保证政府财政收入的持续增长等方面起着十分积极的作用，具体表现在四个方面。

1. 有助于提高国家宏观调控的效率

税收是国家调控宏观经济结构和国民收入分配的重要工具。企业进行税务管理的过程，实际上是接受国家宏观调控政策的过程。当纳税人依据税法中各项优惠政策进行投资、筹资、企业制度改革、产品结构调整时，尽管在主观上是为了减轻自己的税收负担，客观上却使自己的生产、消费活动符合国家宏观经济调控的方向，逐步走向了优化生产及产品结构的道路。由此可见，纳税管理愈周密，国家税收调控愈到位，对社会经济发展的积极作用要远远大于纳税人所获得的减税效益。同时，强化企业税务管理是宏观税务管理的必要补充和延伸。如果企业都能从维护自身利益出发来依法纳税，那么，不仅全社会的纳税意识会显著增强，而且也会推动税法的日益完善，税收政策对社会经济发展的引导和调节功能也必然会增强。

2. 有利于推动国家不断完善税制体系

政府税务管理的本质作用之一就是根据市场经济发展状况，不断调整和完善这种特殊的分配关系，使之与社会主义市场经济建设和国家的经济战略相适应，并推动税收分配规范化、法制化、标准化，并与国际接轨。与此同时，企业税务管理活动所采取的一些措施不仅是对现行税法不完善性、不成熟性的挑战，同时也是纳税人对国家税法及有关税收经济政策的积极反馈，是对政府政策导向的正确性、有效性和现行税法完善性的检验。因此，纳税管理的开展从另一个侧面指出了税法不完善之处及税制改革的方向。根据这些信息，国家可以改进有关税收政策和完善现行税法，从而促使税制建设向更高层次迈进。

3. 有利于国家财政收入长期、持续增长

企业税务管理是企业的一种节税行为，因此，企业税务管理做得好，必然会节省企业的成本，同时也就减少了企业的税收支出。所以从短期来看，企业税务管理可以使纳税人税收负担减轻，从而会使国家财政收入有所下降。但是从长期来看，由于在国家宏观调控政策的落实、经济结构的优化的促进下，使得国民经济能持续健康地发展，同时税收法律制度的完善能提高税收征管的效率，所以，最终结果是国家财政收入随着经济的发展、企业效益的提高而同步增长。而企业在加强企业税务管理的同时，企业竞争力增强，促进了自己的长远发展，为社会作出更大的贡献。

4. 有利于增加税收征管的透明度

企业税务管理的加强，是在遵守国家法律法规的前提下进行的，所以凡是推行税务管理的企业，它们的纳税意识都是较强的，企业通过纳税管理活动，也无形地突出了税法的权威性、严肃性，增强了税收征管的透明度。同时，由于第三方税务代理等中介机构的介入，形成了对企业和政府行为的并行监督，使双方都能明智的采取合作态度，在法律规定范围内，明确恪守各自的权利和义务，从而促进了税法公开、公正的执行。

（二）微观方面

从微观而言，企业税务管理对企业的发展有以下几个方面的作用。

1. 有利于降低税收成本，减轻企业税负，提高效益

无论是税收优惠政策的充分利用，还是依法避税技巧的恰当运用，以及消除或减少税务违规受罚的结果，最直接的好处就是企业税负减轻和效益提升。也许有人怀疑强化管理是否真的能减轻企业税负：税率是国家法定的，企业自身怎么能随意降低呢？存在这种认识的人不在少数。但是，企业税务管理的的确确是能够直接或间接影响税负的。

从另一个侧面来说，随着我们国家经济社会的发展，国家财政支出必然会增加，所以，为了保证国家宏观经济的发展，必然会对占财政收入很大比重的税收加强管理，这样，企业如果能够加强自身税务管理的话，会相对的降低税收的成本，减轻企业税负，提高自身的经济效益，在与其他企业的竞争中占得先机。

2. 有利于优化资源，提高获利能力

作为市场经济的微观主体的企业，其经营的最终目标是追求企业利润最大化。为了实现该目标，企业就得合理组织生产、经营、投资和筹资等活动，进而优化各项经济资源。企业的利润总额等于总收入减去总成本，所以在总收入一定的情况下，总成本越小，企业实现的利润总额就越大。而总成本由两部分构成：一是内在成本，即生产成本、销售成本、销售费用、管理费用、财务费用等；二是外在成本，即国家凭借其政治权力，按照税法规定，强制、无偿地从企业征收的税收。减少内在成本可提高企业的获利水平，减少外在成本同样可以提高企业获利水平。企业税务管理涉及生产、经营、投资、筹资过程中各项资源的配置与运作，有效的企业税务管理可以优化组合各项资源、降低外在成本、提高获利能力。

为满足政府公共部门以及国家实现其职能的财政需要，税收不可避免地要逐年增加。企业必须将税收当做其经营的必要成本，并通过加强税务管理，有效地节税，获得最大限度的税后利润。目前，企业的税收成本主要包括两个方面：一是税收实体成本，主要是指企业依法应缴纳的各项税金；二是税收处罚成本，主要是指企业因纳税不当而征收的税收滞纳金和罚款。特别是像鞍钢实业发展总公司这样的企业，经营范围很广，涉及钢材加工、建筑施工、机械、产品生产、服务等不同行业的生产活动，不仅有属于增值税的应税范围，还有营业税的应税范围，这就增加了税务管理的复杂性。

企业通过比较分析税法中的税基与税率的差别，从事享有税收优惠的经营活动或对一些纳税“界点”进行控制，才能促使企业为了减轻其税收负担，逐步调整产业结构，有助于促进资本在不同企业间的合理流动和资源的合理配置，进而提高企业竞争力。

3. 有利于促进财务基础建设，提高财务管理水平

一是，企业税务管理的有效性要靠规范的财务会计资料加以反映，企业必须建立、健全财务会计制度，规范财务核算资料与过程。二是，企业税务管理活动有利于促进企业精打细算、节约支出、减少浪费、提高经营管理及财务核算水平。三是，企业税务管理的实施可以促使企业管理人员学习掌握纳税管理的基本理论与方法，培养锻炼一支高素质的财务管理队伍。

4. 有利于增强纳税意识，提高防范风险的能力

实施有效企业税务管理的前提是：企业的财务管理人员熟知会计法、会计准则、财务通则、会计制度，也要熟知现行税法及相关行业的有关政策。

企业纳税风险主要来自三个方面：一是企业管理人员因不能全面、及时掌握税收法规，从而失去了运用该税收法规的最佳时机，造成经济损失；二是企业管理人员因不能正确理解和运用税收法规，受到税务管理机构处罚，造成经济损失及名誉损失；三是企业管理人员因不懂得充分运用国内外税收政策的技巧，造成了经济损失。

加强企业税务管理同时还有助于提高企业经营管理人员的税法观念，提高财务管理水平。随着税法的不断完善和征管力度的不断加大，偷、逃税现象越来越少。企业应着眼于加强税务管理，减轻税收负担。加强企业税务管理的过程，实际就是税法的学习和运用过程，有助于提高纳税意识。同时，国家税收政策在地区之间、行业之间有一定的差异，税法所允许的会计处理方法也不尽相同。因此，企业加强税务管理，要求管理人员不仅要熟知各项税收法规，还要熟知《会计法》、会计准则和会计制度，从而提高企业的财务管理水平。

5. 有利于增强企业产品或服务的市场竞争力，提高可持续发展的能力

一般来说，企业税负通常要占经营收入的10%以上。在市场价格竞争日益激烈的今天，企业税负成本高低对企业产品或服务的竞争力的影响非常大。企业若能通过自身的管理使其税负成本有效降低，其市场竞争力必然增强，抵抗市场经营风险的能力也会随之增强。

随着企业规模的扩大、经营活动的多样化，税收成本的数量和种类逐年增加，企业可以通过加强企业税务管理起到延期纳税的作用，以获得最大限度的税后利润。但如果企业仅一味追求低税负，一旦企业被查出有偷税、避税行为，会承担相当大的财务风险，不仅要支出税收罚款，还可能降低企业的信用等级。如果企业可以通过加强税务管理对企业的投资、筹资、经营活动和利润分配行为进行有效控制，不但可以减少纳税人的税收成本，还可以防止纳税人因违反税法而缴纳罚款，有助于降低企业的整体税收成本，实现纳税人的财务利益最大化，保证企业在获取最大税收利益的同时兼顾国家利益，使得企业长期发展。

思考题

1. 简述税务管理的概念。
2. 企业税务管理的主要作用有哪些？
3. 企业税务管理的职能有哪些？
4. 简述税务管理产生的原因。

第二章　企业税务管理的原则、内容与方法

第一节　企业税务管理的原则、目标、内容

一、企业税务管理的原则

企业税务管理的原则是指税务管理中应当遵循的基本准则。企业在税务管理活动中应遵循以下的主要原则。

（一）合法性原则

合法性原则是指企业税务管理必须要以国家现行法律法规为依据。依法管理是企业税务管理中必须坚持的首要原则。只有坚持这一原则，税务管理才能对企业的发展起到积极的作用。

要做到税务管理的合法，企业税务管理的相关部门和人员首先要熟悉国家的税收法规，正确理解税法的相关规定，因为只有了解税法的规定才能确保在法律允许的范围内进行有效的税务管理活动，也才能做到充分利用税法所规定的各种优惠政策达到节约税负成本的目的。作为纳税人的企业必须依法纳税，必须依法对各种纳税方案进行选择，违反税收法律规定，逃避税收负担，属于偷漏税行为，在企业税务管理活动中都应该是被制止的。

企业税务管理中应遵循的法律法规主要包括以下内容：国家明令颁布的税收法规；国家财务会计相关法规和其他经济法规；各级政府颁布的与税收相关的行政法规及政策条例。

需要特别说明的是合法性原则不是仅仅遵循税收法规，也包括其他的与企业经营活动相关的财务会计法规和其他经济法规，如《公司法》、《合同法》、《企业会计准则》等，这些法规约束企业的经济行为，间接影响企业税负的高低。在进行企业税务管理过程中，如果违反国家财务会计法规，提供虚假的会计信息或作出违背国家法律法规的经济行为，都必将受到法律的制裁。

（二）事前性原则

事前性原则是指企业在税务管理活动中应当事先谋划，在进行事前计划安排的前提下，充分利用国家税收优惠政策从中选取最佳的涉税方案。

事前性意味着税务管理应当注重纳税义务产生之前，即要对企业自身的生产经营状况进

行事先的调整和安排，其目的是能够满足税收优惠政策所规定的条件，或者满足低税率所规定的条件，或者能够最大限度地减轻税法所确认的交易额。

企业的纳税结果产生于企业的经济业务活动本身，如果企业能在事前全面理解国家相关的税收政策，准确把握经济业务发生的环节及涉及的税种，寻找可以利用的税收优惠，那么就可以在经济业务发生后达到减少税负的效果。因此，只有在事先经过精心筹划、认真研究的前提下，企业才能将纳税风险与纳税成本控制在经济业务发生之前，确保税务管理有效性的实现。

（三）全过程管理原则

所谓全过程管理，包括两层含义：一是从企业生命周期来说，从筹划企业成立开始一直到企业清算结束，整个过程中都需要对涉税事项进行管理；二是指企业具体涉税业务从头到尾都需要进行税务监控，不能有任何一个涉税环节处于税务管理的“真空”状态。只有这样，企业税务管理才能真正落到实处。这类似于企业产品生产的全面质量管理，任何环节出错，都可能导致产品不合格或报废。企业税务也如此，涉税业务的任何一个环节出错，都可能带来企业税负成本的增加。比如，一笔购销业务，可能由于合同签订时某些约定的条款欠考虑，而使企业垫支税款或不能及时抵扣，或是直接或间接加重自身税负，或者由于发票开出或取得不当而导致税负受损，或者由于费用处理不当而加重税负，还可能由于出口退税、抵免中出现差错或单证不全而受阻等。涉税业务过程中管理难度最大的是：许多业务经办人员不熟悉税务，没有明确的节税意识，更不清楚节税的技巧和思路，所以，常常会凭经验办事或是怕麻烦、图省事等，结果导致税负加重或该节省的没能节省。

（四）全员参与原则

企业税负的产生来自于企业的各种经营活动。一直以来，人们都认为企业缴纳税款是财务部门的事情，而与其他部门和人员无关。实际上，企业纳税活动不仅涉及企业的每个部门还直接影响企业每个员工。作为企业的高层管理者拥有企业各种业务活动的最终决策权，他们的决策行为最终决定了企业税负的高低。而对于企业基层的每个员工来说，和他们最直接相关的是个人所要负担的所得税。另外，企业开展税务管理活动所制定的各种税务管理制度能否最终被执行，依赖于每个成员的自觉纳税意识的建立和遵从行为的执行。因此，全过程管理和全员管理原则是相辅相成的关系，它要求企业从上至下都要树立正确的纳税意识。

（五）成本效益原则

企业税务管理应遵循成本效益原则，要进行合理的成本效益分析，即体现经济有效。企业税务管理过程中应注意以下成本。

1. 直接成本，指企业为进行税务管理活动而发生的人、财、物的耗费，它包括税务管理事先筹划成本和实施成本两部分。

2. 风险成本，指税务管理因设计失误或实施不当而造成的纳税筹划目标落空以及由此带来的经济损失和法律责任。包括多缴税款以及因为少缴税款而产生的罚款、罚金、滞纳金等。

3. 机会成本，指采用税务管理中的筹划方案而占用资金的时间价值、其他投资机会的损失。

成本效益原则就是要求企业在进行税务管理过程中要进行多种涉税方案的比较和分析，用最小的代价获取最大的收益。

（六）整体性原则

整体性原则是指企业税务管理应本着企业整体效益最佳为宗旨。税务管理是企业管理的组成部分，因而要以整个企业效益最大化为最终目标，不管是在设计企业税务管理的流程上时还是制定税务管理制度上都需要考虑整体的协调，避免出现单一环节的税负降低而企业整体税负升高的情形。整体性原则体现在两个方面：一是要从税收负担的整体出发，不能仅仅着眼于单个的个别税种；二是要从纳税人生产经营的整个过程出发，不能仅仅关注某一个过程或者某一个阶段。由于税收是一个相互制约的体系，如果没有全局整体的意识，那么某一种税收的节约可能会导致另一种税收的增加，它们之间相互抵消不仅不能使税务管理活动增效反而会造成成本的增加。

例如，税法规定企业负债的利息允许在企业所得税前扣除，因而负债融资对企业具有节税的杠杆效应，有利于降低企业的税收负担。但是，随着负债比率的升高，企业的财务风险也随之增加，当负债成本超过了息前的投资收益率，负债融资就会呈现出负的杠杆效应，这时权益资本的收益率就会随着负债比例的提高而下降。因此，进行税务管理活动时，必须要有全局意识和整体观念。

二、企业税务管理的目标

企业税务管理作为企业管理的重要组成部分，其目标与企业的总体管理目标存在着一致性。企业税务管理的目标定位也直接关系着税务管理的有效开展。

具体来说，企业税务管理的目标主要包括恰当履行纳税义务、规避涉税风险、控制纳税成本三方面的内容。

1. 恰当履行纳税义务。所谓恰当履行纳税义务是指企业按照税法规定，在充分利用应享有的税收优惠政策的基础上，严格遵从税收法律、法规，确保税款及时、足额上缴，避免出现任何法定纳税义务之外的纳税成本或纳税损失的发生。因而，企业应该做到纳税遵从，即依法进行税务登记，依法建账并进行账证管理，依法申报纳税，在规定的期限内缴纳税款。

2. 规避纳税风险。纳税风险是指企业的涉税行为因未能正确有效地遵守税法规定而导致企业未来利益的可能损失，具体表现为企业涉税行为影响纳税准确性的不确定性因素，其结果导致企业多缴税或少缴税。

3. 控制纳税成本。企业为履行纳税义务，必然会发生相应的纳税成本。当企业的应纳税额不变时，控制纳税成本就可以达到增加纳税收益的目的。

企业税务管理的三个具体目标相辅相成。不同企业的目标亦有所差异，同一企业在不同的时期目标的侧重点也不一样。对于规模大业务复杂的大型企业来说有效防止纳税风险的发生是进行税务管理的首要目的，而这个目标的实现也离不开恰当履行纳税义务和控制纳税成本。

三、企业税务管理的内容

企业纳税管理的内容是指纳税管理涉及的具体范畴，包括纳税政策管理、纳税成本管理、企业纳税实务管理、纳税风险管理与纳税争讼管理五个方面。

（一）企业纳税政策管理

企业纳税政策管理是纳税管理的基础环节和主要内容，是企业对自身纳税管理活动中所涉及的税收法律法规以及其他经济政策法规的收集、整理、分析，并应用于纳税管理实践的一系列管理活动。

通过企业纳税政策管理，收集、整理、分析企业外部和内部的税务信息，有利于提高企业对税法及相关法律法规的理解和认识，纠正过去纳税中存在的错误行为，正确处理未来生产经营活动中出现的涉税问题，从基础环节上促进企业对纳税风险的防范与纳税成本的控制。

企业收集相关的纳税政策时，要结合企业自身的业务特点和未来的发展战略，既要关注当前又要放眼未来，尽量做到周全，这样才能为整理和分析以及运用纳税政策打好基础。在收集整理过程中需要注意法律法规的延续性和时效性以及法律法规的立法层次性。

企业既要收集外部的相关税务法规也要收集企业内部的纳税信息。由于企业经营活动的不断改变，有可能会导致企业税负的变化，这些信息对于企业的管理者而言也是非常重要的，整理这些信息并进行相应的分析，可以为企业构建和实施税务管理的激励机制提供基础资料。

（二）企业纳税成本管理

纳税成本管理是企业正确运用税法及相关法律法规，对企业将要发生的生产经营活动作出事先安排，对企业已发生或将要发生的生产经营活动进行协调与控制，对企业纳税策略与方案进行统一规划，以降低企业纳税管理成本的一系列的活动。

纳税成本管理的有效性直接关系到企业纳税管理最终目标的实现，因此是企业纳税管理的中心环节与核心内容。企业纳税成本管理的主要内容包括：税款实际计算、支付额的管理及纳税管理活动相关费用的管理。

在企业实施纳税成本管理时应注意不要违背企业税务管理的原则，不能一味追求成本最低而忽略了合法性以及整体效益的最优化。

（三）企业纳税实务管理

企业纳税实务管理涉及企业的整个生命周期和所有的经营环节，企业从设立开始到正式的运营，直到企业清算结束，整个过程中都存在涉税业务，因而需要进行全程全方位的税务管理。企业在设立阶段涉及税务登记、账簿凭证的税务管理以及发票管理等。企业生产经营活动是周而复始的，其纳税义务产生于生产经营活动中，企业纳税活动将随着纳税义务的产生而产生，随着纳税义务的正确履行而结束，周而复始，直到企业生产经营活动终止。在整个企业的生命周期之内，贯彻全过程的管理原则，按照税收征收管理法的程序对企业所有的纳税环节的纳税程序进行组织、协调、监督、控制，具体包括纳税登记管理、纳税账册管理、发票管理、纳税减免申请管理、税款缴纳管理五个方面的内容。

（四）企业纳税风险管理

风险是一种不确定性，税务风险贯穿于企业经营活动的全过程，是每个企业纳税活动中必须面对的问题，它的产生具有一定的客观性，企业纳税风险管理的核心是树立正确的风险防范意识和风险控制理念。企业纳税风险管理是企业依据税收法律法规及相关经济法规，对其纳税计划、纳税结果和纳税过程进行全面的谋划、分析、评估、处理等组织与协调等管理活动。企业纳税风险管理是企业纳税管理调控职能发挥作用的具体表现，可以及时纠正企业纳税活动中存在的错误，保证企业纳税管理总目标的实现。

（五）企业纳税争讼管理

由于征纳双方代表不同利益集团的利益，在对企业纳税行为和结果的认识上时常会出现不一致，从而导致纳税争议。如果企业不能正确、及时地处理并解决这些问题，将给企业生产经营活动造成不良的影响，甚至导致企业经济或名誉上的损失。因此，企业应对纳税过程中发生的争讼问题进行管理，以保证纳税管理总体目标的实现，企业纳税争讼管理包括企业对纳税过程中发生的纳税争议进行调查、分析、解决的一系列管理活动，具体来说包括调查分析争讼问题、制订解决争讼问题的方案、组织实施争讼问题解决方案、分析与评估争讼问题解决结果。

在实际企业管理中，税务管理是企业经营管理系统中的一个重要子系统，上述企业税务管理五个方面的管理内容相互渗透、相互支撑，贯穿于企业税务管理这个子系统的全过程，该子系统的健全和有效程度直接影响了企业的整体管理水平和效果。

第二节　企业税务管理的组织形式及运行条件

一、企业税务管理的组织形式

结合我国当前企业的实际，企业税务管理的组织形式主要有以下几种类型。

（一）自我管理形式

自我管理形式是指企业在内部配备税务管理的部门或对岗位实施一系列的管理活动。具体表现为以下三种类型。

1. 由企业财务部门承担税务管理工作，财务人员兼任纳税工作。这种形式下，涉税业务由企业的财务部门管理，由财务部门内设的财务人员兼任税务管理的工作。该种组织形式其优点是管理人员成本开支较低，缺点是纳税事务处理水平受财务人员对税法及纳税管理技能掌握程度的限制，使企业税务筹划空间利用不足，纳税成本加大、税务风险出现的几率加大。因而比较适应于企业规模小、纳税事务简单的小型企业。

2. 由企业财务部门承担税务管理工作，下设纳税管理科室，由专人担任税务管理人员。由财务部门设立专业的科室和人员进行纳税管理的形式，其优点是专人专岗，职责明确，在岗纳税管理人员一般比较熟悉税收的具体法规和政策并具有一定的纳税事务处理能力，能较好地利用税收的优惠政策，节约纳税成本和降低纳税风险的出现；缺点是专设岗位增加管理成本。该种组织形式比较适合企业规模中等、纳税事务较复杂的企业。

3. 企业专门设立独立的税务部门，配备专业人员进行税务管理。该种形式是在企业内部专门设置税务管理部门，专职承担企业的税务管理工作，根据企业涉税业务进行不同人员的业务分工，或者依据不同的税务管理职能进行人员的业务分工。该形式的优点是管理规范、操作专业化、系统化，能较为充分地参与企业全过程的税务管理工作，对企业的纳税成本和纳税风险能较好地实施控制。比较适用于规模较大、纳税事务复杂的大型企业。

（二）委托中介机构或代理税务形式

这种模式主要依靠专业的税务中介机构来完成涉税业务，企业向中介机构支付相应的劳务费用。其优点是：由于聘请专业人士长期为企业提供全方位的纳税管理专业化服务，基本可以保证企业纳税零风险及纳税成本的合理支付，保证企业经营目标的实现。缺点是：所支付的劳务费用可能高于企业雇用纳税管理人员的工资，成本较高。但是如果选择的税务咨询机构信誉及专业素质较好，与企业之间有良好的沟通，企业未来的实际税收收益将远远高于所支付的劳务费用。该种形式适用于各类规模、性质的企业，特别受到中小型企业的欢迎。

（三）自我管理与中介机构相结合形式

这种方式一方面企业要有相应的税务管理机构和专职的人员进行税务管理工作，另一方面可以聘请税务中介机构的专家介入企业的税务管理。税务专家可以为企业提供综合性的税务咨询服务，如为企业提供税收法律、法规方面的指导；办税实务方面的指导；会计处理方面的指导以及纳税筹划方面的指导。如中小型企业内部设有专人进行纳税管理处理日常相对简单的纳税事务，当企业遇到复杂的涉税事项或税务难题时可以聘请中介机构的税务专家担任企业税务顾问进行税务咨询，这种方式既能达到减少纳税风险的作用，又能最大限度地节约纳税成本。

在我国，企业税务管理一直以来都被认为应归入财务管理的这个大范畴，企业税务管理通常也是由财务部门担任税务管理的职责。从未来的发展和国际的趋势来看，企业税务管理越来越受到大型企业的重视，税务管理脱离财务部门，独立设置、配备专人将成为大型企业集团的必然选择。

二、企业税务管理的运行条件

企业税务管理的运行条件是指为了达到税务管理的目标，企业外部及企业内部所应具备的一些条件。

长期以来，我国的实务界和理论界对企业税务管理的认识各不相同，有人认为税务管理是税收征管部门的事，与企业无关，企业只能是照章纳税，无所谓“管理”可言；也有人认为，企业税务管理无非就是与税务部门搞“关系”。这些观念认识的存在使得与企业税务管理相关的理论研究不被重视，而当企业出现税务问题时，实务界便将矛头指向财务部门，认为是财务部门的失职造成了企业税负的增加。近些年来，企业税收负担的大小越来越受到企业管理者的重视，税收筹划的意识也开始深入到实务界，但是税收筹划不能等同于税务管理，企业实施税务管理还必须要具备良好的社会环境和必要的企业内部环境。

（一） 企业外部应具备的社会环境条件

1. 完善的税收法制环境

完善的税收法制环境的基本前提是税收立法的完善，由于企业税务管理活动是在法律所允许的范围内进行的管理活动，如果没有完备的法律，则企业一方面无法确定自身所进行的税务管理活动是否处于法律所允许的范围内，另一方面作为纳税人的企业往往可以利用法律的漏洞达到减轻税收负担的效果，那企业自然就不会耗费大量的人、财、物进行合理合法的税务管理活动。

2. 税法体系中存在大量的税收优惠

税收优惠是国家税制的重要组成部分，是政府为达到一定的政治、社会和经济目的，而对纳税人实行的税收鼓励。税收鼓励反映了政府行为，它是通过政策导向影响人们的生产与消费偏好来实现的，所以也是国家调控经济的重要杠杆。税务优惠的范围越广、差别越大、方式越多、内容越丰富则纳税人可以通过税务管理活动进行节税的潜力也就越大。

企业进行税务管理时需要关注三个方面的税收优惠：（1）是否有地区性的税收优惠；（2）是否有行业性的税收倾斜政策；（3）有无减免税期限优惠。

3. 重视对纳税人权利的保护

承认和重视纳税人权利的保护是企业税务管理产生和开展的前提条件。税收是国家依据法律的规定对具备法定税收要素的人所进行的强制征收。纳税人在法律所允许的范围内选择税负最轻的行为既是纳税人的基本权利也是自由法制国家中“法不禁止即可为”原则的基本要求。没有对纳税人权利保护的意识，那么企业进行税务管理的权利自然也就得不到应有的保障。

根据我国税收征管法及其实施细则，我国纳税人及其扣缴义务人主要有以下权利：

（1）延期申报权。如果纳税人、扣缴义务人因不可抗力和财务会计处理上的特殊情况，不能按期办理纳税申报的，纳税人、扣缴义务人可在报送期限内提出书面申请报告，经税务机关批准后，可以延期申报，但延长期一般不超过一个月。在延长期内，纳税人应按上期实际缴纳的税额或税务机关核定的税额预缴；然后在税务机关批准的延期申报期限内办理纳税结算。

（2）延期纳税权。纳税人若有特殊困难，不能按期缴纳税款时，经县（含）以上税务局（分局）批准，可以延期交纳税款。延长期最长不超过三个月。在批准的延长期限内，不加收滞纳金。

（3）依法申请减税、免税权。纳税人可以依照有关法律、法规的规定，按照规定的要求和程序，有权向主管税务机关书面申请减税或免税，税务机关应按规定予以办理。

（4）多缴税款申请退还权。纳税人超过应纳税额缴纳的税款，税务机关发现后，应当立即退还；纳税人自结算缴纳税款之日起三年内发现的，可以向税务机关提出要求，税务机关查实后，应如数立即退还。

（5）委托税务代理权。纳税人、扣缴义务人可以委托注册税务师代为办理税务事宜。作为税务代理人，必须是经国家税务总局及其省、自治区、直辖市国家税务局批准，从事税务代理的专门人员——注册税务师及其工作机构——税务师事务所和经批准设立的会计师事务所、律师事务所等。实行税务代理制度，不仅可以减轻纳税人自行办理纳税事宜的工作量，而且能提高办税质量和效率，减少核算过程中的差错，使纳税人的纳税申报、申请、申诉得到及时办理。

（6）要求承担赔偿责任权。如果税务机关采取扣押、查封纳税人商品、货物或冻结纳税人的银行存款等税收保全措施不当，或者纳税人在限期内已缴纳税款，但税务机关未立即解除税收保全措施，而使纳税人的合法权益遭受损失的，纳税人有权要求税务机关承担赔偿责任。

（7）索取收据或清单权。税务机关扣押商品、货物或其他财产时，必须开具收据；查封商品、货物或其他财产时，必须开具清单。纳税人因故受税务机关扣押、查封商品、货物或其他财产的处理时，有权索取扣押收据或查封清单。因为这样才能证明自己的商品、货物或其他财产受到了法律限制，同时也说明自己已经遵守了国家法律。因此，如果税务机关不开具有关凭据，纳税人有权拒绝合作或履行相关义务。

（8）索取完税凭证权。税收机关征收税款和扣缴义务人代扣、代收税款时，必须给纳税人开具完税凭证。纳税人缴纳税款后，税务机关必须依法为纳税人开具完税凭证，作为缴纳税款的法律凭证，交给纳税人保存备查；纳税人也有权依法索取完税凭证，以证明自己已经履行了义务，使自己的合法权益不受侵犯。

（9）保密权。税务机关派出的人员进行税务检查时，应当出示税务检查证件，并有责任为被检查人保守秘密。在实际工作中，检查人员所掌握的纳税人的生产经营情况，不得泄露给予税务检查无关的人员，否则可能使该纳税人在市场竞争中处于不利的地位。因此，纳税人有权要求税务人员为其保密。

（10）拒查权。税务人员在对纳税人进行税务检查时，应主动出示税务检查证件。否则纳税人有权拒绝检查，以维护自己的合法权益。

（11）拒付权。纳税人违反了税法需进行罚款处理时，税务机关必须开具收据。纳税人支付罚款并收到罚款收据后，证明自己已经接受惩罚，承受法律责任。如果税务机关实施上述行为没有开具收据，纳税人则有权拒绝履行或合作，借以约束税务人员的执法行为。

（12）申请复议和提起诉讼权。纳税人、扣缴义务人、纳税担保人同税务机关在纳税上发生争议，或对税务机关的处罚决定、强制执行措施、税收保全措施不服的，可以按照规定的期限、程序向上级税务机关申请复议或向人民法院提起行政诉讼。根据行政诉讼和行政复议条例的规定，在申请复议或提起诉讼中，还可以就合法利益遭受的损失，要求税务机关承担赔偿责任。

（13）对违法行为的检举权。纳税人、扣缴义务人有权检举违反税收法律、财政法规的行为。税务机关应当为检举人保密，并按照规定给予奖励。

（二）企业自身应具备的条件

1. 企业领导人应重视税务管理的重要性

企业高层管理者必须要转变观念，充分认识强化企业税务管理的重要性，这是一个企业顺利开展税务管理的先决条件。企业领导应知晓税收法律法规，懂得税务管理对企业发展的重要意义，重视企业的税务管理问题。主要体现在：

（1）建立科学合理的纳税管理机构，配备具有良好素质的纳税管理人员；

（2）制定纳税管理制度及纳税管理人员考核与奖惩办法；

（3）制定与企业经营管理目标相一致的明确的税务管理目标；

（4）在企业管理人员中树立“正确纳税”的意识，使企业管理人员在其工作中有强烈的纳税管理观念。

2. 合理确定与企业长远发展目标相一致的税务管理目标

企业制定的各时期的纳税管理目标应与企业长远发展目标一致，所采用的各种纳税管理方式、纳税管理方案及其实施的过程与企业长远发展目标相一致。因为企业的发展是由各种因素共同推动的，税收只是其中的一个因素。企业通过有效纳税管理达到降低纳税成本与风险的目的，并不能等同于企业的长足发展，企业的发展更取决于企业产品的知名度、产品的质量、市场营销、人力资源、企业管理等各个方面。所以企业在进行纳税管理的具体过程中，必须最大限度地促进企业其他各种因素都发挥作用，以共同促进企业及早实现长远发展目标。

3. 企业的生产经营规模及资金的流动性

企业的生产经营规模大小及资金的流动强弱直接影响企业对纳税管理组织形式的选择。一般而言，生产经营规模较大、组织结构复杂、资金的流动性较强、有跨国经营的企业，应选择较高的税务管理组织形式，即在企业内部设置专门的税务管理部门，纳税事务的管理由企业该部门税务经理负责，具体工作由专职纳税管理人员担任。生产经营规模较小、资金流动性较差的企业，可选择在企业财务部门内部设立纳税管理专职岗位，雇用1～2名专职纳税管理人员对企业纳税事务进行管理；或委托专业税务咨询机构，对企业纳税事务进行管理。

4. 配备精通税务的专门人才，不断提高企业纳税管理人员的专业素质和责任心

无论企业采取哪种纳税管理组织形式，其从事纳税管理工作的管理人员都应具备以下的业务素质。

（1）精通税法及相关经济法规的具体内容，知晓税法的适用性。

精通税法是指精通国内税收的实体法与程序法。有跨国经济业务的企业，其管理人员还应熟悉跨国经济往来国家的税法及相关经济法规。熟悉与纳税管理活动相关的经济法规，包括财务会计法、公司法、合同法等。在法律效力的判定上，应知晓层次高的法律优先于层次低的法律，特别法优于普通法，国际法优于国内法，后法优于前法，实体从旧、程序从新五大法律适用性原则。

（2）懂得纳税管理的技巧与方法。企业纳税管理人员在使用纳税管理的技巧与方法时，要正视纳税管理活动的风险性，如纳税成本管理中使用的纳税筹划方式需要在企业经济行为发生前作出安排。由于环境及其他考虑变数错综复杂，且常常有些非主观所能左右的事件发生，这就使得纳税筹划带有很多不确定因素，故其成功率并非百分之百。同时，纳税筹划的经济利益也是一个估算值，并非绝对的数字，因此企业进行纳税收筹划时，应充分考虑筹划的风险，然后再做决定。

另外，在使用纳税管理的技巧与方法时，还要注意理论与实践之间的差异。例如，纳税成本管理中使用的降低纳税成本方式有多种，在理论上，偷税、避税、纳税筹划有不同的含义，容易区分；但是在实践中，要分清某一种行为究竟是纳税筹划行为，还是偷税行为，或者是避税行为，却比较困难，要通过税务机关的认定和判断，而认定和判断又随不同人的主观看法而有不同结果。因此，任何纳税主体在进行纳税筹划时，必须了解征税主体的可能看法。

（3）具有再学习的能力。税收具有调节经济的作用，其政策法规将随着经济的发展、国家宏观经济调控的需要而不断调整变化，纳税管理遵循的首要原则是合法性原则，因此企业的纳税管理者应注意学习新的税收法律法规。

（4）具有良好的沟通协调能力。企业财务会计及纳税管理人员还应具备较强的沟通与协调能力。因纳税管理工作不仅涉及企业内部生产、经营、投资、筹资等方面，还涉及与本企业有经济往来关系的企业、税务机关及财经主管部门。企业财务会计及纳税管理人员应具备的沟通与协调能力包括：上下沟通能力，即获得领导和同事支持的能力；左右协调能力，即各部门合作和配合的能力；八方交友能力，即既要有与税务部门、财经管理等部门沟通的能力，又要有与其他企业同行密切交流以获取信息经验的能力。

第三节　企业税务管理的方法及步骤

一、企业税务管理的方法

企业税务管理的方法是指为了实现税务管理目标、完成税务管理的基本任务，在进行税务管理活动时所采用的各种技术和手段。企业纳税管理以不同的标准可以分为不同的类别。由于企业税务管理在我国还不是很成熟，尚未形成一个完整的有体系的税务管理方法。王家贵在其《企业税务管理》一书中认为从企业税务管理的基本思路和需要出发，在企业税务管理实践中，主要有六种基本方法，即预先筹划法、程序控制法、目标管理法、专家咨询法、税务代理法、专项培训法。

企业税务管理涵盖的每一个内容都需要运用相应的方法去实现，从这个角度来说，我们也可以将税务管理按照管理的内容分成不同的方法。另外，如果以税务管理过程作为标准进行分类，那么企业税务管理方法也可以分为纳税预测方法、纳税决策方法和纳税控制方法等。

（一）基本方法

1. 预先筹划法

所谓预先筹划法，是指企业组建形式选择、投资决策、重大经营决策、资本运营决策之前，即在企业主要纳税义务发生之前先进行统一筹划，通过纳税方案的优选和周密的计划安排，对相关的涉税业务进行有计划的管理，并尽最大可能做到税负最低的一种管理方法。例如企业成立之初选择何种法律组织形式？企业是下设分公司还是设立子公司？一项购销合同如何签订等都可以运用该方法进行。它不仅适用于企业创立时的筹划，也适用于企业在筹资活动、投资活动、经营活动、销售活动时的税收筹划。

企业筹资选择中的税收筹划就是要合理选用筹资方式达到降低税负的目的。筹资融资是进行生产经营活动的先决条件。企业的资金有借入资金和权益资金两种。权益资金具有安全性、长期性，不需要支付固定利息等优点但要支付股息，且股息不能从税前扣除，资金成本较高。而借入资金虽需到期还本付息，风险较大，但利息可税前扣除，达到抵税作用，资金成本较低。

企业在进行投资选择时由于地区、方向、行业和产品的不同，其税收负担也就存在着差异。如在国务院批准的高新技术开发区、沿海经济开发区、经济技术开发区、经济特区和西部地区进行投资，可获一定期限的免征或减征所得税优惠。投资兴建高新技术企业、与外商合资兴办中外合资企业以及兴建利用“三废”为原料的环保企业，也可获一定期限的免征或减征所得税优惠等。

企业生产经营活动中可以通过对存货计价方法、固定资产折旧方法、费用分摊和坏账处理中的会计处理，在不同的会计年度内实现不同的所得税，从而达到延缓纳税目的，提高企业资金使用效率。如：在遵循现行税法和财务制度的前提下，通过选择适合的存货计价方法，使发货成本最大化，以实现账面利润最少的目标；采用加速折旧法，加大当期折旧，达到延缓纳税目的；选择最有利的坏账损失核算办法减轻税收负担；等等。

【案例2-1】设立公司制企业还是合伙制企业

甲、乙、丙、丁四人拟成立一个企业，每人出资400 000元，预计企业成立后每年可获利润500 000元。企业是选择公司制还是合伙制更能节税呢？这就需要进行预先的筹划。如果选择公司制企业，则该公司需要交纳企业所得税（按25%的税率计算）。另假设公司税后利润全部作为股利平均分配给甲、乙、丙、丁四人，则这四人每人还要交纳个人所得税。如果四人订立合伙协议，设立合伙企业，则不需要交纳企业所得税而只缴纳个人所得税。

（1）选择公司制需缴纳的税款

企业所得税 = 500 000 × 25% = 125 000（元）

企业税后利润 = 500 000 − 125 000 = 375 000（元）

每个股东交纳个人所得税 = [(500 000 − 125 000) ÷ 4] × 20% = 18 750（元）

4个股东共交纳个人所得税 = 18 750 × 4 = 75 000（元）

两种税合计缴纳税款 = 125 000 + 75 000 = 200 000（元）

（2）选择合伙制形式需缴纳的税款

每个合伙人需缴纳的个人所得税 = (500 000 ÷ 4) × 35% − 6 750 = 37 000（元）

4人合计缴纳个人所得税 = 4 × 37 000 = 148 000（元）

方案（1）要比方案（2）多缴纳税金 = 200 000 − 148 000 = 52 000（元）

此例说明在纳税义务发生之前进行筹划可以避免投资人多纳税款且并不违背税收法规的规定。

【案例2-2】分离出废旧物资公司还是直接收购废旧钢材

ABC集团公司为增值税一般纳税人，生产原料以废旧钢材为主。每年收购废旧钢材共计金额1 000万元，再重新回炉冶炼后出售，销售收入1 600万元（不含税）。在生产过程中有电费、水费及少量为修理而购进的配件的进项税额可以抵扣，每年平均约为34万元。

如果企业直接收购废旧钢材，由于不能取得可抵扣发票，其进项税不能抵扣，即应纳增值税 = 1 600 × 17% − 34 = 238（万元）。

如果该钢铁厂专门成立一个废旧物资回收公司，使该回收公司具有独立法人资格、独立核算、执有废旧物资经营的许可证，那么，该回收公司就可以享受免交增值税的优惠。该钢铁厂可以将废旧钢材收购业务转由其成立的回收公司来完成。为避免出现异常申报或有转让定价骗取税款的嫌疑，废旧物资回收公司可将其收购的废旧钢材加价10%转售给该钢铁企业。则：回收公司的销售收入 $=1\,000\times(1+10\%)=1\,100$（万元）；钢铁厂的应纳增值税 $=1\,600\times17\%-1\,100\times10\%-34=128$（万元）。

显然，钢铁公司分离出废旧物资回收公司可比直接收购废旧钢材节约税金110(238－128）万元。

2. 程序控制法

所谓程序控制法，是指通过制定规范的涉税业务运作程序，力求使企业所有的涉税行为都按规范的程序操作，进而将涉税事项的管理处于适时控制状态的一种管理方法。比如，企业的合同管理、发票管理、进出口业务管理、投资决策管理、工程项目管理等，都可以通过程序的规范化来避免许多因经办人员不懂税务而导致的税负损失或税务违规事项的发生。

3. 目标管理法

目标管理是企业成本控制中一种成熟的管理方法，它是将成本控制目标按成本形成过程或环节进行层层分解，形成前后关联的目标体系，分别加以控制和管理，进而使整体目标得以实现的一种系统管理方法。这种管理思想同样可以运用于企业税务管理。比如，企业可以通过测算或与同行业水平相比较，找出降低税负的差距和计划目标，然后将其按税负结构进行分解，进而确定与企业实际情况相适用的降负目标体系，并逐一落实到责任部门或责任人，从而确保降负目标的实现。

4. 专家咨询法

企业聘请税务顾问或遇到专项税务问题向专家咨询。

5. 税务代理法

企业税务管理的方法运用要视企业具体情况而定，企业规模太小，管理就相对简单，税务管理的具体事项也就相对较少。所以，采用税务代理的方式是最经济的管理办法。一方面，省却了本身对税务外行的担忧和避免可能发生的过失。另一方面，花较小的代价请专业机构代理还可以及时获得专业人士对企业税务管理的指导。因此，对小型企业来说，税务代理不失为企业税务管理的有效办法。

6. 专项培训法

所谓专项培训法，是指针对某项税务专门规定、某些税务技巧、某项税收政策或法规变动等进行短期专门培训。对大中型企业而言，某些税务事项牵涉面广，对企业税负影响较大，则需要组织专门培训，或是让有关人员参加外部的某些专项培训，借以熟悉相关操作。这些培训的过程，其实就是管理过程的一部分。

（二）根据企业税务管理的内容为标准进行分类

前文对企业税务管理的内容已经进行了介绍，对于每个具体的管理内容都会对应着相应的管理方法。

1. 纳税政策管理方法

纳税政策管理方法按纳税政策管理的阶段划分为收录方法、整理方法、存档及使用方法。依据纳税政策取得的渠道不同，主要有以纸介质文本收录、整理及存档为主的手工管理方法和以电子文本收录、整理及存档为主的计算机管理方法。由于计算机和网络技术的迅速发展，纳税政策管理的方法和手段主要转向以计算机管理为主。

2. 纳税成本控制方法

纳税成本控制方法包括制度规范方法、组织形式调整方法、财务核算技巧方法、税收优惠方法和延期纳税方法。每种方法又依据使用的范围和对象不同分为若干具体方法，例如，税收优惠方法可分为免税技术法、减税技术法、扣除技术法、抵免技术法和退税技术法。

3. 纳税过程管理方法

纳税过程管理方法包括纳税登记管理方法、纳税身份及事项认定管理方法、账簿与凭证管理方法、纳税核算管理方法、发票管理方法以及纳税申报管理方法。

4. 纳税风险防范方法

纳税风险防范方法包括纳税风险检验法、纳税风险评估法、纳税风险预警法与纳税风险控制法。每种方法又可包括若干种具体方法，例如，纳税风险检验法包括实地调查法和账证资料审查法。

5. 纳税争讼解决方法

纳税争讼解决方法包括纳税争议复议法和纳税争议诉讼法两种类型。

（三）其他方法

企业税务管理的其他方法包括：纳税预测方法、纳税决策方法、纳税控制方法、纳税风险防范方法等。

企业税负产生于业务过程，因而税务管理过程应该融于业务活动过程之中，所以在业务决策过程中，企业的高层管理者作为决策主体需要对企业经营、筹资、投资以及收益分配过程等凡是涉及税收问题的都需要做出最优选择。这个纳税决策是建立在纳税预测方法之上的，企业税务管理的部门需要事前测算各纳税方案的税负及其对现金流量的影响，在编制相关预算时，应尽可能明确税前、税后的各项指标，为纳税决策提供可靠的依据。企业在进行税务管理的整个活动中，都需要做好纳税控制，从企业成立到注册登记、从生产经营活动开展之前到生产经营过程中，都应进行涉税的计划和分析。在既定的税务管理方案执行过程中，应对税金的支出进行监督，对纳税成本和风险进行控制，及时反馈税务管理方案的执行情况，以便更好地改进管理，提高决策的效果。

二、企业税务管理的步骤

（一）分析企业的基本情况

企业要想实施有效的税务管理，必须对本企业的现在和未来进行深入的分析。对企业现阶段的纳税情况及财务管理情况进行全面的检查，了解企业存在的问题，以便有针对性、有重点地进行税务管理。具体来说，企业需进行以下方面的具体分析。

1. 企业的组织形式

现代企业的组织形式按照财产的组织形式和所承担的法律责任权限，国际上通常把它分为独资企业、合伙企业和公司制企业三种类型。不同的企业组织形式会有不同的税负水平，投资者在组建企业后拟设立分支机构时，就必须考虑不同企业组织形式给企业带来的影响。了解企业的组织形式，可以对不同组织形式的企业提出具有针对性的纳税管理目标、制度与措施。

2. 财务情况

企业税务管理要合理合法地降低纳税成本，只有全面详细地了解企业真实的财务情况，特别是与税收缴纳相关的财务情况，才能制订出正确的税务缴纳管理的具体措施。

3. 未来的发展方向和投资意向

明确企业未来的发展方向是便于明确投资方向，即选准投资区域和投资行业。企业的未来发展和投资意向影响着企业税务管理的目标、制度与措施。企业投资就税收因素来说，国家对于不同的产业政策在不同的时期会做出相应的调整，税收政策是国家对产业进行扶持或限制的主要手段之一。以所得税为例，国家通过减免所得税的方式扶持的产业主要包括高新技术产业、农业、公共基础建设产业。投资国家鼓励类产业可以享受税收优惠政策。

4. 企业纳税情况

了解企业以前和目前的纳税情况，尤其是纳税申报和缴纳税款情况，对企业纳税管理的有效实施会有很大帮助。作为纳税管理的直接操作者还应了解企业法定代表人的政策水平、开拓精神及对待风险的态度等，以知晓企业未来发展的总体思路。尤其是企业领导人的开拓精神及对待风险的态度对企业纳税管理目标、制度与措施的制定有较大的影响。

（二）收集整理与企业生产经营相关的财税法规

由于企业生产经营情况不同，所发生的纳税事宜不同，所使用的税收法律法规也不同。因此企业税务管理者在分析了企业基本情况后，应有针对性地收集与企业生产经营相关的税收法律及法规，收集与企业生产经营相关的其他经济法规，以此对照检查企业目前纳税管理中所存在的问题。

（三）明确税务管理目标

纳税管理目标必须与企业的经营目标相一致。企业是以营利为目的从事经营活动的组织。企业经营活动是在激烈的市场竞争中进行的，充满着风险，有时甚至面临着破产倒闭的危险。可见，企业必须生存下去才可能获利，同时，企业也只有在不断的发展中才能获得永久的生存。因此，企业税务管理的目标要与企业发展的目标相一致，而税务管理目标的确定也是企业采取一系列税务管理制度和措施的先决条件。

（四）选择适宜的税务管理组织形式

每个企业的生产经营情况不同，企业应依据自身的生产经营情况确定自身所应采取的税务管理组织形式。企业规模越大，业务类型越复杂，其涉税的环节和涉税业务会随之增加，税务管理的难度和复杂程度也愈加增强。例如从事多元化发展的企业相对于单一化经营的企业而言，业务种类较多，涉税事项也较多，因而更需要在企业设立专门的税务部门和岗位人员实施税务管理。必要的情况下，可以聘请税务专家对多元化的专项内容进行专业的税务指导。所以在生产规模较大、资金流动性较强、纳税情况复杂的企业可在企业财务部门内部设立纳税管理科室，雇用专职纳税管理人员进行纳税管理；生产规模较小、资金流动性较弱、纳税情况较简单的企业可在企业财务部门内部设立纳税管理岗位或委托税务咨询机构代为进行全部或部分纳税管理，如委托税务咨询机构代为进行纳税管理。税务管理的组织形式不同决定了企业不同的税务管理流程和相关制度的贯彻执行。如果企业选择委托税务咨询机构代为进行税务管理，那么企业首先应选择商业信誉、服务质量较好的税务咨询机构；其次，应与该税务咨询机构签订正式委托合同，明确双方的责任及义务，明确如果因为税务咨询机构的责任造成经济损失应如何补偿等问题；最后，应对税务咨询机构指定的专业管理人员的业务素质及职业道德进行考察与确认。

（五）确定合适的纳税管理人员

无论企业确定哪种纳税管理的组织形式，均需要考虑纳税管理人员的任用问题，企业应选用业务素质及职业道德较好的人员从事税务管理工作。

（六）制定税务管理制度与流程

没有规矩不成方圆，制定纳税管理制度与流程是为了促使企业纳税管理更加规范且更有效果。针对企业实际纳税情况和纳税管理组织形式所制定的纳税管理具体制度，包括纳税管理岗位责任制度、纳税申报管理制度、纳税风险控制制度等。纳税管理流程是指与纳税管理具体制度相配套的各种管理流程。

（七）研究制订税务管理方案

研究制订纳税管理方案，从广义上讲是指企业整体纳税管理目标、纳税管理原则、组织管理方法的制订。从狭义来讲是指企业依据不同发展时期的具体经营要求所进行的具体纳税方案的研究、设计与制订，例如，企业筹资及相关纳税方案的设计、企业成本管理方式的调整与纳税方案的设计与制订。

（八）组织纳税管理方案的实施

组织纳税管理方案的实施包括企业整体纳税方案的实施与不同发展时期具体纳税方案的实施。

（九）信息反馈与归档

对纳税管理过程中所产生的纳税管理信息要及时进行整理、分析、归档，反映给实际管理部门及人员，以纠正错误的行为。

三、企业税务管理中应特别注意的问题

（一）树立源头控制的理念

所谓源头控制是指了解企业税负产生的根源，从源头做好税务管控工作。简单地说就是

知晓企业负税是什么原因产生的，控制其源头才能达到节税的结果。实践中，人们通常认为企业纳税多少都是财务部门的事情，因为财务部门通常承担着缴纳税款的职责，而且国家税务部门对企业进行税务检查时往往也会直接关注企业的财务会计资料。事实上，财务会计资料是对企业经营业务活动的事后反映过程，真正给企业带来税负的是企业经营业务活动本身。比如企业缴纳的税种为什么会有区别？其原因在于每个企业的经营活动是不同的，有的企业经营活动是进行生产销售，那么就会产生增值税的缴纳义务，而有的企业是从事旅游服务业务的，那么就会产生营业税的缴纳义务。因此，企业的纳税义务是因企业的涉税业务经营而产生的，企业应该从做出业务经营决策时就做好税务的管控工作，而不是等纳税义务发生时去责成财务部门想办法节税。

（二）熟知税法及其实施细则

企业既要依法纳税、诚信纳税又要节约税负成本，首要的前提是熟知税法及其实施细则。税法规定的内容繁多而复杂，而且会因为经济环境的改变不断地进行修正，同时作为企业自身而言其所处的市场环境也会不断发生变化，企业要想达到最优的税务管理目标就需要既了解掌握税法，还能灵活运用税法为企业税务管理服务。

（三）经常保持与主管税务机关的沟通

经常保持与主管税务机关的沟通，不仅可使企业及时了解和把握税收政策的走向，以便最大可能和最大限度地利用各种税收优惠政策，而且可以及时获得税务机关的具体业务指导和帮助，以减少差错，避免受罚。同时还可以增进征纳双方相互的理解和支持，为企业合理合法的节税提供了条件。

第四节　分类管理与大企业税务管理

税务机关进行税收征收管理时为了提高税收征管的效果通常会针对不同的企业进行分类管理，而对大企业则特别实施有针对性的税务管理。作为一个企业来说针对本企业内部的税务活动实施分类管理也是极其必要的，分类管理可以提高企业税务管理的效果，便于企业理清主次、抓住重点。

一、分类管理

（一）分类管理的含义

分类管理是企业针对自身实际情况结合国家税收的相关政策法规对企业内部的涉税业务和纳税事项按一定标准分成若干种类，针对每类特点采取不同手段进行管理的方法。最常见的分类管理是按照企业需缴纳的税种进行分类管理，也可以根据企业内部的业务活动流程进行分类管理等。此外，我们也可以根据企业税务管理的复杂程度实施不同的管理手段和方法。

（二）分类管理的具体划分

1. 根据税种进行分类管理

企业行业性质、经营的业务特征决定了企业涉税的种类。根据企业涉税的种类分别采取特定的管理方法和手段是企业税务管理中最常见的方式。我国现行的税种主要有流转税类、资源税类、所得税类、行为税类、财产税类等。针对每一税种，结合企业的业务活动，本着依法纳税、降低纳税成本的原则实施税务筹划，进行税务管理。例如企业可以从纳税人的身份选择、商业模式选择等方面进行增值税的纳税筹划管理。

这种分类管理模式要求企业按税种的性质在其下属的分支机构建立好税源管理台账。这样一方面便于企业制订相应的税务支出计划，做好相应的控制和监督；另一方面也为所属部门相关的业务考核提供了基础资料。

2. 根据企业内部的业务活动进行分类管理

企业税务管理必须融入业务活动管理的过程中。企业的业务活动过程是产生税负的过程。因而，就企业生产经营的一般过程而言，涉税业务的税务管理大致包括以下方面：企业商务合同的税务管理、企业筹资的税务管理、企业投资的税务管理、企业营销的税务管理、企业薪酬福利的税务管理等。

（1）企业商务合同的税务管理。企业的经营活动过程中离不开商务合同，合同决定了经营过程，而经营过程又产生了税。合同约定的内容往往直接影响了企业税负，如交易性质、交易价格、交易费用的支付方式、发票开具等。凡是依据合同进行交易的应税行为，无论是增值税、消费税，还是营业税、印花税都是以合同约定的金额为计税依据的。推行合同会签制度是企业商务合同税务管理的一个有效措施，所谓的商务合同会签是指在业务合同的签订时，要求企业业务部门、法律部门以及负责税务工作的财务部门共同参与，事前审阅合同条款分析涉税的环节，做到事前税务控制，以节约税务成本的工作制度。

【案例2-3】合同签订决定了税负

A水泥厂对外销售水泥，一直由当地的B运输公司承运。由于B公司的运输费用收取较高，为了降低成本，A水泥厂决定委托当地的个体运输户承运水泥，并与他们签订了运输合同。但是这些个体运输户都挂靠在当地的C运输公司，要开发票就需要向C公司缴纳税款和管理费用。个体运输户持C公司开具的发票到A水泥厂结算运费，A水泥厂按运费发票的7%抵扣进项税，总共抵扣进项税额为23万元。但是税务机关来A水泥厂稽查时，认定水泥厂属于虚开发票行为。原因是该水泥厂是与当地的个体运输户签订的合同，运费也是与个体运输户直接结算的，但是却取得的是C运输公司的发票进项抵扣，所以属于虚开发票行为，23万元不能进项抵扣。该企业因此损失了23万元的税款。其实，A水泥厂完全可以有两种方式避免这23万元的税款损失。一种方法是企业到税务机关代开发票。另一种方法是不直接与个体运输户签订合同，因为这些个体运输户都挂靠在C运输公司，A水泥厂完全可以与C公司签订运输合同，这样就可以从C公司取得运输发票了，也就可以顺理成章地进行抵扣了。所以本案例说明事前加强对合同的管理可以避免或减少将来企业纳税的损失。

（2）企业筹资的税务管理。企业筹资方式有很多种，可以通过发行股票、发行债券或向金融机构贷款等多种方式来完成。但各种筹资方式取得的资金，在使用时间、风险程度和支付的成本等方面各不相同，它不仅影响企业的税负也影响着企业最终的经营成果。因而，做好企业筹资业务的税务管理非常重要，作为企业来说最主要的一点是要选择最优的筹资方式。

（3）企业投资的税务管理。企业投资的税务管理是从企业节约税负的角度，对投资从决策到执行再到最终回收投资资金的全过程进行整体的组织和筹划。在管理过程中始终关注投资方向的行业税收优惠、地区税收优惠；如果要投资兴办企业还要慎重选择企业组织形式来达到最终的节约企业税负的目的。

（4）企业营销的税务管理。企业营销模式从传统的自产自销模式发展到专卖店销售、区域经销商或代理商销售、加盟连锁销售、直销或会员制销售、租赁式营销以及网络营销等，不同的模式产生了不同的营销效果和税负。企业在销售活动中还会因为采用的交易方式不同和促销手段不同使得企业的税负产生较大差异。

（5）企业薪酬福利的税务管理。企业薪酬福利的税务管理需要涉及如下方面：薪酬福利的相关政策法规；企业员工的收入需要代扣代缴个人所得税的范围；员工薪酬发放的节税筹划等。

3. 根据企业税务管理的复杂程度进行分类管理

根据企业税务管理的复杂程度将其分为日常事务性管理和监督性管理。

所谓日常事务性管理是指企业税务管理中日常性、事务性、一般性的管理活动，处于税务管理活动的最底端，属于基本操作层面的业务居多，对管理者的专业知识和技能要求不高。这些工作只要管理者按照相关法规、业务流程、操作要求机械地进行就可以完成。主要包括下列内容：企业税务登记管理、税务账簿凭证管理、税务票证管理（包括发票管理、税票管理）、纳税申报、税款缴纳管理等。

对于日常事务性管理由于各税种的申报期、计税依据、税率及平时的侧重点不尽相同，有必要以业务手册的形式加以规范。推行税收日常业务严格按业务手册操作的制度。为了防止业务手册流于形式，应要求办税员严格按业务手册中规定的程序操作。只有这样，才能实现税收核算的日常业务由经验型向程序型、由操作型向管理型转变。避免错报、漏报以及由此可能面临的罚款。而且，各项业务流程以科室内部制度的书面形式加以明确，有利于培养新手及实现内部轮岗，确保税收日常工作的延续性，杜绝工作中的随意性。当然，编制后的业务手册还应根据实际业务情况及税收法律法规及征管要求的变化而不断地修订和完善，使其处于有效地运行状态，这样才能更好地指导日常的税务工作。

监督性管理是税务管理中相对比较复杂的管理活动，要求管理者具有较高的税收专业知识和技能，特别是要具备较强的纳税分析评估能力、税务检（稽）查能力等。它对企业税务管理工作起着监督、检查、控制的作用，避免企业出现纳税风险导致不必要的纳税损失。

二、大企业税务管理

（一）大企业的界定

大企业是一个相对概念，一般指企业注册资本、资产规模、年销售（营业）收入、年实现税收和利润、企业职工人数等指标达到一定规模的企业。

从税务管理的角度，世界各国对大企业的界定标准各不相同。

目前主要存在以下几种类型标准。

1. 以注册资本为标准。日本规定，凡注册资本达到1亿日元以上的国内企业（含外商投资且在日本注册为法人的企业）和外国企业（含常设机构）均被视为大企业进行管理。

2. 以销售或营业收入为标准。澳大利亚规定，年销售收入超过1亿澳元的为大企业。大企业的子公司不论收入多少，均纳入大企业管理。

3. 以资产作为标准。美国2002年规定，凡资产超过1 000万美元的公司、股份子公司、合伙公司即视为大中型企业。

4. 以综合因素为标准。英国在确定大企业时没有制定一个量化的标准或是多因素的计算公式，而是综合考虑企业的收入、利润、资本额、国际化背景、过去的行为等因素，银行、保险等金融类的大企业因其业务的复杂性一般都被纳入大企业的范围。

对于我国来说，认定大企业的范围，应该综合企业规模、行业特征来确定。企业是否具备一定规模即指注册资本、年销售（营业）收入、年纳税额达到一定规模的企业，其中，只要一项指标达到规定标准即可。由于我国各省市、地区的经济发展和税收情况不一，在大企业确定的具体指标底限上情况各有不同。

除了和税务管理相关的大企业认定标准以外。原国家经贸委、原国家计委、财政部、统计局《关于印发中小企业标准暂行规定的通知》也对企业按照从业人员数、销售额、资产总额三项指标进行了划分。如大型工业企业的界定是从业人员2 000人以上或销售额3亿元以上或者资产总额4亿元以上；大型建筑企业的界定是从业人员3 000人以上或销售额3亿元以上或者资产总额4亿元以上；大型批发企业的界定是从业人员200人以上或销售额3亿元以上或者资产总额4亿元以上；大型零售业的界定是从业人员500人以上或销售额1.5亿元以上或者资产总额4亿元以上。

（二）大企业税务管理的特殊性

1. 税种结构复杂。由于大企业资产规模巨大、机构庞大、组织结构相对复杂，有的企业在多个地区拥有子公司、合营企业、联营企业或其他成员机构，或者存在多个业务分部和地区分部，造成企业承担的税种多样。许多大企业从事多元化经营，经营范围涉及多个行业，这也造成企业纳税种类的复杂。

2. 税收环节复杂。由于大企业生产经营活动的复杂性，决定了企业的涉税业务多样，涉税环节也趋于复杂化。

3. 涉税金额大。大企业的经营活动业务量大，市场覆盖面广，因而使得企业税款缴纳的金额较大，如果管理不到位，极可能给企业造成较大的税款缴纳损失。

4. 纳税意识较强，有一定的财务、税收专业化水平。大企业在组织管理上相对比较规范，通常配备的财务人员和管理人员都具有较高的专业水平，企业纳税意识较强。

5. 实施税务管理的空间较大。正是由于大企业存在上述的特点，因而大企业进行税务管理更为必要。大企业完全可以利用具备一定税收专业水平的优势，在正确理解和充分利用国家税收政策的基础上，做好本企业的税务管理工作，控制税收支出成本，防范税收风险的产生。

（三）大企业税务管理的实施程序

大企业税务管理的基本框架如图2－1所示。大企业税务管理的特殊性决定了企业税务管理工作的最重要的目标是要控制税务风险，因而实施大企业税务管理的中心问题就是做好税务风险的控制。

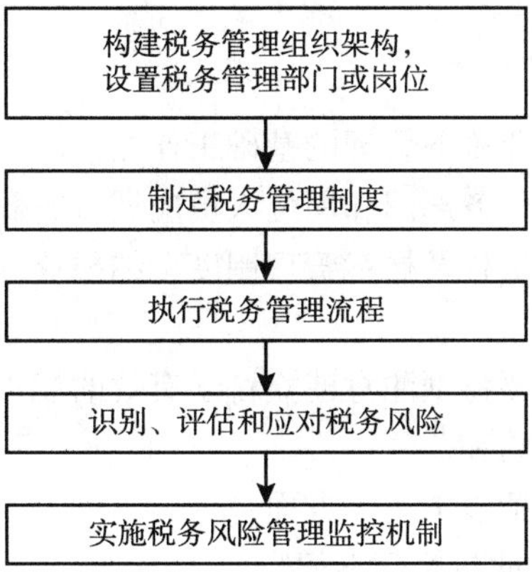

图 2－1 大企业税务管理基本框架

1. 构建税务管理组织架构，设置税务管理部门或岗位

企业应结合企业业务特点和内部税务风险管理的要求设置税务管理机构和岗位，明确各个岗位的职责和权限，建立税务管理的岗位责任制。企业可任命税务总负责人，直接对总经理负责。企业组织结构属于总分机构模式的，需要在分支机构设立税务部门或者税务管理岗位；集团型企业，需根据自身特点在地区性总部、产品事业部或下属企业内部分别设立税务部门或者税务管理岗位。企业应配备合格的人员负责涉税业务，负责涉税业务的人员应具备必要的专业资质、良好的业务知识和职业操守，遵纪守法。

企业设立的税务管理部门需要履行以下职责：

（1）制定和完善企业税务管理制度、税务手册和其他规章制度。

（2）参与企业战略规划和重大经营决策的税务影响分析，提供税务风险管理建议。

（3）组织实施企业税务风险的识别、评估，监测日常税务风险并采取应对措施。

（4）指导和监督有关职能部门、各业务单位以及全资、控股企业开展税务管理工作。

（5）建立税务风险管理的信息和沟通机制。

（6）组织税务培训，并向本企业其他部门提供税务咨询。

（7）承担或协助相关职能部门开展纳税申报、税款缴纳、账簿凭证和其他涉税资料的准备和保管工作。

（8）其他税务风险管理职责。

以集团型企业为例，具体的岗位职责可以进行如下设置。

集团公司税务管理部门的主要职责是：制定和完善集团公司税务管理规章制度；制定审核各类经济业务的税务处理流程；服务、指导、协调、监督各单位的税务管理工作；对子公司的税务筹划工作进行论证并促进实施；负责集团本部的纳税申报及日常税务管理工作；建立与税务部门良好的沟通渠道，形成和谐的税企关系。

子公司税务管理的主要职责是：执行集团公司税务管理制度及流程，对本单位的各类经济业务进行税务审核；负责本单位的税务登记、税务核算及申报；负责税收优惠政策的运用及筹划；负责本单位税务管理的基础工作；对本单位各项经济业务涉税问题进行把关，在重大经济业务活动发生前与集团税务部门协商沟通和汇报，防止出现重大涉税问题。

集团公司和各子公司其他业务部门应配合财务部门制定业务流程中的税务处理流程，并执行税务处理流程的规定。

2. 制定税务管理制度

制定税务管理制度是大企业税务管理的基础工作之一。

税务管理制度包括：各级税务部门和岗位人员应履行的职责；税务管理中不相容岗位的分离、制约和监督制度；税务报告及档案管理制度；纳税业务的处理流程制度；税务管理激励制度等。

在各项规章制度中，企业要特别注意建立科学有效的职责分工和制衡机制，确保税务管理的不相容岗位相互分离、制约和监督。

税务管理的不相容职责包括以下7个方面：

（1）税务规划的起草、审批与执行不相容。

（2）税务资料的准备与审查不相容。

（3）纳税申报表的填报与审批不相容。

（4）税款缴纳划拨凭证的填报与审批不相容。

（5）发票购买、保管与财务印章保管不相容。

（6）税务风险控制程序的执行与执行有效性的审查和评价不相容。

（7）其他应分离的税务管理职责。

3. 执行税务管理流程

设置了对应的税务管理部门，制定了相应的税务管理制度，真正按照税务管理流程进行执行才能发挥出应有的效果。在企业的税务管理过程中，要始终贯彻事前规划的原则，把握住关键的一点，即企业的业务活动产生税。因而，税务管理过程需要在业务活动开始之前就行动。执行税务管理流程中的一个重要目标就是在合法的基础上节约企业纳税成本，控制企业的税务风险。

（1）执行纳税实务管理工作。主要包括税务登记、税务核算、纳税申报及发票管理等。

①税务登记管理。大企业集团在需要设立子公司之前，集团税务管理部门根据税收征管范围及税收优惠政策的有关规定，指导子公司选择合适的地区进行国、地税登记；子公司因经营场所变动需变更征管范围时，由集团税务管理部门指导、协调办理；子公司宣布歇业或清算时，原则上应先对清算过程中存在的税务问题解决完毕，再办理税务及工商注销手续。

②税务核算及管理。子公司应做好税务管理基础工作，依法设置账簿，根据合法、有效凭证记账。避免出现如兼营行为没有分开建账导致从高征税，核算不清导致核定征税，缺乏有效凭证导致企业所得税汇算调增损失。子公司应充分考虑税务成本，事前对发生的各类经济业务进行税务审核并积极进行税务筹划，事后对纳税情况进行分析并找出税收异常变动的原因，从而达到合理运用税收法规节约税收支出之目的。税收核算要严格按照税收法规和会计法规开展，当公司税收筹划涉及调整税收核算的，应按照税收筹划要求进行核算；对经济事项的处理涉及税法和会计法中不明确之处，或税法与会计法之间存在冲突时，应作出一个合理选择。

③纳税申报。严格执行纳税申报流程。集团公司及子公司税务会计每月依据应交税金明细账与相关涉税科目等资料填制纳税申报表，经主管领导审核无误后按规定上报同时办理纳税申报手续。子公司需延期申报时，应按有关规定向税务部门办理相关手续并在集团备案。

④发票管理。严格按照发票管理办法及实施细则等有关规定领取、开具、接收和保管本单位的各类发票。在经济业务运行中，应按发票使用规定，根据经济业务的性质开具和取得合规的发票，杜绝跨期发票或过期发票列支成本费用；避免业务人员人为压票影响增值税抵扣和不能按期抄报税的情况。

（2）执行税务筹划工作。企业税务管理部门应积极关注和学习各类税收法规，认真研究各项税收优惠政策对本企业的适用条件，在经济业务发展过程中积极取得享受税收优惠政策的各种申报材料。

（3）执行税务报告及档案管理工作。企业应建立税务分析报告制度，加强税务档案管理，定期对本单位税收实现情况进行分析，建立本单位税负率标杆。当税负出现异常变动时，应及时分析并向所属集团税务管理部门提交税务分析报告。企业应及时整理、装订本单位的税务报表，对每年所得税汇算中调整的明细事项，应建立台账进行管理；对每次国、地税稽查中出现的问题，要专项整理归档。税务人员工作调动时，应办理税务资料、档案的移交手续，按照会计法规要求，实施监交。

（4）执行财产损失申报和所得税汇算工作。大企业集团本部各单位需要及时向集团税务管理部门提供有关纳税申报的资料，承担税款；集团本部单位的各类资产损失（坏账损失、投资损失、存货跌价损失、固定资产处理损失），在年终由集团税务部门负责收集清单，报董事会申请核销，经批准后向税务部门办理审批手续；集团本部各单位在对各类资产进行盘点的基础上，查明损失原因、分清损失的责任、完备损失的原始手续、资料，准确计算资产损失的计价金额，需做进项税转出的按要求转出。

按国家税务总局规定，参与合并纳税的集团公司全资子公司，在年终时按照集团公司财务部统一部署进行所得税汇算工作，股权发生变动不再符合合并纳税条件的，应及时将股权变动情况报告集团公司财务部。子公司进行财产损失申报、所得税汇算需聘请税务中介机构时应服从集团统一安排。

4. 识别、评估和应对税务风险

企业应全面系统持续地收集内部和外部相关信息，结合实际情况，通过风险识别、风险分析、风险评价等步骤，查找企业经营活动及其业务流程中的税务风险，分析和描述风险发生的可能性和条件，评价风险对企业实现税务管理目标的影响程度，从而确定风险管理的优先顺序和策略。

（1）识别、评估税务风险。企业应结合自身税务风险管理机制和实际经营情况，重点识别下列税务风险因素（见表2－1）。

表2－1　　企业内外部税务风险因素

企业内部税务风险因素	企业外部税务风险因素
①企业经营理念和发展战略	①经济形势和产业政策
②税务规划以及对待税务风险的态度	②市场竞争和融资环境
③组织机构、经营模式或业务流程	③适用的法律法规和监管要求

续表

企业内部税务风险因素	企业外部税务风险因素
④税务风险管理机制的设计和执行	④税收法规或地方性法规的完整性和适用性
⑤税务管理部门设置和人员配备	⑤上级或股东的越权或违规行为
⑥部门之间的权责划分和相互制衡机制	⑥行业惯例
⑦涉税员工的职业操守和专业胜任能力	⑦其他外部风险因素
⑧财务状况和经营成果及现金流量情况	
⑨技术投入和信息技术的运用	
⑩信息和沟通情况	
⑪监督机制的有效性	
⑫其他内部风险因素	

企业税务部门应协同有关职能部门和业务单位实施税务风险的评估，也可聘请具有相关资质和专业能力的中介机构协助实施。

（2）应对税务风险。企业应根据税务风险评估的结果，考虑风险管理的成本和效益，在整体管理控制体系内，制定税务风险应对策略，建立有效的内部控制机制，合理设计税务管理的流程及控制方法，全面控制税务风险。根据风险产生的原因和条件从组织机构、职权分配、业务流程、信息沟通和检查监督等多方面建立税务风险控制点，根据风险的不同特征采取相应的人工控制机制或自动化控制机制，根据风险发生的规律和重大程度建立预防性控制和发现性控制机制。企业应针对重大税务风险所涉及的管理职责和业务流程，制定覆盖各个环节的全流程控制措施；对其他风险所涉及的业务流程，合理设置关键控制环节，采取相应的控制措施。企业因内部组织架构、经营模式或外部环境发生重大变化，以及受行业惯例和监管的约束而产生的重大税务风险，可以及时向税务机关报告，以寻求税务机关的辅导和帮助。

①企业税务部门应参与企业战略规划和重大经营决策的制定，并跟踪和监控相关税务风险。针对重大风险所涉及的管理职责和业务流程，企业应制定覆盖各个环节的全流程控制措施；对其他风险所涉及的业务流程，企业应合理设置关键控制环节，采取相应的控制措施。企业因内部组织架构、经营模式或外部环境发生重大变化，以及受行业惯例和监管的约束，产生的重大税务风险，可以及时向税务机关报告，以共同应对税务风险。

②企业税务部门应参与企业重要经营活动，并跟踪和监控相关税务风险。参与关联交易价格的制定，并跟踪定价原则的执行情况。参与跨国经营业务的策略制定和执行，以保证符合相关国家的税收法律法规。

③企业税务部门应协同财务部门，管理日常经营活动中的税务风险。制定各项涉税会计事务的处理流程，明确各自的职责和权限，保证对税务事项的会计处理符合相关法律法规；完善纳税申报表编制、复核和审批、税款缴纳的程序，明确相关的职责和权限，保证纳税申报和税款缴纳符合相关法律法规；按照税务法律法规，真实、完整、准确地准备和保存有关涉税业务资料，并按相关规定进行报备。对于发生频率较高的税务风险，企业应建立监控机制，评估其累计影响，并采取相应的应对措施。

5. 沟通与协调

企业应建立税务风险管理的信息与沟通制度，明确税务相关信息的收集、处理和传递程序，确保与管理层和相关业务部门保持良好的沟通和反馈，发现问题应及时报告并采取应对措施。企业税务管理部门应与税务机关和其他相关单位保持有效的沟通，及时收集和反馈相关信息，根据业务特点和成本效益原则，将信息技术应用于税务风险管理的各项工作，建立涵盖风险管理基本流程和内部控制系统各环节的风险管理信息系统。利用计算机系统和网络技术，对具有重复性、规律性的涉税事项进行自动控制；建立年度税务日历，自动提醒相关责任人完成涉税业务，并跟踪监控工作完成情况。

6. 实施税务管理监控机制

税务总负责人应定期对企业税务风险管理机制的有效性进行评估审核，不断改进和优化税务风险管理制度和流程。企业内部要实施税务审计和监督制度。

大企业内部原则上由集团税务部门统一聘请中介机构对内部各单位进行税务专项审计。集团公司对税务审计过程实施监控，子公司税务审计过程中出现重大问题要及时与集团沟通；子公司税务审计报告必须经集团审核确认正式审计报告要交集团备案。

企业各级部门对各级税务部门的纳税检查都应积极配合。企业内部各子公司的财务主管为税务检查时的第一责任人，负责接受询问和解释，对本单位存在的税务问题应及早发现并提出解决方案。检查中，要积极与检查人员沟通，时刻关注整个检查进展情况，对涉及集团层面的涉税处理事项，在了解事情全貌后给出答复；检查后应及时将稽查结果整理归档并交集团备案。税务检查结束后，子公司应积极取得税务检查结论草稿，并组织相关人员讨论，复核税务检查结论，并制订改进方案。

【案例2-4】安阳钢铁集团税务风险管理实例

安阳钢铁有限责任有限公司（以下简称“安钢”）是河南省最大的钢铁企业。作为国有特大型钢铁联合企业，安钢重视企业税务管理，将涉税风险控制作为专项课题研究，并在实施集团企业涉税风险管理方面积累了成功的经验。

一、安钢集团规避税收征管风险的做法

1. 确保税控设备安全可靠。安钢集团目前拥有20多台税控机分散在各销售公司和二级单位，集团高度重视对其的管理，明确规定由相关业务科室管理，晚上安排人员轮流值班，集团公司税政科统一调度和协调以确保税控机正常使用。

2. 建立完善的发票使用、保管制度，提高发票保管的软硬件水平。为避免发票使用管理中的涉税风险，安钢集团制定了《安钢集团发票管理制度》，要求在日常发票管理过程中，严格按规定领购、保管和使用发票，对于发票的取得更是做出详细的要求。

3. 强化资金预算管理，确保税款足额缴纳，规避申报缴税风险。企业必须按照规定的期限办理纳税申报和报送纳税资料，否则将被按税收征管法的规定罚款，继而影响企业纳税信用等级的评定。以申报较为复杂的增值税为例，安钢集团一是力争确保20多台税控机不出问题，每个月的第一个工作日必须执行开票计税工作，将上月开票信息录入IC卡，并打印专用发票、普通发票金税卡资料统计表，与库存发票核对无误后，填写金税工程存根联数据核查表交集团公司税政科。二是集团公司税政科核实无误后，汇总出整个公司的发票领用存根以及开票金额、税额等数据，将所有IC卡及相关纸质信息报税务局。三是月资金预算审批后，每周进行资金预算调控，优先保证所缴纳的税款，于每月10日填写纳税申报表及附列资料，通过网络或软盘生成上报数据到税务局申报纳税，报税后及时将税务信息读入开票机，确保生产经营正常进行。

4. 积极配合税务机关，处理好税务检查工作。税务机关每次开展的税务检查工作都有极强的目的性，安钢集团高度重视、积极配合，集团公司税政科全程陪同，及时对税务机关产生的疑问做出解释。同时，集团会及早准备好“银行存款、库存商品、应付职工薪酬和应收账款”等科目相关资料以备检查，核对销售合同、代销清单和银行对账单，核实销售与视同销售的收入，作到心中有数。

5. 做好纳税信用等级评定工作。纳税信用等级评定管理是税务局为加强税收信用体系建设，促进纳税人依法纳税制定的纳税信用评定管理办法，不同等级对应于不同的税务管理待遇。如被评定为C或D级企业，企业的日常经营将受到严重影响。安钢集团非常重视此项工作，平时严格遵守税收法律法规，按规定办理申报、缴税以及其他涉税事项，以免因此发生税务违法违规行为而导致纳税信用等级被评低。

二、安钢集团企业运营涉税风险管理的做法

1. 加强税务会计管理，避免会计核算风险。为加强税务会计管理，安钢集团指定财务部的税政科专门负责研究国家、地方税收政策法规，了解与公司土地、房产、物流、经营等方面相关的涉税制度，这对于公司降低企业成本十分必要。由于税法与会计制度的某些规定在涉税事项处理上存有差异，这就要求一项经济业务的发生用会计来反映时，必须首先考虑税法规定，从税收稽查的角度考虑和解决问题，从根本上杜绝由于会计核算失误带来的涉税风险。

2. 把握供应环节涉税风险关键点，努力降低采购成本。采购环节涉税项目较多，安钢集团十分关注采购业务流程的细节并不断地使其优化，这无论是对于提高企业管理水平还是规避涉税风险都具有重大意义。

（1）不断理顺采购、仓库、财务部门之间的业务关系。集团公司信息化建设实现了信息共享，实现了采购订单、收货凭证、供应商发票三单的匹配核对。做到及时核查采购的物料种类、数量和金额，对于没有通过校验的供应商发票，财务的应付账将不反映此笔业务，没有收货的采购订单项目也不能进行发票校验，这样财务就与仓库部门的收货实现了有机集成，及时对供应商开具发票的正确性及票、货、款一致性做到了提前管控。

（2）供应部门建立供应商信誉评级制度，及时核查供应商涉税情况。各二级单位按照集团公司《内部市场禁入制度》和《合格供货方、经销商管理办法》建立供应商信誉评级制度，凡与公司发生供货关系的供应商，需考察交往的年限、经营性质、经营场所、进货渠道、企业资金规模、银行信誉程度、供货量和有无不良税务记录等。对信誉不能准确把握的单位，尤其是贸易公司，在接受货物及专用发票时，要同时查验其同期、同品种、同数量、同单价的进项税票，必要时到供应商所在地主管税务机关了解其增值税一般纳税人的基本备案资料，了解其在当地的纳税情况。

（3）加强供应部门业务人员的税务培训与管理，坚决防范“善意取得虚开、代开增值税专用发票”。安钢集团要求业务人员：一是尽可能从能够开具增值税专用发票的矿山或生产厂家购进原材料。二是必须选择手续齐全、信誉好、规模大、有经营场所的企业，要到对方所在地进行实地考察，写出考察报告，由所在单位领导批准后方可进行交易。三是严格审核取得的增值税专用发票，发票各要素要齐全。四是不与业务员经常变化的单位打交道。供货方名称变更时，应由所在单位主管税务机关和工商管理机关出具相关证明，3年内变更名称2次以上者应停止与其签订供货合同。

（4）采购环节还应注意的其他涉税事项。一是目前的税收政策对增值税专用发票、海关完税凭证、运输发票、废旧物资销售发票均确定了明确的抵扣期限。业务员取得发票后应及时交给财务人员进行认证，否则蓝字发票超过90日认证期限而没有认证抵扣的，会出现无法认证抵扣、销方无法开具红字发票冲销收入的问题，直接增加公司的税收负担。二是安钢集团国际贸易公司作为从事自营进出口业务的商贸企业，特别注意在签订进口合同后报送合同复印件，及时办理进口合同备案手续。未按期报送合同复印件的，其相关进口货物的海关增值税完税凭证不得作为扣税凭证。

3. 关注销售环节及纳税所得涉税风险点，不断优化管理流程

（1）开发设计了“系统发票”与“金税工程”对接的管理，确保销售结算稳定、快捷和安全。安钢集团为了确保公司厂内物资安全，实施双出门证制度，即公司保卫处查验销售公司开具的公司出门证和财务处开具的增值税专用发票后，厂内物资才能出门。这就要求在设计的“系统发票”信息中反映出客户的预付款金额、结算的产品数量、产品单价的构成、税款金额、优惠金额、承兑加息的金额、运输工具的数量及运费等费用发生的状况，使用“系统发票”来传递结算资料和生成会计凭证，并由财务部门整理统计“系统发票”信息传入“金税工程”，开具普通发票或增值税专用发票。

（2）销售结算收取客户承兑汇票的涉税管理。安钢集团销售钢材预收客户承兑汇票时，均一次性全额收取承兑汇票的贴息。收到承兑汇票时，以当前日期为贴息基准日计算该笔承兑汇票的全部贴息金额，由财务人员录入财务凭证的方式来减少客户的预付款，再给客户开具增值税普通发票，作为增值税价外费用交纳增值税。这样的处理方式不会把承兑汇票贴息和相应的销售价格混淆，在给客户的增值税专用发票上也没有相应的承兑汇票贴息，不仅便于和客户进行对账，且正确处理了价外费用缴税问题，优化了业务流程，防范了涉税风险。

（3）落实新企业所得税法，正确处理利息收入、租金收入、特许权使用费收入涉税问题。新企业所得税实施条例对上述收入确认时点有特别的阐述，要求以合同中约定债务人应付相关款项的日期作为确认收入的时点。安钢集团在实践中认识到上述收入的营业税纳税义务发生时间为收讫营业收入款项或者取得索取营业收入款项凭据的当天，如为预收款则应按财务会计制度的规定将该项预收性质的价款确认为收入的时间。因此上述收入营业税与所得税纳税义务时间产生了差异。为避免这种细微差异而产生涉税风险，安钢集团采取简化处理，按照企业所得税的规定，即以合同中约定债务人应付款项的日期开票并进行纳税申报。

（4）分期收入事项及视同销售的涉税处理。安钢集团主要关注工程项目或劳务持续时间超过12个月的分期收入问题。安钢集团存在大量的此类建筑工程项目，一般合同会约定预收部分工程款，并按工程进度收款，完工后又会留有一部分质保金，涉税事宜非常复杂，其所得税应税收入的确认和收款开票完全不同步，营业税纳税义务的产生时间、企业所得税收入的确认时间及会计准则收入的确认时间各不相同，在处理这种复杂的财税差异时，安钢集团要求公司税务人员谨慎对待，按企业会计准则确认会计收入，按营业税条例和所得税法分别申报营业税和所得税，做好、做细纳税调整台账，防范涉税风险。

资料来源：www.chinaacc.com/new/253_725_/2009_8_7_wa6262036151789002984 0.shtml。

思　考　题

1. 简述税务管理的主要内容。
2. 税务管理的目标是什么？
3. 大企业税务管理的实施程序如何？
4. 企业税务管理的基本方法有哪些？
5. 什么是预先筹划法？
6. 何为分类管理？

第三章　企业纳税政策管理

第一节　企业纳税政策管理的含义、原则和作用

一、企业纳税政策管理的含义

企业纳税政策管理是纳税管理的基本环节和主要内容，是企业对自身纳税管理活动中涉及的税收法律法规及其相关经济政策法规进行收集、整理、分析并应用于纳税管理实践中的一系列管理活动。

不同的企业如生产企业、商贸企业等其生产经营状况不同，企业战略规划不同，纳税事务复杂程度不同，纳税过程中所依据的税收政策与法规也不相同，因此纳税政策管理应依据企业实际生产经营状况、未来发展目标有针对性地收集及整理适用于本企业的税收政策与法规。

二、企业纳税政策管理的原则

企业纳税政策管理是开展企业纳税政策管理的起点与基础，因此除了坚持纳税管理的基本原则外，还应坚持实际可靠原则、程序化管理原则、及时全面原则、相关性及重要性原则等四个原则。

（一）实际可靠原则

实际可靠原则是指纳税政策管理必须从企业的实际出发，并且依据企业的真实可靠的基本资料收集企业税收政策和相关经济政策的原则。每个企业的生产经营情况不同，未来发展规划不同，其应纳税种、纳税环节、适用税率、纳税地点等纳税具体情况都不相同，其使用的税收法律法规也不相同。纳税管理人员应在深入正确地了解企业生产经营、投资、融资等基本情况后，从企业实际情况出发，有针对性地收集、整理与企业经济业务有关的税收政策及相关经济政策。其中应保证对企业基本情况有真实、具体、可靠的了解，只有在此基础上，才能确保收集的税收政策及相关经济政策具有价值。

（二）程序化管理原则

程序化管理原则是指企业必须按一定程序和规范，管理与本企业经济业务相关的税收政

策及其他经济政策的一系列管理活动。具体包括：企业纳税政策的收集与整理、企业纳税政策的分类与归档、企业纳税政策的使用。将纳税政策管理程序化，能够保证企业纳税管理的有序进行，并有利于在纳税管理工作中迅速找到能作用于解决纳税中各种问题的法律法规，进而保证企业税务管理的正常运行。

（三）及时全面原则

及时全面原则是企业纳税政策管理必须坚持的一项重要原则。主要是指企业纳税政策管理必须全面及时地收集企业税收政策和相关经济政策。及时是指企业在进行纳税政策管理时应随时关注政府发布的税收政策与法规、财务会计制度及其他相关经济政策，及时地整理归纳与本企业有关的政策变化，保证企业的政策敏感性。全面性是指应依据企业的实际情况全面收集整理与本企业经济有关的税收政策与法规、财务会计制度及其他相关经济政策，不可遗漏任何政策；如果企业有进出口业务，还应注意相关业务国家进出口税收政策的收集整理，及时全面收集整理相关国家新出台的税收法律与法规。

（四）相关性及重要性原则

相关性及重要性原则是企业纳税政策管理必须坚持的另一项重要原则。相对及时全面原则，相关性及重要性侧重于对企业纳税政策的整理归纳。并非所有的税收政策与法规都对企业有用，只有与企业相关的政策才能为企业所用，因此收集的企业税收政策和相关经济政策必须与企业相关，即为相关性。与企业相关的税收政策与法规的重要程度并不相同，因此，对收集到的企业税收政策和相关经济政策，应根据其重要性，进行分类整理并归档。

三、企业纳税政策管理的作用

虽然我国税收法律法规具有相对的稳定性，但是随着社会主义市场经济的发展、社会技术的进步和社会经济改革的深入，税收法律法规会有一些调整与修改，以适应经济环境的改变和未来社会的发展。这些宏观政策的调整与修改会对企业生产经营活动及其纳税策略、纳税方案产生影响。如果企业不及时按新法规的要求调整自己的税务管理策略与方案，很可能会导致纳税风险的出现和纳税成本的提高。因此，企业纳税政策管理有助于及时了解税收及相关经济法规的调整与修改，切实保障税务管理的有效性。

由于企业生产经营活动是动态的，其生产经营内容和范围在不断发生着变化，随时可能会有新情况发生，而纳税所适用的政策规章等在一定时间具有相对稳定性，因此，企业针对国家税收法律政策的跟踪与分析有助于企业及时解决由于生产经营变化而带来的新的纳税问题，有效消除纳税风险，降低纳税成本。

总之，企业对自身税务管理活动中所涉及的税收法律法规及其他经济政策法规进行系统的收集、梳理与分析，有助于提高企业对税法及相关法律法规的理解和认识，培养正确的税收法律观念；有助于准确把握税法，保证纳税管理活动的有效性；有助于及时关注税法变动，从基础环节上促进企业对纳税风险的防范与纳税成本的控制；有助于企业建立完整有序的账证管理系统，保持账证完整，健全财务管理。企业纳税政策管理的作用如下：

（一）培养正确的税收法律观念

通过纳税政策管理，企业对税收法律法规会有一个较全面、较深刻的认识。这一认识，可以提升企业依法纳税的观念，指导企业合法地进行纳税管理，合理地安排自身生产经营活动，充分保障实施纳税管理、纳税筹划过程与结果的正确性，使其经得起检查和考验。

（二）准确把握税法，保证纳税管理活动的有效性

通过纳税政策管理，可以全面了解与企业投资、经营、筹资活动相关的税收法律法规、财务会计法规、其他经济法规及处理惯例，深入研究掌握税收法律法规，充分领会理解其立法精神，理解其财务会计法规与其他经济法规之间的关系，充分保证企业纳税管理活动遵循税法规定及其立法精神，可以有效避免纳税风险。优秀的纳税管理方案主要来自一定投资、经营、筹资条件下的税收法律法规的比较与运用。纳税政策管理可以帮助判别不同纳税方案的优劣，有利于管理者做出对企业最有利的投资决策、经营决策或筹资决策，保证纳税管理活动的有效进行。

（三）关注税法变动，有效防范纳税风险和控制纳税成本

有效的纳税政策管理活动应充分考虑所处外部环境的变迁、未来经济环境的发展趋势及国家政策的变动。充分考虑税法可能变动的趋势，国家规定的非税收的奖励等因素对企业经营活动的影响。综合衡量纳税管理方案，处理好局部利益与整体利益、短期利益与长远利益的关系。目前，我国税制建设还不很完善，税收政策变化较快，企业必须及时掌握税收政策的变化，在进行纳税管理时，对税收政策变化可能产生的影响进行预测和防范，以降低纳税风险。由于税收政策发生变化后往往会有溯及力，原来属于纳税筹划，但在税收政策变化后，有可能被认定为逃税、偷税行为。因此，准确掌握税法变动，能有效防范纳税风险。

（四）保持账证完整，健全财务管理

纳税管理的合法性及有效性，是通过税务管理部门的纳税检查来体现的，纳税检查的依据是企业的会计凭证和账簿记录。如果企业不能依法取得并保全会计凭证，或者账簿记录不健全，纳税管理的合法性、有效性将大打折扣。税收法律法规在一定时期内有一定的适用性、相对规范性和严密性。企业要达到纳税管理的合法性、有效性，必须依法加强自身的经营管理、财务核算和财务管理，在税法允许范围内进行投资方案、经营方案、纳税方案等方面的纳税管理运作。因此，纳税管理政策在促进企业经营管理的同时，还可以健全企业财务核算制度，保持账证完整性。

第二节 企业纳税政策管理的内容

一、纳税政策管理基础

企业纳税政策管理的主要内容包括：国内税收政策法规的管理、国际税收政策法规的管

理、财务会计政策法规及其他经济法规的管理四大块内容，其中，国内税收政策法规是主要内容，而国际税收政策法规的管理、财务会计政策法规与其他经济法规的管理为辅助内容。

税收政策法规按照各税法的立法目的、征税对象、权限划分、适用范围、职能作用的不同，可分为不同类型的税法。

税收政策法规从基本内容和效力上分为税收基本法和税收普通法。税收基本法是税法体系的主体和核心，在税法体系中起着税收母法的作用，其基本内容一般包括税收制度的性质、税务管理机构、税收立法与管理权限、纳税人的基本权利与义务、税收征收范围（税种）等。我国中央人民政府 1949 年发布的《全国税政实施要则》具有税收基本法的性质。但我国目前还没有制定统一的税收基本法。随着我国税收法律制度的建设、发展和完善，将研究制定税收基本法。税收普通法是根据税收基本法的原则，对税收基本法规定的事项分别立法实施，例如，个人所得税法、税收征收管理法等。

税收政策法规从法律功能作用上分为税收实体法和税收程序法。税收实体法主要是指确定税种的立法，具体规定各税种的征收对象、征收范围、税目、税率、纳税地点等。如《外商投资企业和外国企业所得法》、《个人所得税》就属于税收实体法。税收程序法是指税务管理方面的法律，主要包括税收管理法、纳税程序法、发票管理法、税务机关组织法、税务争议处理法等。如《税收征收管理法》就属于税收程序法。

税收政策法规按照税法征收对象的不同，可分为四种：流转税税法，所得税税法，财产、行为税税法，资源税税法。流转税税法主要包括增值税、营业税、消费税、关税等税法。这类税法是与商品生产、流通、消费有密切联系，对什么商品征税，税率多高，对商品经济活动都有直接的影响，易于发挥对经济的宏观调控作用。所得税税法主要包括企业所得税、个人所得税等税法，其特点是可以直接调节纳税人的收入，发挥其公平税负、调配分配关系的作用。财产、行为税税法，主要是对财产的价值或某种行为课税，包括房产税、印花税等税法。资源税税法主要是为保护和合理使用国家自然资源而课征的税收。我国现行的资源税、城镇土地使用税等税种均属于资源课税的范畴。

税收政策法规按照主权国家行使税收管辖权的不同，可分为国内税法、国际税法、外国税法等。国内税法一般是按照属人或属地原则，规定一个国家的内部税收制度。国际税法是指国家间形成的税收制度，主要包括双边或多边国家间的税收协定、条约和国际惯例等，一般而言，其效力高于国内税法。外国税法是指外国各个国家制定的税收制度。

二、国内税收政策法规的管理

国内税收政策法规管理是指企业运用查询、询问等各种方式，通过报纸、杂志、网络等各种渠道，收集、整理、分析、运用、归档国内税收政策法规的一系列管理活动。

为了更好地管理国内税收政策法规，企业纳税管理人员应对国内税收政策法规的体系结构、税收实体法和税收程序法的基本架构有所了解。

（一）国内税收政策法规的体系结构

1. 税收与税法

税收是政府为了满足社会公共需求，凭借政治权力，按照税收规定标准向社会成员强制、无偿征收的一种财政收入，是政府取得财政收入的最基本形式。税法是国家制定的用以调整国家与纳税人之间在征纳税方面的权利及义务关系的所有法律规范的总称，包括税收法律、法规、条例、实施细则、税收管理制度、税收管理体制等。税法是税收征纳双方必须遵守的法律规范，是征收机关依法征税、纳税人依法纳税的法律依据。

2. 国内税收政策法规体系

我国税收政策法规体系由税收基本法、税收征收管理法、税务机关组织法、发票管理法及各税种单行法组成。我国目前除税收基本法尚未出台外，其他法规均已存在，并在逐步完善。由于制定税收法律、法规和规章的机关不同，税收法律法规的法律级次不同，因此税收法律法规的法律效力也不同。国内税收政策法规体系简介如下：

（1）全国人民代表大会和全国人大常务委员会制定的税收法律。在现行税法中，如《个人所得税法》、《企业所得税法》、《税收征管法》以及 1993 年 12 月全国人大常务委员会通过的《关于外商投资企业和外国企业适用增值税、消费税、营业税等税收暂行条例的决定》都是税收法律。除《宪法》外，在税收法律体系中，税收法律具有最高的法律效力，是其他机关制定税收法规、规章的法律依据，其他各级机关制定的税收法规、规章，都不得与《宪法》和税收法律相抵触。

（2）全国人大或人大常委会授权立法。1984 年 9 月 1 日，全国人大常委会授权国务院改革工商税制和发布有关税收条例。1985 年全国人大授权国务院在经济体制改革和对外开放方面可以制定暂行的规定和条例，都是授权国务院立法的依据。按照这两次授权立法，国务院从 1994 年 1 月 1 日起实施工商税制改革，制定实施了增值税、营业税、消费税、资源税、土地增值税等暂行条例。

（3）国务院制定的税收行政法规。行政法规作为一种法律形式，在中国法律形式中处于低于宪法、法律和高于地方法规、部门规章、地方规章的地位，也是在全国范围内普遍适用的。行政法规的立法目的在于保证宪法和法律的实施，行政法规不得与宪法、法律相抵触，否则无效。国务院发布的《企业所得税法实施条例》、《税收征收管理法实施细则》等，都是税收行政法规。

（4）地方人民代表大会及其常委会制定的税收地方性法规。由于我国在税收立法上坚持“统一税法”的原则，因此地方权力机关制定税收地方法规不是无限制的，而是要严格按照税收法律的授权行事。

（5）国务院税务主管部门制定的税收部门规章。有权制定税收部门规章的税收主管机关是财政部、国家税务总局及海关总署。其制定规章的范围包括对有关税收法律、法规的具体解释、税收征收管理的具体规定、方法等，税收部门规章在全国范围内具有普遍适用效力，但不得与税收法律、行政部法规相抵触。例如，财政部颁发的《增值税暂行条例实施细则》、国家税务总局颁发的《税务代理试行办法》等都属于税收部门规章。

（6）地方政府制定的税收地方规章。按照“统一税法”的原则，上述地方政府制定税收规章，都必须在税收法律、法规明确授权的前提下进行，并且不得与税收法律、行政法规相抵触。没有税收法律、法规的授权，地方政府是无权制定税收规章的，凡越权制定的税收规章没有法律效力。例如，国务院发布实施的城市维护建设税、车船税、房产税等地方性税种暂行条例，都规定省、自治区、直辖市人民政府可根据条例制定实施细则。

我国税收法律、法规层次划分进行归纳后，如表3-1所示。

表3-1　　我国税收法律、法规层次划分

分类	立法机关	形式	举例
税收法律	全国人大及常委会正式立法	3部法律	《企业所得税法》、《个人所得税法》、《税收征收管理法》
	全国人大及其常委会授权立法	5个暂行条例	《增值税暂行条例》、《消费税暂行条例》、《营业税暂行条例》
税收法规	国务院——税收行政法规	条例、暂行条例、实施细则	《税收征收管理法实施细则》、《房产税暂行条例》
税收规章	财政部、国家税务总局、海关总署——税收部门规章	办法、规则、规定	《税收代理试行办法》
	省级地方政府——税收地方规章		《房产税暂行条例实施细则》

（二）税收实体法

税收实体法是国家税收政策体系中最主要的法律法规之一，是纳税人正确计算缴纳税款的重要法律依据。

1. 税收实体法的构成要素

税收实体法由总则、纳税人、征税对象、税目、税率、纳税环节、纳税期限、纳税地点、税收减免、罚则及附则11个基本因素构成。每个税种的法规制度均是按这些要素构架组成的。

（1）总则。总则主要是总结该税种的立法依据、立法目的及立法适用原则。

（2）纳税人。纳税人即纳税义务人的简称，是税法上规定的直接负有纳税义务并享有纳税权利的单位和个人，是缴纳税款的主体。它分为法人和自然人两种。自然人是指依法享有民事权利，并承担民事义务的公民。例如，当个人有应税所得时，就要承担纳税义务。法人是指具有民事权利能力和民事行为能力，依法独立享有民事权利和承担民事义务的组织。法人负有依法向国家纳税的义务。

纳税人不同于负税人，负税人是税款的实际负担者。有时税负转嫁会使得纳税人与实际负税人不一致。纳税人又不同于代收（扣）代缴义务人，法律、行政法规规定有代扣代缴税款义务的单位和个人为扣缴义务人。对税法规定的扣缴义务人税务机关应向其颁发代扣代缴证书，明确其扣缴义务；扣缴义务人必须严格履行扣缴义务。

与纳税人相关的概念还有代征人，税务机关根据国家有关规定可以委托有关单位和人员代征少数零星分散的税收，并发给委托代征证书。这些单位和人员就是代征人。代征人与扣缴义务人的区别是：一个是税务机关为征收方便，委托其代征税款并发给委托代征证书的；另一个是法律、行政法规规定负有义务的，而义务是必须履行的。除了代征人还有纳税单位的概念。纳税单位是指申报缴纳税款的单位，是纳税人的有效集合，即为了征管和缴纳税款的方便，可以允许在法律上负有纳税义务的同类型纳税人作为一个纳税单位，填写一份申报表纳税。例如，企业所得税可以每个分公司为一个纳税单位，也可以总公司为一个纳税单位。纳税单位通常要根据管理上的需要和国家政策来确定。

（3）征税对象。征税对象是指课税的客体，即每个税种征税的标的物，它是税收制度的首要要素，也是一个税种区别于另一个税种的主要标志，体现不同税种课税的基本范围和界限，并对税源、税收负担等产生直接的影响。在现代社会，征税对象主要包括所得、商品和财产三大类，国家的税制往往也是以对应于这三类课税对象的所得税、商品税和财产税为主体。

征税对象在税收制度中具有重要作用：首先，征税对象是确立一种税的客观基础。任何一种税的确立，都必须首先确定征税对象，只有确定了征税对象，才能将与征税对象有归属关系的单位和个人确定为纳税义务人；其次，征税对象决定了一种税的征税范围；最后，征税对象决定一种税与另一种税的区别与联系。

（4）计税依据。计税依据即课税依据，在理论上又称为税基，是计算应纳税额的基础，是征税对象的数量化。

①从价计征。以征税对象的自然数量与单位价格的乘积作为计税依据。大多数税种都是从价计征，在这种情况下，课税对象与计税依据是一致的。

②从量计征。以征税对象的自然实物数量作为计税依据。如消费税中的黄酒、啤酒的计量标准为“吨”，汽油、柴油的计量标准为“升”，都是以实际销售数量作为计税依据的。在这种情况下，课税对象与计税依据是不一致的：首先，征税对象是指征税的标的物，计税依据是在标的物已经确定的前提下，对标的物据以计算税款的依据或标准；其次，征税对象是从质的方面对征税所作的规定，计税依据是从量的方面对征税所作的规定，是征税对象的量化。

（5）税目。税目是税法中对征税对象分类规定的具体征税品种或项目，是课税客体的具体化，但不是所有的税种都规定税目。划分税目的主要作用是进一步明确征税范围，解决征税对象的归类问题，并根据归类确定税率，征税对象通常由税目来规定具体内容。税目一般采取正列举，即对要征税的每种商品或经营项目等，采用一一列举的方法，分别规定其税目。

（6）税率。税率是对一定征税对象的征收比例或征收额度，是应纳税额计算的尺度。税率体现征税的深度，直接关系着国家的财政收入和纳税人的税收负担，是税收制度的中心环节。税率设计原则体现着国家政治、经济政策的导向；一般遵循公平、简化的原则。我国主要有三种税率，即比例税率、定额税率和累进税率。前两种一般适用于对商品课税，累进税率一般适用于对收益课税。

①比例税率。它是指对同一征税对象，不论金额大小都按同一比例纳税。税额与纳税对象之间的比例是固定的。其在具体运用上又可以分为单一比例税率、差别比例税率、幅度比例税率和有起征点或免征额的比例税率。

比例税率的优点是对于同一征税对象不同纳税人的税收负担相同，税负比较均衡合理。计算比较简便，有利于企业核算与缴纳税款，也便于加强税收稽查与管理。但是，比例税率的税收负担与各纳税人的负担能力不完全适应，在调节企业利润方面有一定的局限性，因为纳税人的收入状况、资产状况、生产经营状况等都有很大差别。

②累进税率。累进税率是随税基的增加而按其级距提高的税率。即把征税对象的数额划分等级再规定不同等级的税率。征税对象数额越大的等级，税率越高。采用累进税率时，表现为税额增长速度大于征税对象数量的增长速度。累进税率有利于调节纳税人的收入和财富，通常多用于所得税和财产税。由于累进税率调节纳税人收入有着特殊的作用和效果，所以现代税收制度中所得税一般都采用累进税率，它包括以下四种具体形式：

第一，全额累进税率。即征税对象的全部数量都按其相应等级的累进税率计算征税额。全额累进税率实际上是按照征税对象数额大小分等级规定的一种差别比例税率，它的名义税率与实际税率一般相等。

第二，超额累进税率。超额累进税率简称超累税率，即把征税对象的数额划分为若干等级，对每个等级部分的数额分别规定相应税率，分别计算税额，各级税额之和为应纳税额，超累税率的“超”字，是指征税对象数额超过某一等级时，仅就超过部分按高一级税率计算征税。

第三，全率累进税率。它与全额累进税率的原理相同，只是税率累进的依据不同。全额累进税率的依据是征税对象的数额，而全率累进税率的依据是征税对象的某种比率，如增值率、资金利润率等。

第四，超率累进税率。它与超额累进税率的原理相同，只是税率累进的依据不是征税对象的数额而是征税对象的某种比率。

③定额税率。定额税率是指按征税对象的计量单位直接规定应纳税额的税率形式。征税对象的计量单位可以是其自然单位，也可以是特殊规定的复合单位。如现行税制的资源税中盐以吨数作为计量单位，天然气以立方米为计量单位。采用定额税率征税，税额的多少同征税对象的数量成正比。定额税率包括地区差别定额税率、分类分级定额税率、幅度定额税率和地区差别、分类分级和幅度相结合的定额税率。定额税率的适用范围通常为那些价格稳定、质量和规格标准比较统一的商品，如啤酒、卷烟等。

（7）纳税环节。纳税环节是课税客体在运动过程的诸环节中依税法规定应该纳税的环节。纳税环节的存在，取决于课税客体即征税对象的运动属性，包括所处位置的变换和所有者的变更。国家在规定某种征税对象时，必须明确规定其纳税环节，即发生纳税义务的时间和场所。广义的纳税环节指全部征税对象在再生产中的分布（如资源税分布在生产环节，所得税分布在分配环节等），它制约着税制结构，对国家取得财政收入和调节经济有重大影响。狭义的纳税环节指应税商品在流转过程中应纳税的环节，是商品流转课税中的特殊概念。在市场经济环境下，商品从生产到消费通常经过工业制造、商业批发、商业零售等环节，而纳税环节一般是针对流转税而言的。按照纳税环节的多少，可将税收课征制度分为两类：一次课征制和多次课征制。纳税环节是商品在交易过程中缴纳税款的重要环节，任何税种都要确定其纳税环节，否则就无法征收税款。

（8）纳税期限。纳税期限是指纳税人在发生纳税义务以后应缴纳税款的期限。纳税期限是负有纳税义务的纳税人向国家缴纳税款的时间限制。它是税收强制性、固定性在时间上的体现。任何纳税人都必须如期纳税，否则就是违反税法，就会受到法律制裁。不同性质的税种及不同情形下的纳税人，纳税期限也不相同，确定因素有税种的性质、应纳税额的大小、交通条件等。纳税期限的形式分为按期缴纳、按次缴纳、按年计征、分期预缴等。例如流转课税，当纳税人取得货款后就应将税款缴入国库，但为了简化手续，便于纳税人经营管理和缴纳税款，根据情况将纳税期限确定为1天、3天、5天、10天、15天或1个月，甚至1个季度。

（9）纳税地点。纳税地点主要是指根据各个税种纳税对象的纳税环节和有利于对税款的源泉控制而制定的纳税人（包括代征、代扣、代缴义务人）的具体纳税地点。

（10）税收减免。税收减免是指根据国家一定时期的政治、经济、社会政策要求，对生产经营活动中的某些特殊情况给予减轻或免除税收负担。减税是对应征税款减少征收额，免税是对应征税款全部予以免征，税收减免体现着税收的统一性和灵活性。

①税基式减免。税基式减免主要通过缩小计税依据来实现，包括以下形式：

第一，起征点。起征点是征税对象达到一定数额开始征税的起点。课税对象的数额未达到起征点的不征税，达到或超过起征点的，就课税对象的全部数额征税。确定了起征点，就可以把一部分收入较低的人排除在征税范围以外，贯彻合理负担的税收政策。

第二，免征额。免征额是指在征税对象的全部数额中免予征税的数额。它是按照一定标准从全部课税对象总额中预先减除的部分。免征额部分不征税，只就超过免征额的部分征税。确定免征额是对不同收入纳税人的一种普遍照顾，有利于降低其税收负担。

第三，项目扣除。它是指在课税对象中扣除一定项目的数额。

第四，跨期结转。它是指将以前纳税年度的经营亏损等在本纳税年度经营利润中扣除。

②税率式减免。通过降低税率或归入低税率来减免税收。

③税额式减免。税额式减免是直接减免应纳税额。

（11）罚则。罚则主要是指对纳税人违反税法的行为采取的处罚措施。根据纳税人承担的法律责任，可以把纳税人违反税法的行为分为一般违章行为、欠税、逃避缴纳税款、骗税、抗税等五类。

（12）附则。附则一般规定与该法紧密相关的内容，如法的解释权、法的生效时间等。

2. 我国已公布并在实施的税收实体法

我国目前已公布并在实施的税收实体法有由全国人大制颁的《企业所得税法》、《个人所得税法》、《车船税法》，由国务院发布的《增值税暂行条例》、《消费税暂行条例》、《营业税暂行条例》、《进出口关税条例》、《资源税暂行条例》、《土地增值税暂行条例》、《印花税暂行条例》、《契税暂行条例》、《房产税暂行条例》、《车辆购置税暂行条例》、《城镇土地使用税暂行条例》、《城市维护建设税暂行条例》、《耕地占用税暂行条例》等。

以上这些法、条例、暂行条例只是有关税种在纳税人、征税对象、税目、税率、纳税环节、纳税地点等方面的一些基本规定。另外，还有实施细则、通知、规定等文件对法、条例、暂行条例中的基本问题做出具体解释。例如，自1993年12月13日颁布实施《增值税暂行条例》以来，国务院、财政部、国家税务总局先后以实施细则、通知、规定等570余份文件对增值税暂行条例中的基本问题做出一些具体的解释，以保证增值税征税工作的顺利进行。

我国税收体系如图3－1所示。

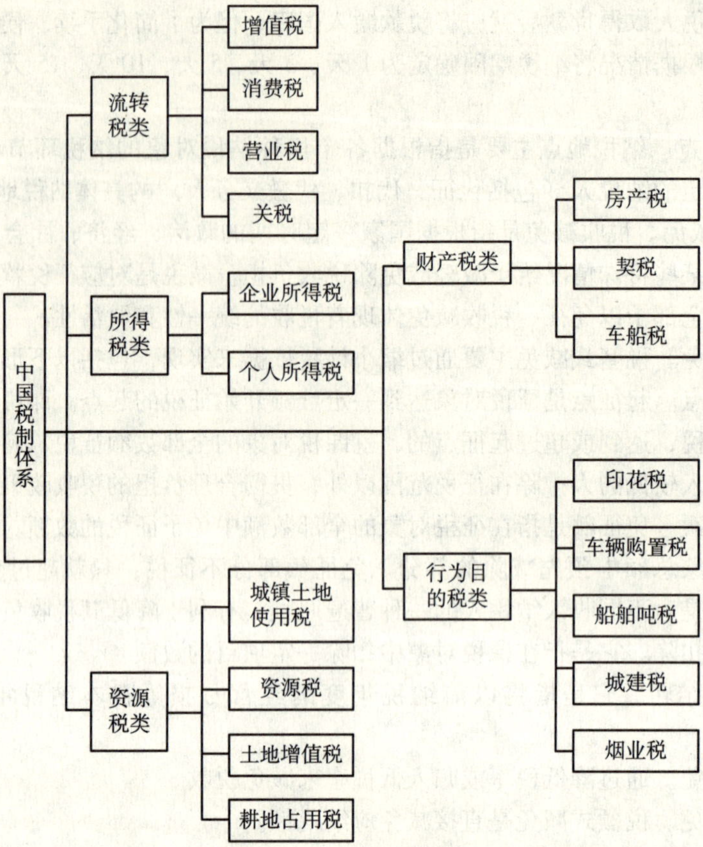

图 3－1　我国税收体系

我国现行税种在中央和地方之间的划分情况如表 3－2 所示。

表 3－2　　　　我国现行中央、地方税制体系

税类	税种	中央税	地方税	中央地方共享税	备注
流转税	增值税			√	中央 75%，地方 25%
	消费税	√			收入 100% 归中央政府管理和支配
	营业税			√	铁道部、各银行总行、各保险总公司集中缴纳的部分归中央政府，其余部分归地方政府
	关税	√			由海关负责征管，收入归中央政府
所得税	企业所得税			√	中央 60%，地方 40%
	个人所得税			√	中央 60%，地方 40%
资源税	资源税			√	海洋石油资源税划归中央（目前暂停征），其他部分归地方政府
	城镇土地使用税		√		收入归地方政府
	耕地占用税		√		收入归地方政府
	土地增值税		√		收入归地方政府

续表

税类	税种	中央税	地方税	中央地方共享税	备注
财产课	房产税		√		收入归地方政府
	契税		√		收入归地方政府
	车船税		√		收入归地方政府
行为课税	印花税			√	证券交易印花税收入的97%归中央政府，其余3%和其他印花税收入归地方政府
	城市维护建设税			√	中国铁路总公司、各银行总行、各保险总公司集中缴纳的部分归中央政府，其余部分归地方政府
	车辆购置税	√			收入归中央政府
	烟叶税		√		收入归地方政府
	船舶吨税	√			由海关代为征收，收入归中央政府

（三）税收程序法

税务程序法是税收实体法的对称，是关于如何具体实施税法的规定，是税法体系的基本组成部分，是以国家税收活动中所发生的程序关系为调整对象的税法，是规定国家征税权行使的程序和纳税人纳税义务履行程序的法律规范的总称。

税收程序法主要包括税收管理法、纳税程序法、发票管理法、税务机关组织法、税收处罚法、税务争议处理法等一系列法律法规，目前我国现行的程序近400个，涉及税收管理、纳税申报、发票管理、税务机关组织、税务检查、税务处罚、税务争议处理等方面。新修订的税收征收管理法对税收程序法的有关规定如下：

1. 税务登记

税务登记是税务机关对纳税人的生产、经营活动进行登记并据此对纳税人实施税务管理的一种法定制度。根据《税收征管法》和国家税务总局印发的《税务登记管理办法》，我国税务登记大概包括以下内容：

（1）开业税务登记制度：从事生产、经营的纳税人，应当自领取营业执照之日起30日内，向生产、经营地或者纳税义务发生地的主管税务机关申报办理税务登记，如实填写税务登记表并按照税务机关的要求提供有关证件、资料。税务机关应当自受理之日起30日内审核并核发税务登记证件。

（2）变更、注销税务登记制度：从事生产、经营的纳税人，税务登记内容发生变化，应当自工商行政管理机关变更登记之日起30日内或者在向工商行政管理机构申请办理注销登记之前，持有关证件向主管税务机关申报办理变更或注销税务登记。

（3）停业、复业登记制度：实行定期、定额税款征收方法的纳税人，在营业执照核准期限内需要停业的，应申请税务机关审核后，批准停业；纳税人恢复生产经营之前，向税务机关提出复业登记申请，确认后，办理复业登记。

（4）外出经营报验登记制度：从事生产、经营的纳税人到外地临时从事生产经营，须持有所在地税务机关核发的税务登记证明副本以及填开的外出经营活动税收管理证明，向经营地税务机关报验登记，接受管理。外出经营在同一地连续12个月内累计超过180天的，应当自期满之日起30日内，向生产、经营所在地税务机关申报办理税务登记，税务机关核发临时税务登记证及副本。

（5）税务登记证管理制度：一般包括税务登记证件的核发管理、定期或不定期的验证及换证制度。

（6）扣缴税款登记制度：对负有代扣代缴义务的单位和个人，应当自履行扣缴义务之日起30日内，向所在地的税务机关申报办理扣缴税款登记。

（7）非正常户处理制度：已办理税务登记的纳税人未按照规定的期限申报纳税，在税务机关责令其限期改正，逾期不改的，税务机关应派员实地检查，查无下落并且无法强制履行纳税义务的，由检查人员制作非正常户认定书并存入档案，税务机关暂停其税务登记证件、发票领购簿和发票的使用。纳税人被列为非正常户超过3个月的，税务机关可以宣布其税务登记证件失效，其应纳税款的追征仍按《征管法》及其《实施细则》的规定执行。

2. 纳税申报

纳税申报是纳税人按照税法规定的期限和内容，向税务机关提交有关纳税事项书面报告的法律行为，是纳税人履行纳税义务、界定纳税人法律责任的主要依据，是税务机关税务管理信息的主要来源和税务管理的重要制度。

纳税申报的主要内容是指法律、行政法规规定或者税务机关依照法律、行政法规的规定要求纳税人、扣缴义务人向税务机关报送的如实记录和反映其生产经营情况、纳税情况或代扣代缴、代收代缴税款情况的书面报告、报表、资料及要求载明的事项，如纳税申报表，财务会计报表，代扣代缴、代收代缴税款报告表及其他有关资料。

纳税申报程序包括受理、审核、处理三个环节。而纳税申报方式主要包括直接申报、邮寄申报、电子申报三种方式。除此之外，实行定期定额缴纳税款的纳税人，可以实行简易申报、简并征期等申报纳税方式。

3. 税款征收

税款征收是税收征收管理工作的中心环节，是全部税收征管工作的目的和归宿，在整个税收工作中占据着极其重要的地位。

（1）税款征收原则主要有以下几个：

①税务机关是征税的唯一行政主体的原则。

②税务机关只能依照法律、行政法规的规定征收税款。

③税务机关不得违反法律、行政法规的规定开征、停征、多征、少征、提前征收或者延缓征收税款或者摊派税款。

④税务机关征收税款必须遵守法定权限和法定程序的原则。

⑤税务机关征收税款或扣押、查封商品、货物或其他财产时，必须向纳税人开具完税凭证或开付扣押、查封的收据或清单。

⑥税款、滞纳金、罚款统一由税务机关上交国库。

⑦税款优先的原则。

税款优先的原则是税款征收的重要原则。《税收征管法》第四十五条的规定，第一次在税收法律上确定了税款优先的地位，确定了税款征收在纳税人支付各种款项和偿还债务时的顺序。税款优先的原则不仅增强了税法的刚性，而且增强了税法在执行中的可操作性。

①税收优先于无担保债权。这里所说的税收优先于无担保债权是有条件的，也就是说并

不是优先于所有的无担保债权，对于法律上另有规定的无担保债权，不能行使税收优先权。

②纳税人发生欠税在前的，税收优先于抵押权、质权和留置权的执行。

③税收优先于罚款、没收非法所得。

（2）延期缴纳税款制度。纳税人和扣缴义务人必须在税法规定的期限内缴纳、解缴税款。但考虑到纳税人在履行纳税义务的过程中，可能会遇到特殊困难的客观情况，为了保护纳税人的合法权益，《征管法》第三十一条第二款规定：“纳税人因有特殊困难，不能按期缴纳税款的，经省、自治区、直辖市国家税务局、地方税务局批准，可以延期缴纳税款，但最长不得超过3个月。”特殊困难的主要内容：一是因不可抗力，导致纳税人发生较大损失，正常生产经营活动受到较大影响的；二是当期货币资金在扣除应付职工工资、社会保险费后，不足以缴纳税款的。

但应注意的是，延期期限最长不得超过3个月，同一笔税款不得滚动审批；批准延期内免予加收滞纳金。

（3）税额核定制度。根据《征管法》第三十五条的规定，纳税人（包括单位纳税人和个人纳税人）有下列情形之一的，税务机关有权核定其应纳税额：

①依照法律、行政法规的规定可以不设置账簿的。

②依照法律、行政法规的规定应当设置但未设置账簿的。

③擅自销毁账簿或者拒不提供纳税资料的。

④虽设置账簿，但账目混乱或者成本资料、收入凭证、费用凭证残缺不全，难以查账的。

⑤发生纳税义务，未按照规定的期限办理纳税申报，经税务机关责令限期申报，逾期仍不申报的。

⑥纳税人申报的计税依据明显偏低，又无正当理由的。

⑦对未按照规定办理税务登记的从事生产经营的纳税人以及临时从事生产、经营的纳税人，由税务机关核定其应纳税额，责令缴纳。

（4）税收保全措施。税收保全措施指税务机关对可能由于纳税人的行为或者某种客观原因，致使以后税款的征收不能保证或难以保证的案件，采取限制纳税人处理或转移商品、货物或其他财产的措施。税务机关可以采取的税收保全措施包括：①书面通知纳税人开户银行或者其他金融机构冻结纳税人的金额相当于应纳税款的存款；②扣押、查封纳税人的价值相当于应纳税款的商品、货物或者其他财产。

（5）税收强制执行措施。强制执行措施主要指税务机关依法对纳税人、扣缴纳税人、纳税担保人采取税收强制执行措施，扣缴税款或者以拍卖和变卖所得抵缴税款。税务机关可以采取的强制执行措施包括：①书面通知纳税人开户银行或者其他金融机构从其存款中扣缴税款；②扣押、查封依法拍卖或者变卖其价值相当于应纳税款的商品、货物或者其他财产，以拍卖或者变卖所得抵缴税款。

4. 违反税务管理基本规定行为的处罚

企业税务违法行为依据《税收征收管理法》及其他法律的规定，对不同的违法行为，视其情节给予不同的处罚，具体如下：

（1）根据《征管法》第六十条和《细则》第九十条规定：纳税人有下列行为之一的，由税务机关责令限期改正，可以处2 000元以下的罚款；情节严重的，处2 000元以上1万元以下的罚款。

①未按照规定的期限申报办理税务登记、变更或者注销登记的。

②未按照规定设置、保管账簿或者保管记账凭证和有关资料的。

③未按照规定将财务、会计制度或者财务、会计处理办法和会计核算软件报送税务机关备查的。

④未按照规定将其全部银行账号向税务机关报告的。

⑤未按照规定安装、使用税控装置，或者损毁或擅自改动税控装置的。

⑥纳税人未按照规定办理税务登记证件验证或者换证手续的。

（2）纳税人不办理税务登记的，由税务机关责令限期改正；逾期不改正的，由工商行政管理机关吊销其营业执照。

（3）纳税人未按照规定使用税务登记证件，或者转借、涂改、损毁、买卖、伪造税务登记证件的，处2 000元以上10 000元以下的罚款；情节严重的，处10 000元以上50 000元以下的罚款。

（4）对逃避缴纳税款罪的认定及其法律责任。纳税人采取欺骗、隐瞒手段进行虚假纳税申报或者不申报，逃避缴纳税款数额较大并且占应纳税额百分之十以上的；扣缴义务人采取欺骗、隐瞒手段，不缴或者少缴已扣、已收税款，数额较大的即构成逃避缴纳税款罪。

《刑法》第二百零一条规定："纳税人采取欺骗、隐瞒手段进行虚假纳税申报或者不申报，逃避缴纳税款数额较大并且占应纳税额10%以上的，处3年以下有期徒刑或者拘役，并处罚金；数额巨大并且占应纳税额30%以上的，处3年以上7年以下有期徒刑，并处罚金。

扣缴义务人采取前款所列手段，不缴或者少缴已扣、已收税款，数额较大的，依照前款的规定处罚。

对多次实施前两款行为，未经处理的，按照累计数额计算。

有第一款行为，经税务机关依法下达追缴通知后，补缴应纳税款，缴纳滞纳金，已受行政处罚的，不予追究刑事责任；但是，5年内因逃避缴纳税款受过刑事处罚或者被税务机关给予2次以上行政处罚的除外。"

5. 纳税评估

（1）纳税评估对象的选择。纳税评估的对象为主管税务机关负责管理的所有纳税人及其应纳所有税种。

纳税评估对象可采用计算机自动筛选、人工分析筛选和重点抽样筛选等方法。

筛选纳税评估对象，要依据税收宏观分析、行业税负监控结果等数据，结合各项评估指标及其预警值和税收管理员掌握的纳税人实际情况，参照纳税人所属行业、经济类型、经营规模、信用等级等因素进行全面、综合的审核对比分析。

综合审核对比分析中发现有问题或疑点的纳税人要作为重点评估分析对象；重点税源户、特殊行业的重点企业、税负异常变化、长时间零税负和负税负申报、纳税信用等级低下、日常管理和税务检查中发现较多问题的纳税人要列为纳税评估的重点分析对象。

（2）评估结果处理。对纳税评估中发现的需要提请纳税人进行陈述说明、补充提供举证资料等问题，应由主管税务机关约谈纳税人。税务约谈的对象主要是企业财务会计人员。纳税人可以委托具有执业资格的税务代理人进行税务约谈。税务代理人代表纳税人进行税务约谈时，应向税务机关提交纳税人委托代理合法证明。

三、国际税收政策法规的管理

国际税收政策法规的管理是指有跨国经营业务的企业运用查询、咨询等各种方式，通过报纸、杂志、网络等各种渠道，收集、整理、分析、运用、归档与跨国经营业务有关的税收政策法规的一系列管理活动。实施国际税收政策法规管理的企业主要是有跨国经营业务、取得跨国所得和收益的企业。国际税收政策法规主要涉及国际税收协定和相关贸易国的税收政策和法规。相关贸易国的税收政策和法规基本构成要素与我国国内税收政策法规相似但具体规定各不相同，这里不再赘述。主要介绍国际税收协定。

（一）国际税收协定及国际重复征税

国际税收协定是指两个或两个以上的主权国家为了协调相互间在处理跨国纳税人征税事务和其他有关方面的税收关系，本着对等原则，经由政府谈判所签订的一种书面协议或条约，亦称“国际税收条约”。税收协定既是国际税收理论的全面概括与最终应用，也是国际税收实践的最高成果。国际税收协定按涉及的主体分为双边税收协定和多边税收协定；按涉及的内容分为一般税收协定和特定税收协定。国际税收协定的主要作用包括避免国际双重征税、取消税收差别待遇、防止国际偷漏税等三种，对于企业而言，最重要的是避免重复征税的协定。

国际重复征税是指两个或两个以上国家对同一跨国纳税人的同一征税对象进行分别课税所形成的交叉重叠征税。这种重叠征税，一般情况下都是两重的，即两个国家对跨国纳税人的同一征税对象进行的重复征税，为避免重复征税而签订的国家间协议即为避免重复征税协定。

（二）两个国际税收协定范本

目前国际上最重要、影响力最大的两个国际税收协定范本是经济合作与发展组织的《关于对所得和财产避免双重征税的协定范本》，即《OECD 协定范本》；联合国的《关于发达国家与发展中国家间避免双重征税的协定范本》，即《UN 协定范本》。两个范本是两个国际组织为了协调和指导各国签订双边税收协定或多边税收协定而制定并颁布的示范性文本。各国在签订协定的活动中，不仅参照两个税收协定范本的结构和内容来缔结各自的税收协定，而且在协定大多数的税收规范上都遵循两个协定范本所提出的一些基本原则和要求。其中，发展中国家多以《联合国范本》为依据。

知识库

《OECD 协定范本》与《UN 协定范本》的区别

1. 征税权的划分

《OECD 范本》较多地要求扩大居民（或公民）管辖权，限制收入来源国的地域管辖权，从而倾向维护发达国家利益。而《UN 协定范本》则较为注重来源国的税收管辖权，强调兼顾发达国家和发展中国家双方的利益。

2. 对常设机构的约定

两个范本对常设机构的含义及其处理都作了约定，但《OECD 协定范本》倾向于把常设机构的范围划得窄一些，这样有利于发达国家，而《UN 协定范本》则相反，倾向于把常设机构的范围划得宽些，以利于发展中国家征税。如以建筑工地、建筑装配或安装工程为例，《OECD 协定范本》规定连续存在 12 个月以上的列为常设机构，而《UN 协定范本》则规定 6 个月以上的就视为常设机构。

3. 预提税的税率限定

对股息、利息、特许权使用费等投资所得征收预提税，通常做法是限定来源国的税率，使居住国也能征到税，排除任何一方的税收独占权。对于预提税率的限定幅度，两个范本有明显的区别。《OECD 协定范本》要求税率限定很低，这样，收入来源国征收少量的预提税，居住国给予抵免后，还可以补征到较多的税收。《UN 协定范本》则提出预提税的限定税率要由缔约国双方谈判确定。

4. 对独立个人劳务所得的征税

《OECD 协定范本》主张比照常设机构的做法，即只对在非居住国设有固定基地的那一部分所得可以由非居住国征税，而《UN 协定范本》则相应扩大了非居住国的征税范围，除以上规定外，还规定对在一个年度中停留期累计达到 183 天的，或其所得是由非居住国居民支付或者由设在该国的常设机构或固定基地负担，并且在一个年度中超过一定数额的（具体数额由缔约国双方谈判确定），也可以由非居住国征税。

（三）我国对外税收协定

我国对外签订税收协定采用了《UN 协定范本》和《OECD 协定范本》的条文结构，其内容一般包括：用语定义，对各项所得和财产分类确定征税的规范原则和限定，税收无差别待遇，消除双重征税方法，相互协商程序，税收情报交换以及协定的生效和终止等。重点是按照所得的不同类型，分别作出了一些有利于缔约国之间资金流动、贸易往来和科学文化交流的规定，为缔约国居民相互到对方国家投资和从事劳务等，提供一些优于国内税法规定的税收协定待遇。主要有以下几个方面的内容：

（1）对营业利润的征税以是否设有常设机构为限。

（2）对投资所得的征税实行限制税率。

（3）对财产及其所得和收益的征税以不动产所在地为准。

（4）对个人劳务报酬和薪金所得的征税限定条件。

（5）消除双重征税方法和税收饶让。

四、财会政策法规的管理

财会政策法规的管理是指有跨国经营业务的企业运用查询、咨询等各种方式，通过报纸、杂志、网络等各种渠道，收集、整理、分析、运用、归档与纳税有关的财会政策法规的一系列管理活动。主要涉及会计法、会计准则与通则、企业会计制度等财会制度与法规。

企业纳税管理的实施结果最终要反映在企业的财务会计核算上，要靠财务核算的正确性来保障。因此，对财会政策法规进行有效管理对企业纳税管理具有十分重要的意义。首先，对财务政策法规进行有效管理可以使企业管理人员重新审定本企业的财务会计核算的方式与方法，从中发现原有财务会计核算存在的问题，及时纠正问题，以保证财务核算的合法性与正确性；其次，对财会政策法规进行有效管理可以使企业更深刻地理解现行的财务会计制度，促进企业自觉地将税收法律法规与财务会计法规进行比较研究，以更好地将两者结合运用于企业纳税管理实践活动，实现企业有效纳税管理。

由于企业规模不同、所从事的行业性质不同，所依据的财会政策也会有所不同，因此企业应根据自己的情况，有针对性地收集、整理、分析、运用、归档自己所需要的财务会计法规及制度，尤其是与纳税密切相关的财会法规及制度。

【案例3－1】 某汽车制造公司是以生产甲类型汽车为主的大型企业，则其纳税政策管理主要涉及哪些财务会计法规及制度？

解析：该生产企业的纳税政策管理主要涉及的财务会计政策包括《会计法》、《会计基础工作规范》、《会计档案管理办法》、《企业会计通则》、《企业会计准则》、《企业会计制度》、《企业财务报告条例》的收集、整理、分析、运用与归档。

【案例3－2】 某零部件生产企业是制造电子部件的小型企业，则纳税政策管理主要涉及哪些财务会计法规及制度？

解析：该生产企业的纳税政策管理主要涉及的财务会计政策包括《会计法》、《会计基础工作规范》、《会计档案管理办法》、《企业会计通则》、《企业会计准则》、《小企业会计制度》、《企业财务报告条例》的收集、整理、分析、运用与归档。

知识库

一般境内设立的不对外筹集资金、经营规模较小的企业应遵循《小企业会计制度》；除不对外筹集资金、经营规模较小的企业，以及金融保险企业以外的企业，应遵循《企业会计制度》。

问题思考：上市公司的纳税政策管理主要涉及哪些财务会计法规及制度？

（一）我国会计法律制度的构成

1. 会计法律

会计法律是指由全国人民代表大会及其常委会经过一定立法程序制定的有关会计工作的法律。如1999年10月31日九届全国人大常委会第十二次会议修订通过的《会计法》。

2. 会计行政法规

会计行政法规是指由国务院制定并发布，或者国务院有关部门拟订并经国务院批准发布，调整经济生活中某些方面会计关系的法律规范。如国务院发布的《企业财务会计报告条例》、《总会计师条例》。

3. 国家统一会计制度

国家统一会计制度是指国务院财政部门根据《会计法》制定的关于会计核算、会计监督、会计机构和会计人员以及会计工作管理的制度，包括部门规章和规范性文件。会计部门规章是根据《立法法》规定的程序，由财政部制定，并由部门首长签署命令予以公布的制度办法，如以财政部第26号部长令签发的《会计从业资格管理办法》和以财政部第33号部长令签发的《企业会计准则——基本准则》等。会计规范性文件是指由主管全国会计工作的行政部门即国务院财政部门制定并发布的制度办法，如企业会计准则体系中的38项具体准则及应用指南、《企业会计制度》、《会计基础工作规范》，以及财政部与国家档案局联合发布的《会计档案管理办法》等。

4. 地方性会计法规

地方性会计法规是指省、自治区、直辖市人民代表大会及其常委会在与会计法律、会计行政法规不相抵触的前提下制定的地方性会计法规。

目前，企业常用的会计政策与法规主要包括：

（1）基础会计法规：主要包括《会计法》、《会计基础工作规范》、《会计档案管理办法》、《企业财务报告条例》。

（2）企业会计通则。

（3）企业会计准则。

（4）企业会计制度，主要包括《企业会计制度》、《金融企业会计制度》、《小企业会计制度》。

（5）企业纳税方面的会计制度规定。

其中，企业会计准则就会计核算提出了基本要求和一般原则，就资产、负债、所有者权益、收入、费用、利润六大要素及财务报告等企业财务核算的各个方面做出了基本的规定，并要求在制定会计制度时应遵守准则。

（二）我国会计准则与制度的发展与演变

1993年7月1日，会计制度改革形成了当时13个行业会计制度和一个外商投资企业会计制度并行的会计法规体系，同时制定了企业基本会计准则和财务通则以及分行业的财务管理制度。

1997年，财政部颁布第一项具体会计准则，之后出台共计19项具体会计准则，要求上市公司全部执行，其他企业执行部分准则。

1998年，财政部出台《股份有限公司会计制度》，要求股份公司执行《股份有限公司会计制度》。

2001年，颁布了不分行业的统一的《企业会计制度》，要求股份公司2001年执行，外资企业2002年执行，国企经申请审批后（2002~2005年）执行。

2003年，颁布《金融企业会计制度》，要求股份制金融企业执行。

2004年4月27日，颁布《小企业会计制度》，要求小企业从2005年1月1日开始实施。到此，我国对营利性经济组织的会计制度法规体系的建设已经完成。

2006年3月15日颁布新会计准则体系由1项基本会计准则和38项具体会计准则组成，同年于12月颁布新的财务通则。新会计准则于2007年1月1日在上市公司执行，其他公司鼓励执行；执行新准则的公司不再执行《企业会计制度》和原会计准则以及原对《企业会计制度》、会计准则的解释问答。

知识库

企业会计准则体系

企业会计准则——基本准则
企业会计准则第 1 号——存货
企业会计准则第 2 号——长期股权投资
企业会计准则第 3 号——投资性房地产
企业会计准则第 4 号——固定资产
企业会计准则第 5 号——生物资产
企业会计准则第 6 号——无形资产
企业会计准则第 7 号——非货币性资产交换
企业会计准则第 8 号——资产减值
企业会计准则第 9 号——职工薪酬
企业会计准则第 10 号——企业年金基金
企业会计准则第 11 号——股份支付
企业会计准则第 12 号——债务重组
企业会计准则第 13 号——或有事项
企业会计准则第 14 号——收入
企业会计准则第 15 号——建造合同
企业会计准则第 16 号——政府补助
企业会计准则第 17 号——借款费用
企业会计准则第 18 号——所得税
企业会计准则第 19 号——外币折算
企业会计准则第 20 号——企业合并
企业会计准则第 21 号——租赁
企业会计准则第 22 号——金融工具确认和计量
企业会计准则第 23 号——金融资产转移
企业会计准则第 24 号——套期保值
企业会计准则第 25 号——原保险合同
企业会计准则第 26 号——再保险合同
企业会计准则第 27 号——石油天然气开采
企业会计准则第 28 号——会计政策、会计估计变更和差错更正
企业会计准则第 29 号——资产负债表日后事项
企业会计准则第 30 号——财务报表列报
企业会计准则第 31 号——现金流量表
企业会计准则第 32 号——中期财务报告
企业会计准则第 33 号——合并财务报表
企业会计准则第 34 号——每股收益
企业会计准则第 35 号——分部报告

企业会计准则第 36 号——关联方披露
企业会计准则第 37 号——金融工具列报
企业会计准则第 38 号——首次执行企业会计准则

第三节 企业纳税政策管理的程序与方法

一、企业纳税政策管理的程序

企业纳税政策管理在遵循实际可靠原则、程序化管理原则、及时全面原则、相关性及全面性原则的基础上，应按照以下的程序进行管理：

（一）了解企业经济业务及财务核算特点

了解企业经济业务及财务核算特点是全面了解企业的过程，也是为全面、及时收集纳税政策做准备的过程，是后续纳税政策管理工作的起点。不同的企业的经济业务所涉及的税种不同，其财务核算特点也不尽相同，只有全面、真实、深入地了解企业的经济业务与财务核算，才能了解企业纳税政策管理的重点所在，才能为第二步收集纳税政策做好基础准备，保障企业纳税政策管理的顺利进行。

【案例 3-3】某企业以生产白酒为主，注册资金 1 200 万元人民币，拥有流动资产 500 万元、固定资产 1 000 万元。其中房屋建筑物 600 万元，属于生产办公用房；车辆 5 部，价值 80 万元。该公司主要以生产销售高、中、低度粮食白酒为主，年销售额达 3 000 万元，其中 2 000 万元的商品出口国外。拥有 1 000 名职工，其中有 1/3 职工月均工资超过 3 000 元。如何根据企业的经济业务及财务核算特点收集纳税政策？

解析：该企业应主要收集、整理与分析增值税、城市维护建设税、教育费附加、企业所得税、印花税、个人所得税的税收政策与法规。同时，属于生产应税消费品的企业还应收集、整理与分析消费税的税收政策与法规；拥有自主房产，还应收集、整理与分析房产税、土地使用税的税收政策与法规；拥有车辆，则应注意车辆购置税、车船税的政策与法规。有对外贸易活动，还应注意关税、我国与相关贸易国之间的税收协议、贸易国的税收政策与法规的收集、整理与分析。

生产制造企业财务会计主要实行会计法、会计准则及企业会计制度。但是，由于生产企业生产规模不同、产品品种结构不同，从而在产品成本构成、产品成本核算方式和方法上存在较大的差异，影响税金的计算和核算。在此例中，企业属于大型企业，因此，应收集一些适用于大型企业的财务会计法规和有关税收的会计处理办法。

知识库

企业的分类

企业依据其对社会贡献的不同主要分为生产制造企业、商贸企业、服务企业。

生产制造企业是向社会直接提供物质产品的企业，该类企业的资金流转过程与其他企业性质不同，其缴纳的税种也不相同。对生产制造企业实施纳税管理必须对其生产过程、资金流转过程以及税收产生的环节进行全面分析，在此基础上有针对性地进行纳税政策的收集、整理与分析，并将其正确地用于企业纳税管理活动中。

商贸企业是指从事商品流通（买卖）的独立核算企业，主要包括商业、供销合作社、粮食、外贸、物资供销、图书发行等企业。例如，商场、大中小型超市、粮食等。因为商品流通企业的经济活动主要是流通领域中商品的购销存活动，所以这类企业的资金流转与财务核算主要侧重于采购、销售两大环节，其税金也随着商品购销存活动的开展而生产。

服务企业是指利用设备、工具、场所、住处或技能向社会提供各种劳动服务业务的企业，例如，向社会提供交通运输服务的交通运输业，向社会提供金融保险服务的金融保险业，向社会提供娱乐活动场所与服务的歌厅、舞厅、电子游戏厅等企业，向社会提供餐饮、住宿等其他服务的企业，包括旅行社、宾馆、酒店、度假村、餐馆、旅店、理发、浴池、照相、洗染、修理、咨询等各类服务企业。

（二）收集纳税政策

收集纳税政策是进行纳税政策管理的第一步，纳税政策收集得是否全面直接关系到企业纳税成本的高低、纳税风险的大小，关系到纳税管理最终实施的有效性。企业收集纳税政策可以利用报纸、杂志、税务机关及其相关网站等渠道进行。在收集纳税政策之前，应首先对企业实际经营状况做一个全面深入的调查，依据所掌握的企业实际经营状况，有针对性地收集与企业纳税相关的政策与法规。企业应收集的纳税政策与法规主要包括税收政策与法规、财务会计法规及相关经济法规等。企业在收集过程中，应注意补充规定和新出台的税收政策法规及财务会计法律、法规。

【案例 3-4】某卷烟生产并自营出口的企业应收集的税收政策与法规主要包括哪些？

解析：由于生产销售卷烟属于既缴增值税又缴消费税的范畴，因此一个生产卷烟的企业应收集整理《增值税暂行条例》、《实施细则》及其补充规定，《消费税暂行条例》、《实施细则》及其补充规定；2008 年以后，两法合并，因此该企业无论是内资或外资企业，均应收集《所得税法》、《实施细则》及其补充规定；由于该企业占有土地、拥有房产，与其他单位订有合同、持有证照、设有账簿，因此还应收集《房产税暂行条例》、《实施细则》及其补充规定，《城镇土地使用税暂行条例》、《实施细则》及其补充规定，《印花税暂行条例》、《实施细则》及其补充规定；由于企业应为职工代扣代缴个人所得税，所以还应收集《个人所得税法》、《实施条例》及其补充规定；企业有进出口业务，还应收集我国与相关业务国家之间签订的国际税收协定、相关业务国家的进出口税收政策等。

此外，该企业还应全面收集税收征收管理方面的法律法规，例如，《税收征收管理法》、《实施细则》及其补充规定，有关发票管理方面的规定，所在地区地方政府有关税收征收管理方面的具体规定等。

（三）分类整理收集到的纳税政策

为了保障纳税政策管理的有效性，企业应在收集纳税政策的基础上对纳税政策进行分类整理。分类整理纳税政策的过程是全面理解税收政策与法规的过程，也是发现纳税政策收集是否全面、及时的过程，还是将纳税政策、财务会计法规及其他经济法规融合理解的过程。分类整理可以采用按税收政策、财务会计法规及其他经济法规大类分类，按发文时间排序整理的方法，以保证纳税政策可以及时查找到。

（四）分析、调用纳税政策

正确分析、调用纳税政策是纳税政策管理的目的所在。分析、调用纳税政策是指企业在纳税管理过程中为了解决其纳税中遇到的实际问题，筹划正确的纳税方案，在深入调查分析存在问题的基础上有选择性地调用相关纳税政策，并结合存在的实际问题分析政策、运用政策的过程。在分析、调用纳税政策的过程中，可能会发现未被收集到的纳税政策，这时应及时补充搜集。

（五）分类归档和总结归档纳税政策

分类归档纳税政策是指收集、分类整理纳税政策后，企业可以按方便查找的原则将纳税政策进行归档；总结归档纳税政策是指已分类归档纳税政策被调用后，对解决企业存在的纳税问题起到了一定的作用，企业应及时总结运用此项纳税政策的经验，并及时将纳税政策与总结报告一起归入档案中。

请你思考

红鑫啤酒厂，主要进行啤酒的生产加工与销售，经营状况良好，拥有产房 1 000 平方米，拥有职工 500 人，人均月工资 2 000 元左右。依据这些基本情况，该企业应主要收集哪些税收政策与法规？

二、企业纳税政策管理的基本方法

（一）流程图

画出企业生产、流通或提供劳务过程的环节流程图，并标出资金流转以及税收产生的节点，确定企业经济业务所涉及的税种及财务核算特点。按图分析该企业所涉及的税种。

（二）分类整理法

订阅相关报纸杂志，关注税务机关网站，及时了解税收政策的变化，并加以收集利用。按税种依时间顺序分类整理、归档收集到的纳税政策。企业收集到的纳税政策大都来源于报纸、杂志、书籍、税务机关及其相关网站。因此，企业可依据其实际收集的纸张资料和电子文本进行分析和归类整理。其手段可以采用纸介质文本形式进行手工管理，也可利用计算机将所有收集到的纳税政策与法规进行分类录入，利用简单的查询软件进行计算机管理。

（三）归谬法

进一步细化企业生产过程，精确收入、成本、费用的形成点，调用收集到的税收法律法规，对照检查企业纳税是否存在错误和失误。

（四）逆向思维法

对企业新生的经济业务及相关的收入成本，应用反向思维方式考虑是否存在税收方面的规定，并及时通过媒体寻找，或直接咨询税务机关。如有，应将相关文件收入纳税政策法规档案中，正确理解并加以应用。

第四节 企业分税种纳税政策管理基本内容

一、流转税政策

流转税又称流转课税、流通税，指以纳税人商品生产、流通环节的流转额或者数量以及非商品交易的营业额为征税对象的一类税收。流转税是商品生产和商品交换的产物，各种流转税（如增值税、消费税、营业税、关税等）是政府财政收入的重要来源。

（一）增值税

所谓增值税就是对增值额征税。按我国税法的规定，增值税是对在我国境内销售货物或者提供加工、修理修配劳务以及从事进口货物的企业单位和个人，就其货物销售或提供劳务的增值额和货物进口金额为征税对象所课征的一种流转税。1993 年 12 月 13 日，国务院发布《增值税暂行条例》，自 1994 年 1 月 1 日起施行。2008 年 11 月 10 日，国务院对该条例作了修订，自 2009 年 1 月 1 日起施行。1993 年 12 月 25 日，财政部发布《中华人民共和国增值税暂行条例实施细则》，2011 年 10 月 28 日，财政部、国家税务总局对该细则进行第二次修订。自 2012 年起，经国务院批准，财政部、国家税务总局开始在部分省、直辖市选择部分行业实施营业税改征增值税试点。增值税由国家税务局负责征收管理（进口环节的增值税由海关代为征收管理），所得收入由中央政府与地方政府共享。

根据各个国家允许抵扣已纳税款的扣除项目范围的大小，增值税分为生产型增值税、收入型增值税和消费型增值税三种类型。生产型增值税允许扣除用于生产、经营的外购原材料、燃料、动力等物质资料，但是对于购入的固定资产及其折旧均不予扣除；收入型增值税除允许扣除外购的物质资料的价值以外，对于购置用于生产、经营用的固定资产，允许将已提折旧的价值额予以扣除；消费型增值税则允许将购置物质资料的价值和用于生产、经营的固定资产价值中所含的税款，在购置当期全部一次扣除。我国 2009 年 1 月 1 日起施行消费型增值税。实行消费型增值税有利于鼓励投资，特别是民间投资，有利于促进产业结构调整和技术升级。

我国的增值税作为一种流转税，既保留了按流转额征税的长处，又避免了按流转额全值征税的弊端，真可谓是“扬长避短”，其特点主要有：

1. 课税的普遍性。增值税的征税范围可以广泛涉及商品生产、批发、零售和各种服务业以及农业等诸多领域。凡从事销售应税商品或应税劳务，取得增值额的，均应缴纳增值税。

2. 课税的公平性。增值税以增值额作为征税对象，只对销售额中本企业新创造的、尚未征过税的新增价值额征税，而对销售额中由以前各环节创造、已征过税的转移价值不再征税，所以，从理论上不存在重复征税的问题。

3. 价外计税。增值税实行价外计税的办法。即以不含增值税税额的价格为计税依据。销售商品时，增值税专用发票上要分别注明增值税税款和不含增值税的价格，以消除增值税对成本、利润、价格的影响。需要指出的是：增值税的价外计税绝非是在原销售价格之外再课征增值税，而要求在销售商品时，将原来含税销售款中的商品价格和增值税，分别列于增值税的专用发票上。

（二）消费税

消费税是政府向消费品征收的税项，可向批发商或零售商征收，是对特定消费品和消费行为征收的一种税收。销售税是典型的间接税，是 1994 年税制改革在流转税中新设置的一个税种。从某种程度上来说，消费税具有调节缩小贫富差距、实现社会公平、矫正外部成本、优化资源配置、调节消费结构、缓解供求矛盾的作用。

消费税的征收范围包括了五种类型的产品：

第一类：一些过度消费会对人类健康、社会秩序、生态环境等方面造成危害的特殊消费品，如烟、酒、鞭炮、焰火等；

第二类：奢侈品、非生活必需品，如贵重首饰、化妆品等；

第三类：高能耗及高档消费品，如小轿车、摩托车等；

第四类：不可再生和替代的石油类消费品，如汽油、柴油等；

第五类：具有一定财政意义的产品，如汽车轮胎、护肤护发品等。

2006 年 3 月 21 日，财政部、国家税务总局联合发出通知，对消费税的税目、税率进行调整。这次调整新增了高尔夫球及球具、高档手表、游艇、木制一次性筷子、实木地板等税目，取消了“护肤护发品”税目，并对部分税目的税率进行了调整。

消费税采用产品差别税率，具体税率如表 3－3 所示。

表 3－3　　消费税税率

税目	税率
一、烟	
1. 卷烟	
（1）甲类卷烟	56% 加 0.003 元/支
（2）乙类卷烟	36% 加 0.003 元/支
2. 雪茄烟	25%
3. 烟丝	30%

续表

税　目	税　率
二、酒及酒精	
1. 白酒	20%加0.5元/500克（或者500毫升）
2. 黄酒	240元/吨
3. 啤酒	
（1）甲类啤酒	250元/吨
（2）乙类啤酒	220元/吨
4. 其他酒	10%
5. 酒精	5%
三、化妆品	30%
四、贵重首饰及珠宝玉石	
1. 金银首饰、铂金首饰和钻石及钻石饰品	5%
2. 其他贵重首饰和珠宝玉石	10%
五、鞭炮、焰火	15%
六、成品油	
1. 汽油	
（1）含铅汽油	1.40元/升
（2）无铅汽油	1.00元/升
2. 柴油	0.80元/升
3. 航空煤油	0.80元/升
4. 石脑油	1.00元/升
5. 溶剂油	1.00元/升
6. 润滑油	1.00元/升
7. 燃料油	0.80元/升
七、汽车轮胎	3%
八、摩托车	
1. 汽缸容量（排气量，下同）在250毫升（含250毫升）以下的	3%
2. 汽缸容量在250毫升以上的	10%
九、小汽车	
1. 乘用车	
（1）汽缸容量（排气量，下同）在1.0升（含1.0升）以下的	1%
（2）汽缸容量在1.0升以上至1.5升（含1.5升）的	3%
（3）汽缸容量在1.5升以上至2.0升（含2.0升）的	5%
（4）汽缸容量在2.0升以上至2.5升（含2.5升）的	9%
（5）汽缸容量在2.5升以上至3.0升（含3.0升）的	12%
（6）汽缸容量在3.0升以上至4.0升（含4.0升）的	25%
（7）汽缸容量在4.0升以上的	40%
2. 中轻型商用客车	5%
十、高尔夫球及球具	10%
十一、高档手表	20%
十二、游艇	10%
十三、木制一次性筷子	5%
十四、实木地板	5%

（三）营业税

营业税是对在我国境内提供应税劳务、转让无形资产或销售不动产的单位和个人，就其所取得的营业额征收的一种税。营业税属于流转税制中的一个主要税种。营业税的征税范围包括在我国境内提供应税劳务、转让无形资产和销售不动产的经营行为，涉及国民经济中第三产业这一广泛的领域。第三产业直接关系着城乡人民群众的日常生活，因而营业税的征税范围具有广泛性和普遍性。随着第三产业的不断发展，营业税的收入也将逐步增长。自2012年起，经国务院批准，财政部、国家税务总局开始在部分省、直辖市选择部分行业实施营业税改征增值税试点。

营业税的计税依据为各种应税劳务收入的营业额、转让无形资产的转让额、销售不动产的销售额（三者统称为营业额），税收收入不受成本、费用高低影响，收入比较稳定。营业税实行比例税率，其应纳税额以下列公式计算：

应纳税额 = 营业额 × 税率

营业税共设计了三档税率3%，5%，20%。具体为：建筑业、邮电通信业、文化体育业3%，金融保险业、服务业、租赁业、销售不动产5%，娱乐业20%。① 由此看出，营业税有按照不同经营行业设计不同的税目、税率，即行业相同，税目、税率相同；行业不同，税目、税率不同的特点。

（四）关税

关税是世界各国普遍征收的一个税种，是指一国海关对进出境的货物或者物品征收的一种税。关税在各国一般属于国家最高行政单位指定税率的高级税种，对于对外贸易发达的国家而言，关税往往是国家税收乃至国家财政的主要收入。

关税按征收对象分，有进口税、出口税和过境税。进口税是关税中最重要的一种，在一些废除了出口税和过境税的国家，进口税是唯一的关税；出口税是对本国商品出口时所征收的关税。因为征收出口税会导致本国商品出口后在国外的售价提高，从而降低了出口商品在国外市场的竞争能力，不利于扩大出口，所以目前发达国家大多不征收出口税；过境税是对经过本国国境或关境运往另一国的外国货物所征收的关税。由于过境货物对本国市场和生产没有影响，而且外国货物过境时，可以使铁路、港口、仓储等方面从中获得一些益处，因此目前世界上大多数国家不征收过境税，仅在外国货物通过本国国境或关境时，征收少量准许费、印花费、签证费、统计费等。我国海关不征收过境税。

关税的征税基础是关税完税价格。进口货物以海关审定的成交价值为基础的到岸价格为关税完税价格；出口货物以该货物销售与境外的离岸价格减去出口税后，经过海关审查确定的价格为完税价格。关税应税额的计算公式为：

应纳税额 = 关税完税价格 × 适用税率

说到关税不得不说两个名词：反倾销税和报复性关税。反倾销税是对倾销商品所征收的进口附加税。当进口国因外国倾销A种产品，国内产业受到损害时，征收相当于出口国国

① “营改增”后，交通运输业适用11%的增值税率，不再缴纳营业税。

内市场价格与倾销价格之间差额的进口税。其目的在于抵制倾销，保护国内产业。报复性关税是指为报复他国对本国出口货物的关税歧视，而对相关国家的进口货物征收的一种进口附加税。任何国家或者地区对其进口的原产于我国的货物征收歧视性关税或者给予其他歧视性待遇的，我国对原产于该国家或者地区的进口货物征收报复性关税，税率由具体情况定。比如2001年，我国政府为了惩罚日本对中国出口日本的农产品实行的“临时保障措施”，对日本出口我国的汽车、手机等电子产品征收100%的惩罚性关税。

WTO打开了中国企业通向世界的大门。在中国越来越走向国际化的今天，作为中国的小型企业应该了解关税的有关情况，只有这样才能保证自己在进出口业务发生时正确缴纳税款。

二、所得税

所得税又称所得课税、收益税，指国家对法人、自然人和其他经济组织在一定时期内的各种所得征收的一类税收。

所得税1799年创始于英国。由于这种税以所得的多少为负担能力的标准，比较符合公平、普遍的原则，并具有经济调节功能，所以被大多数西方经济学家视为良税，得以在世界各国迅速推广。进入19世纪以后，大多数资本主义国家相继开征了所得税，并逐渐成为大多数发达国家的主体税种（主要是个人所得税和企业所得税）。在新中国成立以后的很长一段时间里，所得税收入在我国税收收入中的比重很小，所得税的作用微乎其微，这种状况直到改革开放，特别是20世纪80年代中期国营企业“利改税”和工商税制改革以后才得以改变。我国现行税制中的所得税包括企业所得税和个人所得税。

（一）企业所得税

企业所得税是对我国境内的企业和其他取得收入的组织的生产经营所得和其他所得征收的所得税。企业所得税是法人所得税，计税依据是利润，因此对法人所得税影响较大的几个因素是纳税义务人、税基、税率和税收优惠。2007年3月16日，第十届全国人民代表大会第五次会议通过《企业所得税法》，自2008年1月1日起施行。

1. 纳税义务人

即所有实行独立经济核算的中华人民共和国境内的内资企业或其他组织，包括以下6类：

（1）国有企业。

（2）集体企业。

（3）私营企业。

（4）联营企业。

（5）股份制企业。

（6）有生产经营所得和其他所得的其他组织。

企业是指按国家规定注册、登记的企业。有生产经营所得和其他所得的其他组织，是指经国家有关部门批准，依法注册、登记的，有生产经营所得和其他所得的事业单位、社会团体等组织。独立经济核算是指同时具备在银行开设结算账户；独立建立账簿，编制财务会计报表；独立计算盈亏等条件。特别需要说明的是，个人独资企业、合伙企业不使用本法，这两类企业征收个人所得税即可，这样能消除重复征税。

2. 税基

各国企业所得税都是以调整后的利润即应纳税所得额为计税依据，其中利润包括生产经营利润也包括资本利得。应纳税所得额确定的关键点在于如何准确核算可以扣除的成本费用，特别是对折旧和损失的处理方式等。

3. 税率

企业所得税的税率即据以计算企业所得税应纳税额的法定比率。根据《企业所得税暂行条例》的规定，2008 年新的《所得税法》规定一般企业所得税的税率为 25%。非居民企业在中国境内设立机构、场所的，应当就其所设机构、场所取得的来源于中国境内的所得，以及发生在中国境外但与其所设机构、场所有实际联系的所得，缴纳企业所得税。非居民企业在中国境内未设立机构、场所的，或者虽设立机构、场所，但取得的所得与其所设机构、场所没有实际联系的，应当就其来源于中国境内的所得缴纳企业所得税，适用税率为 20%。其中，符合条件的小型微利企业，减按 20% 的税率征收企业所得税。国家需要重点扶持的高新技术企业，减按 15% 的税率征收企业所得税。

4. 税收优惠

各国普遍注重对税收优惠政策的应用，不仅采用直接的减免税，更注意应用间接的税收优惠政策。主要办法有：税收抵免、税收豁免和加速折旧。例如我国对于从事农、林、牧、渔业项目的所得和从事国家重点扶持的公共基础设施项目投资经营的所得给予免征和减半征收。

（二）个人所得税

个人所得税是调整征税机关与自然人（居民、非居民人）之间在个人所得税的征纳与管理过程中所发生的社会关系的法律规范的总称。

我国个人所得税的纳税义务人是在中国境内居住有所得的人，以及不在中国境内居住而从中国境内取得所得的个人，包括中国国内公民，在华取得所得的外籍人员和港、澳、台同胞。其中在中国境内无住所又不居住或者无住所而在境内居住不满一年的非居民纳税义务人，承担有限纳税义务，仅就其从中国境内取得的所得，依法缴纳个人所得税。

个人所得税分为境内所得和境外所得。主要包括以下 11 项内容：工资、薪金所得；个体工商户的生产、经营所得；对企事业单位的承包经营、承租经营所得；劳务报酬所得；稿酬所得；特许权使用费所得；利息、股息、红利所得；财产租赁所得；财产转让所得；偶然所得；其他所得。

个人所得税根据不同的征税项目，分别规定了 3 种不同的税率：

1. 工资、薪金所得，适用 7 级超额累进税率，按月应纳税所得额计算征税。

2. 5 级超额累进税率。适用按年计算、分月预缴税款的个体工商户的生产、经营所得和对企事业单位的承包经营、承租经营的全年应纳税所得额划分级距，最低一级为 5%，最高一级为 35%，共 5 级。

3. 比例税率。对个人的稿酬所得，劳务报酬所得，特许权使用费所得，利息、股息、红利所得，财产租赁所得，财产转让所得，偶然所得和其他所得，按次计算征收个人所得税，适用20%的比例税率。

就目前看，我国个人所得税收入占全部税收收入的比重在不断提高。随着经济发展，个人所得税占全部税收收入的比重还将继续提高，最终将成为我国主体税种之一。

三、资源税

资源税是对自然资源征税的税种的总称。我国现行的税制中，有资源税、城镇土地使用税、土地增值税等。

（一）资源税

资源税是对在我国境内开采应税矿产品和生产盐的单位和个人，就其应税产品征收的一种税。在中华人民共和国境内开采《资源税暂行条例》规定的矿产品或者生产盐的单位和个人，为资源税的纳税义务人，应缴纳资源税。

资源税纳税人是在我国境内开采应税矿产品或者生产盐的单位和个人。在某些情况下，可由收购未税矿产品的单位代为扣缴税款。资源税征税范围是原油、天然气、煤炭、其他非金属矿原矿、黑色金属矿原矿、有色金属矿原矿、盐共7类（见表3-4）。

资源税实行从量定额征收的办法，其计税依据是课税物品的数量。

资源税应纳税额的计算公式为：

$$应纳税额 = 课税数量 \times 单位税额$$

表3-4　资源税税目、税率（税额标准）

税目		税率（税额标准）
一、原油		销售额的5%～10%
二、天然气		销售额的5%～10%
三、煤炭	焦煤 其他煤炭	每吨8～20元 每吨0.3～5元
四、其他非金属矿原矿	普通非金属矿原矿 贵重非金属矿原矿	每吨或每立方米0.5～20元 每千克或每克拉0.5～20元
五、黑色金属矿原矿		每吨2～30元
六、有色金属矿原矿	稀土矿 其他有色金属矿原矿	每吨0.4～60元 每吨0.4～30元
七、盐	固体盐 液体盐	每吨10～60元 每吨2～10元

资源税的作用：

1. 调节资源级差收入，有利于企业在同一水平上竞争。

2. 加强资源管理，有利于促进企业合理开发、利用。

3. 与其他税种配合，有利于发挥税收杠杆的整体功能。

4. 以国家矿产资源的开采和利用为对象所课征的税。开征资源税，旨在使自然资源条件优越的级差收入归国家所有，排除因资源优劣造成企业利润分配上的不合理状况。

（二）城镇土地使用税

《城镇土地使用税暂行条例》规定：在城市、县城、建制镇、工矿区范围内使用土地的单位和个人，为城镇土地使用税（以下简称“土地使用税”）的纳税义务人（以下简称“纳税人”），应当依照本条例的规定缴纳土地使用税。

对城镇土地使用税的纳税义务人有以下特殊规定：

1. 拥有土地使用权的单位和个人是纳税人。

2. 拥有土地使用权的单位和个人不在土地所在地的，其土地的实际使用人和代管人为纳税人。

3. 土地使用权未确定的或权属纠纷未解决的，其实际使用人为纳税人。

4. 土地使用权共有的，共有各方都是纳税人，由共有各方分别纳税。

城镇土地使用税以实际占用的土地面积为计税依据。具体规定为：

1. 凡由省、自治区、直辖市人民政府确定的单位组织测定土地面积的，以测定的面积为准；

2. 尚未组织测量，但纳税人持有政府部门核发的土地使用证书的，以证书确认的土地面积为准。

3. 尚未核发土地使用证书的，应由纳税人申报土地面积，据以纳税，待核发土地使用证以后再作调整。

注意：税务机关不能核定纳税人实际使用的土地面积。

城镇土地使用税适用地区幅度差别定额税率（见表3-5）。

$$应纳税额=实际占用的土地面积\times适用税额$$

表3-5　　城镇土地使用税税率

适用范围	计税依据	年税额
大城市	实际占用的土地面积	每平方米土地年税额为0.5~10元
中等城市	实际占用的土地面积	每平方米土地年税额为0.4~8元
小城市	实际占用的土地面积	每平方米土地年税额为0.3~6元
县城、建制镇、工矿区	实际占用的土地面积	每平方米土地年税额为0.2~4元

（三）土地增值税

土地增值税是指转让国有土地使用权、地上的建筑物及其附着物并取得收入的单位和个人，以转让所取得的收入包括货币收入、实物收入和其他收入为计税依据向国家缴纳的一种税负，不包括以继承、赠与方式无偿转让房地产的行为。

土地增值税以转让房地产的增值额为计税依据。增值额为纳税人转让房地产的收入，减除税法规定准予扣除的项目金额后的余额。凡在我国境内转让房地产并取得收入的单位和个人，除税法规定免税以外的，均应依照土地增值税条例规定缴纳土地增值税。

土地增值税的税率是以转让房地产增值率的高低为依据来确认，按照累进税率原则设计，实行分级计税。增值率是以收入总额扣除相关项目金额后的余额再除以扣除项目合计金额，增值率高的，税率高、多纳税；增值率低的，税率低、少纳税。

（1）增值额未超过扣除项目金额50%的部分，税率为30%。

（2）增值额超过扣除项目金额50%，未超过扣除项目金额100%的部分，税率为40%。

（3）增值额超过扣除项目金额100%，未超过扣除项目金额200%的部分，税率为50%。

（4）增值额超过扣除项目金额200%的部分，税率为60%。

土地增值税在房地产发生转让的环节，实行按次征收，每发生一次转让行为，就应该依据每次取得的增值额征一次税。

四、财产税

财产税类是指以各种财产为征税对象的税收体系。财产税类税种的课税对象是财产的收益或财产所有人的收入，主要包括房产税、财产税、遗产和赠与税等税种。对财产课税，对于促进纳税人加强财产管理、提高财产使用效果具有特殊的作用。目前我国财产课税有房产税、城市房地产税等。遗产和赠与税在体现鼓励勤劳致富、反对不劳而富方面有着独特的作用，是世界各国通用的税种，我国虽然列入了立法计划，但至今尚未开征。

（一）房产税

房产税是以房屋为征税对象，按房屋的计税余值或租金收入为计税依据，向产权所有人征收的一种财产税。现行的房产税是第二步利改税以后开征的，1986年9月15日，国务院正式发布了《中华人民共和国房产税暂行条例》，从当年10月1日开始实施。

房产税的特点如下：

1. 房产税属于财产税中的个别财产税，其征税对象只是房屋。

2. 征收范围限于城镇的经营性房屋。

3. 区别房屋的经营使用方式规定征税办法，对于自用的按房产计税余值征收，对于出租、出典的房屋按租金收入征税。

房产税的纳税义务人包括：

1. 产权属国家所有的，由经营管理单位纳税；产权属集体和个人所有的，由集体单位和个人纳税。

2. 产权出典的，由承典人纳税。

3. 产权所有人、承典人不在房屋所在地的，由房产代管人或者使用人纳税。

4. 产权未确定及租典纠纷未解决的，亦由房产代管人或者使用人纳税。

5. 无租使用其他房产的问题。纳税单位和个人无租使用房产管理部门、免税单位及纳税单位的房产，应由使用人代为缴纳房产税。

房产税的征税对象是房产。征税范围有城市、县城、建制镇、工矿区，但是不包括农村的房屋，这是为了减轻农民的负担。因为农村的房屋，除农副业生产用房外，大部分是农民居住用房，房产税的计税依据是房产的计税价值或房产的租金收入。按照房产计税价值征税的称为从价计征，按照房产租金收入计征的称为从租计征。按房产余值计征的，年税率为1.2%；按房产出租的租金收入计征的，税率为12%。但对个人按市场价格出租的居民住房，用于居住的，可暂减按4%的税率征收房产税。

1. 从价计征的计算。

从价计征是按房产的原值减除一定比例后的余值计征，其公式为：

$$应纳税额 = 应税房产原值 \times (1 - 扣除比例) \times 1.2\%$$

2. 从租计征的计算。

从租计征是按房产的租金收入计征，其公式为：

$$应纳税额 = 租金收入 \times 12\%$$

（二）契税

契税是土地、房屋权属转移时向其承受者征收的一种税收，现行的《契税暂行条例》于1997年10月1日起施行。在中国境内取得土地、房屋权属的企业与个人应当依法缴纳契税。上述取得土地、房屋权属包括下列方式：国有土地使用权出让，土地使用权转让（包括出售、赠与和交换），房屋买卖、赠与和交换。以下列方式转移土地房屋权属的，视同土地使用权转让、房屋买卖或者房屋赠与征收契税：以土地、房屋权属作价投资、入股，以土地、房屋权属抵偿债务，以获奖的方式承受土地、房屋权属，以预购方式或者预付集资建房款的方式承受土地、房屋权属。契税实行3% ~5%的幅度比例税率。

契税的计税依据，归结起来有4种：按成交价格计算；根据市场价格计算；依据土地、房屋交换差价定税；按照土地收益定价。

契税的应纳税额的计算：

1. 国有土地使用权出让、土地使用权出售、房屋买卖，以成交价格为计税依据。

2. 土地使用权赠与、房屋赠与，由征收机关参照土地使用权出售、房屋买卖的市场价格核定。

3. 交换价格相等时，免征契税；交换价格不等时，由多交付货币、实物、无形资产或者其他经济利益的一方交纳契税。

4. 房屋附属设施征收契税的依据：

（1）采取分期付款方式购买房屋附属设施土地使用权、房屋所有权的，应按合同规定的总价款计征契税。

（2）承受的房屋附属设施权属如为单独计价的，按照当地确定的适用税率征收契税；如与房屋统一计价的，适用与房屋相同的契税税率。

五、行为税

行为税是以纳税人的某些特定行为为课税对象的税种，如印花税、屠宰税等。行为的解释极其广泛，人们的经济活动、社会活动以及文化、体育、娱乐等活动都可以解释为行为。国家可以选择特定的行为来课税，既要增加财政收入，又要做到限制某些行为，达到对社会生活的税收调节。我国对行为的课税曾有烧油特别税、奖金税、建筑税等，现行的有屠宰税、车船税等。

（一）印花税

印花税是以经济活动中书立的各种合同、产权转移书据、营业账簿、权利许可证照等应税凭证文件为对象所课征的税。印花税由纳税人按规定应税的比例和定额自行购买并粘贴印花税票，即完成纳税义务，现在往往采取简化的征收手段。

印花税的特点有：（1）兼有凭证税和行为税性质；（2）征收范围广泛；（3）税收负担比较轻；（4）由纳税人自行完成纳税义务。

应缴纳印花税的凭证有：（1）购销、加工承揽、建设工程承包、财产租赁、货物运输、仓储保管、借款、财产保险、技术合同或者具有合同性质的凭证；（2）产权转移书据；（3）营业账簿；（4）权利、许可证照；（5）经财政部确定征税的其他凭证。

印花税根据不同征税项目，分别实行从价计征和从量计征两种征收方式。

1. 从价计税情况下计税依据的确定。

（1）各类经济合同，以合同上记载的金额、收入或费用为计税依据。

（2）产权转移书据以书据中所载的金额为计税依据。

（3）记载资金的营业账簿，以实收资本和资本公积两项合计的金额为计税依据。

2. 从量计税情况下计税依据的确定。

实行从量计税的其他营业账簿和权利、许可证照，以计税数量为计税依据。

印花税应纳税额的计算：

按比例税率计算应纳税额的方法：

$$应纳税额=计税金额\times适用税率$$

按定额税率计算应纳税额的方法：

$$应纳税额=凭证数量\times单位税额$$

印花税税目税率情况见表3-6。

表3-6　　印花税税目税率

序号	税目	范围	税率	纳税人
1	购销合同	包括供应、预购、采购、购销结合及协作、调剂、补偿、易货等合同	按购销金额0.3‰贴花	立合同人
2	加工承揽合同	包括加工、定作、修缮、修理、印刷、广告、测绘、测试等合同	按加工或承揽收入0.5‰贴花	立合同人
3	建设工程勘察设计合同	包括勘察、设计合同	按收取费用0.5‰贴花	立合同人
4	建筑安装工程承包合同	包括建筑、安装工程承包合同	按承包金额0.3‰贴花	立合同人
5	财产租赁合同	包括租赁房屋、船舶、飞机、机动车辆、机械、器具、设备等	按租赁金额1‰贴花，税额不足1元的按1元贴花	立合同人
6	货物运输合同	包括民用航空、铁路运输、海上运输、内河运输、公路运输和联运合同	按运输费用0.5‰贴花	立合同人
7	仓储保管合同	包括仓储、保管合同	按仓储保管费用1‰贴花	立合同人

续表

序号	税目	范围	税率	纳税人
8	借款合同	银行及其他金融组织和借款人（不包括银行同业拆借）所签订的借款合同	按借款金额0.05‰贴花	立合同人
9	财产保险合同	包括财产、责任、保证、信用等保险合同	按投保金额1‰贴花	立合同人
10	技术合同	包括技术开发、转让、咨询、服务等合同	按所载金额0.3‰贴花	立合同人
11	产权转移书据	包括财产所有权和版权、商标专用权、专利权、专有技术使用权等转移书据	按所载金额0.5‰贴花	立据人
12	营业账簿生产经营用账册	记载资金的账簿	按固定资产原值与自有流动资金总额0.5‰贴花，其他账簿按件贴花5元	立账簿人
13	权利、许可证照	包括政府部门发给的房屋产权证、工商营业执照、商标注册证、专利证、土地使用证	按件贴花5元	领受人

（二）车船税

车船税是以车船为征税对象，向拥有车船的单位和个人征收的一种税。车船税法是指国家制定的用以调整车船税征收与缴纳之间权利及义务关系的法律规范。2011年2月25日，第十一届全国人民代表大会常务委员会第十九次会议通过了《中华人民共和国车船税法》。车船税的纳税义务人，是在中华人民共和国境内车辆、船舶（以下简称车船）的所有人或者管理人，应当依照《中华人民共和国车船税法》的规定缴纳车船税。

车船税的征收范围，是指依法应当在我国车船管理部门登记的车船（除规定减免的车船税）。

1. 车辆。车辆，包括机动车辆和非机动车辆，指依靠燃油、电力等能源作为动力运行的车辆，如汽车、拖拉机、无轨电车等；非机动车辆，指依靠人力、畜力运动的车辆，如三轮车、自行车、畜力驾驶车等。

2. 船舶。船舶，包括机动船舶和非机动船舶。机动船舶，指依靠燃料等能源作为动力运行的船舶，如客轮、货船、气垫船等；非机动船舶，指依靠人力或者其他力量运行的船舶，如木船、帆船、舢板等。

车辆的计税单位分别为每辆、整备质量每吨，机动船舶的计税单位为净吨位每吨，游艇的计税单位为艇身长度每米，详见表3-7。

表 3-7　车船税税目、税额标准

税目		计税单位	税额标准	备注
一、乘用车（按发动机汽缸容量即排气量分档）	不超过 1.0 升的 超过 1.0 升至 1.6 升的 超过 1.6 升至 2.0 升的 超过 2.0 升至 2.5 升的 超过 2.5 升至 3.0 升的 超过 3.0 升至 4.0 升的 超过 4.0 升的	每辆	每年 60～360 元 每年 300～540 元 每年 360～660 元 每年 660～1 200 元 每年 1 200～2 400 元 每年 2 400～3 600 元 每年 3 600～5 400 元	核定载客人数不超过 9 人
二、商用车	客车	每辆	每年 480～1 440 元	核定载客人数超过 9 人，包括电车
	货车	整备质量每吨	每年 16～120 元	包括半挂牵引车、三轮汽车和低速载货汽车等
三、挂车		整备质量每吨	按货车税额标准的 50% 计算	
四、其他车辆	专用作业车轮式专用机械车	整备质量每吨	每年 16～120 元	不包括拖拉机
五、摩托车		每辆	每年 36～180 元	
六、船舶	机动船舶	净吨位每吨	不超过 200 吨的，每吨每年 3 元 超过 200 吨至 2 000 吨的，每吨每年 4 元 超过 2 000 吨至 10 000 吨的，每吨每年 5 元 超过 10 000 吨的，每吨每年 6 元	拖船、非机动驳船的适用税额标准按相同净吨位机动船舶适用税额标准的 50% 计算，拖船的净吨位按发动机功率 1 千瓦折合 0.67 吨计算
	游艇	艇身长度每米	不超过 10 米的，每米每年 600 元 超过 10 米至 18 米的，每米每年 900 元 超过 18 米至 30 米的，每米每年 1 300 元 超过 30 米的，每米每年 2 000 元 辅助动力帆艇，每米每年 600 元	

车辆的具体适用税额标准由各省、自治区和直辖市人民政府按照上表规定的税额标准幅度和国务院的规定确定，并报国务院备案。确定车辆的具体适用税额标准的原则是：乘用车按照排气量从小到大递增税额标准；客车按照核定载客人数不足 20 人和 20 人以上

两档划分，递增税额标准。例如，北京市人民政府规定：发动机汽缸容量不超过1.0升的乘用车的税额标准为每年300元，发动机汽缸容量超过4.0升的乘用车的税额标准为每年5 280元；核定载客人数不足20人的中型客车的税额标准为每年960元，核定载客人数20人以上的大型客车的税额标准为每年1 140元；货车的税额标准为整备质量每吨每年96元。

应纳税车船的排气量、整备质量、核定载客人数、净吨位、艇身长度和发动机功率，以车船登记管理部门核发的车船登记证书或者行驶证所载数据为准。依法不需要登记的车船，依法应当登记而没有办理登记车船，不能提供车船登记证书或者行驶证的车船，以车船出厂合格证明或者进口凭证标注的技术参数、数据为准。不能提供车船出厂合格证明或者进口凭证的，由税务机关参照国家相关标准核定；没有国家相关标准的，参照同类车船核定。

车船税以应纳税车辆的数量或者整备质量和应纳税船舶的净吨位或者艇身长度为计税依据，按照适用税额标准计算应纳税额。

应纳税额计算公式：

应纳税额 = 应纳税车辆数量或者整备质量 × 适用税额标准

应纳税额 = 应纳税船舶净吨位或者艇身长度 × 适用税额标准

第五节 企业纳税政策管理激励机制的构建与实施

一、企业纳税政策管理的激励机制构建

企业纳税政策管理是企业纳税管理的重要环节，但是企业的管理是人的管理，只有建立完善的企业激励机制，并使其得到彻底的贯彻实施，才能够保障企业纳税政策管理正常、有序进行。

（一）企业纳税政策管理激励机制的概念

激励机制是指依据组织目标，在分析被管理者的需求与动机的基础上，通过组织管理资源的合理配置与管理方式方法的优化组合，制定必要的引导、强化手段及可实施的制度，形成能够在较长时间内激励被管理者思想、动机、行为的相对固化、规范化的一系列制度与工作规范。

企业纳税政策管理激励机制则是企业为有效激励员工和有效进行企业纳税政策管理而建立的一整套有机的激励制度和措施所组成的有机整体，包括企业文化激励体系、薪酬福利体系、人员培训体系、员工晋升体系及相关制度体系。企业纳税政策管理激励机制与企业的其他激励机制是相配套、相联系的，是企业激励制度的一部分。与企业激励机制相同的是，企业纳税政策管理激励方法、措施、制度的实施需要有一个健康的激励环境。即是以人为本的环境。

知识库

激励机制

激励是指激发动机，就是激发、推动、加强人的动机，以促使个体有效完成目标的心理过程。员工激励，是指在人力资源管理过程中，采用激励的理论和方法，对员工的各种需要予以不同程度的满足或限制，以此引起他们心理状况的变化，达到激发动机，使人具有某种内在的动力，朝着组织所期望的目标做出持久努力，通过正反两方面的强化，对行为加以控制和调节。

管理理论中，激励既包括从正面激发、诱导一定组织群体和个人从事组织所期望的行为，也包括约束和惩戒组织所不希望的行为。在研究中也出现过不太全面的观点。如多数研究者把激励过程理解为需要激发动机、动机诱导行为，实质上是把激励理解为狭义的正面激励，如内容型的激励理论就是从这样的角度出发的。也有学者从特殊的角度研究了激励的两个方面，如斯金纳等人提出的正强化与负强化。

从正反两个方面研究激励问题，才是一种全面而现实的态度。美国著名管理学家哈罗德·孔茨等人曾把激励形象地称为“胡萝卜”和“大棒”，认为“奖励和惩罚仍然是有力的激励因素”，人们通过对绩效优良者给以论功行赏，以调动其积极性，但恐吓形式的“大棒”必不可少，“害怕失去职务、失去收入、扣发奖金、降级或其他惩罚——过去是而且继续是有力的激励因素。”只是在现代社会中，应当把正面激励放在首要地位，坚持正面激励为主、反面激励为辅的原则，而且要注意二者的关联，在正面激励中隐含着反面激励，如未达到绩效者不能获得有关奖酬；反面激励中也隐含着正面激励，如一旦被惩罚者消除了错误行为，则惩罚随之消除，并有机会获得相应的奖励。总之，“激励”应从正面激发、诱导和反面惩罚、约束、归化两种意义上来理解，才是全面的、科学的和具有现实操作性的。

（二）企业纳税政策管理激励机制的内容

1. 诱导因素集合

诱导因素是指可用于调动纳税政策管理人员积极性的各种奖酬资源。对诱导因素的提取，必须建立在纳税政策管理人员个人需要进行调查、分析和预测的基础上，然后根据企业所拥有的奖酬资源设计各种奖酬形式，包括各种外在性奖酬和内在性奖酬。

2. 行为导向制度

行为导向制度是企业对企业纳税政策管理所期望的努力方向、行为方式和应遵循的价值观的规定。在企业管理中，由诱导因素诱发的纳税政策管理人员的个体行为可能会朝向各个方向，即不一定都是指向企业目标的。同时，管理人员个人的价值观也不一定与企业的价值观相一致，这就要求企业在企业纳税政策管理人员中间培养统驭性的主导价值观。行为导向一般强调全局观念、长远观念和集体观念，这些观念都是为实现企业的各种目标服务的，对企业纳税政策管理而言，这些观念主要是为了实现有序、高效率的企业纳税政策管理。企业应该奖励的六种纳税政策管理行为是：

（1）奖励彻底利用纳税政策解决问题的，而不是仅仅使用部分政策采取应急措施。

（2）奖励积极使用可行的纳税政策的行动，而不是盲目跟从。

（3）奖励果断利用纳税政策的行动，而不是无用的分析。

（4）奖励出色的工作而不是忙忙碌碌的行为。

（5）奖励将纳税政策简单重点化，反对不必要的复杂化。

（6）奖励高质量、有效率的纳税政策整理、归纳工作，而不是草率、粗糙的行动。

3. 行为幅度制度

行为幅度制度是指对由诱导因素所激发的行为在强度方面的控制规则。根据弗鲁姆的期望理论公式（$M = V \times E$），对企业纳税政策管理人员的个人行为幅度的控制是通过改变一定的奖酬与一定的绩效之间的关联性以及奖酬本身的价值来实现的。根据斯金纳的强化理论，按固定的比率和变化的比率来确定奖酬与绩效之间的关联性，会对企业纳税政策管理人员的行为带来不同的影响。前者会带来迅速的、非常高而且稳定的绩效，并呈现中等速度的行为消退趋势；后者将带来非常高的绩效，并呈现非常慢的行为消退趋势。通过行为幅度制度，可以将企业纳税政策管理人员个人的努力水平调整在一定范围之内，以防止一定奖酬对企业纳税政策管理人员的激励效率的快速下降。

4. 行为时空制度

行为时空制度是指奖酬制度在时间和空间方面的规定。这方面的规定包括特定的外在性奖酬和特定的绩效相关联的时间限制，企业纳税政策管理人员与一定的工作相结合的时间限制，以及有效行为的空间范围。这样的规定可以防止企业纳税政策管理人员的短期行为和地理无限性，从而使所期望的行为具有一定的持续性，并在一定的时期和空间范围内发生。

5. 行为归化制度

行为归化是指对企业纳税政策管理人员进行组织同化和对违反纳税政策管理行为规范达不到纳税政策管理要求的处罚和教育。组织同化（organizational socialization）是指把新成员带入组织的一个系统的过程。它包括对新的企业纳税政策管理人员在人生观、价值观、工作态度、合乎规范的行为方式、工作关系、特定的工作机能等方面的教育，使他们成为符合组织风格和习惯的企业纳税政策管理人员，从而具有一个合格的企业纳税政策管理人员身份。关于各种处罚制度，要在事前向企业纳税政策管理人员交代清楚，即对他们进行负强化。若纳税政策管理行为规范达不到纳税政策管理要求的行为实际发生了，在给予适当的处罚的同时，还要加强教育，教育的目的是提高当事人对纳税政策管理行为规范的认识和行为能力，即再一次的组织同化。所以，组织同化实质上是纳税政策管理人员不断学习的过程，对纳税政策管理具有十分重要的意义。

以上五个方面的制度和规定都是激励机制的构成要素，激励机制是五个方面构成要素的总和。其中诱导因素起到发动行为的作用，后四者起导向、规范和制约行为的作用。一个健全的激励机制应是完整的包括以上五个方面、两种性质的制度。只有这样，才能进入良性的运行状态。

（三）企业纳税政策管理激励机制的作用

企业纳税政策管理的激励机制一旦形成，它就会内在地作用于企业纳税政策管理系统本身，使纳税政策管理系统的机能处于一定的状态，并进一步影响着企业纳税政策管理的发展和完善。企业纳税政策管理的激励机制对纳税政策管理的作用具有两种性质，即助长性和致弱性，也就是说，激励机制对纳税政策管理具有助长作用和致弱作用。

1. 激励机制的助长作用

激励机制的助长作用是指一定的激励机制对企业纳税政策管理人员的某种符合纳税政策

管理规范的行为具有反复强化、不断增强的作用，在这样的激励机制作用下，纳税政策管理不断发展与完善，我们称这样的激励机制为良好的激励机制。当然，在良好的激励机制之中，肯定有负强化和惩罚措施对企业纳税政策管理人员的不符合纳税政策管理规范的行为起约束作用。激励机制对员工行为的助长作用给纳税政策管理层的启示是：管理层应能找准企业纳税政策管理人员的真正需要，并将满足其需要的措施与纳税政策管理目标的实现有效地结合起来。

2. 激励机制的致弱作用

激励机制的致弱作用表现在：由于激励机制中存在去激励因素，企业对纳税政策管理人员所期望的行为并没有表现出来。尽管建立激励机制的初衷是希望通过激励机制的运行，能有效地调动企业纳税政策管理人员的积极性，实现纳税政策管理的目标。但是，无论是激励机制本身不健全，还是激励机制不具有可行性，都会对一部分企业纳税政策管理人员的工作积极性起抑制作用和削弱作用，这就是激励机制的致弱作用。在一个管理部门当中，当对部门人员工作积极性起致弱作用的因素长期起主导作用时，纳税管理部门的发展就会受到限制，直到走向衰败。因此，对于存在致弱作用的激励机制，必须将其中的去激励因素根除，代之以有效的激励因素，才能保障企业纳税政策管理的有序管理。

二、企业纳税政策管理激励机制的实施

（一）企业纳税政策管理激励机制的实施模式

激励机制运行的过程就是激励主体与激励客体之间互动的过程，也就是激励工作的过程。图3－2是一个基于双向信息交流的全过程的激励运行模式。

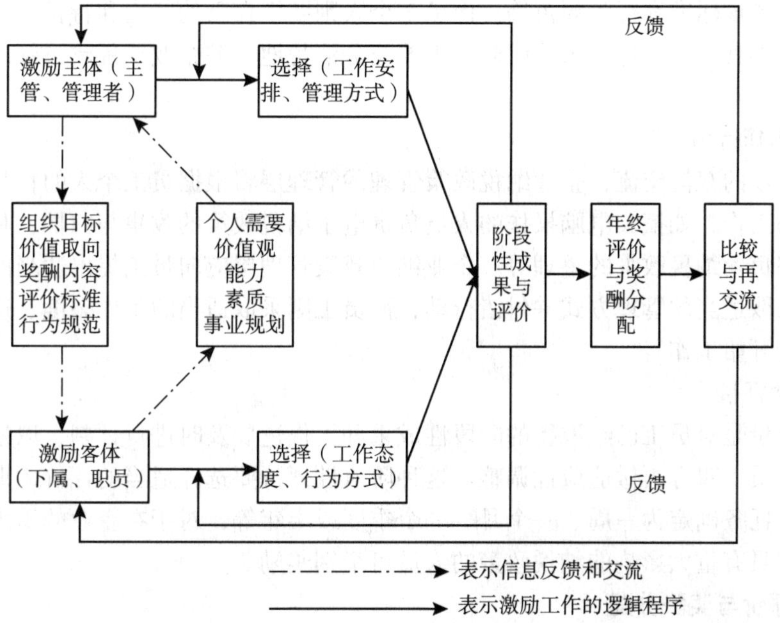

图3－2 双向信息交流的全过程激励运行模式

这种激励机制运行模式，是从员工进入工作状态之前开始的，贯穿于实现组织目标的全过程，故又称之为全过程激励模式。全过程激励模式突出了信息交流的作用，划分了激励工作的逻辑步骤，可操作性强。

激励机制运行中的信息交流是一个组织成员向另一成员传递决策前提的过程。组织中的任何一个成员，作为一个决策者，他一方面从其他人那里得到自己决策所需的信息，另一方面又向其他人传送自己方面的信息。在激励机制运行中，信息交流是贯穿于全过程的，并且是双向的，既有从激励主体传向激励客体的信息，又有激励客体传向激励主体的信息，双方交替地扮演信息的发送者和接收者，甚至发生激励主体与激励客体位置的转换。组织目标或子目标的实现，往往需要数周、数月，甚至数年的时间。在此期间，需要领导人、管理者和员工们不断地推动，以维持高昂的士气。在推动目标实现的过程中，来自管理者对员工工作的评价最为重要，但在激励工作中往往得不到管理者的重视。对员工工作的评价，包括对工作进度的评价，对工作质量的评价以及对工作进度及最终目标的关系的评价等。贯穿在工作评价中的奖惩信息，往往直接影响到员工工作的士气和积极性。

企业纳税政策管理激励机制运行模式就是一个全过程激励模式，企业纳税政策管理中的信息交流关键在于纳税政策管理信息的交流，更在于企业纳税政策管理部门的管理层与员工之间的信息交流。

（二）企业纳税政策管理激励机制的实施

企业纳税政策管理激励机制在实践中的实施可分为5个步骤。

1. 双向交流

双向交流的任务包括企业纳税政策管理的管理层了解员工的个人需要、事业规划、能力和素质等，同时向员工阐明企业纳税政策管理的目标、原则、内容及纳税政策管理部门的奖酬内容、绩效考核标准和行为规范等；而员工个人则要把自己的能力和特长、个人的各方面要求和打算恰如其分地表达出来，同时员工要充分清楚地了解企业纳税政策管理对自己各方面的要求。

2. 各自选择行为

通过前一步的双向交流，企业纳税政策管理的管理层将根据员工个人的特长、能力、素质安排适当的工作，如擅长电脑操作的人员负责电子纳税政策的收集与归档，具有税收专业知识的人员则负责纳税政策的整理等。企业纳税政策管理层应向员工提出适当的努力目标和考核办法，采取适当的管理方式并付诸行动；而员工则采取适当的工作态度、适当的行为方式和努力程度开始工作。

3. 阶段性评价

阶段性评价是对员工已经取得的阶段性成果和工作进展及时进行评判，以便企业纳税政策的管理层和员工双方再做适应性调整。这种阶段性评价要选择适当的评价周期，可根据员工的具体工作任务确定为一周、一个月、一个季度或半年等，对于在企业的重大纳税事务上提供可利用并具有重大影响的纳税政策的人员可个别奖励。

4. 年终评价与奖酬分配

这一步的工作是在年终进行的，员工要配合企业纳税政策管理层对自己的工作成绩进行评价并据此获得组织的奖酬资源。同时，管理层要善于听取员工自己对工作的评价。

5. 比较与再交流

在这一步，员工将对自己完成纳税管理工作所获得的奖酬与其他可比的人进行比较，以及与自己的过去相比较，看一看自己从工作中所得到的奖酬是否满意，是否公平。通过比较，若员工觉得满意，将继续留在纳税政策管理部门工作；如不满意，可再与企业纳税政策管理层进行建设性磋商，以达成一致意见。若双方不能达成一致的意见，双方的契约关系将中断。有效的激励措施实施可以使员工满意，为企业吸引人才。

【案例3-5】广东省某水泥制造企业财务部门共有5人，其中两人专门负责缴纳相关税款。2009年11月份，企业决定出售两台废旧机床（其中一台为2008年12月31日以前购入，原购买发票注明价款240 000元，增值税40 800元，另一台为2009年1月1日以后购入，原购买发票注明价款360 000元，增值税61 200元，出售时开具普通发票，前者票面额为241 280元，后者票面额为361 920元），出售时，前一台由于纳税人员没有完全掌握新的增值税政策，致使企业纳税时出现错误，多缴纳税款，造成企业的损失。请正确计算企业应缴纳的增值税，并帮助企业建立激励机制。

解析：企业出售废旧机床的应纳增值税的计算步骤如下：

2008年12月31日以前购入并作为固定资产使用的机床，该企业转让设备行为应纳增值税税额 $=241\ 280\div(1+4\%)\times4\%\times50\%=4\ 640$（元）

2009年1月1日以后购入并作为固定资产使用的机床，该企业转让设备行为应纳增值税税额 $=361\ 920\div(1+17\%)\times17\%=58\ 526.67$（元）

企业缺乏完善有效的激励机制，使得企业的纳税政策管理十分混乱，因此，企业应根据实际情况建立完善的企业纳税政策管理激励机制，主要对策如下：

（1）制定合理的分工及评价体系。①建立明确的分工制度。应将纳税政策管理的工作专门化，最好由专人负责，明确责任分工，才能确保纳税政策管理有序进行。②员工考核。对职位进行评价是静止的，对员工的评价是动态的。员工表现的好坏，应看他在一定时期内所取得的工作绩效，就企业纳税政策管理而言，应按员工对纳税政策收集和整理的全面性和及时性来确定。对于员工的考核应尽可能采取客观的量化方法。量化考核应从工作完成程度的数量和质量两方面来考虑，并建立相应的指标体系。

（2）薪酬管理优化的对策。①重视人力资本效应。在知识经济时代，人力资本的地位日益显现，人力资本已成为经济增长和企业价值增值的重要因素。本案例中，就是没有充分利用企业的人力资源，造成人力重叠和浪费。②科学评价、设计内部公平性的薪资标准。企业应对职位所要求的专业技能、工作复杂程度、人际关系的难度与频度，职位对组织目标的影响程度、工作中的责任与压力大小等薪酬要素进行科学测评，准确确定各岗位的薪资基点，并以此来确定付酬标准。

（3）员工提升的优化。①做好有关企业纳税政策管理的基础培训。对企业纳税政策管理进行详细的讲解，使员工的能力能与岗位要求相对应，从而使员工能真正体现出其应有的价值。②定期做好员工税务专业知识的培训。我国正处在改革期，税收政策变动较大，因此企业纳税政策管理的人员应及时补充自己的税务知识，以符合职位的需要。③实行持续有效的激励。

思考题

1. 企业纳税政策管理的原则有哪些？
2. 税收实体法的构成要素有哪些？
3. 企业纳税政策管理的程序如何？
4. 企业纳税政策管理的方法有哪些？
5. 企业纳税政策管理的含义是什么？
6. 简述国内税收政策法律体系的层次。

第四章　企业纳税成本管理

第一节　企业纳税成本管理的概念和原则

一、企业纳税成本管理的概念

（一）企业纳税成本的内涵

1. 企业纳税成本的概念

企业纳税成本，又称为“履行纳税义务费用”，是企业生产或销售商品、提供劳务而必须耗费的经济价值，它通过减少某项资产或增加某项负债的方式来实现。本书所指的企业纳税成本是指除企业实际上缴的实体税款外，为上缴实体税款或履行纳税义务而发生的一切费用；具体来说，企业纳税成本是企业在纳税过程中为履行纳税义务所发生的税款支出和相关费用支出的总和。税款支出是指纳税人按税法规定所应计算缴纳的税款。相关费用是指纳税人在办理税务登记、纳税申报、税款缴纳、税务检查等纳税过程中所必须支付的相关人员的工资、交通费用、办公费以及因为纳税违章而必须支付的罚款、滞纳金等。西方经济学家还将纳税人因为履行纳税以外而消耗的时间、精力、承受的心理压力归为纳税成本。

2. 企业纳税成本与征税成本、税收负担的区别与联系

征税成本即税收征收成本，是指税务部门在取得特定税收收入时所消耗的费用、时间与精力的总和。征税成本与纳税成本是征纳双方各自花费在税款征收与缴纳两个方向上的费用、时间与精力的总和，两者之间有一定的联系，也有一定的区别。其主要联系有两点：一是，均属于为国家纳税所付出的费用、时间和精力，只是付出的目的不同、数量不同。二是，征税成本与纳税成本具有相互替代的特性，即有效的征税成本支出可以代替纳税成本支出，降低纳税成本；企业有效降低纳税成本支出可以促进征税成本支出的降低。其区别主要表现在付出费用、时间与精力的主体不同，支出后的结果不同。征税成本支出的主体是国家税务机关，其支出无论从形式上还是从企业意愿上都是被动的，其支出的结果必然导致企业总成本的提高、企业收益的下降。

税收负担是指企业因为履行纳税义务而承受的一种经济负担。税收负担与征税成本不同，税收负担是国家税收政策的核心。

税收负担是指企业应支付给国家的税款额，从相对额考察，是指税收负担率，即企业的应纳税额与其计税依据价值的比率。这个比率通常被用来比较各类纳税人或各类课税对象税收负担水平的高低，因为它是国家研究制定和调整税收政策的重要依据。任何一项税收政策的出台必须考虑税收负担的高低。从宏观来看，税收负担低了，将影响国家财政收入；高了，将挫伤企业的生产积极性，妨碍社会生产力的提高。从微观而言，税收负担高低将直接影响企业纳税成本，因为企业纳税成本包含税收负担，税收负担升高，企业应支付给国家的税款额增大，其纳税成本也会随之升高。

3. 企业纳税成本的具体组成部分

企业纳税成本主要由实体税款支出、税收服务成本、税收处罚成本、额外税收负担和税务代理费用组成。其中税收处罚成本、额外税收负担和税务代理费用与企业纳税管理水平有直接的关系，属于潜在纳税成本。

（1）实体税款支出

实体税款支出是指企业在生产经营中，依照税法及有关法律、法规的规定，依法向国家缴纳的各种税收款项。主要包括：各种流转税、所得税、资源税、财产行为税等。需要特别指出的是，尽管流转税中的增值税是价外税，似乎与企业的收入、成本无关，但它引起了企业现金流出，造成企业现金净流量减少，为此仍将其视为企业税收成本的一部分。

税收实体成本的特点是：

①负担的合理性。随着我国税法不断地完善和规范，各个企业税负日趋均匀和合理，从理论上讲，在相同的经营条件和环境下，各纳税人的税收实体成本是基本相等的，“同行同税”。所不同的是由于各企业税收筹划不同，有可能在相同的经营条件和环境下，出现实际税收负担不同的情况。

②发生的必然性。除全免税企业外，一般的企业只要还在生产和经营，就要交税，就一定有税收实体成本发生。

③相对的稳定性。一个企业的经营环境和条件在一定的时期内相对比较稳定，其收入和获利能力也相对平衡，这就决定了企业的税收实体成本的绝对数基本稳定，其占企业整个成本的份额也是相对稳定的。企业税收实体成本也就是企业实际承受的税收负担。影响企业税收实体成本的主要因素有三类：一是外部因素，即经济因素。包括社会经济发展水平，如生产规模、经济增长速度、经济效益等；国家对经济活动的调控政策与程度；国家与企业之间的分配体制；国家的财政政策与收支状况等。二是内在因素，即税制因素。包括税种的选择、税率的高低、计税依据的确定，减税、免税、附加及加成征收等税制规定。三是非正常因素，如税务征管水平，纳税人的守法程度。例如，企业经营所得的收入除了要征收较高的流转税外，对取得的收益还要征收高比例的所得税。另外，国家对纳税人的一定财产还要征收财产税。如果将这部分纳税额全部看成是从企业取得的收益中缴纳的，可以测算出这部分正常纳税直接成本的比重。假设流转税税额占收入总额的5%，收益率为20%，流转税占收益总额的比例为X，则：收入额×5%＝收入额×20%×X；解之得：X＝25%；流转税和所得税合计税负将达到收益总额的58%；如果考虑财产税额，该比例将更高。

（2）税收服务成本

税收服务成本是指企业为办理纳税申报，上缴税款及其他涉税事项而发生的必不可少的费用。包括：企业为申报纳税而发生的办公费，如购买申报表、发票、收据、税控机、计算机网络费、电话费、邮电费（邮寄申报）等；企业为配合税务机关工作和履行纳税义务而设立专门办税人员的费用，如办税人员的工资、福利费、交通费、办公费等；企业为接待税务机关的税收工作检查、指导而发生的必要的接待费用。

税收服务成本的特点：①费用的相关性。即这部分成本在一定的相关范围内金额相对固定，当超出这个相关范围时，随着企业业务量的增加，税收实体成本也随之增加，此时便形成了以税收实体成本（X）为自变量，以税收服务成本（Y）为因变量的增函数关系。因此，服务成本具有明显的相关性。②控制的自主性。即税收服务成本开支的自主权，企业可以通过提高办税人员工作效率、简化办税程序、降低接待标准、费用定额包干及节约相关开支等手段来压缩税收服务成本。国家财税政策对企业办税费用的影响不大，办税费用的高低主要受企业纳税规模及管理水平高低的影响。企业纳税规模小，管理水平高，其办税费用就低；反之，办税费用就高。

（3）税收处罚成本

税收处罚成本是指企业违反税法或其他法律、法规而遭到税务机关或司法机关处罚所发生的价值耗费。具体地说，主要包括：企业缓缴税款被税务机关依法征收的税收滞纳金；企业偷逃税款被税务机关依法处以罚款；企业违反税法被司法机关依法处以罚金；企业违反税收日常征管制度被税务机关处以罚款等。

《税收征收管理法》规定，纳税人未按照税法规定期限缴纳税款，税务机关除责令限期缴纳外，从滞纳之日起，按日加收万分之五的滞纳金。如果企业发生此项支出，相当于企业按照18%的年利率计缴税款罚息，这是银行贷款利率的好几倍。企业不违反税法规定，滞纳金支出完全可以避免，可见企业在滞纳金支付上拥有主动权。如果企业确实有特殊困难，不能按期缴纳税款，可以依法申请延期缴纳税款。按税法规定，经县级以上税务局（分局）批准，在批准的延长期限内，不加收滞纳金。因此，税收滞纳金是否发生，完全取决于企业本身的纳税管理水平。

税法规定对企业发生下列行为应给予一定的罚款处理：未按规定办理税务登记的、未按规定设立账册的、未按规定报送有关备案资料的、未按规定履行纳税申报的、违反发票使用规定的，以及偷税、欠税、抗税等违法行为。其罚款数额有2 000元以下、2 000～10 000元、偷税税额的0.5倍到5倍等不同的规定。无论企业的行为触犯了哪一条规定，都会被税务机关处以罚款，企业将在经济上蒙受巨大损失，在声誉上造成不良影响。同滞纳金一样，企业在罚款支出上具有主动权，如果企业按照税法规定履行了各项义务，不但可以避免罚款支出，还会给企业的生产经营创造一个良好的社会环境。

税收处罚成本的特点是：

①发生的非必然性。税收处罚成本的产生主要是企业缺乏税收知识，或者是纳税观念淡薄，违法后受到处罚而造成的额外费用支出。在依法纳税的情况下就不会发生。

②负担的沉重性。随着我国对税收违法处罚力度的加大，违法罚款和罚金将是违规企业一个沉重负担，因而也是企业节约税收成本应予足够重视的因素。

（4）额外税收负担

额外税收负担是指由于企业运用税法不当，所承担的完全可以避免的、额外的税款支出。造成额外税收负担的主要原因是企业没有完全了解、深入理解税收法律法规，在纳税管理实践中没有正确运用税收的法律法规。额外税收负担主要包括以下几个方面：

①与会计核算有关的非正常税收负担。税法规定，纳税人兼营增值税（或营业税）应税项目适用不同税率的，应当单独核算其销售额，未单独核算的，一律从高适用税率；纳税

人兼营免税、减税项目的，应当单独核算免税、减税销售额，未单独核算销售额的，不得免税、减税；对纳税人账目混乱或者成本资料、收入凭证、费用凭证残缺不全，难以查账的，税务机关有权核定其应纳税额。如果核算不实，税务机关核定的税款往往要比实际应纳的税款高出很多，例如，《核定征收企业所得税暂行办法》对核定的应税所得率按照不同的行业确定在7%～40%的幅度内，事实上企业的平均利润率远没有这么高。因此，纳税人应当加强财务核算，主动争取实行查账征收方式，免除这份不公正“待遇”。

②与履行扣缴义务有关的额外税收负担。税法规定，个人所得税扣缴义务人依法履行扣缴义务时，如果纳税人拒绝扣缴税款，扣缴义务人不及时报告税务机关处理的，其应扣缴的税款以及相应的滞纳金或罚款由扣缴义务人“赔缴”。在计算“赔缴”税款时，还应将支付金额视为“不含税收入”换算成含税收入进行。这样，扣缴义务人不仅要赔缴未代扣的个人所得税，而且要额外负担一部分。比如，某企业年末支付本单位职工的集资利息20万元，按规定应扣缴个人所得税4（20×20%）万元，如果企业未履行扣缴义务，则应由单位“赔缴”个人所得税5［20÷（1－20%）×20%］万元。由此可见，与履行扣缴义务有关的额外税收负担相当沉重。

③与纳税申报有关的非正常税收负担。与纳税申报有关的额外税收负担主要包括：纳税人纳税年度内应计未计扣除项目，包括各类应计未计费用，应提未提折旧等作为权益放弃，不得转移以后年度补扣；税务机关查增的应纳税所得额，不得作为公益捐赠扣除的基数；税务机关查增的所得税，不得作为投资抵免的税款，但要作为计算抵免的基数；企业实际发生的财产损失，未报经主管税务机关批准的，不得税前扣除；对符合条件减免税要在规定的期限内报批，逾期申请，视同权益放弃，税务机关不再受理等。

总之，对于额外税收负担，纳税人可以通过加强财务核算，按规定履行各项报批手续，履行代扣代缴、代收代缴义务，认真做好纳税调整等方法来解决。

（5）税务代理费用

税务代理费用是指企业为了防止税款计算错误，避免漏报、错报的发生，而委托注册税务师代为办理纳税事宜，那么按照有偿服务的原则，聘请中介机构办税，需要缴纳一定的费用。该项费用支出应本着自愿原则制定，企业可以从节约原则出发，在事前从收益与支出是否配比考虑，来确定该费用支付的大小及必要性。例如，某企业聘请一注册税务师进行一项税收筹划可以减少纳税成本5万元，那么，所支付的代理费应当低于5万元，否则，对于企业将是不划算的。

综合上述分析，可以看出企业纳税成本的特点：①范围广。纳税成本除了包括正常的纳税负担外，还包括纳税滞纳金、罚款、办税费用、咨询费、税务代理、额外纳税等。②金额大。我国现行税种有20余种，其整体税负约占纳税人收益总额的55%左右。除此之外，企业的纳税咨询费用、办税费用、滞纳金和罚款等也占较大的比例。③风险大。纳税人为了降低纳税负担，减少纳税成本，常常采取一定的方法进行纳税筹划，一旦筹划失败，很有可能涉嫌偷税，而偷税行为将被处以罚款；触犯刑律的，还要依法追究刑事责任，给企业带来经济上和名誉上的双重损失。

4. 企业纳税成本的分类

（1）按照纳税成本发生额与缴纳税款数量的关系，纳税成本可分为变动成本和固定成本。变动成本随着缴纳税款数量的增减而相应变动，如办税人员的经费支出；固定成本与缴纳税款的数量无关而相对稳定，如税务管理人员的经费支出、纳税设备费用。

(2) 按照纳税成本是否可控，纳税成本又分为可控成本和不可控成本。可控成本是指通过企业采取管理手段可以控制其发生数量的成本项目，如办税人员的经费、差旅费；不可控成本是指通过企业采取管理手段不能控制其发生数量的成本项目，如由于税务机关的原因而造成的有关费用支出。

(3) 按照纳税成本的形态，纳税成本可分为有形成本和无形成本。有形成本能够用货币明确计量统计，如各种纳税费用支出；无形成本难以用货币计量，如为缴纳税款和节税而花费的时间和精力。

5. 当前我国企业纳税成本的基本现状

随着我国税收制度的不断完善，企业被推向全面税收制约下的市场环境，促使企业不断寻求降低成本费用的方法和途径。税收的存在制约了企业目标的实现，限制了企业的可分配收入。为此，企业应采取什么样的措施来降低纳税成本，减轻或延缓税收负担，轻装上阵，以实现其价值最大化，是值得我们重视和探讨的问题。但应该看到，一些企业纳税成本现状依然不容乐观，除了近几年为办理纳税事项而增加的设备和人员造成固定成本上升外，变动成本中可控成本总额也在上升。随着国家税收征管力度的进一步加大，这种上升的趋势还会加快。可见，纳税成本正在大口吞噬企业的利润。

为了降低纳税成本，近几年许多企业采取了很多有效措施，这无疑对遏制企业纳税成本上升起到了十分重要的作用。如果撇开外部因素，从企业内部管理上观察，目前企业纳税成本居高不下的主要原因有：(1) 税务管理制度不够健全，职责不清，企业内部没有明确划分责任；(2) 有些企业纳税意识淡薄，人员素质不高，常常出现主观上无故意的偷税行为和违背税法而造成的罚款和滞纳金；(3) 税收筹划未引起足够重视和普遍使用，缺乏合理地减少纳税计划。

(二) 企业纳税成本管理的概念

纳税成本税务管理是企业正确运用税收及其他相关法律法规，对企业已发生或将发生的生产经营活动作出合法、合理、科学的调控与安排，对企业纳税策略与方案进行统一规划，以实现降低企业纳税成本的一系列的管理活动，是企业纳税管理的中心环节和核心内容。

企业纳税成本管理分为日常管理和专项管理。纳税成本日常管理主要由企业专兼职纳税管理人员负责完成，目的在于维护企业正常的纳税秩序，避免违规行为的发生，减少滞纳金罚款的支付。其管理内容主要包括：对企业正常应缴纳税款的计算、审核与缴纳管理，对办税费用的审核、支付管理。纳税成本专项管理，也称为纳税筹划或税务筹划，是纳税人依据其经营活动所涉及的税收及其相关法律法规，在遵守税法、不违背税法精神的前提下，充分运用纳税人的权利及税法中的有关规定，通过对其生产经营投资、理财等经济活动的事先安排，所进行的旨在降低纳税成本的策划研究与实施的一系列的管理活动。但是，无论是纳税成本日常管理还是专项管理，在具体操作时都应注重管理的合理合法性和便于执行性。税收是企业最大的外部成本，有效的纳税成本管理可以让企业增强法制观念，提高纳税意识和自我保护意识及财务管理水平，实现自身经济利益最大化。

二、企业纳税成本管理的原则

企业纳税成本管理是企业纳税管理的中心环节，有技术性强、涉及面广、风险性大的特点。在进行企业纳税成本管理工作中，必须遵循一定的原则，才能有利于企业长期目标的实现。

（一）依法原则

在企业纳税成本管理中，无论是日常管理和专项管理都需要按照现有的法律法规来进行，尤其是专项管理即税务筹划。现以税务筹划为例来说明，税务筹划是企业与税法制定者之间的博弈。企业通过这种博弈，利用税法中的某些缺陷达到减轻税负的目的；税法制定者通过这种博弈，可以不断调整和修改法律条文，达到完善税法的目的。所以，税务筹划与税法的立法精神是一致的。税务筹划是根据税法中的“允许”与“不允许”、“应该”与“不应该”、“非不允许”与“非不应该”及未规定的内容进行选择和采取行动，并且这种选择和采取的行动应该受到法律的保护。税务筹划的结果应该是双赢，即通过税务筹划，一方面可以降低企业的纳税成本，提高经济效益；另一方面，也可促进税务机关提高管理水平。所以，企业进行税务筹划，不是挖空心思去偷税、漏税和逃税，而是充分利用税法赋予纳税人的权利，运用科学的方法和手段进行企业的生产、经营和管理，用足、用活、用好国家的税收优惠政策，以实现在法律允许的范围内最大限度运用合法手段减轻税负的目的。在税法规定的范围内，企业往往面临着税负不同的多种纳税方案的选择，企业可以避重就轻，选择低税负的纳税方案，合理地减轻企业的税收负担，这是企业增强竞争力的有效手段。但是，企业的税务筹划行为应以不违法为前提，如果采取违法手段来减少纳税支出，不但会破坏企业的信誉和形象，还会受到严厉的制裁，造成无可挽回的负面影响。

（二）全局出发、全员参与原则

从税务筹划来看，它是企业财务管理的一个有机组成部分，有助于企业财务管理目标的实现。现代企业财务理论认为：企业价值最大化是一个较为合理的财务管理目标。企业开展税务筹划应有利于企业价值最大化目标的实现。企业必须有战略的、全面的眼光，正确衡量税负水平。在进行“筹划”时，不能只注重个别税种的税负高低，要着眼于整体税收的轻重。有的方案可能会使某种税种的税负减轻，但从总体来看，可能会影响其他税种的税负变化而实际上使整体税负增加；有的方案可以节省不少税款，但却增加了企业注册费、机构设置费、运费等非税支出，因而不具有可行性。税收筹划是为企业整体利益最大化服务的，是一种方法和手段，而不是企业的最终目标，认识不到这一点，企业就可能做出错误的决定。例如，企业可能为了减少所得税而铺张浪费，增加不必要的费用开支；也可能为了推迟获利年度以便调整减免税期的到来而忽视经营，造成连续亏损等，这种本末倒置的行为，对企业有百害而无一利。对于企业来说，正确的筹划态度是以企业整体利益为重，采取适当的筹划方案。这种方案不一定税负最轻，但却使企业税后利润最大。同时，企业进行筹划应有长远眼光，要考虑企业的长远发展目标，选择那些能增加企业整体利益的税收筹划方案，不能只看眼前利益。

为此，企业在进行税务筹划时，应做到以下几点：第一，要考虑企业的总体税负，不仅要考虑流转税如增值税、消费税等，同时也要考虑所得税等其他税种，不能因为对某一个税种的筹划引起其他税种的支出增加，应尽量寻找使企业总体税负最低的方案。第二，企业不能只考虑当年的税负最低，而不考虑这种税负减少对其他年份的影响，必须着眼于整个筹划期间的税负最小化。第三，作为价值链上的一个环节，企业不仅要考虑自身的税负，同时还要考虑上下游企业的税负。这才能保持稳定的联系，保证经济活动得以顺畅进行。第四，企业在进行税务筹划时，还必须考虑税务筹划可能会给企业经济活动带来的影响。例如，实现降低税负的目标会引起企业会计利润的减少，而会计利润的减少会产生一系列的经济后果，如资金成本可能会提高，债务的限制条件增多，公司的股价可能会下降，企业财务风险加大，改变经济活动时机造成经营效率损失，与客户关系恶化或者额外的存货持有成本等。所以，企业进行税务筹划时，必须从全局出发，把企业的所有经营活动联系起来全盘考虑。因此，税务筹划活动的开展需要企业的全员参与，而不仅仅是财务部门的事情。

（三）成本效益原则

在企业纳税成本管理中，作为一种经济行为，在寻求企业利益的同时，必然会发生相应的成本、费用，也必然存在一定风险，因此，企业在进行纳税成本管理时应遵循成本效益原则。一项筹划方案的实施，只有企业新发生的费用或损失小于取得经济利益时，这才是一项成功的税务筹划。税务筹划成本包括显性成本和隐性成本。显性成本是指为进行筹划所花费的时间、精力和财力。由于税务筹划涉及面广，有时需要税务方面的专业人才进行方可成功，因此很多企业聘请税务专家为其筹划，这就有支付税务专家费用的问题。另外，很多税务筹划方案的实施都需要进行大量的企业内部或企业间的组织变革和协调工作，与此同时，筹建或改建组织的成本、组织间物质和信息的交流成本、制订计划的成本、谈判成本、监督成本和相关管理成本等都会相继发生，这些都属于税务筹划的显性成本。隐性成本是指企业因实施税务筹划所产生的连带经济行为的经济后果。隐性成本在不同的纳税环境和不同的筹划方案中表现为不同的形式。例如机会成本，税务筹划过程本身是一个决策过程，即在众多方案中选择某个可行且税负较低的方案，但选定一个方案必然要舍弃其他方案。不同的筹划方案具有不同的优势，有的方案具有税务优势，即税负较低，而有的方案则具备非税优势。这样，在选择具有税务优势方案的同时，可能会牺牲另一方案的非税优势。对于所选择的具有税务优势的筹划方案来说，牺牲的非税优势就是此项筹划的非税成本，即机会成本。在企业规模越大、经营范围越广、业务越复杂时，所花费的成本也就越高。税务筹划是一种事前行为，具有长期性和预见性，而国家政策、税收法规在今后一段时间内有可能发生变化。所以，税务筹划和其他财务管理决策一样，收益与风险并存。企业在进行税务筹划时，要充分考虑到筹划方案可能面临的风险。

因此，企业在进行税务筹划时要进行成本效益分析，即：税务筹划收益大于筹划成本时，应当开展税务筹划；税务筹划成本高于收益时，应当放弃税务筹划。在进行成本效益分析时，还要考虑税收筹划的风险性。在无风险时，当然是收益越高越好；但存在风险时，高风险常常伴随着高收益，这时不能简单比较收益大小，还应考虑风险因素以及经过风险调整后的收益大小。

（四）因地制宜原则

企业纳税成本管理和企业的经营活动息息相关、不可分割。企业应全面考虑，细致分析一切影响和制约税收的条件和因素，不仅要把税务筹划放在整体经营决策中加以考虑，而且要把它放在具体的经济环境中加以考虑。某一种方法只有放在特定的环境中，才可能分析其优劣。脱离实际环境，单独讨论某种方法的好坏是毫无意义的。税务筹划虽然有一些普遍原则，但因各个企业的情况不尽相同，所以，照搬其他企业税务筹划的方法是行不通的。对于某一个企业成功的筹划方案对另外的企业可能毫无意义。照抄照搬其他企业惯用的一些税务筹划方法，忽略了企业自身背景的差异，脱离自己的实际情况，税务筹划方案就很难起到应有的效果。因此，企业应该根据具体的经济环境和具体条件来分析某种筹划方法。经济环境的纷繁复杂、国家财税法律政策的不断调整，决定了筹划方法的变化多端。企业在筹划时，既不能生搬硬套别人的方案，也不能停留在现有的模式上，而应根据变化了的法律政策和客观条件，对筹划方案进行及时修正和完善。

第二节　企业纳税成本管理的原理

企业纳税成本管理的出发点与落脚点是降低企业纳税成本，企业纳税成本管理始终围绕这一主线运转。因此，企业纳税成本管理的基本原则就是从纳税运转的基本点上降低企业纳税成本。其基本原理有节税原理、税制要素确认与分解和选择原理、税收征管再利用原理。

一、节税原理

企业纳税成本管理的有效性主要体现在纳税成本的降低。纳税成本的降低主要体现在纳税成本额的绝对数下降与纳税成本额实际支付时期的延后而使纳税成本相对降低。节税原理是企业纳税成本管理最基本的原理，包括绝对节税原理与相对节税原理。

1. 绝对节税原理

绝对节税原理是指企业通过对经营、投资、理财活动的合法筹划和安排直接或间接减少纳税成本总额度。绝对节税原理十分简单，可以直接减少某项纳税成本的总额度，也可以减少某一时期纳税成本的总额度。

【案例4-1】 新华钢材厂属增值税一般纳税人，1月份销售钢材90万元，同时又经营农机收入10万元，则应纳税款计算如下：

若未分别核算：应纳增值税 $=(90+10)\times(1+17\%)\times17\%=14.53$（万元）

若分别核算：应纳增值税 $=90\times(1+17\%)\times17\%+10\times(1+13\%)\times13\%=14.23$（万元）

根据税法规定，纳税人兼营不用税率的货物或应税劳务，未分别核算的，从高适用税率。在本题中，若分别核算就可以为新华钢材厂减轻税负 $14.53-14.23=0.3$（万元）。这就是直接减少了纳税额度，属于绝对节约纳税。

2. 相对节税原理

相对节税原理是指一定时期的纳税总额并没减少，但因各个纳税时期纳税额的变化而增加了收益，从而相当于冲减了税收，使纳税总额相对减少。相对节税原理主要考虑货币时间价值。所谓的货币时间价值是指货币在周转使用中，由于时间因素而形成的增值，也称为资金时间价值。资金的循环和周转以及由此实现的货币增值，需要或多或少的时间。每完成一次循环，货币就增加一定数额，周转次数越多，增值额也越大。延缓税款的缴纳可以增加企业资金的周转速度，获取货币时间价值。

【案例4－2】 新华公司应纳所得税适用税率为25%，1月份生产任务相对集中，产品正值销售旺季，销售收入的增长带来了应纳所得税的增加，于是，企业提前发放职工工资及奖金50 000元，提前列支其他费用20 000元。由此，该企业1月份应纳税所得额将减少70 000元。

企业可以少预缴企业所得税：70 000×25%＝17 500（元）

少预缴的企业所得税17 500元，可在以后月份或年终汇算清缴时补缴。但是由于纳税义务的滞后，使企业获得了这笔税款的时间价值，相当于企业享受了国家的无息贷款17 500元。

二、税制要素确认、分解和选择原理

无论是绝对节约纳税原理还是相对节约纳税原理的运用都离不开对纳税人、课税对象和税率三个税制基本要素的确认、分解和选择。税制要素确认、分解和选择原理是指纳税人通过对其经营、投资、理财活动的合法筹划和安排，使纳税人、课税对象得到重新确认或分解，税率得到重新选择，从而减少纳税成本总额度或使纳税总额相对减少。税制要素确认与分解选择原理包括纳税人确认、课税对象分解和税率选择三个具体原理。

1. 纳税人确认原理

纳税人确认原理是指纳税人通过对其经营、投资、理财活动的合法筹划和安排，化解原有的纳税义务，使自己成为较低税目、税率或税种的纳税义务人，或使自己变成非纳税义务人，从而减少纳税成本的支出。

【案例4－3】 甲公司为一般纳税人，主管油品仓储、中转服务和销售。2003年，经营沥青销售与仓储，沥青每吨进价1 450元，销售价1 650元，共销售仓储沥青10 000吨。当年企业缴纳增值税：（1 650－1 450）×17%×10 000＝34（万元）。为了说明问题，不考虑企业所得税、城市维护建设税、教育附加费。我们可以改变纳税人的组织结构，使其一部分经营成为营业税的纳税义务人，从而减少其纳税成本的总体支出。

（1）成立销售公司，为甲公司二级单位，独立核算，主营销售，申请取得增值税一般纳税人资格；（2）申请取消甲公司增值税一般纳税人资格，甲公司主营仓储服务，为营业税的纳税人；（3）甲公司与新成立的销售公司分营，由于在同一地，所得税合并申报；（4）销售公司调低售价为1 550元/吨，甲公司与销售客户签订仓储合同，收取仓储费用100元/吨。由于沥青使用单位多是建筑单位，对此改变基本可以接受，企业运行情况不会有大的改变。按此方案：

销售公司应缴纳增值税＝（1 550－1 450）×17%×10 000＝17（万元）

甲公司应缴纳增值税＝100×5%×10 000＝5（万元）

使其一部分经营成为营业税的纳税义务人，从而减少其纳税成本的总体支出为34－（17＋5）＝12（万元）

企业还可以通过事先改变其经营方式、经营价格、经营身份，使其成为非纳税义务人。

【案例 4－4】 某企业拟将一项已使用两年的固定资产出售，该项固定资产账面原值 100 万元，已提折旧 13 万元。如果该企业以 101 万元的价格将该项资产出售，由于 101 万元超出原值，按税法规定必须缴纳增值税［101÷(1+4%)÷4%］×2=1.9423（万元）。为了说明问题，不考虑企业所得税、城市维护建设税、教育附加费，企业税后收益为 101－1.9423=99.0577（万元）。

如果企业将价格降至 99.9 万元销售，虽然从购买方那里取得的收入少了 1.1 万元，但由于纳税义务的消失，企业的税后收益反而增加了 99.9－99.0577=0.8423（万元）。

此外，由于销售价格的降低，企业完全可以向购买方提出更为严格的付款要求，如果要求其预付款，企业货币时间价值增大，现金流入净增量就不仅仅是 0.8423 万元了。

2. 课税对象分解原理

课税对象是课税的标的，其数量化的表现为计税依据，在税率一定的情况下，计税依据的大小将直接决定应纳税额的大小。课税对象分解原理是指通过对其经营、投资、理财活动的合法筹划和安排，将课税对象分解，使原有计税依据数额变小或消失，从而减少纳税成本的支出。

【案例 4－5】 某公司将一部分办公用房出租，为了方便管理，统一管理水电、维修等。每间办公用房年收取房租 20 000 元，其中房租 16 000 元，房屋维修费 2 000 元，代收水电费 2 000 元。共出租 5 间，应缴纳营业税为 20 000×5×5%=5 000（元），房产税为 20 000×5×12%=12 000（元）。为了说明问题，不考虑企业所得税、城市维护建设税、教育附加费。对此，如果我们采用分签合同的方式，将课税对象分解，可以降低整体纳税成本。具体操作如下：

（1）统一维修，费用自理，分签房屋租赁及维修合同。

（2）统一管理，每个办公室单独安装水、电表，费用自理，代收水、电费及维修费。

每年每间办公室预计维修费 2 000 元，水电费 2 000 元。按税法规定代收费用可以在税前扣除。改签合同后：

应缴营业税=(20 000－2 000)×5×5%=4 500（元）

应缴房产税=(20 000－2 000－2 000)×5×12%=9 600（元）

显然，用分签合同的方式，将课税对象分解，使该公司减少纳税成本的支出为：5 000+12 000－4 500－9 600=2 900（元）。

3. 税率选择原理

税率是税额与计税基础之间的比率，它表明税收的深度。在计税依据不变的情况下，税率的高低决定税额的多少。

税率选择原理是指纳税人通过对其经营、投资、理财活动的合法筹划和安排，使其改变纳税义务或计税依据，从原来适用的高税率降低到低税率，从而达到减少纳税成本支出的目的。

【案例 4－6】 当前，根据新《企业所得税法》规定，企业所得税的基本税率为 25%，另外优惠税率有 15% 和 20% 两种。国家需要重点扶持的高新技术企业适用 15% 的优惠税率，小型微利企业适用 20% 的优惠税率。企业可以尽可能创造条件以满足优惠税率。

就高科技公司来说，应认清国家对高科技技术企业的认定标准，比如，拥有核心自主知识产权、研发费用占销售收入的比例等条件，争取早日达到要求，采用 15% 的所得税税率，比 25% 的税率减少了税收负担。

三、税收征管再利用原理

税收征管再利用原理就是利用税收征管过程中有关纳税期限、申报期限、纳税地点、纳税环节等规定，事先对其经营、投资、理财活动的合法筹划和安排，使其改变原有的纳税期限、申报期限、纳税地点、纳税环节，从而达到减少纳税成本支出的目的。

例如，消费税在生产销售环节课税，消费品的流通还要经过批发、零售等若干个流转环节，企业可以利用税收征管再利用原理，分设独立核算经销部或销售公司，降低生产环节的销售价格，让设立的经销部、销售公司以正常价格对外销售，由于纳税环节上销售价格的调整，企业纳税成本支出会减少许多。

【案例 4 – 7】 某小汽车生产厂，小汽车的出厂售价为 128 000 元/辆，当月售出 200 辆，适用税率为 9%。

应纳消费税额 = 128 000 × 200 × 9% = 2 304 000（元）

如果该厂利用税收征管再利用原理分设了独立核算的经销部，向经销部供货时价格定为 98 000 元/辆，当月厂方向经销部销售小汽车 200 辆，经销部再以 128 000 元/辆出售给客户。此调整不影响增值税税负。

应纳税所得额 = 98 000 × 200 × 9% = 1 764 000（元）

可减少企业纳税成本支出：2 304 000 – 1 764 000 = 540 000（元）

税收征管再利用原理在生产烟、酒、化妆品、摩托车、小汽车的行业里有较普遍的应用。但值得注意的是：生产厂家向经销部出售应税消费品时，只能适度压低价格，如果压低幅度过大，就属于税法所称“价格明显偏低”，此时，税务机关就可以行使对价格的调整权。

第三节 企业纳税成本管理的技术方法

一、企业纳税成本管理的切入点

企业纳税成本管理是在企业实施税收政策管理的基础上进行的，其中，纳税成本日常管理应以对企业涉税情况进行全面调查与分析为起点，以制定符合企业生产实际情况的纳税成本管理制度及操作规程为中心，以严格控管纳税成本管理制度及操作规程的执行为落脚点，对企业进行全方位的纳税成本日常管理。

关于纳税成本日常管理，具体来说，首先，降低企业纳税成本，应从减少或避免处罚成本和额外税负入手，从增强企业纳税观念抓起。因此，加强经常性的纳税业务知识宣传、教育就显得尤为重要，也十分必要。从企业税务登记、设立账册、规范使用税务票据、按期足额申报等方面下工夫，努力提高企业的纳税综合业务水平。还可以将个人纳税业务素质、处罚成本和额外税负支出情况，直接列为办税部门及有关人员的上岗和年度考核的指标，与其收入直接挂钩，从制度上保证做到学法、懂法、守法，避免处罚成本和额外税负支出。其次，应加强企业与税务部门之间的配合，降低服务成本。降低服务成本，必须由企业与税务机关及其他有关部门相互协作、共同完成。最后，在预计筹划收入低于筹划成本时，不妨考虑通过中介服务，聘请专家，为企业进行纳税筹划，量身制定一套符合企业生产经营特点的纳税筹划方案。这可以发挥中介机构的技术特长，搞好纳税筹划，节约纳税成本。办税社会化后，企业可进一步节约税务代理费和其他办税费用。此外，企业会计人员可以从繁杂的涉税事务中解脱出来，抽出更多的时间和精力，投入到企业财务管理工作中。

关于企业纳税成本的专项管理，也就是所谓的税务筹划是利用税法客观存在的政策空间来进行的，这些空间体现在不同的税种上、不同的税收优惠政策上、不同的纳税人身份上及影响纳税数额的基本税制要素上，因此，应该以这些税法客观存在的空间为切入点，研究实施税务筹划的方法，以下内容主要以纳税筹划来分析此问题。

（一）选择税务筹划空间大的税种为切入点

从原则上说，纳税成本的控制可以针对所有税种的计算与缴纳过程，但是，由于各个税种性质不同，在每个企业经济活动中所处地位有别，导致纳税成本控制的途径、方法及其收益差异较大，纳税成本可控制空间大小各异。

纳税成本可控制空间的大小受两个因素影响：

一是税种自身的特征。每个税种结构不同，税负弹性不同，纳税成本的控制潜力也不相同。一般所得税比流转税成本的控制潜力大。因为企业所得税计税依据为应纳税所得额，税法规定企业应纳税所得额 = 应税收入总额 - 允许扣除项目金额，具体计算过程中又规定了许多复杂的纳税调增与纳税调减项目，因此其纳税成本的可控制空间较大。

二是税种在企业经济活动中的地位和作用。每个税种在企业经济活动中的地位和作用不同，对企业决策影响也不同，纳税成本的控制通常应选择对企业决策影响较大的税种作为重点。

在实际操作中，要选择对决策有重大影响的税种作为税务筹划的重点；选择税负弹性比较大的税种作为税务筹划的重点，税负弹性也大，税务筹划的潜力也越大。一般来说，税源大的税种，税负伸缩的弹性也大。因此，税务筹划自然要瞄准主要税种。另外，税负弹性还取决于税种的要素构成。这主要包括税基、扣除项目、税率和税收优惠。税基越宽，税率越高，税负就越重；或者税收扣除越大，税收优惠越多，税负就越轻。

（二）以税收优惠政策为切入点

税收优惠是税制设计中的一个重要因素，是国家为了实现税收调节功能，在税收方面给予纳税人各种优惠的总称。国家为了实现税收优惠调节功能，一般在税种设计时，都设有税收优惠条款，企业若充分利用税收优惠条款，就可享受节税效益。我国的税收优惠形式主要有税基式、税额式和税率式减免三种形式，具体包括减税、免税、缓税、起征税、免征税、扣除项目、减半征收等，但无论哪一种税收优惠，都是国家给予企业资金上的支持，相当于国家给予企业的无息贷款。企业利用得当，可以直接减少其纳税成本。因此，企业应密切关注税收优惠政策，尤其是可以缩小税基的优惠政策，以此作为控制税收成本的突破。但是在实际运作中应注意两个问题：一是纳税人不得曲解税收优惠条款，滥用税收优惠，以欺骗手段骗取税收优惠；二是纳税人应充分了解税收优惠条款，并按规定程序进行申请，避免因程序不当失去应有的权益。

（三）以不同的财务管理环节和阶段为切入点

企业的财务管理包括筹资管理、投资管理、资金运营管理和收益分配管理，每个管理过程都可以有税务筹划的工作可做。比如，按照税法规定，负债的利息作为所得税的扣除项目，享有所得税利益，而股息支付只能在企业税后利润中分配，因此，债务资本筹资就有节税优势。又如，通过融资租赁，可以迅速获得所需资产，保存企业的举债能力，而且，支付的租金利息也可以按规定在所得税前扣除，减少了纳税基数，更重要的是租入的固定资产可以计提折旧，进一步减少了企业的纳税基础，因此，融资租赁的税收抵免作用极其显著。

投资管理阶段，选择投资地点时，选择在低税率地区。如实施新企业所得税法以前可以选择沿海开发区、高新技术开发区、国家鼓励的西部等地区，会享受到税收优惠；选择投资方式时，如果企业欲投资一条生产线，是全新购建还是收购一家账面亏损的企业？除考虑不同投资方式实际效益的区别外，还应注意到收购亏损企业可带来的所得税的降低；选择投资项目时，国家鼓励的投资项目和国家限制的投资项目，两者之间在税收支出上有很大的差异；在企业组织形式的选择上，尤其在两税合并以前内资与中外合资、联营企业与合伙企业、分公司与子公司，不同组织形式所使用的税率是不同的。

经营管理阶段，不同的固定资产折旧方法也影响纳税。不同的折旧方法，虽然应计提的折旧总额相等，但各期计提的折旧费用却相差很大，从而影响各期的利润及应纳税所得额；不同的存货计价方法的选择，一般来说，在物价持续下降时，采用先进先出法计算的成本较高，利润相对减少，反之，如能采用后进先出法，则可相对降低企业的所得税负担；采购时，采购对象是不是一般纳税人也有很大的影响。需要提醒的是，当前我国已取消了后进先出法的应用。

（四）以税负能否转嫁为切入点

税负转嫁是纳税人将应纳税的款项，通过各种途径和方式转由他人负担，这是税负运动的一种方式。它可以分为前转、后转和税收资本化三种方式。

1. 税负前转。税负前转是指税负按照经济运行或经济活动的顺序转嫁。以商品生产为例，应按原材料购进、商品生产、商品批发、商品零售这样的顺序进行，如果税负也按这样的顺序结转就称之为前转。例如，对生产企业可以通过提高商品的出厂价格把税负转嫁给批发商，批发商以同样的手段转嫁给零售商，零售商如法炮制转嫁给消费者，消费者必须负担所有环节上的全部或部分税款。税负前转是税负转嫁的主要形式。

2. 税负后转。税负后转是相对于税负前转而言的，是逆经济运行或经济活动顺序而转嫁的。例如，批发商纳税后，因商品价降，已纳税款难以加在价格上转移给零售商，批发商不得不要求厂家退货或要求厂家承担全部或部分的已纳税款，一般厂家选择承担全部税款也不愿意退货，这样就形成了税款后转。

3. 税收资本化。税收资本化是指税负转化为资本商品的价值或价格。其主要特征是：在特定商品交易时，买主将购入商品在以后年度所必须支付的税款，在购入商品的价格中预先一次性扣除，从而降低商品的成交价格，扣除的税款由卖主承担。

上述三种税负转嫁均带来企业纳税成本的降低，企业可以根据经济形势，及时调整自己的价格政策和管理策略，利用税负转嫁降低纳税成本。

二、企业纳税成本管理的技术方法

企业纳税成本管理的方法很多，而且实践中也是多种方法结合起来使用，明确了企业纳税成本管理的切入点，我们可以利用一些技术方法进行企业的纳税成本管理。企业纳税成本管理的技术方法主要有利用税收优惠政策、利用转让定价、利用税法漏洞、利用会计处理方法筹划、企业组织形式调整、规范企业管理制度等。

（一）利用税收优惠政策

利用税收优惠政策是指纳税人凭借国家税法规定的优惠政策进行税务筹划的方法。税收优惠政策是指税法对某些纳税人和征税对象给予鼓励和照顾的一种特殊规定。国家为了扶持某些特定产业、行业、地区、企业和产品的发展，或者对某些有实际困难的纳税人给予照顾，在税法中做出某些特殊规定，比如，免除其应缴的全部或部分税款，或按照其缴纳税款的一定比例给予返还等。

1. 从总体角度考虑的几种方法

从总体角度来看，利用优惠政策筹划的方法主要包括：

（1）直接利用筹划法。国家为了实现总体经济目标，从宏观上调控经济，引导资源流向，制定了许多的税收优惠政策。对于纳税人利用税收优惠政策进行筹划，国家是支持和鼓励的，因为纳税人对税收优惠政策利用得越多，越有利于国家特定政策目标的实现。因此，纳税人可以光明正大的利用优惠政策为自己的生产经营活动服务。

（2）地点流动筹划法。从国际大环境来看，各国的税收政策各不相同，其差异主要有税率差异、税基差异、征税对象差异、纳税人差异、税收征管差异和税收优惠差异等，跨国纳税人可以巧妙地利用这些差异进行国际的税务筹划；从国内税收环境来看，国家为了兼顾社会进步和区域经济的协调发展，税收优惠适当向西部地区倾斜，纳税人可以根据需要，或选择在优惠地区注册，或者将现在不太景气的生产转移到优惠地区，以充分享受税收优惠政策，减轻企业的税收负担，提高企业的经济效益。

（3）创造条件筹划法。现实经济生活中，在有些情况下，企业或个人的很多条件符合税收优惠规定，但却因为某点或某几点条件不符合而不能享受优惠待遇；在另一些情况下，企业或个人可能根本就不符合税收优惠条件，无法享受优惠待遇。这时，纳税人就得想办法创造条件使自己符合税收优惠规定或通过挂靠在某些能享受待遇的企业或产业、行业，使自己符合优惠条件，从而享受优惠待遇。

2. 从税制构成要素角度考虑的几种方法

从税制构成要素的角度来说，利用税收优惠进行税务筹划主要有以下技术方法：

（1）免税技术

免税是国家对特定的地区、行业、企业、项目或情况（特定的纳税人或纳税人的特定应税项目，或由于纳税人的特殊情况）给予纳税人完全免征税收的照顾或奖励措施。

免税技术是指在合法和合理的情况下，使纳税人成为可享受免税的单位或个人，或使纳税人从事纳税活动，或使征税对象成为免税对象而免于缴税的一种降低纳税成本的技术方法。免税技术方法属于绝对节税，技术简便。由于免税是针对特定地区、行业、企业或项目实施的，因此该技术的适用范围比较狭窄，而且有一定的风险性。例如，投资高科技企业可以获得免税待遇，还可能得到超过社会平均水平的投资收益，并且也可能具有高成长性，但风险很高，非常可能因投资失误而导致投资失败，使免税变得毫无意义。

使用免税技术应注意以下几点：

①在合理合法的情况下，尽量争取更多的免税待遇。与缴纳税款相比，免征的税款就是节约的纳税款，免征的项目越多，企业节约的纳税款数额也就越大。

②在合理合法的情况下，尽量使免税期限最长。免税期限越长，企业获得的免征税款数额也就越大。例如，如果国家对一般企业按普通税率征收所得税，对在 A 地的企业制定有从开始经营之日起 5 年免税的规定。那么，如果条件基本相同或利弊基本相抵，一个公司完全可以搬到 A 地去经营，以获得免税待遇，并使免税期最长化，从而在合法、合理的情况下节减更多的税收。

③多争取奖励性质的免税。各国的免税有两种：一类属于税收照顾性质的免税，只是在非常条件下才可以取得，是一种国家对纳税人的损失弥补；另一类属于奖励性质的免税，对纳税人而言是财务利益的取得，易取得，且具有长期性。

（2）减税技术

减税是国家对待特定的地区、行业、企业、项目或情况（特定的纳税人或纳税人的特定应税项目，或由于纳税人的特定情况）给予纳税人减征部分税收的照顾或奖励措施。我国对国家重点扶持的公共基础设施项目、符合条件的环境保护、节能节水项目，对循环经济产业，对符合规定的高新技术企业、小型微利企业、从事农业项目的企业等给予减税待遇。各国一般有两类不同目的减税：一类是照顾性质的减税，如国家对遭受自然灾害地区的企业、残疾人企业等减税，是国家对纳税人由于各种不可抗拒原因造成的财务损失进行的财务补偿；另一类是奖励性质的减税，如高科技企业、公共基础设施投资企业等的减税，是对纳税人贯彻国家政策的财务奖励，对纳税人来说则是财务利益的取得。

减税技术是指在合理和合法的情况下，纳税人减少应纳税税额而直接节税的一种降低纳税成本的技术方法。减税技术方法属于绝对节税，技术简便。由于减税是针对特定地区、行业、企业或项目实施的，因此该技术的适用范围比较狭窄，而且有一定的风险性。

使用减税技术应注意以下几点：

①在合理合法的情况下，尽量争取更多的减税待遇。与缴纳税款相比，减征的税款就是节约的纳税款，减征的项目越多，企业节约的纳税款数额也就越大。

②在合理合法的情况下，尽量使减税期限最长。减税期限越长，企业获得的减征税款数额也就越大。

③多争取奖励性质的减税。

例如，A、B、C 三个国家，公司所得税的普通税率基本相同，其他条件基本相似或利弊基本相抵。一个企业生产的商品 90% 以上出口到世界各国，A 国对该企业所得按普通税率征税；B 国为鼓励外向型经济发展，对此类企业减征 30% 的所得税，减税期为 5 年；C 国对此类企业减征 40% 所得税，而且没有减税期的限制。打算长期经营此项业务的企业，可以考虑把公司或子公司搬到C国去，从而在合法的情况下，使节减的税款最大化。

（3）扣除技术

扣除是指从计税金额中扣除一部分以求出应税金额，扣除是一种缩小税基的优惠，适用于所有的纳税人。

扣除技术法是指在合法和合理的情况下，纳税人运用税法规定使扣税项目金额增加而直接节税，或调整各个计税期的扣税额而相对节税的一种降低纳税成本的技术方法。

扣除技术可用于绝对节税或相对节税，计税较为复杂，由于扣税规定散见于各税种的有关规定中，因此该方法具有适用范围较大、相对稳定的特点。各国税法中的各种扣除、宽免、冲抵规定是最为烦琐复杂的，同时变化也最多最大，因而要节减更多的税收就要精通所有有关的最新税法，计算出结果并加以比较，因此说扣除技术较为复杂。税收扣除适用于所有纳税人的规定，说明扣除技术具有普遍性与适用范围广泛性特点，税收扣除在规定时期的相对稳定性，又决定了采用扣除技术进行税务筹划具有相对稳定性。

使用扣除技术应注意以下几点：

①在合理合法的情况下，尽量争取更多项目能够得到扣除。在其他条件相同的情况下扣除项目越多，计税基数越小，应纳税额就越小，因而得到的减税数额就越大。

②在合理合法的情况下，尽量使各项扣除额能够最大化。在其他条件相同的情况下，扣除的金额越大，计税基数越小，应纳税额就越小，因而得到的减税数额就越大。

③在合理合法的情况下，尽量使各项扣除额能够在最早的计税期得到扣除。在其他条件相同的情况下，扣除越早，早期缴纳的税收就越少，早期的现金流就越大，可用于扩大流动资本和进行投资的资金也越多，相对节税额就越高。

（4）利用税收抵免技术

税收抵免技术法是指在合法和合理的情况下，使税收抵免额增大而绝对节税的一种降低纳税成本的技术方法。该方法较为简单，适用范围大，具有相对的稳定性。

在合理合法的情况下，尽量争取更多抵免项目。在其他条件相同的情况下抵免项目越多，应纳税额越小，因而得到的减税数额就越大。尽量使抵免金额能够最大化。在其他条件相同的情况下，抵免的金额越大，应纳税额就越小，因而得到的减税数额就越大。

（5）利用退税技术

退税是税务机关按规定对纳税人已纳税款的退还。目前我国税法规定的退税形式有：出口退税、再投资退税、即征即退、先征先退。

退税技术法是指在合理和合法的情况下，使税务机关退还纳税人已纳税款而直接节约税款的一种降低纳税成本的技术方法。该方法属于绝对节税，技术较为简单。因对应某些特定行为纳税人，因此适用范围小，具有一定的风险性。

使用退税技术应注意以下几点：

①在合理合法的情况下，尽量争取更多退税项目。在其他条件相同的情况下，退税项目越多，应纳税额就越少，因而得到的减税数额就越大。

②在合理合法的情况下，尽量使退税金额能够最大化。在其他条件相同的情况下，退税的金额越小，因而得到的减税数额就越大。

（6）利用分劈技术

分劈技术是指在合法、合理的情况下，使所得、财产在两个或更多个纳税人之间进行分劈而直接节税的税务筹划技术。出于调节收入等社会政策的考虑，许多国家的所得税和一般财产税通常都会采用累进税率，计税基数越大，适用的最高边际税率也越高。使所得、财产在两个或更多个纳税人之间进行分劈，可以使计税基础降至低税率级次，从而降低最高边际适用税率，节减税收。例如，应税所得额在 30 万元以下的适用税率是 20%，应税所得额超过 30 万元的，适用税率为 25%。某企业应税所得额 50 万元，则要按 25% 的税率纳税，应纳所得税为 12. 5 万元。但是，如果企业在不影响生产经营的情况下，一分为二，平分两个企业，则应纳所得税为 10（25 ×20% ×2）万元，节减所得税 2. 5 万元。

总之，税收优惠政策是国家的一项经济政策，纳税人对税收优惠政策的有效利用正是响应国家特定时期的经济政策，因此会得到国家的支持和鼓励。但是不同的纳税人利用优惠政策的方式和层次却不相同。有的纳税人只是被动接受并有限地利用国家的优惠政策，而有的纳税人则积极创造条件，想尽办法充分地利用国家的优惠政策，有的纳税人利用优惠政策用的是合法手段，而有的纳税人则采取非合法的手段。成功的关键在于得到税务当局的承认。

企业在利用税收优惠技术时应注意以下事项：

①尽量挖掘信息源，多渠道获取税收优惠政策。如果信息不灵通，就可能失去本可以享受的税收优惠政策。一般来说，信息来源有税务机关、税务报纸杂志、税务网站、税务中介机构和税务专家等几个渠道。

②充分利用税收优惠政策。有条件的应尽量利用，没有条件或某些条件不符合的，要创造条件利用。

③综合衡量税收优惠政策，着眼于整体税负的轻重，适当选择优惠。

④注重投资风险对资本收益的影响，适当选择优惠。

⑤尽量与税务机关保持良好的沟通。在税务筹划过程中，最核心的一环是获得税务机关的承认，再好的方案，没有税务机关的承认，都是没有任何意义的，不会给企业带来任何经济利益。

（二） 利用转让定价

转让定价法主要是通过关联企业不符合营业常规的交易形式进行的税务筹划，是税务筹划的基本方法之一。被广泛地应用于国际、国内的税务筹划实务当中。

1. 转让定价

转让定价，是指在经济活动中，有经济联系的企业各方为了转移收入、均摊利润或转移利润而在交换买卖过程中，不是依照市场买卖规则和市场价格进行交易，而是根据它们之间的共同利益或为了最大限度地维护它们之间的收入进行的产品或非产品转让。在这种转让过程中，根据双方的意愿，产品的转让价格可高于或低于市场上由供求关系决定的价格，以达到少纳税甚至是不纳税的目的。例如，在生产企业和商业企业承担的纳税负担不一致的情况下，若商业企业承担的税负高于生产企业，则有联系的商业企业和生产企业就可以通过某种契约的形式，增加生产企业利润，减少商业企业利润，使它们共同承担的税负和各自承担的税负达到最少。

2. 企业之间转移收入或利润时定价的主要方式

（1）以内部成本为基础进行价格转让。这里又分为实际成本法和标准成本法。实际成本法是指以销售利润为中心所购产品的实际成本定价；标准成本法是指以预先规定的假设成本定价。

（2）以市场价格定价为基础进行价格转让。其中包括使用外部交易的市场价格和成本加价。

3. 关联企业转让定价的方式

关联企业之间进行转让定价的方式有很多，一般来说主要有：

（1）利用商品交易进行筹划。即关联企业间商品交易采取压低定价或抬高定价的策略，转移收入或利润，以实现从整体上减轻税收负担。例如有些实行高税率的企业，在对低税率的关联企业销售时，有意地压低产品的售价，将利润转移到关联企业。这是转让定价中应用最为广泛的做法。

（2）利用原材料及零部件购销进行筹划。通过控制零部件和原材料的购销价格进而影响产品成本来实现税务筹划，例如，有母公司向子公司低价供应零部件产品，或由子公司高价向母公司出售零部件，以此降低子公司的产品成本，使其获得较高的利润。又如利用委托加工产品收回后直接出售的不再缴纳消费税的政策进行定价转让筹划。

（3）利用关联企业之间相互提供劳务之间进行筹划。关联企业没有统一的标准，因此，关联企业即可通过高作价或低作价甚至是不作价的方式收取劳务费用，从而使关联企业之间的利润根据需要进行转移，达到减轻税收负担的目的。

（4）利用无形资产价值评定困难进行筹划。因无形资产价值的评定没有统一的标准，因此，关联企业即可以通过转让定价的方式调节利润，达到税收负担最小化的目的。如企业将本企业的生产配方、商标权等无偿或低价提供给关联企业，不计或少计转让收入，但是同时从对方的企业留利中获取好处。另外，还有利用租赁机器设备、利用管理费用等进行税务筹划。

为了保证利用转让定价进行税务筹划的有效性，筹划应注意：一是进行成本效益的分析；二是考虑价格的波动应在一定的范围内，以防被税务机关调整而增加税负；三是纳税人可以运用多种方法进行全方位、系统的筹划安排。

（三）利用税法漏洞

利用税法漏洞就是利用税法文字上的忽略或税收实务中征管方大大小小的漏洞进行税收筹划的方法，属于避税筹划。纳税人可以利用税法漏洞争取自己并不违法的合理权益。

1. 税法漏洞

漏洞主要指税法对某些内容的文字规定，因语法或字词有歧义而导致对税法理解的多样性以及税法在实际操作时有较大部分的漏洞。漏洞在一国的税法之中是必然存在的，而且星星点点地分布在立法、执法等环节中，主要是由时间变化、地点差异、人员素质、技术手段以及经济状况的复杂、多样和多变的特点所决定的。

时间的变化常常使相对完善的税法漏洞百出，地点的差异又不可避免地衍生了漏洞，人员素质不高同样会导致税收漏洞的出现，技术手段落后会限制税制的完善以及税收效率的提高；法律体系内部结构的不协调同样会造成税收漏洞。这些漏洞正是纳税人增收减支，降低税负可以利用的地方。

2. 利用税法漏洞进行避税筹划的方法

（1）利用税法的矛盾进行筹划。我国税法中存在着许多矛盾之处，纳税人可以利用税法中的矛盾进行筹划。如我国《税收征管法》中税收管辖的规定就存在诸多的矛盾，有机构设置与配合的问题，也有税法自身规定矛盾或不确定的问题。当然这种情况会随着我国税法的逐步完善而越来越少。

（2）利用税务机构设置不科学进行筹划。目前，我国存在机构臃肿、人员冗杂、办事效率低下的问题还没有得到彻底解决。机构设置庞杂、人员众多并不表明税收方面应设的机构都设置了，相反，该设置的机构设置不全，许多不该设的机构却依然存在。这样形成机构内部协调失衡的问题，如果和其他政府机构联系起来，其设置与配合的问题会更多。这正是纳税人可以利用的地方。

（3）利用税收管辖权进行筹划。在我国税收地域管辖的规定中，流转税、所得税两大主体税种都存在不足。如《增值税暂行条例》第二十二条，主要是界定固定业户与非固定业户的纳税地点，缺少必要的补充与限制。如对固定业户与非固定业户的判定标准及判定权的归属问题。其实，像这类有漏洞的条文在消费税、营业税、关税、企业所得税及个人所得税法律、法规中也同样存在。

利用税法漏洞进行避税筹划应注意的问题。一是需要精通财务与税务的专业化人才。只有专业化人才才可能根据实际情况，参照税法而利用其漏洞进行筹划。二是操作人员应具有一定的纳税操作经验。只依据税法而不考虑征管方面的具体措施，筹划成功的可能性就不会太高。三是要有严格的财会纪律和保密措施。没有严格的财会纪律便没有严肃的财会秩序，混乱的财务状况是无法作为筹划的实际参考的。另外，筹划的隐蔽性保证了漏洞存在的相对稳定性。四是要进行风险—效益的分析。在获取较大收益的前提下，尽量降低风险。

（四）利用会计处理方法筹划

利用会计处理方法筹划法就是利用会计处理方法的可选择性进行筹划的方法。在现实经济活动中，同一经济事项有时存在着不同的会计处理方法，而不同的会计处理方法又对企业的财务状况有着不同的影响，同时这些不同的会计处理方法又都得到了税法的承认。所以，通过有关会计处理方法筹划也可以达到获取税收收益的目的。

1. 存货计价的选择

存货计价的方法有很多种。如先进先出法、加权平均法、移动平均法、个别计价法、计划成本法、毛利率法或零售价法等。不同的计价方法对货物的期末库存成本、销售成本影响不同，继而影响到当期应税所得额的大小。特别是在物价持续上涨或下跌的情况下，影响的程度会更大。纳税人就是利用其进行税务筹划的。如在物价持续下跌的情况下，采用先进先出法税负会降低。

发出存货的计价可以按照实际成本核算，也可以按照计划成本核算。根据会计准则的规定，按照实际成本核算的，应当采用先进先出法、加权平均法（包括移动平均法）、个别计价法确定其实际成本；按照计划成本核算的，应按其应负担的成本差异，将计划成本调整为实际成本。按照现行税法的规定，纳税人存货在先进先出法、加权平均法、个别计价法中选用一种。计价方法一经选用，不能随意变更。纳税人采用计划成本法确定存货成本或销售成本，需在年终申报纳税时结转成本差异。

由于不同的存货计价方法可以通过改变销售成本，继而影响应税所得额。因此，从税务筹划的角度，纳税人可以通过采用不同的计价方法对发出存货成本进行筹划，根据自己的实际情况选择使本期发出存货成本最有利于税务筹划的存货计价办法。在不同企业或企业处于不同的盈亏状态下，应选择不同的计价方法：

（1）盈利企业：由于盈利企业的存货成本可最大限度地在本期所得额中税前扣除，因此，应选择能使本期成本最大化的计价方法。

（2）亏损企业：亏损企业选择计价方法应与亏损弥补情况相结合。选择的计价方法，必须使不能得到或不能完全得到税前弥补的亏损年度的成本费用降低，使成本费用延迟到以后能够完全得到弥补的时期，保证成本费用的抵税效果最大限度地发挥。

（3）享受税收优惠的企业：如果企业正处于企业所得税的减税或免税期，就意味着企业获得的利润越多，得到的减免税额就越多。因此，应选择减免税优惠期间存货成本最小化的计价方法，减少存货费用的当期摊入，扩大当期利润。相反，处于非税收优惠期间时，应选择使得存货成本最大化的计价方法，将当期的存货费用尽量扩大，以达到减少当期利润、推迟纳税期的目的。

2. 固定资产折旧

固定资产价值是通过折旧形式转移到成本费用之中的，折旧额的多少取决于固定资产的计价、折旧率和折旧年限。

（1）固定资产计价的税务筹划。按照会计准则的要求，外购固定资产成本主要包括购买价款、相关税费、使固定资产达到可使用状态前所发生的可归属于该项资产的运输费、装卸费、安装费和专业人员服务费等。按照税法的规定，购入的固定资产，按购入价加上发生的包装费、运杂费、安装费，以及缴纳的税金后的价值计价。由于折旧费用是在未来较长时间内陆续计提的，为降低本期税负，新增固定资产的入账价值要尽可能低。对于成套固定资产，其易损件、小配件可以单独开票作为低值易耗品入账，因低值易耗品领用时可以一次或分次直接计入当期费用，降低了当期的应税所得额；对于在建工程，则要尽可能地转入固定资产，以便尽早提取折旧。如整体固定资产工期长，在完工部分已经投入使用时，对该部分最好分项决算，以便尽早记入固定资产账户。

（2）固定资产折旧年限的税务筹划。固定资产折旧年限取决于固定资产能够使用的年限，固定资产使用年限是一个估计的经验值，包含了人为的成分，因而为税务筹划提供了可能性。采用缩短折旧年限的方法，有利于加速成本收回，可以使后期成本费用前移，从而使前期会计利润发生后移。在税率不变的情况下，可以使企业所得税递延缴纳。

需要注意的是，税法对固定资产折旧规定了最低的折旧年限，税务筹划不能突破关于折旧年限的最低要求。

如果企业享受开办初期的减免税或者在开办初期享受低税率照顾，在税率预期上升的情况下购入固定资产就不宜缩短折旧年限，以避免将折旧费用提前到免税期间或者低税期间实现，减少企业享受税收优惠待遇。只有在税率预期下降时缩短折旧年限，才能够在实现货币时间价值的同时达到少纳税的目的。

（3）固定资产折旧方法的税务筹划。按照会计准则的规定，固定资产折旧的方法主要有平均年限法、工作量法等直线法和双倍余额递减法、年数总和法等加速折旧法，不同的折旧方法对应税所得额的影响不同。虽然从整体上看，固定资产的扣除不可能超过固定资产的价值本身，但是，由于对同一固定资产采用不同的折旧方法会使企业所得税税款提前或滞后实现，从而产生不同的货币时间价值。如果企业所得税税率预期不会上升，采用加速折旧的方法，一方面可以在计提折旧期间少缴纳企业所得税，另一方面可以尽快将资金收回，加速资金周转。但是，税法规定在一般情况下纳税人可扣除的固定资产折旧费用的计算，应该采取直线法。只有当企业的固定资产由于技术进步等原因，确需加速折旧的，才可以缩短折旧年限或者采取加速折旧的方法，以获取货币的时间价值。

采用直线法计提折旧，在折旧期间折旧费用均衡地在企业收益中扣除，对利润的影响也是均衡的，企业所得税的缴纳同样比较均衡。采用双倍余额递减法和年数总和法计提折旧，在折旧期间折旧费用会随着时间的推移而逐年减少，对其收益的抵减也是逐年递减的，企业所得税会随折旧时间的推移而逐年上升。从税务筹划的角度出发，为获得货币的时间价值，应尽量采用加速折旧法。但是需要注意的是，如果预期企业所得税的税率会上升，则应考虑在未来可能增加的税负与所获得的货币时间价值进行比较决策。同样的道理，在享受减免税优惠期内添置的固定资产，采用加速折旧法一般来讲是不合算的。

（4）固定资产计价和折旧的税务筹划方法的综合应用。推迟利润的实现获取货币的时间价值并不是固定资产税务筹划的唯一目的。在进行税务筹划时，还必须根据不同的企业或者企业处于不同的状态下采用不同的对策。

盈利企业：盈利企业当期费用能够从当年的所得税前扣除，费用的增加有利于减少当年企业所得税，因此，购置固定资产时，购买费用中能够分解计入当期费用的项目，应尽可能计入当期费用而不宜通过扩大固定资产原值推迟到以后时期；折旧年限尽可能缩短，使折旧费用能够在尽可能短的时间内得到税前扣除；选择折旧方法，宜采用加速折旧法，因加速折旧法可以使折旧费用前移和应纳税所得额后移，以相对降低纳税人当期应纳税的企业所得税。

亏损企业：由于亏损企业费用的扩大不能在当期的企业所得税前得到扣除，及时延续扣除也有5年时间的限定。因此，企业在亏损期间购置固定资产，应尽可能多地将相关费用计入固定资产原值，使这些费用通过折旧的方式在以后年度实现；亏损企业的折旧年限可适当延长，以便将折旧费用在更长的周期中摊销；因税法对折旧年限只规定了下限没有规定上限，因此，企业可以做出安排；折旧方法选择应同企业的亏损弥补情况相结合。选择的折旧方法必须能使不能得到或不能完全得到税前弥补的亏损年度的折旧额降低，因此，企业亏损期间购买的固定资产不宜采用加速折旧法计提折旧。

享受企业所得税优惠政策的企业：处于减免税优惠期内的企业，由于减免税期内的各种费用的增加都会导致应税所得额的减少，从而导致享受的税收优惠减少，因此，企业在享受所得税优惠政策期间的固定资产，应尽可能将相关费用计入固定资产原值，使其能够在优惠期结束以后的税前利润中扣除：折旧年限的选择应尽可能长一些，以便将折旧费用在更长的周期中摊销；折旧方法的选择，应考虑减免税期折旧少、非减免税期折旧多的折旧方法。把折旧费用尽可能在正常纳税年度实现，以减少正常纳税年度的应纳税所得额，降低企业所得税负担。

（五）企业组织形式调整

企业组织形式调整法是指企业通过组织形式的调整实现企业纳税成本降低的方法，主要依靠分设或合并企业组织机构的方式来实现。即使同一属性的企业，由于企业组织结构不同，其税负轻重也会有所不同。

【案例 4－8】 某企业生产的产品中包含软件系统，该软件系统又是由企业自主研发的。如果该研发部门为企业内设的非独立核算部门，则企业无法享受到税法中所规定的优惠政策——对软件生产企业的软件产品增值税实行"即征即退"和所得税减免等。因此，该企业可以将研发部门独立出来，成立新的企业，其开发的软件按照独立的价格卖给原企业，不但可以享受以上优惠，而且购进该软件的原企业的增值税还能得到抵扣。

再如，某养牛场将其养殖的奶牛所产的鲜奶加工成各类成品奶后销售，因为进项税额少，按 17% 税率缴纳增值税造成企业税负过重。企业可以通过业务拆分的方法降低纳税成本，即组建具有独立法人地位的养牛厂，并将原有奶制品加工车间组建为奶制品加工工厂。养牛场将自产的鲜奶卖给加工厂，因为销售自产农产品，免缴增值税；奶制品加工厂收购鲜奶后加工成各类成品奶销售，进项税增大，大大降低了企业的整体纳税成本。

（六）规范企业管理制度

企业纳税成本的降低只是一个结果，要取得这个结果却要经历生产、销售、计税、缴税这样一个复杂的过程。在这个过程中，管理得好，纳税成本与纳税风险会下降；管理得不好，纳税成本与纳税风险会上升。纳税活动是靠管理制度来约束的，因此，纳税管理的好坏取决于管理制度的规范与可行，这些管理制度有的是单独的纳税管理制度，有的融入了财务制度、生产制度、销售制度之中，企业应认真分析纳税成本生产的过程，规范有关制度。

制度规范的具体操作如下：

1. 检查企业纳税成本实际支付情况。

2. 分析纳税成本上升原因，找出管理制度上的缺陷。

3. 规范有关的管理制度。

【案例 4－9】 某企业增值税负担率 9% 左右，明显高于同类企业。管理者分析上一年度增值税进项税额管理情况时发现，入库材料应该取得的进项税额大于账面已取得的进项税额，造成纳税成本多支付 170 万元。经过调查分析发现，造成该项损失的原因是：部分低值易耗品和办公用品未取得增值税专用发票；财务制度规定报销时限不明确，导致报销不及时，形成专用发票未能及时入账；资金周转困难或付账不及时，未能及时取得专用发票。

利用制度规范法规范与调整制度的要求如下：

1. 完善采购制度，在制度中明确规定。

（1）采购报销期限，超期给予经办人员一定处罚。

（2）没有取得增值税专用发票的采购能够入库使用，但是不能入账付款，必须货到付款，排队付款。

（3）购买小额商品无法取得增值税专用发票，视具体情况扣除税金，标准比率为 17%，但是最低不能低于 6%。

（4）采购人员采购低值易耗品和办公用品尽可能取得增值税专用发票。

2. 更新观念，筹集资金，研究付款比例，及时付款。

3. 做好定期税法宣传工作，提高全员节约税款的意识。

通过制度的规范与调整，使入库材料应该取得的进项税额和账面已取得的进项税额基本相同，挽回了税收损失，降低了纳税成本。

三、实施企业纳税成本管理技术方法的步骤

企业纳税成本管理的技术方法有很多，但是再多的技术方法如果使用不当，只会产生不好的效果，因此，在阐述纳税成本管理的技术方法之前，需要了解怎么去使用技术，需要了解企业纳税成本管理的步骤。企业纳税成本管理是在企业实施税收政策管理的基础上进行的，由于纳税成本日常管理和纳税成本专项管理的侧重点有所不同，因此其管理步骤也不相同。企业纳税成本管理分为日常管理和专项管理，无论是哪种管理，在具体操作时都应遵守合理、合法、便于执行的原则。

企业纳税成本日常管理的步骤如下：

1. 根据自己企业的基本业务内容，依据税收法律法规，审定各期企业应承担的纳税义务。以增值税为例，企业应首先看自己企业是属于小规模纳税人还是一般纳税人，然后仔细分析自己企业的业务哪些需要缴纳增值税，最后看本期应承担的纳业务是否都已查看完毕。

2. 由企业财务人员根据企业的基本资料情况，正确计算本企业各期各税应纳税款额。以增值税为例，根据企业所属的增值税税率来正确计算税款，同时要考虑优惠因素。

3. 由企业财务人员依据税收法律法规，结合企业实际经济业务活动，审核计算各期各税应纳税款额是否正确，有无操作不当导致多缴或少缴税款，并及时予以纠正。

4. 在正确计算出本期企业应缴纳的税款之后，要按照规定的程序及时、正确、足额解缴税款。

5. 由于企业拥有延期纳税申报权，遇到特殊情况需要延期申报的，应及时依法办理延期申报。如果纳税人、扣缴义务人因不可抗力和财务会计上的特殊情况，不能按期办理纳税申报的，纳税人、扣缴义务人可在报送期限内提出书面申请报告，经税务机关批准后，可以延期申报，延长期一般不超过 1 个月。纳税人若有特殊困难不能按期缴纳税款，经县（含）以上税务局（分局）批准，可以延期缴纳税款，延长期不得超过 30 天。在批准延长期限内，不加收滞纳金。

6. 企业要合理安排本企业与纳税有关的事务及活动，严格审核、控制其纳税服务和代理等相关费用的发生。

四、企业纳税成本专项管理的步骤

1. 企业应成立一个纳税成本专业管理专业小组，准备企业纳税专项事宜工作

由于企业纳税成本专项管理比较重要，涉及的事务比较多，技术比较强，需要较高的企业财会人员的职业判断能力，财会人员的职业判断能力是指财会人员面临非确定性情况，依据一定的职业规则和自身的经验，对某一会计事项做出的分析、判断、选择和决策的能力。企业统一会计制度和会计准则的实施，留给财会人员选择和判断的空间很大，这就要求企业财会人员必须具备较强的分析、判断、选择和决策的能力，才能提供准确、合法、完整的会计信息，依靠一个人的力量是不够的。因此，企业纳税成本专项管理需要一个专业小组来组织实施完成。如果纳税成本专项管理由企业自己完成，该专业小组应由企业财务负责人及企

业内部熟悉企业生产经营活动的相关人员组成，如果纳税成本专项管理由企业委托专业咨询机构完成，该专业小组应主要由专业咨询机构中的专业人员组成，企业也应派出财务负责人及熟悉企业生产经营活动的相关人员参与。但是，无论哪种组成形式，小组成员均应熟悉税收法律法规、财务会计制度，有较强的业务技能和沟通能力。小组成员在开始进行纳税成本项目运作前应做好如下工作：重点分析企业生产经营特点、内部和外部条件、行业特点与发展规划；收集与该企业、行业、内外部环境有关的税收法律条文，并加以总结，熟悉该企业会计核算特点与方法；召开小组会，讨论工作思路，拟订工作计划和调研提纲，进行工作分工；按工作分工要求，充分做好相关资料与工作底稿的准备工作。

2. 专业小组应详细调查研究企业生产经营的基本情况，确定企业纳税成本产生的环节

调查研究生产经营的基本情况是进行企业纳税成本专项管理的开始，也是熟悉企业的必要过程，调查研究应按拟订好的工作计划和调研提纲进行，如果企业情况发生变化，应及时调整工作计划和调研提纲。与企业领导、财务人员、销售人员和生产人员座谈，充分了解企业的经营目标、发展规划、生产经营特点、业务流程、产品销售情况、财务核算情况及税款缴纳情况，做好相关记录。通过实地考察、检查项目，分析企业所缴纳的税种及实际缴纳税款额，寻找与构思控制纳税成本的途径，画出流程图。由于企业生产经营情况不同，所缴纳税种不同，其纳税成本产生的环节不同，对企业生产经营情况进行实地、深入的调查研究，有利于搞清楚企业纳税实际组成及产生的环节。

下面针对几种典型企业类型进行简要说明：

（1）制造企业。制造企业是主要向社会提供劳动产品的企业，该类企业主要应缴纳增值税、城市维护建设税、教育附加费、企业所得税、印花税、车船税。如果企业属于缴纳消费税的纳税义务人，还涉及消费税税款的缴纳。如果企业拥有自己的房屋建筑物，企业还应缴纳房产税、土地使用税。但其缴纳税款的多少取决于企业的资金规模、生产规模、销售产品数量、盈利水平、拥有房产的价值与占地面积。

（2）商业企业。商业企业是指只负责商品流通的企业，该类企业主要应缴纳增值税、城市维护建设税、教育附加费、企业所得税、印花税、车船税。如果企业拥有自己的房屋建筑物，企业还应缴纳房产税、土地使用税。但其缴纳税款的多少取决于企业的资金规模、生产规模、销售产品数量、盈利水平、拥有房产的价值与占地面积。

（3）服务性企业。服务性企业是指向社会提供劳务服务的企业。如餐饮企业、旅游服务、咨询服务、金融保险服务企业等，该类企业主要应缴纳营业税、城市维护建设税、教育附加费、企业所得税、印花税、车船税。如果企业拥有自己的房屋建筑物，企业还应缴纳房产税、土地使用税。但其缴纳税款的多少取决于企业的资金规模、生产规模、销售产品数量、盈利水平、拥有房产的价值与占地面积。

以上几类企业其因缴税产生的相关费用支出，由于违反税法规定而产生的滞纳金及罚款支出，由于理解执行税法的偏差而产生的额外税款支出三项纳税成本的多少均取决于缴纳税款的种类与数量，取决于税款缴纳的难易程度，取决于缴纳过程中的执法程度。如果企业应缴纳税款的种类较少，数量不大，税款较易计算与缴纳，缴纳过程中无违反税法规定的行为，则企业纳税成本支出额就相对较低，反之，则较高。

3. 专业小组查看企业财务核算和纳税资料

查看企业核算和纳税资料，可以全面了解企业财务会计核算资料基本情况、企业纳税情况、企业实际缴纳各税税款的实际数额。分析企业存在的税收隐患与税收损失，从中寻找企业纳税成本的有效路径，做好相关资料的收集与整理工作。

4. 结合企业经营目标和现行税收政策法规，确定降低企业纳税成本的方案

专业小组在完成前述环节之后，应结合企业经营目标和现行税收政策法规，利用纳税成本管理的原理与方法，设计降低企业纳税成本的方案。其次要处理好税收政策与筹划方法的关系，把税收政策与筹划方法有机结合起来。一个国家的税收制度不可能很完善，或多或少地存在一定的问题，因此税收政策的变化是不可避免的。进行税收筹划，应增强税法意识，掌握税收政策。搞好税收筹划的前提是深入研究和掌握税收法规，熟悉税收政策。由于税收筹划的重点是用足用好税收优惠，因此企业应该让税收优惠政策尽快到位，这个空间非常大，很多企业对有些税收优惠政策没有很好的了解，有些政策还没有被利用。税收筹划方法有很多种，并且各种筹划方法均有各自的优点和缺点。企业在准确掌握与自身经营相关的现行税收法律、法规的基础上，需要利用一些恰当的税收筹划方法对现行税收政策进行分析，从而找到与经营行为相适应的税收筹划的突破口。例如，某企业生产销售纯净水，在销售时一并收取水桶的押金。根据现行税收政策规定，收取包装物押金，逾期超过 1 年未退还的，全额征收增值税。销售方怎样才能不就包装物押金缴纳增值税呢？这就需要将税收政策与税收筹划方法有效结合起来。结合这个具体的案例，找到的税收筹划突破口就是“1 年”这个期限。如果押金能在 1 年以内进行操作，办理相关手续，也就不存在纳税问题了。这里找到的“突破口”就是税收筹划方法。因此，把税收政策与筹划方法结合起来运用是做好整个税收筹划作最关键的环节。

具体来说，该阶段首先应全面分析调研资料，结合企业经营目标和现行税收政策法规，利用纳税成本管理的原理，找出降低纳税成本的切入点，初步确认控制纳税成本的技术方法；其次，要重视企业基本情况工作底稿，它的主要内容有企业投资、经营计划与目标，生产销售情况，利润税收状况；结合企业生产产品、生产工艺、销售流程、收入、成本、存货及费用核算方式，画出企业税收产生及可控环节图。然后分析找出可以降低纳税成本的点或环节，初步确认控制纳税成本的技术方法。最后，分析讨论可能使纳税成本降低的项目方案，合理分工撰写项目实现方案。纳税成本下降的项目方案应包括：纳税成本降低的具体步骤、方法，操作过程中应注意的事项，纳税成本降低的法律依据及可行性分析，应纳税额的计算与比较，各种因素变动的影响分析，实施方案过程中可能面临的风险等。

5. 择优选取最佳企业纳税成本方案

纳税筹划作为企业理财学的一个组成部分，已被越来越多的企业管理者和财会人员接受和运用，因为通过纳税筹划可以大大降低纳税直接成本。但在实际运作中往往不能达到预期效果，其原因在于很多纳税筹划方案违背了成本效益原则，导致纳税筹划的失败。也就是说，在筹划纳税方案时，不能一味地考虑纳税直接成本的降低，而忽略因该筹划方案的实施引发的其他费用的增加或收入的减少，必须综合考虑采取该纳税筹划方案是否能给企业带来绝对的收益。因此，决策者在选择筹划方案时，必须遵循成本效益原则，才能保证纳税筹划目标的实现。可以说，任何一项筹划方案都有其两面性，随着某一项筹划方案的实施，纳税人在取得部分纳税利益的同时，必然会为该筹划方案的实施付出额外的成本，以及因选择该筹划方案而放弃其他方案所损失的相应机会收益。当新发生的成本小于取得的收益时，该项筹划方案才是合理的；当成本大于取得的收益时，该筹划方案就是失败方案。成功的纳税筹划必然是多种纳税方案的优化选择，不能认为纳税直接成本最低的方案就是最优的纳税筹划方案，一味地追求纳税直接成本的降低往往会导致企业总体利益的下降。可见，纳税筹划和其他财务管理决策一样，必须遵循成本效益原则，只有当筹划方案的所得大于支出时，该项纳税筹划才是成功的筹划。

总之，节税方案可能不止一个，制订后分析评估，选出最优方案。选择时应考虑企业的价值取向及对风险的承受能力，节税效果符合企业发展目标的情况下，能否得到更大的财务利益；考虑节税方案可能产生的各种风险，选择风险最低的纳税方案；考虑执行的成本、难点、关键点及对策，选择易操作的纳税方案。对选择情况进行汇总，最好以书面形式向企业负责人汇报，以便达成共识。汇报时企业负责人应有足够的信息量进行判断、修正。财务负责人及相关部门进行沟通，对所选择的方案进行再论证，各部门间达成一致的认识，提交企业负责人，决定是否执行，确定执行的时间和计划。

6. 统一思想，执行企业纳税成本的总体方案，进行方案执行后的跟踪与调整

企业内部审计部门，应当加强对全企业的纳税核算、申报、缴纳及执行国家有关税收法规制度和企业有关规定情况的检查监督，并纳入日常审计，完善监督机制。对发现的问题应及时纠正，力求将问题合理合法地解决在税收机关检查之前。确定方案实施后，企业各部门应在项目制定小组的指导下开展工作，提供人员培训，解决观念与方法上的问题，及时解决新问题，使新发生的涉税问题和方案的设计一体化，定量分析总体节税实际效果，可用节税绝对数或相对数来计算表示，定量分析节税的困难、风险及解决问题的办法，以及实际执行过程中不尽如人意的地方。最后逐步提高企业纳税成本管理的技术水平。

7. 在税收筹划过程中要特别重视风险控制

税收筹划能够降低纳税成本带来税收利益，但也存在着相当大的风险。税收筹划经常在税收法律法规规定的边缘上进行操作，这就意味着其蕴含着很大的操作风险。如果无视这些风险，而盲目地进行税收筹划，其结果可能事与愿违，企业进行税收筹划必须充分考虑其风险性。首先要防范未能依法纳税的风险。虽说企业日常的纳税核算是按照有关规定去操作，但是由于对相关税收政策精神缺乏准确地把握，容易造成事实上的偷逃税款而受到税务处罚。其次是不能充分把握税收政策的整体性，企业在系统性的税收筹划过程中极易形成税收筹划风险。比如有关企业改制、兼并、分设的税收筹划涉及多种税收优惠，如果不能系统地理解运用，很容易发生筹划失败的风险。另外税收筹划之所以有风险，还与国家政策、经济环境及企业自身活动的不断变化有关。比如，在较长的一段时间里，国家可能会调整有关税法，开征一些新税种，减少部分税收优惠等。为此企业必须采取措施分散风险，争取尽可能大的税收收益。

首先是要培养正确纳税意识。建立合法的税收筹划观念，以合法的税收筹划方式，合理安排经营活动。只有合法性，才是税收筹划经得起检查、考验并最终取得成功的关键。其次是要准确把握税法。全面了解与投资、经营、筹资相关的税收法规、其他法规以及处理惯例，深入研究掌握税法规定和充分领会立法精神，使税收筹划活动遵循立法精神，才能避免避税之嫌。既然税收筹划方案主要来自不同的投资、经营、筹资方式下的税收规定的比较，因此，对与投资、经营、筹资活动相关的税收法规、其他法规以及处理惯例的全面了解，就成为税收筹划的基础环节。有了这种全面了解，才能预测出不同的纳税方案，并进行比较，优化选择，进而做出对企业最有利的投资决策、经营决策或筹资决策。反之，如果对有关政策、法规不了解，就无法预测多种纳税方案，如税收筹划的变迁、未来经济环境的发展趋势、国家政策的变动、税法与税率的可能变动趋势、国家规定的非税收的奖励等非税收因素对企业经营活动的影响等，应综合衡量税收筹划方案，处理好局部利益与整体利益、短期利益与长远利益的关系，为企业增加效益。

目前，我国税制建设还不很完善，税收政策变化较快，企业必须通晓税法，在利用某项政策规定筹划时，应对政策变化可能产生的影响进行预测和防范筹划的风险，因为政策发生变化后往往有溯及力，原来是税收筹划，政策变化后可能被认定是偷税。因此，要能够准确评价税法变动的发展趋势。最后是要保持账证完整。税收筹划是否合法，首先必须通过纳税检查，而检查的依据就是企业的会计凭证和记录，如果企业不能依法取得并保全会计凭证或记录不健全，税收筹划的结果可能无效或打折扣。

思 考 题

1. 企业纳税成本的概念是什么？
2. 企业纳税成本管理的方法有哪些？
3. 企业纳税成本管理的技术方法有哪些？
4. 企业纳税成本管理的步骤有哪些？
5. 企业纳税成本包含哪些内容？
6. 纳税成本管理的原则有哪些？

第五章　企业设立阶段的税务管理

第一节　企业设立阶段的税务问题

企业是依法成立从事商品生产经营或者服务活动、自主经营、独立核算、自负盈亏的社会组织。它是社会经济生活中独立的市场主体，是现代社会中最常见最基本的经济组织形式。企业区别于其他社会组织的主要特征有：它依法设立，具有合法性；它从事商品生产经营活动，或者服务活动，具有营利性；它自主经营，独立核算，自负盈亏，在法律地位上具有独立性。

一、企业设立阶段组织形式及其税负特征

从法律形式来分，企业可分为公司制企业、合伙企业和独资企业三类。公司制企业主要是指股份有限公司与有限责任公司；非公司制企业主要是指合伙企业与个人独资企业。由于公司企业与合伙企业、个人独资企业法律身份不同、对企业的债务承担责任的大小不同、财产组织形式也不同，所以，国家对这些企业规定的纳税义务也是不同的。企业的投资者要想最大限度地减少税金支出，增加自身的税后收入，必须选择合理的企业组织形式，从而避开不利于自身发展的纳税条款。

1. 有限责任公司

有限责任公司是指由少数有限责任股东，根据国家有关有限责任公司的法律设立，其资本总额不分成若干等额股份公开向外募集，而由股东缴足，各股东对公司责任以各自出资额为限的公司组织形式。

与股份有限公司相比，有限责任公司的法定约束较小，创办手续较简单，创办费用较少。规模较小的公司无须设立监事会，股东可以在无公证人在场的董事会会议之外进行决策。有限责任公司不公开发行股票募集资本。有限责任公司的股票和债券也不可以在证券交易所挂牌公开交易。

有限责任公司是一个具有法律上独立人格的企业，各国一般都对有限责任公司及其股东征税。一方面，公司的营业利润在企业环节课征公司税，即对公司征收公司所得税；另一方面，要对股东从公司分得的利润征收个人所得税。有限责任公司由少数股东控制，很容易成为避税工具，一些国家还对有限责任公司的未分配利润按个人所得税税率征收所得税。有限责任公司大多要缴纳营业税、增值税、消费税、关税、印花税、房产和土地使用税及地方税附加等。

2. 股份有限公司

股份有限公司是指公司资本分成若干等额的股份，由发起人认购全部股份，或由发起人认

购一部分股份，其余股份向外公开募集，由认购人按认购股份缴入股本金，股票可以自由转让，股东按所持有的股份取得股息，对公司责任的承担以其股本金额为限的公司组织形式。

股份有限公司可以公开向外发行股票募集资本，设立股份有限公司主要是为了募集更多的资本进行经营。股份有限公司的股票和债券可以在证券交易所挂牌交易。

大多数国家对股份有限公司及其股东征税。一方面对公司征收公司所得税；另一方面要对股东从公司分得的利润征收个人所得税。因此，同有限责任公司一样都会产生对公司和个人的双重征税，各国往往采用抵免制度或免税制度来消除。我国国家税务总局（1997）文件规定，股份制企业，公司资本公积转增股本数额，不作个人所得，可不征收个人所得税。

3. 合伙企业

目前，许多国家对公司和合伙企业实行不同的纳税规定。公司的营业利润在企业环节课征公司税，税后利润作为股息分配给投资者，投资者还要缴纳一次个人所得税，而合伙企业则不作为公司看待，营业利润不交公司税，只课征各个合伙人分得收益的个人所得税，税率为20%。

4. 独资企业与个体工商户

独资企业不征收企业所得税，只征收个人所得税，税率为20%。所得税方面，个体工商户适用五级累进税率。因此，纯粹从税收角度来考虑，个体工商户的税负较公司企业稍轻。

就税收负担来说，公司形式应该是以股份有限公司为佳，因为：第一，世界各国税法中鼓励投资的有关条款所规定的企业各项税收减免，主要是以股份有限公司组织的生产企业为适用对象，企业以这种形式出现，自然可以享受优惠待遇。第二，就股东而言，采用这种组织形式经营，在我国公司资本公积转增股本数额，不作个人所得，可不征收个人所得税，而有限责任公司则不适用这一规定。

二、企业设立阶段税务管理应考虑的因素

企业设立阶段进行税务管理主要应考虑哪些因素？如前所述，企业税务管理既是一项综合性管理，又是一项政策性和技术性较强的专业性管理。那么，在具体的管理组织过程中，应侧重综合性还是侧重专业性？一般来说，这主要取决于对如下几大因素的综合权衡：

1. 企业发展目标和发展模式

如果企业的发展目标远大，那么其税务管理的起点就较高，其地位和作用也就较大。相反，如果只想守摊经营，并不谋求大发展，则税务管理的组织就相对固定和经验化。如果企业发展的路线较单一，其税务管理的内容和方式也就相对单一。相反，如果企业走的是跨地区、跨行业的综合发展道路，则税务管理就相对复杂，企业面临的税务风险因素就较多，企业税务管理的组织也就相对重要，且其难度较大。

2. 企业自身的规模和税负特征

大企业的管理分工相对细化，管理层级分明，企业税务管理的内容多样性和影响的综合性决定了税务管理组织应高度重视其专业性。而小企业因人手有限，业务相对单一，一人身兼数职较为常见，企业税务管理也相对简单，所以其管理的专业性也就相对淡化。企业税负越单一，管理就越容易。企业税负越复杂，税种和享受的税收优惠越多，则企业税务管理就越重要，企业税负的弹性也就越大，其相应的税务风险也就越大，企业税务管理组织的责任和作用就越显著。

3. 企业的管理风格和企业文化

企业的任何一项管理都必须与企业已经形成的管理风格和企业文化相协调，管理必须讲究整体的和谐和各方面的相互配合，否则，内在的无形的阻力必然会使格格不入的管理组织难以成功。企业税务管理也是一样。企业的管理风格在很大程度上取决于企业的历史和最高决策者的领导风格。大体上，管理风格有两种极端形式：集权制和分权制。集权意味着职权集中在高层，而分权则意味着职权分散到整个组织的各个层面。一般而言，集权的优点是：政令统一，标准一致，力量集中，有利于统筹全局。缺点是：难免专制独裁，下级的主动性和创造性难以发挥。分权的优点是：领导易避免独裁，下属的主动性和创造性能得到较好的发挥。缺点是：不利于统一指挥和协调，难以形成合力，易滋生本位主义。因此，管理者常常在集权与分权之中处于两难境地。完全不放权是不可能的，但百分之百授权又会失控，如何在两者之中寻求平衡就是管理组织的基本问题之一。企业税务管理也必须在集权与分权之间作出合理地选择，使之符合企业的管理实际。所以，有的企业老板亲自抓税务，而有的企业则授权相关部门或下属去经管税务。

4. 企业所处的法制、经营、竞争及管理环境

在计划经济时代，企业利润和税收都属于国家，企业经营的竞争意识和成本意识相对淡薄，税负对企业来说无关紧要，企业税务管理自然也就可有可无。而市场经济时代则完全不同，利和税的归属发生了改变，企业产品和服务的成本竞争在很大程度上影响着企业的生存和发展，"关系税"、"人情税"出现了，合法避税盛行了，企业税务管理提上了议事日程。这些还只是国内环境的改变，事实上，随着中国加入世界贸易组织，企业参与国际竞争的时代已经来临，跨国经营和跨国投资日益多了起来，企业所面对的是国际环境，国际税制的差异使企业税务不能只停留在对本国税收政策法规的熟悉和应对之上，而必须研究和适应国际税制。

5. 企业员工的素质

企业员工素质较高，守法经营，依法纳税意识较强，则税务管理组织的难度和阻力相对较小，反之，则难度和阻力较大。同时，企业是否具有熟悉税务的专门人才，是企业税务管理能否正常推行的关键因素之一，是否设置税务管理的专门部门或专门岗位，也要看企业是否具备适合的相关人才。如何组织企业员工的税务知识培训，也要视企业的员工素质而定。

三、企业税务管理组织的模式

1. 委托中介机构代理税务模式

这种模式一般适用于小型企业或新办企业。因企业人手少，且企业税务工作量不大，安排专门人员不太经济或专业素质水平难以适应。委托专业税务中介机构代理不仅省事、经济，且专业水平有一定保障。

2. 税务顾问或专项咨询模式

有的中小型企业自身有办税员，日常的纳税事务相对简单，基本可以应付，但遇到稍复杂一些的涉税事项或税务难题，凭自身力量就难以解决了。所以，聘请专家担任企业税务顾问或当遇到某些税务难题时进行专项税务咨询，不失为一种有效且经济的管理办法。

3. 专项筹划模式

对那些日常税务事项相对单一，经营业务以专门项目或重要投资活动为主的企业而言，采用专项筹划的管理模式比较适宜。如房地产开发企业、投资控股公司、工程施工企业等，每一个项目都有不同的特点，纳税环境可能不大相同，涉税事项相对比较复杂，且重复的概率较低，这时采用专项筹划的管理模式就比较合适。

4. 专责税务管理岗位或管理部门模式

对于大中型企业，尤其是集团化企业，设置税务总监或税务专员，以及专责企业税务的专门科室是必要的。对这类企业而言，涉税事项多且相对复杂，涉税风险相对较大，税负弹性也较大，没有专责的人员和部门是难以适应的。这是因为：

（1）税法繁多复杂，有很强的专业性，没有专门部门和高素质的专门人员是难以应付繁杂的税务工作的。

（2）税法罚则很严很重，稍有疏忽就可能给企业造成重大损失或带来众多麻烦。

（3）税负成本占企业净现金支出的比重很大，很大程度上影响企业的效益水平，所以，节税是企业不可忽视的内部挖潜的重要途径。

（4）税收作为企业的净现金流出，在很大程度上影响着企业的资金周转和财务状况，只有科学合理地事先进行筹划，才有可能将其对企业经营的影响降到最低。

（5）企业节税绝不是财务一个部门的事，它涉及企业经营的各个环节，需要多方面的协同和配合，没有一定的权威性，许多措施是难以落实的。

因此，大中型企业配备税务专员或设置专门的税务管理部门是非常必要的，它有利于最大限度地保护企业利益。

知识库

企业税务专员的主要职责

（1）及时收集与研究各种税法、税收政策等相关资料及税务问题，并通报企业相关部门，以便企业全员参与节税。

（2）参与企业重大经营决策与计划的制订，确保企业节税筹划与企业重大经营决策的协调与匹配。

（3）拟订企业节税措施，制订年度节税计划，并监督实施。

（4）对企业重大经营活动或项目的税负进行详细测算，并提出相应的节税方案和意见供决策参考。

（5）对企业各类涉税业务合同进行税务审核。

（6）对企业日常经营活动的涉税环节和涉税过程实施监控，确保不发生税务违规事件。

（7）直接经办或监办企业纳税申报及税款缴纳。

（8）经办或监办企业纳税登记及发票领购。

（9）负责办理税收抵免、出口退税、减免税优惠等事宜。

（10）协助办理税务机关的调查、询问及答复等事项。

（11）负责办理税务行政复议及行政诉讼等相关事宜。

（12）负责制定企业发票管理细则并监督实施。

（13）参与企业会计政策制定及财务审计与检查。

（14）负责企业税法知识普及和相关的其他事项。

（15）负责经办或监办企业日常税务工作。

四、企业纳税管理的步骤

1. 确定纳税管理组织形式

每个企业的生产经营情况不同，企业应依据自身的生产经营情况确定自身所应采取的纳税管理组织形式。生产规模较大、资金流动性较强、纳税情况复杂的企业可在企业财务部门内部设立纳税管理科室，雇用专职纳税管理人员进行纳税管理；生产规模较小，资金流动性较弱、纳税情况较简单的企业可在企业财务部门内部设立纳税管理岗位或委托税务咨询机构代为进行全部或部分纳税管理。

2. 确定纳税管理人员

无论企业确定哪种纳税管理组织形式，均需要考虑纳税管理人员的任用问题，企业应选用业务素质及职业道德较好的人员。

3. 了解企业基本情况

在进行纳税管理前，需要了解企业基本情况，对企业纳税及财务管理情况进行健康检查。主要检查以下几个方面的问题：

（1）企业的组织形式。企业的组织形式不同，其税务待遇也不同。了解企业的组织形式，可以对不同组织形式的企业提出具有针对性的纳税管理目标、制度与措施。

（2）财务情况。企业纳税管理要合理合法地降低税收成本，只有全面详细地了解企业真实的财务情况，才能制订出合理合法的企业纳税管理目标、制度与措施。

（3）投资意向。投资国家鼓励类产业可以享受税收优惠，投资额往往与企业的规模、注册资本、销售收入、利润总额有很大关系。纳税管理目标、制度与措施对企业投资至关重要。

（4）企业纳税情况。了解企业以前和目前的纳税情况，尤其是纳税申报和缴纳税款情况，对企业纳税管理的有效实施会有很大帮助。

作为纳税管理的直接操作者还应了解企业法定代表人的政策水平、开拓精神及对待风险的态度等，以知晓企业未来发展的总体思路。尤其是企业领导人的开拓精神及对待风险的态度对企业纳税管理目标、制度与措施的制定有较大的影响。

4. 收集与企业生产经营相关的财税法规

由于企业生产经营情况不同，所发生的纳税事宜不同，所使用的税收法律法规也不同。因此，企业纳税管理者在搞清楚企业基本情况后，应有针对性地收集与企业生产经营相关的税收法律法规及相关的其他经济法规，以此对照检查企业目前纳税管理中所存在的问题。

5. 确定纳税管理目标

纳税管理目标必须与企业的经营目标相一致。企业是以营利为目的从事经营活动的组织。企业经营活动是在激烈的市场竞争中进行的，充满着风险，有时甚至面临着破产倒闭的危险。可见，企业必须生存下去才可能获利，同时，企业也只有在不断的发展中才能获得永久的生存。因此，企业的目标可以概括为生存、发展、获利。

6. 制定纳税管理制度与流程

没有规矩不成方圆，制定纳税管理制度与流程是为了促使企业纳税管理更加规范且更有效。针对企业实际纳税情况和纳税管理组织形式所制定的纳税管理具体制度，包括纳税管理岗位责任制度、纳税申报管理制度、纳税风险控制制度等。纳税管理流程是指与纳税管理具体制度相配套的各种管理流程。

7. 研究制订纳税管理方案

研究制订纳税管理方案，从广义上讲是指企业整体纳税管理目标、纳税管理原则、组织管理方法的制订；从狭义上讲是指企业依据不同发展时期的具体经营要求所进行的具体纳税方案的研究、设计与制订，如企业筹资及相关纳税方案的设计、企业成本管理方式的调整与纳税方案的设计与制订。

8. 组织纳税管理方案的实施

组织纳税管理方案的实施包括企业整体纳税方案的实施与不同发展时期具体纳税方案的实施。

9. 信息反馈与归档

对纳税管理过程中所产生的纳税管理信息要及时进行整理、分析、归档，反映给实际管理部门及人员，以纠正错误的行为。

第二节　税务登记的税务管理

一、税务登记的基本知识

税务登记又称纳税登记，是税务机关依法对纳税人开业、停业、复业及其他生产经营活动变化情况进行登记管理的一项基本制度，也是纳税人已经纳入税务机关监督管理的一项证明。税务登记是税收管理的首要环节和基础工作，是征纳双方税收法律关系产生、变更和消灭的法定手续，也是纳税人必须依法履行的义务。

1. 税务登记的对象

根据《税收征管法》和国家税务总局印发的《税务登记管理办法》的有关规定，需办理税务登记的对象主要有以下四类：

（1）从事生产经营的纳税人。这类纳税人一般均须领取工商营业执照，包括：企业，企业在外地设立的分支机构和从事生产、经营的场所，个体工商户和从事生产、经营的事业单位（以下统称从事生产、经营的纳税人）。

（2）不从事生产经营活动，但依照法律、行政法规定负有纳税义务的单位和个人，除临时取得应税收入或发生应税行为以及只缴纳个人所得税、车船税外，也应按规定向税务机关办理税务登记。

（3）负有代扣代缴、代收代缴义务的人。这些义务人应向税务机关申报登记领取代扣代缴或代收代缴税款凭证。

（4）从事生产、经营的纳税人到外县（市）经营，在同一地连续 12 个月内累计超过 180 天的，应当在营业地办理税务登记。

2. 税务登记的作用

企业税务登记的作用主要表现在以下两个方面：

（1）从税务机关的角度看，它有利于税务机关及时了解税源变化情况，从而合理地配置管理力量，维护正常的税务管理秩序，及时地组织税款征收，减少税源流失。

（2）从纳税人的角度看，税务登记有利于企业对税务管理过程的了解，增强法制观念和纳税意识，自觉接受税务机关的监督和管理，更好地维护自己的合法权益。

3. 税务登记的原则

企业税务登记一般遵循以下几项原则：

（1）全面登记原则。即所有从事生产、经营的纳税人，或者负有代收代缴、代扣代缴义务的扣缴义务人都要进行税务登记。

（2）属地管辖原则。即按企业注册登记所在地的属地管理范围将纳税人与特定的税务机关建立起一一对应的管理关系，有利于税务机关管理税源，也有利于纳税人履行纳税义务，办理有关涉税事宜，还有利于提高纳税人处理涉税问题的办事效率。

（3）及时准确登记原则。纳税人必须严格按照法定的期限向当地主管税务机关及时申报税务登记手续，不得拖延、误期，且纳税人必须如实登记，不得作虚假登记。

（4）不重复登记原则。纳税人只需向当地主管税务机关申报进行税务登记并取得一份税务登记证，而无须就纳税人所涉及的税种分别进行登记。

二、税务登记管理的基本要求

1. 实行“统一代码，分别登记，分别管理，信息共享”

“统一代码”是指在全国范围内统一赋予每个纳税人一个纳税识别代码，对同一纳税人来说，无论是在国家税务局，还是地方税务局办理税务登记，只能赋予同一号码。

“分别登记，分别管理，信息共享”是指既需要缴纳国家税务机关负责管理的税收，又同时缴纳地方税务机关负责管理税收的纳税人，应分别向国家税务机关和地方税务机关办理税务登记，分别接受国家税务机关和地方税务机关的管理。《税收征管法》第十五条第二款规定，工商行政机关应当将其办理的营业执照情况定期向税务部门通报。国家税务局和地方税务局应定期相互通报税务登记情况，对于双方均需办理税务登记的纳税人的登记信息，应当相互及时提供。

2. 规范纳税人档案资料，加强税源管理

日常的税收征收管理工作是税务管理的基础性工作，也是一个执法活动的全过程，其工作核心是围绕如何组织税收收入，其活动内容可以分为征、管、查三大块。新的税收征管模式下的专业分工的实质是建立一种税收征管工作内部的权力制约机制，实现依法治税，并通过专业化分工提高征管效率。尽管新的税收征管模式没有表述管理税源的地位，但并不意味着“集中征收、重点稽查”就可以放松对税源的基础管理。相反，在取消专管员制度后，税务机关对税源户的掌握不再依赖专管员下户查看，要在没有专管员包办代替的前提下全面推行纳税人自行申报纳税制，实现集中征收，税务机关必须更加高度重视税务登记管理等基础工作，建立详细、完整、真实、规范的纳税人分户档案，掌握纳税人全面、真实的纳税资料，对纳税人实行源泉控制，以保证纳税人遵守税法。

三、企业设立税务登记的管理

（一）设立税务登记管理规程

纳税人按以下规定向生产、经营所在地税务机关申报办理税务登记。

（1）从事生产、经营的纳税人领取工商营业执照（含临时工商营业执照）的，应当自领取工商营业执照之日起30日内申报办理税务登记。

（2）从事生产、经营的纳税人未办理工商营业执照但经有关部门批准设立的，应当自有关部门批准设立之日起30日内申报办理税务登记。

（3）从事生产、经营的纳税人未办理工商营业执照也未经有关部门批准设立的，应当自纳税义务发生之日起30日内申报办理税务登记。

（4）扣缴义务人应当自扣缴义务发生之日起30日内，向所在地的主管税务机关申报办理扣缴税款登记，领取扣缴税款登记证件。

（5）跨地区的非独立核算分支机构应当自设立之日起30日内，向所在地税务机关办理注册税务登记。

（6）有独立的生产经营权、在财务上独立核算并定期向发包人或者出租人上交承包费或租金的承包承租人，应当自承包承租合同签订之日起30日内，向其承包承租业务发生地税务机关申报办理税务登记，税务机关核发临时税务登记证及其副本。

（7）从事生产、经营的纳税人外出经营，自其在同一县（市）实际经营或提供劳务之日起，在连续的12个月内累计超过180日的，以当自期满之日起30日内，向生产、经营所在地税务机关申报办理税务登记。

（8）境外企业在中国境内承包建筑、安装、装配、勘探工程和提供劳务的，应当自项目合同或协议签订之日起30日内，向项目所在地税务机关申报办理税务登记。

上述之外的其他纳税人，除国家机关、个人和无固定生产、经营场所的流动性农村小商贩外，均应当自纳税义务发生之日起30日内，向纳税义务发生地税务机关申报办理税务登记。纳税人在申报办理税务登记时，应向税务机关提出办理税务登记的书面申请，提交申请税务登记报告书，并附送有关资料。

（二）设立税务登记操作规范

1. 设立税务登记申报

企业向税务机关办理设立税务登记申报，应注意以下三个问题：

（1）按法定期限即30日内申报登记，时间不能滞后。

（2）申请税务登记报告书应详细写明申请税务登记的原因和要求。

（3）提供办理税务登记所必备的资料和证件。主要有：①工商营业执照或其他核准执业证件及工商登记表，或其他核准执业登记表复印件；②有关机关、部门批准设立的文件；③有关合同、章程、协议书；④法定代表人和董事会成员名单；⑤法定代表人或负责人或业主的居民身份证、护照或者其他合法证件；⑥组织机构统一代码证书；⑦住所或经营场所证明；⑧委托代理协议书复印件；⑨属于享受税收优惠政策的企业，还应包括需要提供的相应证明、资料；⑩企业在外地的分支机构或者从事生产、经营的场所，在办理税务登记时，应当提供由总机构所在地税务机关出具的在外地设立分支机构的证明。

其他需要提供的有关证件、资料，由省、自治区、直辖市税务机关确定。

2. 填报税务登记表及附表

税务登记表的主要内容包括：①单位名称、法定代表人或者业主姓名及其居民身份证、护照或者其他合法证件的号码；②住所、经营地点；③登记类型；④核算方式；⑤生产经营方式；⑥生产经营范围；⑦注册资金（资本）、投资总额；⑧生产经营期限；⑨财务负责人、联系电话；⑩国家税务总局确定的其他有关事项。

税务登记表分三种类型，分别适用于单位纳税人、个体经营、临时税务登记纳税人（见表5-1、表5-2、表5-3）。

表5-1 **税务登记表**

（适用单位纳税人）

填表日期：

纳税人名称		纳税人识别号					
登记注册类型		批准设立机关					
组织机构代码		批准设立证明或文件号					
开业（设立）日期		证照名称		证照号码			
生产经营期限		发照日期		经营方式			
注册地址		邮政编码		联系电话			
生产经营地址		邮政编码		联系电话			
核算方式	请选择对应项目打“√” □独立核算 □非独立核算		从业人数	____其中外籍人数____			
单位性质	请选择对应项目打“√” □企业 □事业单位 □社会团体 □民办非企业单位 □其他						
网站网址		国标行业		□□□□□□□□			
适用会计制度	请选择对应项目打“√” □企业会计制度 □小企业会计制度 □金融企业会计制度 □行政事业单位会计制度						
经营范围：		请将法定代表人（负责人）身份证复印件粘贴在此处。					
项目 内容 联系人	姓名	身份证件		固定电话	移动电话	电子邮箱	
		种类	号码				
法定代表人（负责人）							
财务负责人							
办税人							
税务代理人名称		纳税人识别号		联系电话		电子邮箱	
注册资本或投资总额	币种	金额	币种	金额	币种	金额	
投资方名称	投资方经济性质	投资比例	证件种类	证件号码	国籍或地址		
自然人投资比例		外资投资比例		国有投资比例			
分支机构名称		注册地址		纳税人识别号			

续表

<table>
<tr><td>总机构名称</td><td colspan="3"></td><td colspan="2">纳税人识别号</td><td></td></tr>
<tr><td>注册地址</td><td colspan="3"></td><td colspan="2">经营范围</td><td></td></tr>
<tr><td>法定代表人姓名</td><td></td><td>联系
电话</td><td></td><td colspan="2">注册地址
邮政编码</td><td></td></tr>
<tr><td rowspan="4">代扣代缴、代收代缴
税款业务情况</td><td colspan="3">代扣代缴、代收代缴税款业务内容</td><td colspan="3">代扣代缴、代收代缴税种</td></tr>
<tr><td colspan="3"></td><td colspan="3"></td></tr>
<tr><td colspan="3"></td><td colspan="3"></td></tr>
<tr><td colspan="3"></td><td colspan="3"></td></tr>
<tr><td colspan="7">附报资料：</td></tr>
<tr><td colspan="2">经办人签章：

______年______月______日</td><td colspan="3">法定代表人（负责人）签章：

______年______月______日</td><td colspan="2">纳税人公章：

______年______月______日</td></tr>
</table>

以下由税务机关填写：

<table>
<tr><td>纳税人所处街乡</td><td colspan="3"></td><td>隶属关系</td><td></td></tr>
<tr><td>国税主管税务局</td><td></td><td>国税主管税务所（科）</td><td></td><td rowspan="2">是否属于国税、地税共管户</td><td></td></tr>
<tr><td>地税主管税务局</td><td></td><td>地税主管税务所（科）</td><td></td><td></td></tr>
<tr><td colspan="2">经办人（签章）：
国税经办人：__________
地税经办人：__________

受理日期：
______年______月______日</td><td colspan="2">国家税务登记机关
（税务登记专用章）：

核准日期：
______年______月______日
国税主管税务机关：</td><td colspan="2">地方税务登记机关
（税务登记专用章）：

核准日期：
______年______月______日
地税主管税务机关：</td></tr>
<tr><td colspan="6">国税核发《税务登记证副本》数量： 本 发证日期：__________年______月______日</td></tr>
<tr><td colspan="6">地税核发《税务登记证副本》数量： 本 发证日期：__________年______月______日</td></tr>
</table>

填 表 说 明

一、本表适用于各类单位纳税人填用。

二、从事生产、经营的纳税人应当自领取营业执照，或者自有关部门批准设立之日起30日内，或者自纳税义务发生之日起30日内，到税务机关领取税务登记表，填写完整后提交税务机关，办理税务登记。

三、办理税务登记应当出示、提供以下证件资料（所提供资料原件用于税务机关审核，复印件留存税务机关）：

1. 营业执照副本或其他核准执业证件原件及其复印件。

2. 组织机构代码证书副本原件及其复印件。

3. 注册地址及生产、经营地址证明（产权证、租赁协议）原件及其复印件；如为自有房产，请提供产权证或买卖契约等合法的产权证明原件及其复印件；如为租赁的场所，请提供租赁协议原件及其复印件，出租人为自然人的还须提供产权证明的复印件；如生产、经营地址与注册地址不一致，请分别提供相应证明；

4. 公司章程复印件。

5. 有权机关出具的验资报告或评估报告原件及其复印件。

6. 法定代表人（负责人）居民身份证、护照或其他证明身份的合法证件原件及其复印件；复印件分别粘贴在税务登记表的相应位置上。

7. 纳税人跨县（市）设立的分支机构办理税务登记时，还须提供总机构的税务登记证（国、地税）副本复印件。

8. 改组改制企业还须提供有关改组改制的批文原件及其复印件。

9. 税务机关要求提供的其他证件资料。

四、纳税人应向税务机关申报办理税务登记。完整、真实、准确、按时地填写此表。

五、使用碳素或蓝墨水的钢笔填写本表。

六、本表一式两份（国地税联办税务登记的本表一式三份）。税务机关留存一份，退回纳税人一份（纳税人应妥善保管，验换证时需携带查验）。

七、纳税人在新办或者换发税务登记时应报送房产、土地和车船有关证件，包括：房屋产权证、土地使用证、机动车行驶证等证件的复印件。

八、表中有关栏目的填写说明：

1. "纳税人名称"栏：指《企业法人营业执照》或《营业执照》或有关核准执业证书上的"名称"。

2. "身份证件名称"栏：一般填写"居民身份证"，如无身份证，则填写"军官证"、"士兵证"、"护照"等有效身份证件。

3. "注册地址"栏：指工商营业执照或其他有关核准开业证照上的地址。

4. "生产经营地址"栏：填办理税务登记的机构生产经营地地址。

5. "国籍或地址"栏：外国投资者填国籍，中国投资者填地址。

6. "登记注册类型"栏：即经济类型，按营业执照的内容填写；不需要领取营业执照的，选择"非企业单位"或者"港、澳、台商企业常驻代表机构及其他"、"外国企业"；如为分支机构，按总机构的经济类型填写。

7. "投资方经济性质"栏：单位投资的，按其登记注册类型填写；个人投资的，填写自然人。

8. "证件种类"栏：单位投资的，填写其组织机构代码证；个人投资的，填写其身份证件名称。

9. "国标行业"栏：按纳税人从事生产经营行业的主次顺序填写，其中第一个行业填写纳税人的主行业。

表 5－2

税务登记表

（适用个体经营）

填表日期：

纳税人名称		纳税人识别号			
登记注册类型	请选择对应项目打"√" □个体工商户 □个人合伙				
开业（设立）日期		批准设立机关			
生产经营期限		证照名称		证照号码	
注册地址		邮政编码		联系电话	
生产经营地址		邮政编码		联系电话	
合伙人数		雇工人数		其中固定工人数	
网站网址		国标行业	□□□□□□□□□		
业主姓名	国籍或户籍地	固定电话	移动电话	电子邮箱	
身份证件名称		证件号码			

续表

经营范围	请将业主 身份证或其他合法身份证件复印件粘贴此处

分店情况	分店名称	纳税人识别号	地址	电话

合伙人投资情况	合伙人姓名	国籍或地址	身份证件名称	身份证件号码	投资金额（万元）	投资比例	分配比例

代扣代缴、代收代缴税款业务情况	代扣代缴、代收代缴税款业务内容	代扣代缴、代收代缴税种

附报资料	
经办人签章： ______年____月____日	业主签章： ______年____月____日

以下由税务机关填写：

纳税人所处街乡				隶属关系	
国税主管税务局		国税主管税务所（科）		是否属于国税、地税共管户	
地税主管税务局		地税主管税务所（科）			

经办人（签章）： 国税经办人：________ 地税经办人：________ 受理日期： ______年____月____日	国家税务登记机关 （税务登记专用章）： 核准日期： ______年____月____日 国税主管税务机关：	地方税务登记机关 （税务登记专用章）： 核准日期： ______年____月____日 地税主管税务机关：

国税核发《税务登记证副本》数量：　　本　　发证日期：________年____月____日
地税核发《税务登记证副本》数量：　　本　　发证日期：________年____月____日

填表说明

一、本表适用于个体工商户、个人合伙企业填用。

二、从事生产、经营的纳税人应当自领取营业执照，或者有关部门批准设立之日起30日内，或者自纳税义务发生之日起30日内，到税务机关领取税务登记表，填写完整后提交税务机关，办理税务登记。

三、办理税务登记应出示、提供以下证件资料（所提供资料原件用于税务机关审核，复印件留存税务机关）：

（一）个体登记提供以下资料：

1. 营业执照副本或其他核准执业证件原件及其复印件。

2. 业主身份证原件及其复印件。

3. 房产证明（产权证、租赁协议）原件及其复印件；如为自有房产，请提供产权证或买卖契约等合法的产权证明原件及其复印件；如为租赁的场所，请提供租赁协议原件及其复印件，出租人为自然人的还须提供产权证明的复印件。

（二）个人合伙企业提供以下资料：

1. 营业执照副本或其他核准执业证件原件及其复印件。

2. 组织机构代码证书副本原件及其复印件。

3. 房产证明（产权证、租赁协议）原件及其复印件；如为自有房产，请提供产权证或买卖契约等合法的产权证明原件及其复印件；如为租赁的场所，请提供租赁协议原件及其复印件，出租人为自然人的还须提供产权证明的复印件。

4. 负责人居民身份证、护照或其他证明身份的合法证件原件及其复印件。

个体工商户、个人合伙企业需要提供的其他有关证件、资料，由省、自治区、直辖市税务机关确定。

四、纳税人应向税务机关申报办理税务登记。完整、真实、准确、按时地填写此表，并承担相关法律责任。

五、使用碳素或蓝墨水的钢笔填写本表。

六、本表一式两份（国地税联办税务登记的本表一式三份）。税务机关留存一份，退回纳税人一份（纳税人应妥善保管，验换证时需携带查验）。

七、纳税人在新办或者换发税务登记时应报送房产、土地和车船有关证件，包括：房屋产权证、土地使用证、机动车行驶证等证件的复印件。

八、表中有关栏目的填写说明：

1. “纳税人名称”栏：指《营业执照》或有关核准执业证书上的“名称”。

2. “身份证件名称”栏：一般填写“居民身份证”，如无身份证，则填写“军官证”、“士兵证”、“护照”有效身份证件等。

3. “注册地址”栏：指工商营业执照或其他有关核准开业证照上的地址。

4. “生产经营地址”栏：填办理税务登记的机构生产经营地地址。

5. 合伙人投资情况中的“国籍和地址”栏：外国投资者填国籍，中国合伙人填地址。

6. 国标行业：按纳税人从事生产经营行业的主次顺序填写，其中第一个行业填写纳税人的主行业。

表5－3　　**税务登记表**

（适用临时税务登记纳税人）

填表日期：

<table>
<tr><td>纳税人名称</td><td colspan="3"></td><td colspan="2">纳税人识别号</td><td colspan="2"></td></tr>
<tr><td>类型</td><td colspan="7">请选择对应项目打“√”
□领取临时营业执照　□承包租赁经营　□境外企业承包工程或劳务</td></tr>
<tr><td rowspan="2">组织机构代码</td><td rowspan="2" colspan="3"></td><td colspan="2">批准设立机关</td><td colspan="2"></td></tr>
<tr><td colspan="2">批准设立文号</td><td colspan="2"></td></tr>
<tr><td>开业（设立）日期</td><td></td><td>生产经营期限</td><td></td><td>证照名称</td><td></td><td>证照号码</td><td></td></tr>
<tr><td>注册地址</td><td colspan="3"></td><td>邮政编码</td><td></td><td>联系电话</td><td></td></tr>
</table>

续表

生产经营地址		邮政编码		联系电话	
核算方式	请选择对应项目打"√" □独立核算 □非独立核算				
从业人数		其中外籍人数		临时税务登记有效期	
单位性质	请选择对应项目打"√" □企业 □事业单位 □社会团体 □民办非企业单位 □其他				
网站网址		国标行业	□□□□□□□□		
适用会计制度	请选择对应项目打"√" □企业会计制度 □小企业会计制度 □金融企业会计制度 □行政事业单位会计制度				
经营范围					

项目 内容 联系人	姓名	身份证件		固定电话	移动电话	电子邮箱
		种类	号码			
法定代表人（负责人）						
财务负责人						
办税人						

税务代理人名称	纳税人识别号	联系电话	电子邮箱

注册资本或投资总额	币种	金额	币种	金额	币种	金额

投资方名称	投资方经济性质	投资比例	证件种类	证件号码	国籍或地址

自然人投资比例		外资投资比例		国有投资比例	

分支机构名称	注册地址	纳税人识别号

总机构名称		纳税人识别号			
注册地址		经营范围			
法定代表人姓名		联系电话		注册地址邮政编码	

续表

代扣代缴、代收代缴税款业务情况	代扣代缴、代收代缴税款业务内容	代扣代缴、代收代缴税种
附报资料：		
经办人签章： ______年______月______日	法定代表人（负责人）签章： ______年______月______日	纳税人公章： ______年______月______日

以下由税务机关填写：

纳税人所处街乡				隶属关系	
国税主管税务局		国税主管税务所（科）		是否属于国税、地税共管户	
地税主管税务局		地税主管税务所（科）			
经办人（签章）： 国税经办人：__________ 地税经办人：__________ 受理日期： ______年______月______日		国家税务登记机关 （税务登记专用章）： 核准日期： ______年______月______日 国税主管税务机关：		地方税务登记机关 （税务登记专用章）： 核准日期： ______年______月______日 地税主管税务机关：	
国税核发《税务登记证副本》数量：　　本　发证日期：__________年______月______日					
地税核发《税务登记证副本》数量：　　本　发证日期：__________年______月______日					

填表说明

一、本表适用于办理临时税务登记的纳税人填用。

二、《税务登记管理办法》第十条规定：

1. 从事生产、经营的纳税人领取临时工商营业执照的，应当自领取工商营业执照之日起30日内申报办理税务登记，税务机关核发临时税务登记证及副本。

2. 从事生产、经营的纳税人未办理工商营业执照也未经有关部门批准设立的，应当自纳税义务发生之日起30日内申报办理税务登记，税务机关核发临时税务登记证及副本。

3. 有独立的生产经营权、在财务上独立核算并定期向发包人或者出租人上交承包费或租金的承包承租人，应当自承包承租合同签订之日起30日内，向其承包承租业务发生地税务机关申报办理税务登记，税务机关核发临时税务登记证及副本。

4. 从事生产、经营的纳税人外出经营，自其在同一县（市）实际经营或提供劳务之日起，在连续的12个月内累计超过180日的，应当自期满之日起30日内，向生产、经营所在地税务机关申报办理税务登记，税务机关核发临时税务登记证及副本。

5. 境外企业在中国境内承包建筑、安装、装配、勘探工程和提供劳务的，应当自项目合同或协议签订之日起30日内，向项目所在地税务机关申报办理税务登记，税务机关核发临时税务登记证及副本。

三、办理临时税务登记应出示、提供以下证件资料：

1. 营业执照副本或其他核准执业证件原件及其复印件。

2. 法定代表人（负责人）居民身份证、护照或其他证明身份的合法证件原件及其复印件；复印件粘贴在税务登记表的相应位置上。

3. 税务机关要求提供的其他证件资料。

四、纳税人应向税务机关申报办理税务登记。完整、真实、准确、按时地填写此表，并承担相关法律责任。

五、使用碳素或蓝墨水的钢笔填写本表。

六、本表一式两份（国地税联办税务登记的本表一式三份）。税务机关留存一份，退回纳税人一份（纳税人应妥善保管，验换证时需携带查验）。

七、纳税人在新办或者换发税务登记时应报送房产、土地和车船有关证件，包括：房屋产权证、土地使用证、机动车行驶证等证件的复印件。

八、表中有关栏目的填写说明：

1. “纳税人名称”栏：指《企业法人营业执照》或《营业执照》或有关核准执业证书上的“名称”。

2. “类型”栏：即办理临时税务登记类型，按照表中所列选择填写。

3. “身份证件名称”栏：一般填写“居民身份证”，如无身份证，则填写“军官证”、“士兵证”、“护照”有效身份证件等。

4. “注册地址”栏：指工商营业执照或其他有关核准开业证照上的地址。

5. “生产经营地址”栏：填办理税务登记的机构生产经营地地址。

6. “投资方经济性质”栏：单位投资的，按其登记注册类型填写；个人投资的，填写自然人。

7. “证件种类”栏：单位投资的，填写其组织机构代码证；个人投资的，填写其身份证件名称。

8. “国籍或地址”栏：外国投资者填国籍，中国投资者填地址。

9. “国标行业”栏：按纳税人从事生产经营行业的主次顺序填写，其中第一个行业填写纳税人的主行业。

【案例5-1】未办税务登记　税收优惠泡汤

2009年3月，某市国税局稽查局在集贸市场专项检查中发现，下岗职工陈某开办了一个农机产品经销点，经营范围主要是农机产品，2008年11月，他仅办理了工商营业执照，没有办理税务登记便开始挂牌营业。对此，市国税局稽查局认为，该纳税人不符合享受国家免征增值税的条件，于是作出了行政处理决定，对陈某下达了核定应纳税款通知书，责令其补缴自开业以来应纳的增值税1 300元，并处罚款700元。陈某对此不服，认为农机产品是农业生产资料，可以享受国家免税照顾，所以他没有办理税务登记，更没有去税务机关申报纳税。当地主管国税分局也认为，农机产品是农业生产资料，在商品流通环节一概不纳增值税，所以也一直没有过问此事。陈某于2009年7月8日按规定缴清了全部税款、滞纳金和罚款，随后向市国税局申请复议，要求市国税局撤销稽查局作出的补缴税款、滞纳金以及行政处罚的处理决定。

复议决定：市国税局经过审查，认为稽查局作出的具体行政行为认定事实清楚、证据确凿、适用法律法规正确、程序合法、内容适当，于是作出了税务行政复议决定，对陈某下达了税务行政复议决定书，维持市国税局稽查局作出的税务处理决定。

四、企业变更税务登记的管理

变更税务登记，是纳税人税务登记内容发生重要变化时向税务机关申报办理的税务登记手续。

1. 变更税务登记的适用范围

（1）改变名称。

（2）改变法人代表。

（3）改变经济性质或经济类型。

（4）改变住所或经营地点（涉及主管税务机关变动的办理注销登记）。

（5）改变生产、经营范围或经营方式。

（6）增减注册资本。

（7）改变隶属关系。

（8）改变生产经营期限。

（9）改变开户银行和账号。

（10）改变生产经营权属以及改变其他税务登记内容。

【案例5-2】该企业需要办理变更税务登记吗？

某市大北区某私营企业，2009年5月份将经营地点从原来的街道搬至离原来不远的另一街道，仍属原主管税务机关管辖，也就没有按规定时间到主管税务机关办理变更税务登记。主管税务机关责令其5天之内办理变更税务登记，该企业仍没理会。税务机关向其下达处罚通知书，对其处以2 000元罚款。该企业不服，并要上告税务机关，理由是自己虽然搬家，却仍属原主管税务机关管辖，没有必要办理变更税务登记。

根据《税收征收管理法实施细则》的规定：纳税人凡单位名称、法定代表人、住所或经营地点、生产经营范围、经营方式、经济性质、开户银行账号以及其他税务登记内容发生变化时，应自工商行政管理机关办理变更工商登记之日起30日内，到原税务机关申报办理变更税务登记。因此，该企业需要办理变更税务登记。

2. 变更税务登记操作规范

纳税人在工商行政管理机关办理变更登记的，应当自工商行政管理机关或者其他机关办理变更登记之日起30日内，向原税务机关如实提供下列证件、资料，申报办理变更税务登记。

（1）工商变更登记表及工商营业执照；

（2）纳税人变更登记内容的决议及有关证明文件；

（3）税务机关发放的原税务登记证件（登记证正、副本和登记表等）；

（4）其他有关资料。

纳税人按照规定不需要在工商行政管理机关或者其他机关办理变更登记，或者其变更登记的内容与工商登记内容无关的，应当自税务登记内容实际发生变化之日起30日内，或者自有关机关批准或者宣布变更之日起30日内，持下列证件到原税务登记机关申报办理变更税务登记：

（1）纳税人变更登记内容的有关证明文件；

（2）税务机关发放的原税务登记证件（登记证正、副本和登记表等）；

（3）其他有关资料。

税务登记变更表如表5-4所示。

表 5－4　　**变更税务登记表**

<table>
<tr><td colspan="2">纳税人名称</td><td colspan="2"></td><td>纳税人识别号</td><td></td></tr>
<tr><td colspan="6">变更登记事项</td></tr>
<tr><td>序号</td><td>变更项目</td><td>变更前内容</td><td>变更后内容</td><td colspan="2">批准机关名称及文件</td></tr>
<tr><td></td><td></td><td></td><td></td><td colspan="2"></td></tr>
<tr><td></td><td></td><td></td><td></td><td colspan="2"></td></tr>
<tr><td></td><td></td><td></td><td></td><td colspan="2"></td></tr>
<tr><td colspan="6">送缴证件情况：</td></tr>
<tr><td colspan="6">纳税人

经办人：　　　　法定代表人(负责人)：　　　　纳税人（签章）
年　月　日　　　　年　月　日　　　　年　月　日</td></tr>
<tr><td colspan="6">经办税务机关审核意见：

经办人：　　　　负责人：　　　　税务机关（签章）
年　月　日　　　　年　月　日　　　　年　月　日</td></tr>
</table>

填 写 说 明

一、本表适用于各类纳税人变更税务登记填用。

二、报送此表时还应附送如下资料：

（一）税务登记变更内容与工商行政管理部门登记变更内容一致的应提交：

1. 工商执照及工商变更登记表复印件；

2. 纳税人变更登记内容的决议及有关证明文件；

3. 主管税务机关发放的原税务登记证件（税务登记证正、副本和税务登记表等）；

4. 主管税务机关需要的其他资料。

（二）变更税务登记内容与工商行政管理部门登记内容无关的应提交：

1. 纳税人变更登记内容的决议及有关证明、资料；

2. 主管税务机关需要的其他资料。

三、变更项目：填需要变更的税务登记项目。

四、变更前内容：填变更税务登记前的登记内容。

五、变更后内容：填变更的登记内容。

六、批准机关名称及文件：凡需要经过批准才能变更的项目须填写此项。

七、本表一式两份，税务机关一份，纳税人一份。

五、企业停业、复业登记的管理

1. 停业、复业登记的操作规范

（1）实行定期定额征收方式的个体工商户需要停业的，应当在停业前向税务机关申报办理停业登记。纳税人的停业期不得超过 1 年。

（2）纳税人在申报办理停业登记时，应如实填写停业申请登记表，说明停业理由、停业期限、停业前的纳税情况和发票的领、用、存情况，并结清应纳税款、滞纳金、罚款。税务机关应收存税务登记证件及副本、发票领购簿、未使用完的发票和其他税务证件。

（3）纳税人停业期间发生纳税义务，应当及时向主管税务机关申报，依法补缴应纳税款。

（4）纳税人应当于恢复生产、经营之前，向税务机关提出复业登记申请，经确认后，办理复业登记，领回或启用税务登记证件和发票领购簿及其领购的发票，纳入正常管理。

（5）纳税人停业期满不能及时恢复生产、经营的，应当在停业期满前向税务机关提出延长停业登记。纳税人停业期满未按期复业又不申请延长停业的，会被税务机关视为已恢复营业，并对其实施正常的税收征收管理。

2. 停业、复业登记的注意事项

这个规定是针对个体工商户的，对于其他公司不适用，因为其他公司、单位可以在纳税时进行零申报，也就不需要办理停业登记，当然也不存在复业问题。

六、企业注销税务登记的管理

1. 注销税务登记管理的适用范围

（1）纳税人因经营期限届满而自动解散。

（2）企业由于改组、分立、合并等原因而被撤销。

（3）企业资不抵债而破产。

（4）纳税人因住所、经营地点变动而涉及改变税务登记机关。

（5）纳税人被工商行政管理机关吊销营业执照。

（6）纳税人依法终止履行纳税义务的其他情形。

2. 注销税务登记管理的操作规程

（1）纳税人发生解散、破产、撤销以及其他情形，依法终止纳税义务的，应当在向工商行政管理机关或者其他机关办理注销登记前，持有关证件和资料向原税务登记机关申报办理注销税务登记；按照规定不需要在工商行政管理机关或者其他机关办理注册登记的，应当自有关机关批准或者宣告终止之日起 15 日内，办理注销税务登记。

（2）纳税人因住所、经营地点变动而涉及改变税务登记机关的，应当在向工商行政管理机关或者其他机关申请办理变更或注销登记前，或者住所、经营地点变动前，持有关证件和资料，向原税务登记机关申报办理注销税务登记，并且自注销税务登记之日起 30 日内向迁达地税务机关申请办理税务登记。

（3）纳税人被工商行政管理机关吊销营业执照或者被其他机关予以撤销登记的，应当自营业执照被吊销或者被撤销登记之日起 15 日内，向原税务登记机关申报办理注销税务登记。

（4）境外企业在中国境内承包建筑、安装、装配、勘探工程和提供劳务的，应当在项目完工、离开中国前 15 日内，持有关证件和资料，向原税务登记机关申报办理注销税务登记。

（5）纳税人办理注销税务登记前，应当向税务机关结清应纳税款、多退（免）税款、滞纳金和罚款，缴销发票、税务登记证件和其他税务证件。

注销税务登记申请审批表如表 5－5 所示。

表 5－5　　注销税务登记申请审批表

<table>
<tr><td>纳税人名称</td><td colspan="2"></td><td colspan="2">纳税人识别号</td><td></td></tr>
<tr><td>注销原因</td><td colspan="5"></td></tr>
<tr><td rowspan="3">附送资料</td><td colspan="2"></td><td colspan="3"></td></tr>
<tr><td colspan="2"></td><td colspan="3"></td></tr>
<tr><td colspan="2"></td><td colspan="3"></td></tr>
<tr><td colspan="6">纳税人
经办人：　　　　法定代表人（负责人）：　　　　纳税人（签章）
年　月　日　　　　年　月　日　　　　年　月　日</td></tr>
<tr><td colspan="6">以下由税务机关填写</td></tr>
<tr><td>受理时间</td><td colspan="5">经办人：　　　　负责人：
年　月　日　　　　年　月　日</td></tr>
<tr><td>清缴税款、滞纳金、罚款情况</td><td colspan="5">经办人：　　　　负责人：
年　月　日　　　　年　月　日</td></tr>
<tr><td>缴销发票情况</td><td colspan="5">经办人：　　　　负责人：
年　月　日　　　　年　月　日</td></tr>
<tr><td>税务检查意见</td><td colspan="5">检查人员：　　　　负责人：
年　月　日　　　　年　月　日</td></tr>
<tr><td rowspan="3">收缴税务证件情况</td><td>种类</td><td>税务登记证正本</td><td>税务登记证副本</td><td>临时税务登记证正本</td><td>临时税务登记证副本</td></tr>
<tr><td>收缴数量</td><td></td><td></td><td></td><td></td></tr>
<tr><td colspan="5">经办人：　　　　负责人：
年　月　日　　　　年　月　日</td></tr>
<tr><td>批准意见</td><td colspan="5">部门负责人：　　　　税务机关（签章）
年　月　日　　　　年　月　日</td></tr>
</table>

填写说明

1. 本表依据《征管法实施细则》第十五条设置。

2. 适用范围：纳税人发生解散、破产、撤销、被吊销营业执照及其他情形而依法终止纳税义务，或者因住所、经营地点变动而涉及改变税务登记机关的，向原税务登记机关申报办理注销税务登记时使用。

3. 填表说明：

（1）附送资料：填写附报的有关注销的文件和证明资料；

（2）清缴税款、滞纳金、罚款情况：填写纳税人应纳税款、滞纳金、罚款缴纳情况；

（3）缴销发票情况：纳税人发票领购簿及发票缴销情况；

（4）税务检查意见：检查人员对需要清查的纳税人，在纳税人缴清查补的税款、滞纳金、罚款后签署意见；

（5）收缴税务证件情况：在相应的栏内填写收缴数量并签字确认，收缴的证件如果为“临时税务登记证”，添加“临时”字样。

4. 本表为A4型竖式，一式两份，税务机关一份，纳税人一份。

七、企业外出经营报验登记

1. 纳税人到外县（市）临时从事生产经营活动的，应当在外出生产经营以前，持税务登记证向主管税务登记机关申请开具“外出经营活动税收管理证明”（以下简称“外管证”）。

2. 税务机关按照一地一证的原则，核发外管证，外管证的有效期限一般为30日，最长不得超过180日。

3. 纳税人应当在外管证注明地进行生产经营前向当地税务机关报验登记，并提交下列证件、资料：

（1）税务登记证件副本。

（2）外管证。

纳税人在外管证注明地销售货物的，除提交以上证件、资料外，应如实填写外出经营货物报验单，申报查验货物。

4. 纳税人外出经营活动结束，应当向经营地税务机关填报外出经营活动情况申报表，并结清税款、缴销发票。

5. 纳税人应当在外管证有效期届满后10日内，持外管证回原税务登记地税务机关办理外管证缴销手续。

八、企业纳税事项的登记

（一）增值税一般纳税人的认定登记

1. 符合增值税一般纳税人条件的企业，应在向税务机关办理开业税务登记的同时，申请办理一般纳税人认定手续；已开业经营的小规模企业（商业零售企业除外），若当年应税销售额超过小规模纳税人标准的，应在次年1月底之前，申请办理一般纳税人认定手续。

2. 企业申请办理一般纳税人认定手续，应向所在地主管国税局提出书面申请，说明企业的经济形式、生产经营范围、产品名称及用途、企业注册资本、会计核算等问题，经税务机关审核后填写增值税一般纳税人申请认定表（见表5-6）。

3. 企业总、分支机构不在同一县（市）的，应分别向其机构所在地主管税务机关申请办理一般纳税人认定登记手续。企业总机构已被认定为增值税一般纳税人的，其分支机构可持总机构为增值税一般纳税人的证明，向主管税务机关申请认定为一般纳税人。

4. 县级以上国家税务机关对经审核符合增值税一般纳税人条件的企业，在增值税一般纳税人申请认定表上签署意见，并将企业的税务登记证副本首页上方加盖“增值税一般纳税人”戳记。对从事商业经营的新办企业和小规模企业，一般是先认定为“增值税临时一般纳税人”，经过 3 个月或半年时间的考核后，再转为正式的一般纳税人。

增值税一般纳税人认定登记程序如下：①纳税人提出书面申请，内容包括：企业的经济形式，生产经营范围、经营方式和经营地址，产品名称及用途，企业注册资本，财务人员状况，能否正确核算销项税额、进项税额和应纳税额，能否准确报送有关纳税资料等；②填写“增值税一般纳税人申请认定表”；③税务机关审核，县级以上国家税务机关应在收到企业报送的有关资料之日起 30 日内审核完毕，对经审核符合增值税一般纳税人条件的企业，在“增值税一般纳税人申请认定表”上签署意见，并在企业的税务登记副本首页上方加盖“增值税一般纳税人”确认专用章。

表 5－6　　增值税一般纳税人申请认定表

<table>
<tr><td>纳税人识别号：</td><td></td><td></td><td></td><td></td><td></td><td></td><td></td><td></td><td></td><td></td><td></td><td></td><td></td><td></td><td></td><td></td><td></td><td></td></tr>
<tr><td>纳税编号</td><td></td><td></td><td></td><td></td><td></td><td></td><td></td><td></td></tr>
</table>

纳税人名称：　　　　　　　　申请时间：　　年　月　日

<table>
<tr><td>联系电话</td><td colspan="2"></td><td>增值税企业类别</td><td></td><td>是（否）新办企业</td></tr>
<tr><td rowspan="5">年度实际销售额或年度预计销售额</td><td colspan="2">生产货物的销售额</td><td colspan="3"></td></tr>
<tr><td colspan="2">加工、修理修配的销售额</td><td colspan="3"></td></tr>
<tr><td colspan="2">批发、零售的销售额</td><td colspan="3"></td></tr>
<tr><td colspan="2">应税销售额合计</td><td colspan="3"></td></tr>
<tr><td colspan="2">固定资产规模</td><td colspan="3"></td></tr>
<tr><td rowspan="3">会计财务核算状况</td><td colspan="2">专业财务人员人数</td><td colspan="3"></td></tr>
<tr><td colspan="2">设置账簿种类</td><td colspan="3"></td></tr>
<tr><td colspan="2">能否准确核算进项税额、销项税额</td><td colspan="3"></td></tr>
<tr><td colspan="2">申请核发税务登记证副本数量</td><td></td><td>经批准核发数量</td><td colspan="2"></td></tr>
<tr><td colspan="2">管理环节意见：
（公章）
负责人：
经办人：
年　月　日</td><td colspan="2">主管税务机关意见：
（公章）
负责人：
经办人：
年　月　日</td><td colspan="2">上级税务机关：
（公章）
负责人：
经办人：
年　月　日</td></tr>
</table>

认定期限：　　年　月　日至　　年　月　日

填写说明

1. 纳税人在办理开业登记时，可以按预计销售额填写，经主管税务机关审核后，暂认定为增值税一般纳税人，享有增值税一般纳税人的所有权利与义务。满 12 个月后纳税人根据实际经营情况，提交转正申请表，交主管税务机关重新审核认定增值税一般纳税人。

2. 增值税企业类别：填工业、商业。

3. 认定期限起始日期为终审审批的有效期起，暂认定为增值税一般纳税人的终止日期为从起始日期起满 12 个月的当月的终止日。

4. 本表一式三份。

（二）税种认定登记

税种认定登记是在纳税人办理了开业税务登记和变更税务登记之后，由主管税务局（县级以上国税局、地税局）根据纳税人的生产经营项目，进行适用税种、税目、税率的鉴定，以指导纳税人、扣缴义务人办理纳税事宜。

1. 纳税人提出申请。纳税人应在领取“税务登记证”副本后和申报纳税之前，到主管税务机关的征收管理科室申请税种认定登记，填写“纳税人税种登记表”（见表 5 - 7）。纳税人如果变更税务登记内容涉及税种、税目、税率变化的，应在变更税务登记之后重新申请税种认定登记，并附送申请报告。

2. 税务机关审核。税务机关对纳税人报送的“税种认定登记表”及有关资料进行审核，也可根据实际情况派人到纳税人的生产经营场所调查之后，对纳税人适用的税种、税目、税率、纳税期限、纳税方法等进行确认，在“纳税人税种登记表”的有关栏目中注明，或书面通知纳税人。

表 5 - 7　　纳税人税种登记表

<table>
<tr><td colspan="5">纳税人识别号：</td></tr>
<tr><td colspan="5">纳税人名称：</td></tr>
<tr><td colspan="5">一、增值税：</td></tr>
<tr><td rowspan="2">类别</td><td rowspan="2">1. 销售货物 □
2. 加工 □
3. 修理修配 □
4. 其他 □</td><td rowspan="2">货物或项目名称</td><td>主营</td><td></td></tr>
<tr><td>兼营</td><td></td></tr>
<tr><td colspan="2">纳税人认定情况</td><td colspan="3">1. 增值税一般纳税人 □　2. 小规模纳税人 □　3. 暂认定增值税一般纳税人 □</td></tr>
<tr><td colspan="2">经营方式</td><td colspan="3">1. 境内经营货物 □　2. 境内加工修理 □　3. 自营出口 □
4. 间接出口 □　5. 收购出口 □　6. 加工出口 □</td></tr>
<tr><td colspan="5">备注：</td></tr>
<tr><td colspan="5">二、消费税：</td></tr>
<tr><td>类别</td><td>1. 生产 □
2. 委托加工 □
3. 零售 □</td><td>应税消费品名称</td><td colspan="2">1. 烟 □　2. 酒及酒精 □　3. 化妆品 □
4. 护肤、护发品 □　5. 贵重首饰及珠宝玉石 □
6. 鞭炮、烟火 □　7. 汽油 □　8. 柴油 □
9. 汽车轮胎 □　10. 摩托车 □　11. 小汽车 □</td></tr>
<tr><td colspan="2">经营方式</td><td colspan="3">1. 境内销售 □　2. 委托加工出口 □
3. 自营出口 □　4. 境内委托加工 □</td></tr>
<tr><td colspan="5">备注：</td></tr>
<tr><td colspan="5">三、营业税：</td></tr>
</table>

续表

<table>
<tr><td rowspan="2">经营项目</td><td>主营</td><td colspan="2"></td></tr>
<tr><td>兼营</td><td colspan="2"></td></tr>
<tr><td colspan="2">备注：</td><td colspan="2"></td></tr>
<tr><td colspan="4">四、企业所得税、外商投资企业所得税和外国企业所得税：</td></tr>
<tr><td colspan="2">法定或申请纳税方式</td><td>1. 按实纳税 □
3. 按经费支出换算收入计算纳税 □
5. 航空、海运企业纳税方式 □</td><td>2. 核定利润率计算纳税 □
4. 按佣金率换算收入纳税 □
6. 其他纳税方式 □</td></tr>
<tr><td colspan="2">非生产性收入占总收入的比例（%）</td><td colspan="2"></td></tr>
<tr><td colspan="2">季度预缴方式</td><td>1. 按上年度四分之一 □</td><td>2. 按每季度实际所得 □</td></tr>
<tr><td colspan="4">备注：</td></tr>
<tr><td colspan="4">以上内容纳税人必须如实填写，如内容发生变化，应及时办理变更登记。</td></tr>
</table>

第三节　税务账簿凭证的税务管理

一、账簿凭证的概念

凭证就是记录经济业务的发生和完成情况，明确经济责任，作为记账依据的书面证明。凭证按其用途和填制程序分类，分为原始凭证和记账凭证。原始凭证是在经济业务发生或完成时取得或填制的，用以记录和证明经济业务已经发生或完成的原始证据，是进行会计核算的原始资料。记账凭证是会计人员根据审核无误后的原始凭证进行归类、整理，并确定会计分录，作为记账直接依据的凭证。

账簿又称账册，是以会计凭证为依据，由具有专门格式和相互联系的账页组成，用来连续地登记各种经济业务的簿籍。会计账簿按其外表形式可分为订本式账簿、活页式账簿和卡片式账簿 3 类；按用途可分为序时账簿、分类账簿和备查账簿 3 类。序时账簿是按经济业务发生的先后顺序逐笔登记的账簿，又称日记账，如现金日记账、银行存款日记账。分类账簿是对经济业务进行分类登记的账簿。分类账按其分类概括程度的不同，又可分为总分类账和明细分类账。备查账簿是对某些在序时账簿和分类账簿等主要账簿中未能记载的事项或记载不明的事项进行补充登记的辅助性账簿。设置账簿是会计核算的一种专门方法，通过设置和登记账簿，可以全面、系统、分门别类地记录企业、事业单位及其他经济组织的经济活动的各种必要的数据资料，对加强经济核算、满足经营管理的需要具有重要意义。同时，也是税务机关正确了解纳税人和扣缴义务人经济活动情况，进而正确计算税款的主要依据。

二、账簿凭证的税务管理

（一）账簿凭证的设置

《税收征收管理法》对于账簿凭证的设置有如下规定：

1. 从事生产、经营的纳税人应当自领取营业执照或者发生纳税义务之日起15日内，按照国家有关规定设置账簿。账簿，是指总账、明细账、日记账以及其他辅助性账簿。总账、日记账应当采用订本式。

2. 生产、经营规模小又确无建账能力的纳税人，可以聘请经批准从事会计代理记账业务的专业机构或者经税务机关认可的财会人员代为建账和办理账务；聘请上述机构或者人员有实际困难的，经县以上税务机关批准，可以按照税务机关的规定，建立收支凭证粘贴簿、进货销货登记簿或者使用税控装置。

3. 从事生产、经营的纳税人应当自领取税务登记证件之日起15日内，将其财务、会计制度或者财务、会计处理办法报送主管税务机关备案。纳税人使用计算机记账的，应当在使用前将会计电算化系统的会计核算软件、使用说明书及有关资料报送主管税务机关备案。纳税人建立的会计电算化系统应当符合国家有关规定，并能正确、完整核算其收入或者所得。

4. 扣缴义务人应当自税收法律、行政法规规定的扣缴义务发生之日起10日内，按照所代扣、代收的税种，分别设置代扣代缴、代收代缴税款账簿。

5. 纳税人、扣缴义务人会计制度健全，能够通过计算机正确、完整计算其收入和所得或者代扣代缴、代收代缴税款情况的，其计算机输出的完整的书面会计记录，可视同会计账簿。纳税人、扣缴义务人会计制度不健全，不能通过计算机正确、完整计算其收入和所得或者代扣代缴、代收代缴税款情况的，应当建立总账及与纳税或者代扣代缴、代收代缴税款有关的其他账簿。

6. 账簿、会计凭证和报表，应当使用中文。民族自治地方可以同时使用当地通用的一种民族文字。外商投资企业和外国企业可以同时使用一种外国文字。

7. 纳税人应当按照税务机关的要求安装、使用税控装置，并按照税务机关的规定报送有关数据和资料。

8. 账簿、记账凭证、报表、完税凭证、发票、出口凭证以及其他有关涉税资料应当合法、真实、完整。账簿、记账凭证、报表、完税凭证、发票、出口凭证以及其他有关涉税资料应当保存10年；但是，法律、行政法规另有规定的除外。

（二）账簿凭证的管理

1. 账簿的管理

（1）账簿启用的管理。为了保证账簿记录的合法性和账簿资料的完整性，明确记账责任，在账簿启用时，应在账簿扉页填列“账簿启用和经管人员一览表”，详细载明：单位名称、账簿名称、账簿册数、账簿会计主管和会计人员名章。更换记账人员时，应办理交接手续，在交接记录内填写交接日期和交接人员姓名（签章）。

（2）账簿登记的管理。记账时，必须用钢笔和蓝、黑墨水书写，不得使用铅笔或圆珠笔，红色墨水只能在结账、画线和冲账时使用；在总分类账和明细分类账中，应在首页注明账户的名称和页次，必须按编定的页次逐页、逐行顺序登记，不得隔页、跳行登记；记账必须以审核无误的会计凭证为依据，应将会计凭证的日期、种类和编号、业务内容的摘要、金额等逐项记入账内，同时要在会计凭证上注明账簿的页数或划“√”符号，表示已登记入账。

（3）账簿更换的管理。总账、日记账和大部分明细账都要每年更换一次，只有变动较小的一小部分明细账，不必每年更换新账。各种账簿在年度终了结账时，各个账户的年终余额都要直接记入新年度启用的有关账簿中去。

2. 凭证的管理

（1）原始凭证的管理。填制在凭证上的内容和数字必须真实可靠；凭证上的各项内容必须逐项填写齐全，不得遗漏，必须有经办业务的有关部门和人员的签名、盖章；各种凭证上的书写文字要简要，字迹要清楚，易于辨认；大小写金额要符合规格、正确填写，必须有大写金额，不得只填写小写金额；各种凭证必须连续编号；原始凭证不得随意涂改、刮擦、挖补，填写错误应加盖“作废”戳记，重新填写。

（2）记账凭证的管理。必须按照规定的会计科目及其核算内容结合经济业务的内容，正确编制会计分录；“摘要”栏内，简单概括地说明经济业务的内容；不得把不同类型的经济业务合并填列在一张记账凭证中；所附原始凭证的张数必须注明；各种记账凭证必须连续编号。

3. 账簿凭证的保管

从事生产、经营的纳税人、扣缴义务人必须按国务院财政、税务主管部门规定的保管期限保管账簿、记账凭证、完税凭证及其他资料，不得伪造、变造或者擅自损毁。纳税人、扣缴义务人的账簿、记账凭证、完税凭证及其他有关资料的保管，应当按照会计档案的保管及财政部、国家税务总局的有关规定办理。

会计档案是指会计凭证、会计账簿和会计报表等会计核算专业资料，其保管须遵循以下原则：

（1）各单位每年形成的会计档案，要立案装订成册，并移交本单位的档案部门保管。

（2）对会计档案必须进行科学管理，妥善保管，做到存放有序，查找方便，严防毁损、散失和泄密。

（3）定期保管期限分为3年、5年、10年、15年、25年5类。保管期限，从会计年度终了后第一天算起。永久保存的主要是各级财政总决算报表、税收年度决算报表和有关的涉及外事的凭证、账簿和报表，以及行政事业单位的年度决算报表。

（4）会计档案保管期满，需要销毁时，要进行销毁注册，经批准后方可销毁。

（三）安装、使用税控装置的管理

所谓税控装置，是指由国家法定机关依法指定企业生产、安装、维修，由国家法定机关依法实施监管，具有税收监控功能和严格的物理、电子保护的计税装置，如电子收款机、电子计程表、税控加油机等。

随着我国市场经济迅速发展和科学技术水平不断提高，商业、服务业、娱乐业等行业从提高经营管理效率和经营效益出发，越来越多地采用电子计算机、电子货币卡、电子计价系统等技术手段进行财务管理，其经营情况也较多地通过电子数据反映，使有形的发票变成无形的数据，原有的税收管理方式已不能完全适应对现代化经营管理方式实行监管的需要，因此国家推广使用了税控装置。

使用税控装置的具体要求如下：纳税人应当按照规定安装、使用税控装置，并逐笔如实输入销售或经营数据，不得损毁或者擅自改动税控装置。纳税人不按照规定安装、使用税控装置的，由税务机关依法予以处理。

三、账簿凭证违规使用的处理

1. 纳税人有下列行为之一，经主管税务机关责令限期改正，可以处 2 000 元以下的罚款；情节严重的，处以 2 000 元以上 1 万元以下的罚款：（1）未按规定设置、保管账簿或者保管记账凭证和有关资料的；（2）未按规定将财务、会计制度或者财务会计处理办法报送主管税务机关备查的；（3）未按规定安装、使用税控装置，损毁或者擅自改动税控装置的。

2. 扣缴义务人未按照规定设置、保管代扣代缴、代收代缴税款账簿或者保管代扣代缴、代收代缴税款记账凭证及有关资料的，经税务机关责令限期改正，可以处以 2 000 元以下的罚款；情节严重的，处以 2 000 元以上 5 000 元以下的罚款。

3. 纳税人采取伪造、变造、涂改、隐匿、擅自销毁账簿、发票或其他凭证、在账簿上多列支出或者不列、少列收入，或者经税务机关通知申报而拒不申报，或者进行虚假的纳税申报，不缴或少缴应纳税款的，即为偷税。对纳税人偷税的，由税务机关追缴其不缴或者少缴的税款、滞纳金，并处不缴或者少缴税款 50% 以上 5 倍以下的罚款；构成犯罪的，依法追究刑事责任。

4. 扣缴义务人采取伪造、变造、隐匿、擅自销毁账簿、记账凭证，在账簿上不列、少列已扣、已收税款，或者用虚假申报的手段，不缴或者少缴已扣、已收税款的，由税务机关追缴其不缴或者少缴的税款 50% 以上 5 倍以下的罚款；构成犯罪的，依法追究其刑事责任。

第四节　发票的税务管理

一、发票的基本知识

（一）发票的概念

所谓发票，是指在经济业务活动中，用以证明货物所有权转移或提供劳务服务完成，明确收付双方经济责任的一种证书。发票也是购销商品、提供或者接受劳务服务以及从事其他商务活动中，由出售货物、提供劳务、收取资金的一方向购买者或劳务的接受者开具的收款凭证。它是企业财务收支的法定凭证之一，是企业会计核算的原始凭证，是税务检查的重要依据。

国家税务总局统一负责全国发票管理工作，发票的具体管理工作按流转税的归属划分，由国家税务局和地方税务局按各自的权限执行。国家税务局负责征收管理的税收所需使用的发票，由国家税务局负责印制、发放和管理；地方税务局负责征收管理的税收所需使用的发票，由地方税务局印制、发放和管理。发票防伪专用品的生产和发票防伪措施的采用及全国统一发票监制章，由国家税务总局确定。

企业发票管理，包括对发票的领购、填开、取得和保管等全过程的监控。发票是税收管理的重要原始凭证之一，国家对发票管理历来有十分严格的规定，并专门颁布了《中华人民共和国发票管理办法》。

（二）发票的种类

1. 增值税专用发票

增值税专用发票（以下简称“专用发票”）只限于增值税一般纳税人领购使用，增值税小规模纳税人和非增值税纳税人不得领购使用。从行业划分来讲，它是工业、商业企业用于结算销售货物和加工修理修配劳务使用的发票。根据《关于修订〈增值税专用发票使用规定〉的通知》（国税发［2006］156 号），一般纳税人有下列情形之一的，不得领购开具专用发票：

（1）会计核算不健全，不能向税务机关准确提供增值税销项税额、进项税额和应纳税额数据及其他有关增值税税务资料的。

（2）有《税收征管法》规定的税收违法行为，拒不接受税务机关处理的。

（3）有下列行为之一，经税务机关责令限期改正而仍未改正的：①虚开增值税专用发票；②私自印制专用发票；③向税务机关以外的单位和个人取得专用发票；④借用他人专用发票；⑤未按规定开具专用发票；⑥未按规定保管专用发票和专用设备；⑦未按规定申请办理防伪税控系统变更发行；⑧未按规定接受税务机关检查。

（4）销售的货物全部属于免税项目者。

（5）从 1995 年 7 月 1 日起，一般纳税人经营商业零售的烟、酒、食品、服装、鞋帽（不包括劳保专用的部分）、化妆品等消费品不得开具专用发票；一般纳税人生产经营机器、机车、汽车、轮船、锅炉等大型机械电子设备，凡直接销售给使用单位的，不再开具专用发票，而改用普通发票。

2003 年 7 月 1 日起，增值税一般纳税人必须通过防伪税控系统开具专用发票，同时全国统一废止增值税一般纳税人所用的手写版专用发票。

2. 普通发票

普通发票主要由营业税纳税人和增值税小规模纳税人使用，增值税一般纳税人在不能开具专用发票的情况下也可使用普通发票，所不同的是具体种类要按适用范围选择。如普通发票中的商业批发零售发票、加工修理修配发票是由增值税纳税人使用的，而属于结算服务收入、运输收入等的普通发票主要由营业税纳税人使用。普通发票由行业发票和专用发票组成。前者适用于某个行业的经营业务，后者仅适用于某一经营项目，可以说是在行业发票划分的基础上再细分，其作用在于控制一些特定经营项目的税收征管和进行社会经济管理，除此以外，其结算内容在票面设计上也有特殊要求，如广告费用结算发票、出售地下水专用发票、商品房销售发票等。

（1）增值税纳税人使用的普通发票。增值税纳税人使用的普通发票主要有工业企业产品销售统一发票、工业企业材料销售统一发票、工业企业加工产品统一发票、工业加工修理统一发票、商业零售统一发票、商业批发统一发票、农林牧水产品收购统一发票、废旧物资收购发票、机动车专项修理专用发票、电业局电力销售专用发票、自来水公司水销售专用发票、公共事业联合收费处缴费专用发票、临时经营发票等。

（2）营业税纳税人使用的普通发票。营业税纳税人使用的普通发票主要有建筑安装企业统一发票、旅店业统一发票、饮食业统一发票、广告业统一发票、社会服务业统一发票、代理购销业务统一发票、商品房销售专用发票、社会办医疗机构收费统一发票、产权交易专用发票、房屋出租专用发票、全国联运行业统一发票、水陆货运结算发票、临时经营发票等。

（3）货物运输发票。2003 年 10 月，国家税务总局发布《货物运输业营业税征收管理办法》和《运输发票增值税抵扣管理试行办法》。从 2003 年 11 月 1 日起，提供货物运输劳务的纳税人必须经主管地方税务局认定方可开具货物运输业发票。凡未经地方税务局认定的纳税人开具货物运输发票不得作为记账凭证和增值税抵扣凭证。两办法主要内容如下：

①纳税人的认定：

ⅰ. 从事货物运输的承包人、承租人、挂靠人和个体运输户不得认定为自开票纳税人。

ⅱ. 铁路运输（包括中央、地方、工矿及其他单位所属铁路）、管道运输、国际海洋运输业务，装卸搬运以及公路、内河客运业务的纳税人不需要进行自开票纳税人资格认定，不需要报送货物运输业发票清单。

②关于办理税务登记前发生的货物运输劳务征税问题：

ⅰ. 单位和个人在领取营业执照之日起 30 日内向主管地方税务局申请办理税务登记的。对其自领取营业执照之日至取得税务登记证期间提供的货物运输劳务，办理税务登记手续后，主管地方税务局可为其代开货物运输业发票。

ⅱ. 单位和个人领取营业执照超过 30 日未向主管地方税务局申请办理税务登记的，主管地方税务局应按《税收征管法》及其实施细则的规定进行处理，在补办税务登记手续后，对其自领取营业执照之日至取得税务登记证期间提供的货物运输劳务，可为其代开货物运输业发票。

ⅲ. 地方税务局对提供货物运输劳务的单位和个人进行税收管理过程中，凡发现代开票纳税人（包括承包人、承租人、挂靠人以及其他单位和个人）未办理税务登记、符合税务登记条件的，必须依法办理税务登记。

③关于货运发票开具问题：

ⅰ. 代开票纳税人管理的所有单位和个人（包括外商投资企业、特区企业和其他单位、个人）。凡按规定应当征收营业税，在代开货物运输业发票时一律按开票金额 3% 征收营业税，按营业税税款 7% 预征城建税，按营业税税款 3% 征收教育费附加。同时按开票金额 33% 预征所得税，预征的所得税年终时进行清算。但代开票纳税人实行核定征收企业所得税办法的，年终不再进行所得税清算。

在代开票时已征收的属于法律法规规定的减征或者免征的营业税及城市维护建设税、教育费附加、所得税以及高于法律法规规定的城市维护建设税税率的税款，在下一征期退税。具体退税办法按《国家税务总局、中国人民银行、财政部关于现金退税问题的紧急通知》（国税发［2004］47 号）执行。

ⅱ. 提供了货物运输劳务但按规定不需办理工商登记和税务登记的单位和个人，凭单位证明或个人身份证在单位机构所在地或个人车籍地由代开票单位代开货物运输业发票。

④关于税款核定征收问题：

ⅰ. 按照《运输发票增值税抵扣管理试行办法》的规定，对代开票纳税人实行定期定额征收方法。凡核定的营业额低于当地确定的营业税起征点的，不征收营业税；凡核定的营业额高于当地确定的营业税起征点的，代开发票时按规定征收税款。

ⅱ. 单位和个人利用自备车辆偶尔对外提供货物运输劳务的，可不进行定期定额管理，代开票时对其按次征税。

ⅲ. 代开票纳税人实行定期定额征收方法时，为避免在代开票时按票征收发生重复征税，对代开票纳税人可采取以下征收方法：

a. 在代开票时按开具的货物运输业发票上注明的营业税应税收入按规定征收（代征）营业税、所得税及附加。

b. 代开票纳税人采取按月还是按季结算，由省级地方税务局确定。

c. 代开票纳税人在缴纳定额税款时，其在代开票时取得的税收完税凭证上注明的税款大于定额税款的，不再缴纳定额税款；完税凭证上注明的税款小于定额的，则补缴完税凭证上注明的税款与定额税款差额部分。

⑤关于货运发票的抵扣问题：

ⅰ. 增值税一般纳税人外购货物（固定资产除外）和销售应税货物所取得的由自开票纳税人或代开票单位为代开票纳税人开具的货物运输业发票准予抵扣进项税额。

ⅱ. 增值税一般纳税人取得税务机关认定为自开票纳税人的联运单位和物流单位开具的货物运输业发票准予计算抵扣进项税额。准予抵扣的货物运费金额是指自开票纳税人和代开票单位为代开票纳税人开具的货运发票上注明的运费、建设基金和现行规定允许抵扣的其他货物运输费用；装卸费、保险费和其他杂费不予抵扣。货运发票应当分别注明运费和杂费，对未分别注明，而合并注明为运杂费的不予抵扣。

ⅲ. 增值税一般纳税人取得的货物运输业发票，可以在自发票开具日 90 天后的第一个纳税申报期结束以前申报抵扣。

ⅳ. 增值税一般纳税人在 2004 年 3 月 1 日以后取得的货物运输业发票，必须按照《增值税运费发票抵扣清单》的要求填写全部内容，对填写内容不全的不得予以抵扣进项税额。

ⅴ. 增值税一般纳税人取得的联运发票应当逐票填写在《增值税运费发票抵扣清单》的“联运”栏次内。

ⅵ. 增值税一般纳税人取得的内海及近海货物运输发票，可暂填写在《增值税运输发票抵扣清单》内河运输栏内。

3. 专业发票

专业发票是指国有金融、保险企业的存贷、汇兑、转账凭证，保险凭证；国有邮政、电信企业的邮票、邮单、话务、电报收据；国有铁路、民用航空企业和交通部门、国有公路、水上运输企业的客票、货票等。经国家税务总局或者省、市、自治区税务机关批准，专业发票可由政府主管部门自行管理，不套印税务机关的统一发票监制章，也可根据税收征管的需要纳入统一发票管理。

二、发票的管理

（一）发票的领购

统一印制的发票由税务机关设专人统一管理，发票的领购是针对这种发票而言的。非自印发票的单位和个人需使用普通发票时，都要向当地税务机关申请领购由税务机关监督、统一印制的发票，自印发票的单位在申请印制发票时，就已审查确定了发票的使用对象和管理要求，因此不涉及向税务机关申领发票的问题。

1. 领购资格。从事生产经营并依法办理税务登记的单位和个人，在领取税务登记证后，都有资格向主管税务机关申请领购发票。

2. 发票领购簿的领取。申请领购发票的单位和个人先要提出购票申请，并提供经办人身份证明、税务登记证件或者其他有关证明，以及财务印章或发票专用章的印章，然后由主管税务机关进行审核，对审核无误的发给“发票领购簿”。用票单位和个人可以按照发票领购簿核准的种类、数量以及购票方式，向主管税务机关领购发票。

发票领购簿的内容主要包括用票单位或个人的名称，所属行业，经济类型，发票的名称、种类、准购数量，购票方式，领购日期，起止号码，违章记录，领购人签字（盖章）、核发税务机关（盖章）等。

3. 临时使用发票的规定。从事临时经营的单位和个人、外来工商业户及没有办理税务登记的纳税人，需要临时使用发票时，可以直接向经营地主管税务机关申请办理。临时经营发票一般直接由主管税务机关填开。用票单位和个人申请填开发票时，要提供发生购销业务、提供或接受服务及其他经营活动的书面证明。对税法规定应当缴纳税款的，用票单位和个人还应在开具发票的同时，主动履行纳税义务。

4. 临时跨省经营发票的领购。临时到本省、自治区、直辖市以外从事经营活动的单位或个人，可以凭所在地税务机关的证明，向经营地税务机关申请领购经营地的普通发票。经营地税务机关可以要求其提供保证人或者交纳保证金。公民、法人或其他经营组织有担保能力的，都可以做保证人，但国家机关不能做保证人。保证人要填写担保书，写明担保对象、范围、期限和责任及其他有关事项。

临时经营者在经营地如果找不到保证人，经营地税务机关将要求其根据所领购发票的票面限额及数量交纳不超过1万元的保证金，并限期缴销发票。按期缴销发票的，解除保证人的担保义务或者退还保证金；未按期缴销发票的，由保证人或者以保证金承担法律责任。

5. 临时跨市、县经营发票的领购。临时在本省、自治区、直辖市以内跨市、县从事经营活动领购发票的办法，由省、自治区、直辖市税务机关规定。纳税人不得自行或委托印制发票，也不得向别的单位和个人购买或者借用发票。

（二） 发票开具的管理规定

1. 开具发票的一般性规定

（1）纳税人的发票只限于领购单位和个人自己填用，不得出售、转借、转让、代开。向消费者个人零售小额商品，也可以不开发票，如果消费者索要发票则不得拒开。未经税务机关批准，不得拆本使用发票。

（2）开具发票要按照规定的时限、顺序、逐栏、全部联次一次性如实开具，并加盖单位财务印章或发票专用章。

（3）填开发票的单位和个人必须在发生经营业务确认营业收入时开具发票，未发生经营业务一律不准开具发票。发票只能在工商行政管理部门发放的营业执照上核准的经营业务范围内填开，不得自行扩大发票使用范围。填开发票时，不得按照付款方的要求变更品名和金额等。

（4）开具发票应当使用中文。民族自治地方可以同时使用当地通用的一种民族文字，外商投资企业可以同时使用一种外国文字。

2. 开具发票的特殊性规定

（1）用票单位和个人在整本发票使用前，要认真检查有无缺页、错号、发票联有无发票监制章或印刷不清楚等现象，如发现问题应及时报税务机关处理，不得使用。整本发票开始使用后，应做到按号码顺序填写，填写项目齐全，内容真实，字迹清楚，填开的发票不得涂改、挖补、撕毁。如发生错开，应将发票各联完整保留，书写或加盖“作废”字样。

（2）开具发票后，发生销货退回的，在收回原发票并注明“作废”字样，或取得对方有效证明后，可以填开红字发票；发生销售折让的，在收回原发票并注明“作废”字样后，重新开具销售发票。

（3）使用计算机开具发票，须经主管税务机关批准，并使用税务机关统一监制的机外发票，开具后的存根联要按照顺序号装订成册。

3. 跨地区使用发票及发票流动的规定

（1）发票限于领购单位和个人在本省、自治区、直辖市内开具，省级税务机关可以规定跨市、县开具发票的办法。

（2）根据税收管理需要，需跨省、自治区、直辖市开具发票的，由国家税务总局确定。省级毗邻市县之间是否允许跨省、自治区、直辖市开具发票，由有关省级税务机关确定。

（3）未经税务机关批准，任何单位和个人不得跨市、县行政区域携带、邮寄、运输空白发票。

（4）禁止携带、邮寄或者运输空白发票入境。

（三）发票的保管制度

1. 专人保管制度。视具体条件全面实行发票的集中专人保管管理制度。一切用票单位和个人均应按实际需要，设置专职发票管理员，建立严格的发票领发制度并明确其工作职责，建立和实施严格的岗位责任考核制度，并且做到定期检查。

2. 专库保管制度。有专门的发票存放设施，确保发票的安全。各用票单位应严格按照规定配备必要的防盗、防火、防霉烂毁损、防潮、防虫蛀等损害和丢失等安全措施。用票单位和个人也要配备专柜，并分门别类、按顺序号码堆放，要有利于存取和盘查。

3. 专账登记制度。建立发票使用登记制度，设置发票登记簿，并定期向主管税务机关报告发票使用情况。对所有集中保管的发票登记入账，反映发票领、用、存数量情况，并由购（领）人员签章，做到手续齐全、责任清晰。

4. 保管交接制度。发票保管人员调动工作岗位或因故离职时，均须将本人所管发票及发票领发登记簿，在规定的期限内与接替人员办理交接手续，并由有关人员实施监交，交接手续不清不得离职。在发生移交时，均应填制移交清册，由接替人员逐项核对、清点验收。对库存发票应根据发票领发登记簿结存数进行交接。实际库存数与登记结余数必须一致。不一致时，移交人员应限期清查。交接完毕后，由交接双方和监交人在移交清册上签名或盖章。用票单位和个人已使用过的发票存根，在保管期限内，任何单位和个人都不得私自销毁。

5. 定期盘点制度。各级税务机关及用票单位和个人，一般在每月底对库存未用的发票进行一次清点，以检查是否账实相符。县（市）级税务机关至少每半年对辖区内各基层税务机关及用票单位库存发票情况进行一次账实稽核工作。若有不符，应查明原因，及时做出处理。

6. 发票的缴销和销毁制度。发票缴销是指用票单位和个人按照规定向税务机关上缴已使用或者未使用的发票；发票销毁是指由税务机关统一将自己或纳税人已使用或者未使用的发票进行销毁。用票单位和个人已使用的发票存根保管期满后，可向主管税务机关申请缴销。当纳税人在办理变更或注销税务登记时，应同时办理发票的变更、缴销手续。用票单位和个人使用过的发票存根和发票登记簿，应保存5年，不得擅自销毁。期满后，也须报经税务机关检验后方可销毁。对涉及重大税务案件和经济案件的发票存根等，可作专门保管，适当延长保管期，暂不销毁。

纳税人发生转业、改组、分设、合并、联营、迁移、破产、歇业以及改变主管税务机关的情况，在办理变更或注销税务登记的同时，要办理发票和发票领购簿的变更、缴销手续。对原领购未用的发票要进行清理，报主管税务机关缴销或更换，不得自行处理。

实行发票领购“验旧换新”制度的纳税人，其发票的缴销与领用是相衔接的，即领购新发票时，要向税务机关缴销已经填用完毕的发票存根。

三、增值税专用发票的管理

（一）增值税专用发票领购的使用范围

增值税专用发票（以下简称“专用发票”）只限于增值税的一般纳税人领购使用，增值税的小规模纳税人和非增值税纳税人不得领购使用。

一般纳税人有下列情形之一者，不得领购使用专用发票：

1. 会计核算不健全，即不能按会计制度和税务机关的要求准确核算增值税的销项税额、进项税额和应纳税额者。

2. 不能向税务机关准确提供增值税销项税额、进项税额、应纳税额数据及其他有关增值税资料者。

3. 有以下行为，经税务机关责令其限期改正而仍未改正者：

（1）私自印制专用发票；

（2）向个人或税务机关以外的单位购买专用发票；

（3）借用他人专用发票；

（4）向他人提供专用发票；

（5）未按规定开具专用发票；

（6）未按规定保管专用发票；

（7）未按规定申报专用发票的购、用、存情况；

（8）未按规定接受税务机关的检查。

4. 销售的货物全部属于免税项目者。

有上列情形的一般纳税人如已领购、使用专用发票，税务机关应收缴其结存的专用发票。另外，国家税务总局还规定，纳税人当月购买专用发票而未申报纳税的，税务机关不得向其发售专用发票。

（二）增值税专用发票开具的管理规定

1. 增值税专用发票开具的范围规定

（1）一般纳税人销售货物或者提供应税劳务，应向购买方开具专用发票。

（2）商业企业一般纳税人零售的烟、酒、食品、服装、鞋帽（不包括劳保专用部分）、化妆品等消费品不得开具专用发票。

（3）小规模纳税人需要开具专用发票的，可向主管税务机关申请代开。

（4）销售免税货物不得开具专用发票，法律、法规及国家税务总局另有规定的除外。

一般纳税人销售货物（包括视同销售货物在内）、应税劳务，根据规定应当征收增值税的非应税劳务（以下简称销售应税项目），必须向购买方开具专用发票。出现下列情形的不得开具专用发票：

（1）向消费者销售应税项目。

（2）销售免税项目。增值税一般纳税人销售免税货物，一律不得开具专用发票（国有粮食购销免税粮食除外）。如违反规定开具专用发票的，对其所开具的销售额依据增值税适用税率全额征收增值税，不得抵扣进项税额，并按照《发票管理方法》及其实施细则的有关规定予以处罚。

（3）销售报关出口的货物、在境外销售应税劳务。

（4）将货物用于非应税项目。

（5）提供非应税劳务（应当征收增值税的除外）、转让无形资产或销售不动产。

向小规模纳税人销售应税项目，可以不开具专用发票。

另外，国家税务总局还规定，自 1995 年 7 月 1 日起，对商业零售的烟、酒、食品、服装、鞋帽（不包括劳保专用的部分）、化妆品等消费品不得开具专用发票。对生产经营机器、机车、汽车、轮船、锅炉等大型机械、电子设备的工商企业，凡直接销售给使用单位的，应开具普通发票；如购货方索取增值税专用发票，销货方可为其开具。

2. 增值税专用发票开具要求

增值税专用发票必须按下列要求开具：

（1）字迹清楚。

（2）不得涂改。如填写有误，应另行开具专用发票，并在误填的专用发票上注明“误填作废”四字。如专用发票开具后因购货方不索取而废票的，也应按填写有误办理。

（3）项目填写齐全。

（4）票、物相符，且票面金额与实际收取的金额相符。

（5）各项目内容正确无误。

（6）全部联次一次填开，上、下联的内容和金额一致。

（7）发票联和抵扣联加盖财务专用章或发票专用章。

（8）按照规定的时限开具专用发票。

（9）不得开具伪造的专用发票。

（10）不得拆本使用专用发票。

（11）不得开具票样与国家税务总局统一制定的票样不相符合的专用发票。

开具的专用发票有不符合上述要求者，不得作为扣税凭证，购买方有权拒收。

另外，国家税务总局还规定，自 1995 年 11 月 1 日起，税务机关在发售增值税专用发票时（电脑专用发票除外），必须监督纳税人在增值税专用发票一至四联（即存根联、发票联、抵扣联、记账联）的有关栏目中加盖专用发票销货单位戳记（使用蓝色印泥），经检验无误后方可将专用发票交付纳税人使用。对于目前纳税人库存未用的专用发票，税务机关应督促其按规定加盖专用发票销货单位栏戳记。专用发票销货单位栏戳记是指根据专用发票“销货单位”栏的内容（包括销货单位名称、税务登记号、地址、电话号码、开户银行及账号等）和格式刻制的专用印章，用于加盖在专用发票“销货单位”栏内。

纳税人开具专用发票不得手工填写“销货单位”栏，凡手工填写“销货单位”栏的，属于未按规定开具专用发票，购货方不得作为扣税凭证。

3. 增值税专用发票开具的时间要求

有关增值税专用发票开具时间的规定如下：

（1）采用预收账款、托收承付、委托银行收款结算方式的，为货物发出的当天。

（2）采用交款提货结算方式的，为收到货款的当天。

（3）采用赊销、分期付款结算方式的，为合同约定的收款日期的当天。

（4）将货物交付他人代销，为收到受托人送交的代销清单的当天。

（5）设有两个以上机构并实行统一核算的纳税人，将货物从一个机构移送其他机构用于销售，按规定应当征收增值税的，为货物移送的当天。

（6）将货物作为投资提供给其他单位或个体经营者，为货物移送的当天。

（7）将货物分配给股东，为货物移送的当天。

（8）期货交易专用发票的开具。自 2005 年 12 月 1 日起，期货交易增值税专用发票的开具按以下规定执行：

①增值税一般纳税人在商品交易所通过期货交易销售货物的，无论发生升水或贴水，均可按照标准仓库持有凭证所注明货物的数量和交割结算价开具增值税专用发票。

②对于期货交易中仓单注册货物发生升水的，该仓单注销（即提取货物退出期货流通）时，注册人应当就升水部分款项向注销人开具增值税专用发票，同时提取销项税额，注销人凭取得的专用发票调减进项税额，不得由仓单注销人向仓单注册人开具增值税专用发票。注册人开具负数专用发票时，应当取得商品交易所开具的“标准仓单注册升贴水单”或“标准仓单注销升贴水单”，按照所注明的升贴水金额向注销人开具，并将升贴水单留存，以备主管税务机关检查。

所谓升水是指按照规定的期货交易规则，所注册货物的等级、重量、类别、仓库位置等相比基准品、基准仓库为优的，交易所通过升贴水账户支付给货物注册方的一定差价金额。发生升水时，经多次交易后，标准仓单持有人提取货物注销仓单时，交易所需通过升贴水账户向注销人收取与升水额相等的金额。所谓贴水是指按照规定的期货交易规则，所注册货物的等级、重量、类别、仓库位置等相比基准品、基准仓库为劣的，交易所通过升贴水账户向货物注册方收取的一定差价金额。发生贴水时，经多次交易后，标准仓单持有人提取货物注销仓单时，交易所通过升贴水账户向注销人支付与贴水额相等的金额。

4. 使用电脑开具增值税专用发票的规定要求

使用电脑开具增值税专用发票必须报经主管税务机关批准，并使用由税务机关监制的电脑增值税专用发票。符合下列条件的一般纳税人，可以向主管税务机关申请使用电脑开具专用发票：

（1）有专业电脑技术人员、操作人员。

（2）具备通过电脑开具专用发票和按月列印进货、销货及库存清单的能力。

（3）国家税务总局直属分局规定的其他条件。

申请使用电脑开具专用发票，必须向主管税务机关提供申请报告及以下资料：

（1）按照增值税专用发票（机外发票）格式用电脑制作的模拟样张。

（2）根据会计操作程序用电脑制作的最近月份的进货、销货及库存清单。

（3）电脑设备的配置情况。

（4）有关专业电子计算机技术人员、操作人员的情况。

（5）国家税务总局直属分局要求提供的其他资料。

（三）增值税专用发票的进项税额抵扣

凡不符合规定的增值税专用发票，不得抵扣进项税额。除购进免税农产品和自营进口货物外，购进应税项目有下列情况之一者，不得抵扣进项税额：

（1）未按规定取得增值税专用发票。

（2）未按规定保管增值税专用发票（如遗失等）。

（3）销售方开具的专用发票不符合增值税专用发票开具要求。

有上述所列三项情形之一者，如其购进应税项目的进项税额已经抵扣，应从税务机关发现其有上述情形的当期的进项税额中扣减。

（四）发生退货或销售折让时的增值税专用发票处理规定

1. 增值税一般纳税人开具增值税专用发票（以下简称专用发票）后，发生销货退回、销售折让以及开票有误等情况需要开具红字专用发票时，视不同情况分别按以下办法处理：

（1）因专用发票抵扣联、发票联均无法认证的，由购买方填写“开具红字增值税发票申请单”（以下简称申请单），并在申请单上填写具体原因及相对应的蓝字专用发票的信息，主管税务机关审核后出具“开具红字增值税发票通知单”（以下简称通知单）。购买方不作进项税额转出处理。

（2）购买方所购货物不属于增值税扣税项目范围，取得的专用发票未经认证的，由购买方填报申请单，并在申请单上填写具体原因以及相对应的蓝字专用发票的信息，主管税务机关审核后出具通知单。购买方不作进项税额转出处理。

（3）因开票有误，购买方拒收专用发票的，销售方须在专用发票认证期限内向主管税务机关填报申请单，并在申请单上填写具体原因以及相对应的蓝字专用发票的信息，主管税务机关审核后出具通知单。销售方凭通知单开具红字专用发票。

（4）因开票有误等原因尚未将专用发票交付给购买方的，销售方须在开具有误专用发票的次月内向主管税务机关填报申请单，并在申请单上填写具体原因以及相对应的蓝字专用发票的信息，同时提供由销售方开具的已写明具体理由、错误具体项目以及正确内容的书面材料，主管税务机关审核后出具通知单。销售方凭通知单开具红字专用发票。

（5）发生销售退回或销售折让的，除按照《国家税务总局关于修订〈增值税专用发票使用规定〉的通知》（国税发［2006］156 号）的规定进行处理外，销售方还应在开具红字专用发票后将该笔业务的相应记账凭证复印件报送主管税务机关备案。

2. 税务机关为小规模纳税人代开专用发票需要开具红字专用发票的，比照一般纳税人开具红字专用发票的处理办法，通知单第二联交代开税务机关。

3. 为实现对通知单的监控管理，国家税务总局正在开发通知单开具和管理系统。在系统推广应用之前，通知单暂由一般纳税人留存备查，税务机关不进行核销。红字专用发票暂不报送税务机关认证。

4. 对2006年开具的专用发票，在2007年4月30日前可按照原规定开具红字专用发票。

【案例5-3】退货后“发票对开”图省事，如此处理合法吗？

A公司系增值税一般纳税人，主要从事服装批发及零售业务。2009年7月底，该公司从B公司购入时装一批，价值人民币10万元（不含税）。8月初，A公司发现该批服装存在质量问题，遂与B公司商议退货，B公司同意退货。但此时因随货送达的增值税专用发票A公司已经于上月底作了账务处理，原增值税发票无法退还给B公司。为了方便起见，A公司随即给B公司开了一张等额的增值税专用发票，即采取发票对开的简单办法解决了这批服装“销货退回”的问题。

随后，A公司所在地国税机关在对A公司的专项税务检查中发现了这一问题。A公司对此的解释是：由于当时退货时对方要求必须立即退还该批货物的增值税发票，因时间太紧，来不及到税务部门开具进货退回证明单，图省事就采取了简单的办法。而且，“销货退回”等效于我公司把这批存在质量问题的货又“卖”给了原销货方，并未造成税款流失，同时也不存在偷漏税款的意图。况且，我国现行税法并未对“销货退回”不能作“视同销售”处理作出明确限制，按司法界定，法律不禁止即视为不违法。

税务部门对A公司的问题进行研讨时存在三种不同看法：第一种意见认为，A公司的行为属于虚开增值税发票的行为，因为该发票并没有真实的货物交易存在，也没有资金流转，应当按规定予以处罚。第二种意见认为，A公司的行为属于合情不合法，虽然现行税法并没有对销售商品的流向做出明确而具体的规定，将“销货退回”视为特定的商品销售流向也未尝不可，但税法对“销售退回”的处理作了明确规定，A公司的处理方法明显不符合相关规定，所以，应当按照不按规定开具系统增值税发票的有关规定条款处罚。第三种意见认为，A公司的答辩既合情又合法，将“销货退回”的实质看做是对销货方的一种重新销售，货款以抵账的方式处理，没有任何违法之处。经过反复研究和讨论，税务机关采纳了第三种意见，决定不对A公司作出税务处罚。

（五）防伪税控系统增值税专用发票的管理

1. 税务机关专用发票管理部门在运用防伪税控发售系统进行发票入库或向纳税人发售专用发票时，要认真录入发票代码、号码，并与纸质专用发票仔细进行核对，确保发票代码、号码的电子信息与纸质发票的代码、号码完全一致。

2. 纳税人在运用防伪税控系统开具专用发票时，应认真检查系统中的电子发票代码、号码与纸质发票是否一致。如发现税务机关错填电子发票代码、号码的，应持纸质专用发票和税控IC卡到税务机关办理退回手续。

3. 对税务机关错误录入代码或号码后又被纳税人开具的专用发票，按以下办法处理：

①纳税人当月发现上述问题的，应按照专用发票使用管理的有关规定，将纸质专用发票

和防伪税控开票系统中的专用发票电子信息同时作废，并及时报主管税务机关。纳税人在以后月份发现的，应按有关规定开具负数专用发票。

②主管税务机关按照有关规定追究有关人员责任，同时将有关情况，如发生原因、主管税务机关名称、编号、纳税人名称、纳税人识别号、发票代码号码（包括错误的和正确的）、发生时间、责任人以及处理意见或请求等，逐级上报至总局。

③对涉及发票数量多、影响面较大的，总局将按规定程序对“全国作废发票数据库”进行修正。

4. 在未收回专用发票抵扣联及发票联，或虽已收回专用发票抵扣联及发票联，但购货方已将专用发票抵扣联报送税务机关认证的情况下，销货方一律不得作废已开具的专用发票。

5. 从2003年7月开始，总局对各地增值税专用发票计算机稽核系统因操作失误而形成的“属于作废发票”进行考核，按月公布考核结果。对问题严重的地区则组织力量进行抽查并通报批评。

【案例5-4】防伪税控企业增值税专用发票丢失的处理

A公司收到与其有业务往来的B公司邮寄的增值税发票两份，发现其中一份抵扣联丢失，另一份认证联丢失，A公司应该如何处理?

防伪税控企业增值税专用发票丢失的处理如下：

一般纳税人丢失防伪税控系统开具的增值税专用发票，如果该发票丢失前已通过防伪税控系统的认证，购货单位可凭销货单位出具的丢失发票的记账联复印件及销货方所在地主管税务机关出具的“增值税一般纳税人丢失防伪税控系统开具增值税专用发票已抄报税证明单”经购货单位主管税务机关审核批准后，作为增值税进项税额抵扣的合法凭证抵扣进项税额。

一般纳税人丢失防伪税控系统开具的增值税专用发票，如果该发票丢失前未通过防伪税控系统的认证，购货单位可凭销货单位出具的丢失发票的记账联复印件到主管税务机关进行认证，认证通过后凭该发票复印件及销货方所在地主管税务机关出具的“增值税一般纳税人丢失防伪税控系统开具增值税专用发票已抄报税证明单”经购货单位主管税务机关审核批准后，作为增值税进项税额抵扣的合法凭证抵扣进项税额。

（六）代开增值税专用发票的管理

1. 自2004年6月1日起，代开发票的税务机关（以下简称“代开机关”）将当月所代开发票逐票填写“代开发票开具清单”（以下简称“开具清单”），7月份申报期起同时利用代开票汇总采集软件形成“开具清单”电子文档。

2. 自2004年6月份申报期起，增值税一般纳税人（以下简称“纳税人”）使用代开发票抵扣进项税额的，逐票填写“代开发票开具清单”，在进行增值税纳税申报时随同纳税申报表一并报送。在6月份申报时纳税人只报送“抵扣清单”纸质材料。从7月份申报期开始，纳税人除报送“抵扣清单”纸质材料外，还需同时报送载有“抵扣清单”电子数据的软盘（或其他存储介质）。未单独报送或未按照规定要求填写“抵扣清单”纸质材料及电子数据的，不得抵扣进项税额。

3. 自2004年7月份起，各地于每月20日前将当月采集的“开具清单”、“开具清单”电子数据以ZIP文件形式通过FTP上报总局，总局使用货运发票上传的FTP服务器。各级税务机关检查、汇总上传方法及流程。

4. “开具清单”和“抵扣清单”信息采集软件及数据检查、汇总软件由国家税务总局统一开发，税务机关和纳税人免费使用。如果纳税人无使用信息采集软件的条件，可委托税务代理等中介机构代为采集。

5. 纳税人当期未使用代开发票抵扣进项税额的可不向主管税务机关报送“抵扣清单”。

（七）下放增值税专用发票最高开票限额审批权限

1. 自 2007 年 9 月 1 日起，原省、市税务机关的增值税一般纳税人专用发票最高票限额审批权下放至区、县税务机关。地市税务机关负责监督检查。

2. 区、县税务机关对纳税人申请的专用发票最高开票限额严格审查，根据企业生产经营和产品销售的实际情况进行审批，既要控制发票数量以利于加强管理，又要保证纳税人生产经营的正常需要。

3. 区、县税务机关结合本地实际情况，从加强发票管理和方便纳税人的要求出发，采取有效措施，合理简化程序，办理专用发票管理最高限额审批手续。

4. 专用发票最高开票限额审批权限下放和手续简化后，各地税务机关严格按照“以票控税、网络比对、税源监控、综合管理”的要求落实各项管理措施，通过纳税申报“一窗式”管理、发票交叉稽核、异常发票检查以及纳税评估等日常管理手段，切实加强征管，做好增值税管理工作。

（八）关于增值税纳税人放弃免税权的问题

1. 自 2007 年 10 月 1 日起，生产和销售免征增值税货物或劳务的纳税人要求放弃免税权，应当以书面形式提交放弃免税权声明，报主管税务机关备案。纳税人自提交备案资料的次月起，按照现行有关规定计算缴纳增值税。

2. 放弃免税权的纳税人符合一般纳税人认定条件，尚未认定为增值税一般纳税人的，应当按现行规定认定为一般增值税纳税人，其销售的货物或劳务可开具增值税专用发票。

3. 纳税人一经放弃免税权，其生产和销售的全部增值税应税货物或劳务均应按照适用税率征税，不得选择某一免税项目放弃免税权，也不得根据不同的销售对象选择部分货物或劳务放弃免税权。

4. 纳税人自税务机关受理纳税人放弃免税权声明的次月起 12 个月内不得申请免税。

5. 纳税人在免税期内购进用于免税项目的货物或者应税劳务所取得的增值税扣税凭证，一律不得抵扣。

（九）增值税专用发票违规使用的处理

1. 关于盗窃、丢失增值税专用发票的处理

（1）纳税人必须严格按照《增值税专用发票使用规定》保管、使用专用发票，对违反规定的发生被盗、丢失专用发票的纳税人，按照《税收征管法》和《发票管理办法》规定，处 1 万元以下的罚款。并可视具体情况，对丢失专用发票的纳税人，在一定期限内（最长不超过半年）停止其领购专用发票。对纳税人申报遗失的专用发票，如发现非法代开、虚开问题的，该纳税人应承担偷、骗税的连带责任。

（2）纳税人丢失专用发票后，必须按规定程序向当地主管税务机关、公安机关报失。各地税务机关在对丢失专用发票的纳税人按规定进行处罚的同时，代收取“挂失登报费”，并将丢失专用发票的纳税人名称、发票份数、字轨号码、盖章与否等情况，统一传（寄）给中国税务报社以刊登“遗失声明”。传（寄）给中国税务报社刊登的“遗失声明”，必须经县（市）国家税务机关审核盖章、签署意见。

2. 关于代开、虚开增值税专用发票的处理

代开发票是指为与自己没有发生直接购销关系的他人开具发票的行为；虚开发票是指在没有任何购销事实的前提下，为他人、为自己或让他人为自己或介绍他人开具发票的行为。代开、虚开发票的行为都是严重的违法行为。对代开、虚开专用发票的，一律按票面所列货物的适用税率全额征补税款，并按《税收征管法》的规定按偷税给予处罚。纳税人取得的代开、虚开的增值税专用发票，不得作为增值税合法抵扣凭证抵扣进项税额。代开、虚开发票构成犯罪的，按全国人大常委会发布的《关于惩治虚开、伪造和非法出售增值税专用发票犯罪的决定》处以刑罚。

3. 纳税人善意取得虚开的增值税专用发票的处理

依据《国家税务总局关于纳税人善意取得虚开的增值税专用发票处理问题的通知》（国税发［2000］187号）规定：

（1）购货方与销售方存在真实的交易，销售方使用的是其所在省（自治区、直辖市和计划单列市）的专用发票，专用发票注明的销售方名称、印章、货物数量、金额及税额等全部内容与实际相符，且没有证据表明购货方知道销售方提供的专用发票是以非法手段获得的，对购货方不以偷税或者骗取出口退税论处。但应按有关规定不予抵扣进项税额或者不予出口退税；购货方已经抵扣的进项税额或者取得的出口退税，应依法追缴。

（2）购货方能够重新从销售方取得防伪税控系统开出的合法、有效专用发票，或者取得手工开出的合法、有效专用发票且取得了销售方所在地的税务机关依法准予的抵扣进项税款或者出口退税。

（3）如有证据表明购货方在进项税额得到抵扣或者获得出口退税前知道该专用发票是销售方以非法手段获得的，对购货方应按照《国家税务总局关于纳税人取得虚开的增值税专用发票处理问题的通知》（国税发［1997］134号）和《国家税务总局〈关于纳税人取得虚开的增值税专用发票处理问题的通知〉的补充通知》（国税发［2000］182号）的规定处理。

（4）依据国税发［2000］182号文件规定，有下列情形之一的，无论购货方是否进行了实际的交易，增值税专用发票所注明的数量、金额与实际交易是否相符，购货方向税务机关申请抵扣进项税额或者出口退税时，对其均应按偷税或者骗取出口退税处理：

①购货方取得的增值税专用发票所注明的销售方名称、印章与其实际交易的销售方不符的。

②购货方取得的增值税专用发票为销售方所在省（自治区、直辖市和计划单列市）以外地区的。

③其他有证据表明购货方明知取得的增值税专用发票是销售方以非法手段获得的。

【案例5－5】虚开增值税专用发票违规受罚

贵阳某铝材厂在没有货物交易的情况下，从2005年5月开始，从贵阳某废旧物资收购站取得大量废旧物资发票用于抵扣税款，然后大肆对外虚开增值税专用发票。至案发止，该铝材厂在没有货物交易的情况下取得废旧物资发票81份，骗取抵扣增值税进项税额124万元。同时为18家企业虚开增值税专用发票168份，价税合计1 600万元，给国家造成税款损失230万元。在贵阳某铝材厂虚开增值税专用发票一案中，该公司法人代表以票面金额一定比例向受票方共收取手续费30余万元。

贵阳某铝材厂虚开增值税专用发票一案主犯被贵阳市中级人民法院一审判处无期徒刑，中间人被判处有期徒刑13年。

思考题

1. 比较股份有限公司、有限责任公司、合伙企业和个体工商户之间税负的差异性。
2. 什么是税务登记？
3. 简述普通发票与占用发票的区别及联系。
4. 哪些情况下一般纳税人不得领购和使用增值税专用发票？
5. 增值税专用发票开具有哪些时间要求？

第六章　企业存续阶段的税务管理

第一节　纳税申报的税务管理

纳税申报是纳税人发生纳税义务后，依照税法规定，就有关事项向税务机关提交书面报告的制度。它是纳税人依法履行纳税义务的一项法定手续，也是税务机关办理税款征收业务的法定规程。纳税人无论有无经营收入，是否享受减免税，都应在规定的申报期限内办理纳税申报。

《税收征管法》规定，纳税人必须依照法律、行政法规规定或者税务机关依照法律、行政法规的规定确定的申报期限、申报内容如实办理纳税申报，报送纳税申报表、财务会计报表以及税务机关根据实际需要要求纳税人报送的其他纳税资料。扣缴义务人必须按照法律、行政法规规定或者税务机关按照法律、行政法规的规定确定的申报期限、申报内容如实报送代扣代缴、代收代缴税款报告表以及税务机关根据实际需要要求扣缴义务人报送的其他有关资料。

一、纳税申报对象

《税收征管法》第二十五条规定，纳税申报的对象为纳税人和扣缴义务人。纳税人在纳税期内没有应纳税款的，也应当按照规定办理纳税申报。纳税人享受减税、免税待遇的，在减税、免税期间应当按照规定办理纳税申报。

二、纳税申报内容

纳税申报内容，主要在各税种的纳税申报表和代扣代缴税款报告表中体现，还有的是随纳税申报表附报的财务报表和有关纳税资料中体现。纳税人和扣缴义务人的纳税申报和代扣代缴、代收代缴税款项目，计税依据，扣除项目及标准，适用税率或者单位税额，应退税项目及税额、应减免税项目及税额，应纳税额或者代扣代缴、代收代缴税额，税款所属期限、延期缴纳税款、欠税、滞纳金等。

《税收征管法实施细则》规定：纳税人办理纳税申报时，应当如实填写纳税申报表，并根据不同的情况相应报送下列有关证件、资料：

1. 财务会计报表及其说明资料。
2. 与纳税相关的合同、协议书及凭证。

3. 税控装置的电子报税资料。

4. 外出经营活动税收管理证明和异地完税凭证。

5. 境内或者境外公证机构出具的有关证明文件。

6. 税务机关规定应当报送的其他有关证件、资料。

7. 扣缴义务人办理代扣代缴、代收代缴税款报告时，应当如实填写代扣代缴、代收代缴税款报告表，并报送代扣代缴、代收代缴税款的合法凭证以及税务机关规定的其他有关证件、资料。

纳税申报的注意事项有两个：①纳税人在纳税期内没有应纳税款的，也应当按照规定办理纳税申报；②纳税人享受减税、免税待遇的，在减税、免税期间应当按照规定办理纳税申报。也就是说，纳税人在当期即使没有税款需要缴纳也必须办理纳税申报，否则同样要受到处罚。

三、纳税申报方式

纳税申报方式是指纳税人和扣缴义务人在发生纳税义务和代扣代缴、代收代缴义务后，在其申报期限内，依照税收法律、行政法规的规定到主管税务机关进行申报纳税的形式。《税收征管法》第二十六条规定，纳税人、扣缴义务人可以直接到税务机关办理纳税申报或者报送代扣代缴、代收代缴税款报告表，也可以按照规定采取邮寄、数据电文或者其他方式办理上述申报、报送事项。《税收征管法实施细则》第三十条规定，税务机关应当建立、健全纳税人自行申报纳税制度。经税务机关批准，纳税人、扣缴义务人可以采取邮寄、数据电文方式办理纳税申报或者报送代扣代缴、代收代缴税款报告表。

（一）直接申报

直接申报又叫上门申报，是指纳税人和扣缴义务人在法定的纳税申报期内，由纳税人、扣缴义务人自行计算、自行填开缴款书并向银行缴纳税款，然后到税务机关办理纳税申报或者报送代扣代缴、代收代缴报告表，是一种传统申报方式。其主要方法包括：①在法定的纳税申报期限内，由纳税人自行计算、自行填开缴款书并向银行缴纳税款，然后持纳税申报表、缴款书报查联和有关资料，向税务机关办理申报。②纳税人在银行开设税款账户，按期提前储入当期应纳税款，并在法定的申报纳税期限内向税务机关报送纳税申报表和有关资料，由税务机关通知银行划款入库。③在法定的申报纳税期内，纳税人持纳税申报表和有关资料以及应付税款等额支票，报送税务机关；税务机关集中报缴清单、支票，统一交由国库办理清算。

（二）邮寄申报

《税收征管法实施细则》第三十一条规定：纳税人采取邮寄方式办理纳税申报的，应当使用统一的纳税申报专用信封，并以邮政部门收据作为申报凭证。邮寄申报以寄出的邮戳日期为实际申报日期。邮寄申报是指经税务机关批准的纳税人使用统一规定的纳税申报特快专递专用信封，通过邮政部门办理交寄手续，并向邮政部门索取收据作为申报凭证的方式。

凡实行查账征收方式的纳税人，经主管税务机关批准，可以采用邮寄纳税申报的办法。

邮寄申报的邮件内容包括纳税申报表、财务会计报表以及税务机关要求纳税人报送的其他纳税资料。

（三）数据电文

《税收征管法实施细则》第三十一条规定：纳税人采用电子方式办理纳税申报的，应当按照税务机关规定的期限和要求保存有关资料，并定期报送主管税务机关。根据这一规定，纳税人采用数据电文方式进行纳税申报或者报送代扣代缴、代收代缴报告表的，还应在申报结束后，在规定的时间内，将电子数据的书面材料报送（邮寄）税务机关；或者按税务机关的要求保存，必要时按税务机关的要求出具。

所谓数据电文，是指经税务机关批准的纳税人通过电话语音、电子数据交换和网络传输等形式办理的纳税申报。例如目前纳税人的网上申报，就是数据电文申报方式的一种形式。

（四）简易申报

《税收征管法实施细则》第三十六条规定，实行定期定额缴纳税款的纳税人，可以实行简易申报、简并征期等申报纳税方式。

所谓简易申报，是指对实行定期定额的纳税人在法律、行政法规规定的期限内或税务机关依据法规的规定确定的期限内缴纳税款的，税务机关可以视同申报。简易申报的实现有两种途径：一是纳税人按照税务机关核定的税款按期缴纳入库，以完税凭证代替纳税申报，从而简化纳税人纳税申报的行为；二是纳税人按照税务机关核定的税款和纳税期5个月、半年或1年申报纳税，从而达到便利的目的。办税程序见图6－1。

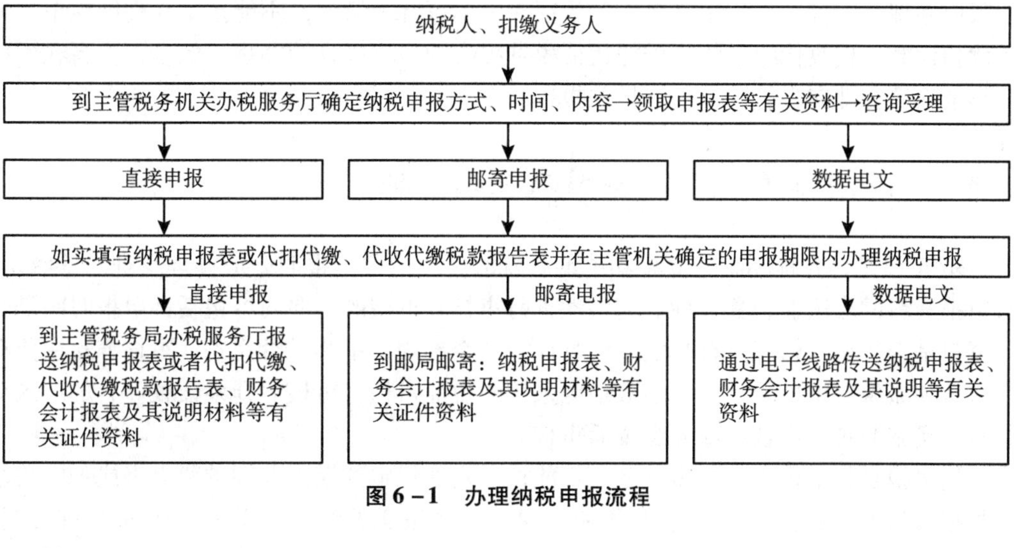

图6－1 办理纳税申报流程

（五）其他方式

这里是指纳税人、扣缴义务人采用直接申报、邮寄申报、数据电文申报以外的方法向税务机关办理纳税申报或者报送代扣代缴、代收代缴报告表。如纳税人、扣缴义务人委托他人代理向税务机关办理纳税申报或者报送代扣代缴、代收代缴报告表等。

四、纳税申报期限

纳税申报期限是指纳税人自纳税期限期满之日起必须到税务机关申报纳税的时间期限。这里的纳税期限是指纳税人应纳税款的结算期限，即纳税人每次要就多长时间内发生的纳税义务向国家缴纳税款。所谓按期申报，有两种情况：

1. 按法律、行政法规规定的期限申报。如《企业所得税暂行条例》第十六条规定：纳税人应当在月份或者季度终了后15日内，向其所在地主管税务机关报送会计报表和预缴所得税申报表；年度终了后45日内，向其所在地主管税务机关报送会计决策表和所得税申报表。

2. 按税务机关依照法律、行政法规的规定确定的期限申报。如增值税的纳税期限分别为1日、3日、5日、10日、15日或者1个月。纳税人的具体纳税期限，由主管税务机关根据纳税人应纳税额的大小分别核定。纳税人以1个月为一期纳税的，自期满之日起5日内预缴税款，于次月1日起10日内申报纳税。

纳税人必须在规定的期限内办理纳税申报，在纳税期内没有应纳税额的，也应当按照规定办理纳税申报；享受减税、免税待遇的，在减税、免税期间同样应当按照规定办理纳税申报。纳税人办理纳税申报的期限最后1日，如遇公休、节假日的，可以顺延。

延期办理纳税申报。纳税人、扣缴义务人、代征人按照规定的期限办理纳税申报或者报送代扣代缴、代收代缴税款报告表、委托代征税款报告表确有困难，需要延期的，应当在规定的申报期限内向主管国家税务机关提出书面延期申请，经主管国家税务机关核准，在核准的期限内办理。纳税人、扣缴义务人、代征人因不可抗力情形，不能按期办理纳税申报或者报送代扣代缴、代收代缴税款或委托代征税款报告的，可以延期办理。但是，应当在不可抗力情形消除后立即向主管国家税务机关报告。

五、纳税申报的受理、审核及延期申报

1996年以来，各地相继建立多功能的办税大厅。纳税申报时，应办理受理、签收手续，并对申报资料的合法性、真实性、完整性进行审核。审核的主要内容包括：申报时间是否及时、资料是否齐全、内容是否真实、税款计算是否准确、手续是否完备。审核方式主要有缴税前审核和缴税后审核。目前大多数地区采用缴税前审核，审核后开票征收。有的地区对某些纳税人实施缴税后审核，即先缴税后审核。

延期申报是指纳税人、扣缴义务人不能按照税法规定的期限办理纳税申报或扣缴税款报告。根据《税收征管法》第二十七条和《税收征管法实施细则》第三十七条的有关规定，纳税人因有特殊情况，不能按期进行纳税申报的，经县以上税务机关核准，可以延期申报。但应当在规定的期限内向税务机关提出书面延期申请，经税务机关核准，在核准的期限内办理。如纳税人、扣缴义务人因不可抗力，不能按期办理纳税申报或者报送代扣代缴、代收代缴税款报告表的，可以延期办理，但应当在不可抗力情形消除后立即向税务机关报告。经核准延期办理纳税申报的，应当在纳税期内按照上期实际缴纳的税额或者税务机关核定的税额预缴税款，并在核准的延期内办理纳税结算。

六、法律责任

纳税人未按规定进行纳税申报的，应承担相应的法律责任。

1. 纳税人未按期进行纳税申报

《税收征管法》第六十二条规定：纳税人未按照规定的期限办理纳税申报和报送纳税资料的，或者扣缴义务人未按照规定的期限向税务机关报送代扣代缴、代收代缴税款报告表和有关资料的，有税务机关责令限期改正，可以处2 000元以下的罚款；情节严重的，可以处2 000元以上1万元以下的罚款。这是一种行为处罚，只要纳税人未按期进行纳税申报，无论是否造成不缴少缴税款的结果，都要给予处罚。

2. 纳税人进行虚假申报，且造成不缴或者少缴应纳税款的后果

纳税人按期进行纳税申报，但申报不实，且造成了不缴或者少缴应纳税款的后果。纳税人的这种行为属偷税，税务机关应根据《税收征管法》第六十三条的规定，由税务机关追缴其不缴或者少缴的税款、滞纳金，并处不缴或者少缴税款50%以上5倍以下的罚款；构成犯罪的，依法追究刑事责任。

3. 纳税人进行虚假申报，但未造成不缴或者少缴应纳税款的后果

对纳税人的这类行为，不能按偷税进行处罚，而应依据《税收征管法》第六十四条的规定，追究其法律责任：纳税人、扣缴义务人编造虚假计税依据的，由税务机关责令限期改正，并处5万元以下的罚款。这是一种行为处罚，纳税人采取了编造计税依据的行为，虚列亏损，多列进项税额，少列销项税额等可能造成以后纳税期不缴或少缴税款，但当期尚未造成不缴或少缴税款的后果，因此，应对其采取定额处罚的措施。

4. 纳税人未按期进行纳税申报，经税务机关通知申报而拒不申报

纳税人办理了税务登记，办理过纳税申报，就应当知道进行纳税申报，应当视为通知申报，在这种情形下，有不申报行为的，可以明确界定为故意行为。

针对纳税人的这一行为，税务机关依据《税收征管法》第三十五条的规定对纳税人核定税额。在此基础上，税务机关应区别纳税人是否造成不缴或少缴应纳税款的后果，依法追究其法律责任。

纳税人经税务机关通知申报而拒不申报，造成不缴或少缴应纳税款的，税务机关应依据《税收征管法》第六十三条的规定，按偷税追究纳税人的法律责任。纳税人经税务机关通知申报而拒不申报，但未造成不缴或少缴应纳税款的，税务机关应依据《税收征管法》第六十二条的规定，按"情节严重"追究纳税人的法律责任。

5. 纳税人不进行纳税申报，不缴或者少缴应纳税款

对纳税人不进行纳税申报，不缴或少缴税款的行为如何处罚，人们的认识存在分歧。有人认为，不进行纳税申报比虚假申报更恶劣，是无视国家税法的行为，应按偷税论处。有人则认为，不进行纳税申报并不都是故意而为，有些是因为纳税人不了解税法，或因特殊原因没有申报，特别是有些纳税人只是在某个纳税期因特殊原因而没有申报，对这些情况应当区别对待，不能全部视为偷税。考虑到我国公民纳税意识和税法宣传的现状，为充分保护纳税人的合法权益，《税收征管法》对这种情况没有认定为偷税，而是从教育与惩戒相结合的原则出发，给予行政处罚。纳税人不进行申报，是指纳税人发生法律、行政法规规定的纳税义务，超过规定的期限为进行纳税申报，补缴或者少缴税款的情形。必须同时具备两点：一是所指的不申报是超过了应纳税期，没有进行纳税申报的行为，没有办理过税务登记，也从没有进行过纳税申报的纳税人也属此列；二是不申报产生不缴、少缴税款的后果。对此，税务机关应依据《税收征管法》第六十四条的规定，追究其法律责任：由税务机关追缴其不缴或者少缴的税款、滞纳金，并处不缴或者少缴的税款的50%以上5倍以下的罚款。税务机关追缴税款、滞纳金可以采取正常的措施，也可以采取强制执行措施。

七、案例分析

【案例6-1】

案情：某政府机关按照税法规定为个人所得税扣缴义务人。该机关认为自己是国家机关，因此，虽经税务机关多次通知，还是未按照税务机关确定的申报期限报送代扣代缴款报告表，被税务机关责令限期改正并处以罚款1 000元。对此，该机关负责人非常不理解，认为自己不是个人所得税的纳税义务人，而是替税务机关代扣税款，只要税款没有少扣，晚几天申报不应受到处罚。

问：税务机关的处罚决定是否正确？为什么？

分析：税务机关的处罚决定是正确的。根据《税收征管法》第二十五条的有关规定，该机关作为扣缴义务人与纳税人一样，也应按照规定期限进行申报。根据《税收征管法》第六十二条规定，因此税务机关作出的处罚是正确的。

【案例6-2】

案情：某县地税局在2001年6月份开展的税务登记清查中，发现李某于上年初领取营业执照开了一家照相馆，至今未向地税局机关申请办理税务登记，也从未申报纳税。

问：地税局对李某应如何处理？

分析：对李某未办理税务登记的行为，根据《税收征管法》第六十条第一款规定，责令限期办理，可处2 000元以下罚款；如情节严重，处2 000元以上10 000元以下罚款；逾期仍不办理的，申请工商行政管理机关吊销其营业执照。

对未申报纳税的行为，根据《税收征管法》第六十四条规定，由税务机关追缴其不缴或者少缴的税款、滞纳金，并处不缴或者少缴的税款50%以上5倍以下的罚款。

第二节 税款缴纳的税务管理

一、税款缴纳

（一）税款缴纳方式

税款缴纳方式是指纳税人应纳税款和扣缴义务人扣收的税款缴入国库的具体方式。国库是负责办理国家预算资金收入和支出的机构，是国家财政收支的保管和出纳机关。纳税人应当按照主管国家税务机关确定的征收方式缴纳税款。税务机关征收的税款都必须及时足额地缴入国库。我国现行的税收缴纳方式有：

1. 自核自缴

生产经营规模较大，财务制度健全，会计核算准确，一贯依法纳税的企业，经主管国家税务机关批准，企业依照税法规定，自行计算应纳税款，自行填写、审核纳税申报表，自行填写税收缴款书，到开户银行解缴应纳税款，并按规定向主管国家税务机关办理纳税申报并报送纳税资料和财务会计报表（见图6－2）。

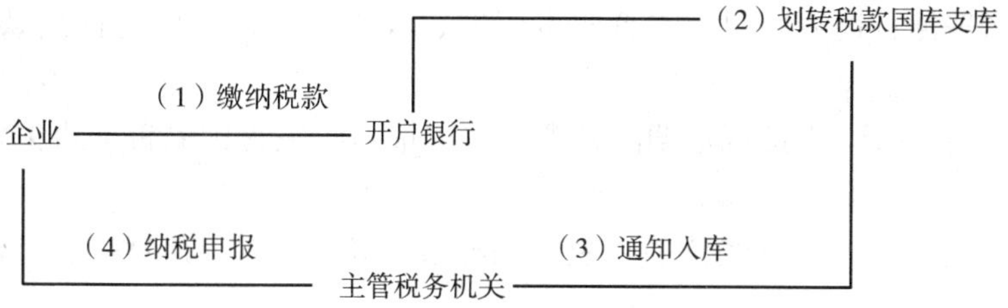

图6－2 自核自缴

2. 申报核缴

生产经营正常，财务制度基本健全，账册、凭证完整，会计核算较准确的企业依照税法规定计算应纳税款，自行填写纳税申报表，按照规定向主管国家税务机关办理纳税申报，并报送纳税资料和财务会计报表。经主管国家税务机关审核，并填开税收缴款书，纳税人按规定期限到开户银行缴纳税款。开户银行缴纳税款（见图6－3）。

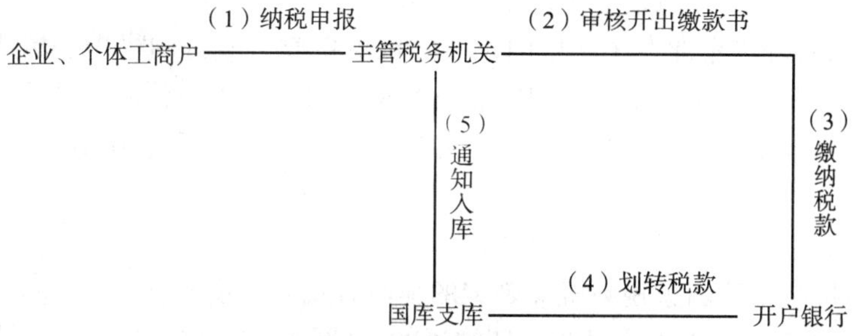

图6－3 申报核缴

3. 申报查定缴纳

即财务制度不够健全、账簿凭证不完备的固定业户，应当如实向主管国家税务机关办理纳税申报并提供其生产能力、原材料、能源消耗情况及生产经营情况等，经主管国家税务机关审查测定或实地查验后，填开税收缴款书或者完税证，纳税人按规定期限到开户银行或税务机关缴纳税款。

4. 定额申报缴纳

生产经营规模较小，确无建账能力或账证不健全，不能提供准确纳税资料的固定业户，按照国家税务机关核定的营业（销售）额和征收率，按规定期限向主管国家税务机关申报缴纳税款。纳税人实际营业（销售）额与核定额相比升降幅度在20%以内的，仍按核定营业（销售）额计算申报缴纳税款；对当期实际营业（销售）额上升幅度超过20%的，按当期实际营业（销售）额计算申报缴纳税款；当期实际营业（销售）额下降幅度超过20%，当期仍按核定营业（销售）额计算申报缴纳税款，经主管国家税务机关调查核实后，其多缴税款可在下期应纳税款中予以抵扣。须调整定额的，向主管国家税务机关申请调升或调降定额。但是，对定额的调整规定不适用实行起点定额或保本定额缴纳税款的个体工商户。

纳税人有下列情形之一的，应当按照主管国家税务机关核定的应纳税款缴纳税款：

（1）经县（市）国家税务机关批准，不设置账簿的。

（2）应当设置但未设置账簿的。

（3）虽设置账簿，但账目混乱或者成本资料、收入凭证、费用凭证残缺不全，难以查核的。

（4）发生纳税义务，未按规定期限办理纳税申报，经主管国家税务机关责令限期申报，逾期仍不申报的。

（5）未取得营业执照从事经营的纳税人和跨县（市）经营的纳税人，逾期未进行纳税清算的。

（6）合资企业的合作者采取产品分成方式分得产品的。

（7）企业取得的收入为非货币资产或者为某项权益的。

（8）应缴税的外国企业常驻代表机构，不能提供准确的证明文件和正确的申报收入额，或者不能提供准确的成本、费用凭证的，应当按主管国家税务机关的审查意见，按照核定的收入额或者费用发生额核算应税收入计算纳税。

（9）外商承包工程作业或对有关工程项目提供劳务服务所取得的业务收入，如不能提供准确的成本、费用凭证，不能正确计算应纳税所得额的，应当按主管国家税务机关核定的利润率计算应纳税所得额并缴纳应纳税款。

（10）企业或者外国企业在中国境内设立的从事生产、经营的机构、场所与其关联企业之间的业务往来，未按照独立企业之间的业务往来收取或者支付价款、费用而减少应纳税额的，应当按照主管国家税务机关合理调整后的应纳税收入或者所得额缴纳税款。

（二）纳税期限

纳税人应当按照主管国家税务机关确定的征收方式缴纳税款。

1. 增值税、消费税等以1个月为一期纳税的，纳税人应自期满后10日内缴纳税款；以1日、3日、5日、10日、15日为一期纳税的，纳税人自期满后5日内预缴税款，于次月1日起10日内申报纳税并结清上月应纳税款。

2. 企业所得税，按年计算，分月或者分季预缴。纳税人应于月份或者季度终了后15日内预缴，年度终了后内资企业在4个月内汇算清缴，多退少补，外商投资企业和外国企业在5个月内汇算清缴，多退少补。

3. 按照规定无须办理税务登记的纳税人，凡经营应纳税商品、货物的，应于发生纳税义务的当日向经营地主管国家税务机关申报纳税。

4. 其他税种，税法明确规定纳税期限的，按税法规定期限缴纳税款。

5. 税法未明确规定纳税期限的，按主管国家税务机关规定的期限缴纳税款。

二、税款的退还和追征

我国实行纳税人自行申报纳税制度，由纳税人依法自行办理或委托代理人办理税款申报缴纳等事宜，并对申报内容的真实性、税款计算的准确性、申报资料的完整性、申报纳税的及时性等承担法律责任。实际工作中，由于主客观等多方面的原因，纳税人多缴或少缴、不缴税款的现象时有发生，而多缴或少缴、不缴税款都是法律所不允许的，必须予以纠正，即由税务机关退还或追征。

（一）税款的退还

《税收征管法》第五十一条规定：纳税人超过应纳税额缴纳的税款，税务机关发现后应当立即退还；纳税人自结算缴纳税款之日起3年内发现的，可以向税务机关要求退还多缴的税款并加算银行同期存款利息，税务机关及时查实后应当立即退还；涉及从国库中退库的，按照法律、行政法规有关国库管理的规定退还。由此可见，税款退还的前提是纳税人缴纳了超过应纳税额的税款，而退还的时限及方法依发现主体的不同而不同。第一，时限不同。税务机关发现多缴税款，不受时间限制，都应当立即退还。而纳税人发现的，只有在税款结算之日起3年内可以退还，超过3年的不能退还。如某企业因对税法理解有误，于1996年、1997年和1998年连续3年都多缴了300多万元的税款，税务机关一直没有发现，该企业2001年10月发现时已累计多缴了1 000多万元的税款，于是向税务机关提出退还多缴税款的申请。税务机关对申请进行审核后认定，由于该纳税人1996年、1997年的税款结算已超过3年，只能退还其1998年多缴的300多万元的税款。第二，是否给予纳税人补偿是不同的。税务机关发现的，只退还多缴的税款，没有补偿；纳税人发现的，税务机关除退还多缴的税款外，还要给予纳税人加算同期活期存款利息的补偿。

1. 税款退还的具体程序

（1）纳税人在规定期限内向主管国家税务机关领取退税申请表一式三份，填写后报主管税务机关。

（2）主管税务机关对纳税人的退税申请进行审查核实后，报县级以上税务机关审批。

（3）县级税务机关审批后，将退税申请表一份退还给纳税人，一份交给纳税人主管税务机关作为退税凭证的附件，一份由本局主管科（股）留存。

（4）主管税务机关根据上级税务机关审批的退税申请表，填开税收收入退还书，由国库审查办理退库。

2. 税款退还中应注意的事项

（1）利息的加算。如前所述，纳税人发现多缴税款的，在3年结算期内可要求退还并加算银行同期存款利息。《国家税务总局关于贯彻实施〈中华人民共和国税收征收管理法〉有关问题的通知》明确规定，“对纳税人多缴的税款退还时，自2001年5月1日起按照人民银行的同期活期存款的利率计退利息”，即：多缴税款发生在2001年5月1日以前，2001年5月1日以后退还的，从2001年5月1日开始加算银行同期活期存款利息；2001年5月1日以后发生的，从结算税款之日起加算银行同期活期存款利息。计息时间到办理退税手续之日为止。

（2）多缴税款的退还与日常税收管理中的退税不同。对纳税人超过应纳税额缴纳税款的退还，不包括预缴税款的退还、出口退税和政策性税收优惠的先征后退等情形。

（3）纳税人既有应退税款又有欠缴税款时，税务机关应当将应退税款先抵扣欠缴税款，抵扣后还有应退税款的，可以按抵扣后的余额退还，也可以根据纳税人的要求留抵以后纳税期的税款。

（二）税款的追征

《税收征管法》第五十二条规定，因税务机关的责任，致使纳税人、扣缴义务人未缴或者少缴税款的，税务机关在3年内可以要求纳税人、扣缴义务人补缴税款，但是不得加收滞纳金。因纳税人、扣缴义务人计算错误等失误，未缴或者少缴税款的，税务机关在3年内可以追征税款、滞纳金；有特殊情况的，追征期可以延长到5年。对偷税、抗税、骗税的，税务机关追征其未缴或者少缴的税款、滞纳金或者所骗取的税款，不受前款规定期限的限制。即税务机关可以无限期追征。

税款的追征，根据不缴、少缴税款产生的原因及处理方法的不同分为三种情况：

1. 因税务机关责任造成未缴或少缴税款的。由于税务机关适用税收法律、行政法规不当或者税务机关渎职、执法行为违法，造成纳税人、扣缴义务人未缴或少缴税款的，税务机关在3年内可要求纳税人、扣缴义务人补缴税款，但是不得加收滞纳金，也不能处罚。

2. 纳税人、扣缴义务人在非主观故意造成未缴或少缴税款的。对纳税人、扣缴义务人由于计算错误等失误，如逻辑运算错误、非主观故意的计算公式运用错误以及明显的笔误等原因，未缴或少缴税款的，税务机关在3年内可以追征税款，并加收滞纳金；有特殊情况的追征期可以延长到5年。此处的特殊情况，是指未缴、少缴或者未扣、少扣、未收、少收税款数额在10万元以上的。即纳税人、扣缴义务人由于计算失误等造成未缴或少缴、未扣或少扣税款数额在10万元以下的，税务机关可以在3年内追征税款、滞纳金；数额在10万元以上的，在5年内可以追征税款、滞纳金。

3. 纳税人、扣缴义务人故意违法造成不缴、少缴税款的。对偷税、抗税、骗税的，税务机关可以无限期追征其未缴（解缴）或者少缴（解缴）的税款、滞纳金或者所骗取的税款。同时，根据《税收征管法》的规定，在5年内可以进行行政处罚。涉嫌犯罪的，要移交司法机关追究刑事责任，移交时间也是无限期的。

三、延期缴纳税款

纳税人、扣缴义务人按期足额缴纳税款或者解缴税款，是税收强制性、固定性的具体体现，对于保证国家税收收入具有重要意义。纳税人在履行纳税义务过程中可能遇到特殊困难的客观情况，为保护纳税人的合法权益，《税收征管法》及其实施细则规定了延期缴纳税款制度，这是纳税人享有的一项重要权利。

（一）延期缴纳税款的条件

《税收征管法》第三十一条第二款规定，纳税人因有特殊困难，不能按期缴纳税款的，经省、自治区、直辖市国家税务局、地方税务局批准，可以延期缴纳税款，但是最长不得超过3个月。纳税人延期缴纳税款的前提条件是有特殊困难，对于特殊困难，《税收征管法实施细则》第四十一条作了解释，分为两种情况：

1. 受不可抗力影响，纳税人发生较大损失，正常生产经营活动受到较大影响。根据《民法通则》第一百五十三条及《合同法》的规定，“不可抗力”是指不能预见、不能避免并不能克服的客观情况。包括自然现象和社会现象，自然现象如地震、台风、洪水、海啸、火灾、爆炸等自然灾害、意外事故；社会现象如战争、海盗、罢工、政府行为等。《民法通则》第一百零七条规定，因不可抗力不能履行合同或者造成他人损害的，不承担民事责任。可以看出，不可抗力是关于违约责任和侵权责任的一种免责抗辩权，就是一种当事人主张免除责任的法定理由。纳税义务不同于普通的民事责任，不能因此免除，但有上述困难的纳税人，可以申请延期缴纳税款。

2. 当期货币资金在扣除应付职工工资、法定劳动社会保险费用后，不足以缴纳税款的。企业的当期货币资金在扣除应付职工工资、法定劳动社会保险费用后，不足以缴纳税款的，可以延期缴纳税款。当期是指税款所属期和申报纳税期，职工工资是指法律、行政法规规定的应当支付给职工的工资，法定社会保险是指社会保障体系组成部分的社会保险费，而非商业性保险。

（二）延期纳税的管理要求

延期纳税既涉及国家利益又涉及纳税人的合法权益，必须按照税收征管法的规定严格管理。

1. 纳税人确实有特殊困难，不能按照法定期限缴纳税款，应当在缴纳税款期限届满前提出申请，并报送下列材料：申请延期缴纳税款报告，当期货币资金余额情况及所有银行存款账户的对账单，资产负债表，应付职工工资和社会保险费等税务机关要求提供的支出预算。

2. 延期纳税的审批权限在省、自治区、直辖市国家税务局、地方税务局。计划单列市国家税务局、地方税务局可以参照税收征管法规定的批准权限，审批纳税人延期纳税。税务机关应当自收到申请延期缴纳税款报告之日起20日内作出批准或者不批准的决定；不予批准的，从缴纳税款期限届满之日起加收滞纳金。

3. 纳税人经批准延期缴纳税款的，在批准的期限内，不加收滞纳金；延期缴纳期满后未缴纳的，税务机关应当自批准的期限届满次日起，按日加收未缴税款万分之五的滞纳金，并发出催缴税款通知书，责令其在最长不超过15日内的限期内缴纳；逾期仍不缴纳的，依照《税收征管法》第四十条的规定，将应缴未缴的税款连同滞纳金一并强制执行。

（三）延期缴纳税款的手续

1. 申请。延期缴纳税款是帮助纳税人渡过特殊困难的特殊规定，有两种情况：

（1）在某种不可抗力发生的情况下，某一地区或某一类纳税人普遍受到影响，出现特殊困难，都必须延期申报和缴纳的，无须单独申请，而由国家统一规定予以延期，如“非典”期间。

（2）纳税人发生特殊困难不具有普遍性，须单独申请。如某企业发生火灾及资金周转困难的，纳税人应当单独申请，并提供下列资料：申请延期缴纳税款报告、当期货币资金余额情况及所有银行存款账户的对账单、资产负债表、应付职工工资和社会保险费等税务机关要求提供的支出预算。

2. 审批。申请延期缴纳税款应当在缴纳税款期限届满前提出；税务机关对纳税人报送资料及实际情况予以审查；省、自治区、直辖市及计划单列市国家税务局、地方税务局在收到申请报告之日起20日内作出批准或不予批准的决定。

（四）延期缴纳税款的清算

税务机关准予纳税人延期缴纳税款的，不加收滞纳金，延期时间最长不得超过3个月，时间从缴纳税款期限届满的次日开始计算。纳税人应当在税务机关批准的延期时间内缴纳税款，到期如未缴纳，税务机关应加收滞纳金并采取相应的追缴措施。

税务机关未予批准延期的，从缴纳税款期限届满之次日起加收滞纳金，并可以采取相应的措施。

四、滞纳金

（一）滞纳金的性质和计算

《税收征管法》第三十二条规定：纳税人未按照规定期限缴纳税款的，扣缴义务人未按照规定期限解缴税款的，税务机关除责令限期缴纳外，从滞纳税款之日起，按日加收滞纳税款万分之五的滞纳金。

滞纳金是纳税人、扣缴义务人不及时履行纳税义务而产生的连带义务。国家对滞纳税款的纳税人、扣缴义务人征收滞纳金，目的是保证纳税人、扣缴义务人及时履行缴纳或者解缴税款的义务。从经济角度讲，滞纳金是纳税人、扣缴义务人因占用国家税款所做的补偿；从行政角度讲，滞纳金是国家对不及时履行或者解缴税款义务的纳税人、扣缴义务的纳税人、扣缴义务人施加的一种加重给付义务，具有执行罚的性质。执行罚不同于行政处罚，因此，不能将滞纳金作为行政处罚对待。《税收征管法》第八十八条第一款规定：纳税人、扣缴义务人、纳税担保人同税务机关在纳税上发生争议时，必须先按照税务机关的纳税决定缴纳或者解缴税款及滞纳金或者提供相应的担保，然后可以依法申请行政复议；对行政复议决定不服的，可以依法向人民法院起诉。可见，纳税人、扣缴义务人在滞纳金问题上同税务机关发生争议的，不能直接申请税务行政复议或提起税务行政诉讼，而必须先按照税务机关的规定，缴纳滞纳金或者提供相应的担保。

滞纳金的征收比例指滞纳金占滞纳税款的比例，通常按日计算。滞纳金具有经济补偿和行政处罚的双重性质，在税收征管中，保护纳税人、扣缴义务人的合法权益日益受到重视，出于对降低纳税人、扣缴义务人负担的考虑，滞纳金所具有的经济补偿性质日渐突出，征收比例不断降低。

1986年施行的《税收征收管理暂行条例》规定，滞纳税款按日加收5‰的滞纳金。从1993年1月1日开始，原《税收征管法》将滞纳金的征收比例下调为2‰。2001年5月1日起实施的新《税收征管法》将滞纳金的征收比例降为0.5‰，即从滞纳税款之日起，按日加收滞纳税款 0.5‰的滞纳金。

加收滞纳金的起止时间为纳税人、扣缴义务人应缴纳或者解缴税款期限届满的次日起至实际缴纳或者解缴税款当日。滞纳金的计算公式为:

应纳滞纳金 = 应纳税额 × 滞纳天数 × 0.5‰

例如，纳税人发生应纳税款 200 000 元，按规定应该在 2002 年 8 月 10 日前缴纳税款，实际于 2002 年 8 月 15 日将税款缴纳入库，税款的滞纳时间为 5 天，应纳滞纳金 = 200 000 × 5 × 0.0005 = 500（元）。

滞纳金是与税款连带的，如果在确定应纳税款的纳税期限时，遇到了应该顺延的节假日，则从顺延期满的次日起加收滞纳金，但在税款滞纳期间内遇到节假日，不能从滞纳天数扣除节假日天数。

《税收征管法》是从 2001 年 5 月 1 日开始实施的，对滞纳税款在 2001 年 4 月 30 日（含本日）以前发生的，按照每日 2‰的比例征收滞纳金，滞纳时间在 2001 年 5 月 1 日（含本日）以后的，按照每日 0.5‰的比例加收滞纳金。

（二）特殊情况下滞纳金的征收管理

延期缴纳税款的滞纳金。根据《税收征管法》及其《税收征管法实施细则》的规定，纳税人因有特殊困难，不能按期缴纳税款的，经省级国家税务局、地方税务局批准，可以延期缴纳税款，但是最长不得超过 3 个月。

办理延期缴纳税款的滞纳金征收有两种情况：经税务机关批准，准予延期缴纳税款的，在批准的期限内不征收滞纳金，包括纳税人办理手续所占用的时间；经税务机关审核，不予批准的，从应缴纳税款期限届满之日起加收滞纳金。

因税务机关责任造成纳税人少缴税款的，如何加收滞纳金。《税收征管法》第五十二条第一款规定：因税务机关的责任，致使纳税人、扣缴义务人未缴或者少缴税款的，税务机关在 3 年内可以要求纳税人、扣缴义务人补缴税款，但是不得加收滞纳金。《税收征管法实施细则》第八十条对什么是税务机关的责任作了进一步明确：《税收征管法》第五十二条所称税务机关的责任，是指税务机关使用税收法律、行政法规不当或者执法行为违法。

按照《税收征管法》及其《税收征管法实施细则》的规定，因税务机关的责任造成的未缴税款，税务机关虽然在 3 年内可以追征，但是不能加收滞纳金。这与纳税人没有缴纳税款并不属于税款的滞纳；而因税务机关责任，造成纳税人超过纳税期限少缴税款，实际上确实存在税款的滞纳，规定不得向纳税人征收滞纳金是出于公平的原则，体现的是对纳税人权益的保护。

查补税款的滞纳金。税务机关检查出纳税人以前纳税期内应纳未纳税款的，对这部分税款，如何征收滞纳金，首先应明确几个期限的性质。一是按照有关税种的实体法规定，纳税人的应纳税款的纳税期限。这一期限的性质并不因税务检查的进行而发生改变，纳税人超过这一期限没有纳税，就发生了税款滞纳行为。二是税务机关实施检查后在有关处理决定中规定的责令纳税人限期缴纳税款的期限。这一期限是税务机关为使被检查人及时缴纳税款，根据有关法律法规做出的规定，如果被检查人没有在责令限期缴纳的期限内缴纳税款，税务机关可以依法采取税收强制执行措施。三是纳税人滞纳税款的时间。按照被检查人实际滞纳税款的天数计算，即从纳税人应纳税款期限届满的次日起至纳税人实际缴纳税款的当日。例如，税务机关在 2003 年 4 月 10 日对纳税人 2002 年度的纳税情况进行了检查，发现纳税人在2002年6月发生了一笔应纳税业务，应纳税款10 000元，按照有关税收法律法规的规定，这笔税款应该在2002年7月10日前申报缴纳，纳税人直到税务检查结束没有申报纳税，税务机关发出《税务处理决定书》，责令纳税人在2003年4月25日前补缴税款10 000元及滞纳金，纳税人在2003年4月20日补缴了税款。纳税人应补缴的滞纳金（不考虑节假日，每月按30日计算）=10 000×(20+30×8+20)×0.0005=1 400（元）。

五、法律责任

（一）对偷税的处罚

《税收征管法》第六十三条规定：纳税人伪造、变造、隐匿、擅自销毁账簿、记账凭证，或者在账簿上多列支出或者不列、少列收入，或者经税务机关通知申报而拒不申报或者进行虚假的纳税申报，不缴或者少缴应纳税款的，是偷税。对偷税的行政处罚及刑事处罚见表6-1。

表6-1　　对偷税的行政处罚及刑事处罚

纳税人或扣缴义务人发生偷税情况	1万元以下或10%以下	1万~10万元且10%~30%或两次偷税被罚又偷税的	10万元以上且30%以上
行政处罚	追征税款、加收滞纳金，且处偷税额的50%至5倍的罚款	追征税款、加收滞纳金，且处偷税额的50%至5倍的罚款	追征税款、加收滞纳金，且处偷税额的50%至5倍的罚款
刑事处罚		3年以下有期徒刑或拘役，并处偷税额的1~5倍的罚款	3~7年有期徒刑或拘役，并处偷税额的1~5倍的罚款

（二）对逃避追缴欠税的处罚

《税收征管法》第六十五条规定：纳税人欠缴应纳税款，采取转移或者隐匿财产的手段，妨碍税务机关追缴欠缴税款的，属于逃避追缴欠税的行为，对逃避追缴欠税的行政处罚及刑事处罚见表6-2。

表6-2　　对逃避追缴欠税的行政处罚及刑事处罚

纳税人发生追缴欠税情况	1万元以下	1万~10万元	10万元以上
行政处罚	追征税款、加收滞纳金，且处偷税额的50%至5倍的罚款	追征税款、加收滞纳金，且处偷税额的50%至5倍的罚款	追征税款、加收滞纳金，且处偷税额的50%至5倍的罚款
刑事处罚		3年以下有期徒刑或拘役，并处偷税额的1~5倍的罚款	3~7年有期徒刑或拘役，并处偷税额的1~5倍的罚款

（三）对骗税的处罚

《税收征管法》第六十六条规定：以假报出口或者其他欺骗手段，骗取国家出口退税款的，属于骗税行为。对骗税的行政处罚及刑事处罚见表6－3。

表6－3 对骗税的行政处罚及刑事处罚

纳税人发生骗税情况	1万元以下	虚开用于骗税发票的	数额较大或有其他严重情节的	数额巨大或有其他特别严重情节的	数额特别巨大，情节特别严重，特别重大损失
行政处罚	追征税款、加收滞纳金，且处骗税额的1～5倍的罚款	追征税款、加收滞纳金，且处骗税额的1～5倍的罚款	追征税款、加收滞纳金，且处骗税额的1～5倍的罚款	追征税款、加收滞纳金，且处骗税额的1～5倍的罚款	追征税款、加收滞纳金，且处骗税额的1～5倍的罚款
刑事处罚		3年以下有期徒刑或拘役，并处2万～20万元的罚款	3～10年有期徒刑或拘役，并处5万～50万元的罚款	10年以上有期徒刑或无期徒刑，并处5万～50万元的罚款或没收财产	处无期徒刑或者死刑，并处没收财产

（四）对抗税的处罚

《税收征管法》第六十七条规定：以暴力、威胁方法拒不缴纳税款的，属于抗税。对抗税的行政处罚及刑事处罚见表6－4。

表6－4 对抗税的行政处罚及刑事处罚

纳税人发生抗税情况	拒不纳税，情节轻微	以暴力、威胁方法拒不纳税	情节严重的	致人重伤或者死亡的
行政处罚	追征税款、加收滞纳金，且处抗税额的1～5倍的罚款	追征税款、加收滞纳金，且处抗税额的1～5倍的罚款	追征税款、加收滞纳金，且处抗税额的1～5倍的罚款	追征税款、加收滞纳金，且处抗税额的1～5倍的罚款
刑事处罚		3年以下有期徒刑或拘役，并处抗税额的1～5倍的罚款	3～7年有期徒刑或拘役，并处抗税额的1～5倍的罚款	按伤害罪、杀人罪从重处罚，并处抗税额的1～5倍的罚款

六、案例分析

【案例6－3】

案情：2001年7月，王珍在宝康县工商局办理了临时营业执照从事服装经营，但未向税务机关申请办理税务登记。9月，被宝康县税务所查处，核定应缴纳税款300元，限其于次日缴清税款。王珍在限期内未缴纳税款，对核定的税款提出异议，税务所不听其申辩，直接扣押了其价值400元的一件服装。扣押后仍未缴纳税款，税务所将服装以300元的价格销售给内部职工，用以抵缴税款。

问：

1. 对王珍的行为应如何处理？

2. 请分析宝康县税务所的执法行为有无不妥？

答案：

1. 对王珍未办税务登记的行为，税务所应责令限期改正，可以处以2 000元以下的罚款。逾期不改正的，税务机关可提请工商机关吊销其营业执照。

2. （1）对于扣押后仍不缴纳税款的，应当经县以上税务局（分局）局长批准，才能拍卖或变卖货物抵税。（2）应依法变卖所扣押的商品、货物。变卖应依法定程序，由依法成立的商业机构销售，而不能自行降价销售给职工。（3）纳税人对税务机关做出的决定享有陈述权和申辩权，税务所未听取王珍的申辩。

【案例6-4】

案情：某企业财务人员1995年7月采取虚假的纳税申报手段少缴营业税5万元。2001年6月，税务人员在检查中发现了这一问题，要求追征这笔税款。该企业财务人员认为时间已过3年，超过了税务机关的追征期，不应再缴纳这笔税款。

问：税务机关是否可以追征这笔税款？为什么？

分析：税务机关可以追征这笔税款。根据《税收征管法》第五十二条的有关规定，从案情可以看出，该企业少缴税款并非是计算失误，而是违反税法，采取虚假纳税申报，其行为在性质上已构成偷税。因此，税务机关可以无限期追征。

【案例6-5】

案情：A县地税局于2001年6月对某旅行社2000年度纳税情况依法实施了税务检查。经查，该旅行社2000年通过采取收入不入账、伪造记账凭证等方式少缴营业税等共计15万元，占其全年应纳税额的25%。

问：该旅行社的行为属何种违法行为？对此种行为税务机关应如何处理？

分析：

1. 该旅行社的行为属偷税行为。《税收征管法》第六十三条规定：纳税人伪造、变造、隐匿、擅自销毁账簿、记账凭证，或者在账簿上多列支出或者不列、少列收入，或者经税务机关通知申报而拒不申报或者进行虚假的纳税申报，不缴或者少缴应纳税款的，是偷税。

2. 对偷税行为，税务机关应追缴旅行社所偷税款，按规定加收滞纳金，并依照原《税收征管法》的处罚规定处以所偷税款5倍以下的罚款。

3. 由于该旅行社的偷税行为已构成犯罪，税务机关应将该案移送司法机关依法追究其刑事责任。

【案例6-6】

案情：老刘是某企业的员工，2001年6月份该企业在代扣代缴个人所得税时，遭到老刘的拒绝，因此该企业没有扣缴老刘的税款，并且未将老刘拒扣税款的情况向税务机关报告。在2001年8月个人所得税专项检查中，税务机关发现了上述情况，于是税务机关决定向该企业追缴应扣未扣的税款100元，并处罚款100元。

问：税务机关处理是否合法？为什么？

分析：税务机关向该企业追缴应扣未扣的税款的处理决定是不合法的，罚款100元是合法的。根据《税收征管法》第六十九条规定，税务机关应向老刘追缴税款。

第三节 扣缴义务的税务管理

一、扣缴义务人的概念

扣缴义务人是指法律、行政法规规定负有代扣代缴、代收代缴税款义务的单位和个人。扣缴义务人既可以是各种类型的企业，也可以是机关、社会团体、民办非企业单位、部队、学校和其他单位，或者是个体工商户、个人合伙经营者和其他自然人。按照各税种的实体法律、行政法规规定，其扣缴义务人的范围并不一致。如《营业税暂行条例》规定，营业税的扣缴义务人包括：委托金融机构发放贷款的，以受托发放贷款的金融机构为扣缴义务人；建筑安装业务实行分包或者转包的，以总承包人为扣缴义务人。又如《个人所得税》明确规定，个人所得税以支付所得的单位或者个人为扣缴义务人。

二、扣缴义务人的权利

1. 扣缴义务人有权向税务机关了解国家税收法律、行政法规的规定以及纳税程序有关的情况。

2. 扣缴义务人有权要求税务机关为扣缴义务人的情况保密。税务机关应当依法为扣缴义务人的情况保密。

3. 扣缴义务人对税务机关所作出的决定，享有陈述权、申辩权；依法享有申请行政复议、提起行政诉讼、请求国家赔偿等权利。

4. 扣缴义务人有权控告和检举税务机关、税务人员的违法违纪行为。

三、扣缴义务人的义务

1. 依法办理扣缴税款登记。所有扣缴义务人都必须办理扣缴税款登记。对扣缴义务人实施扣缴税款登记制度，是对扣缴义务人进行税务管理的基础。考虑到许多扣缴义务人同时也是纳税人，为减少其负担，简化手续，对办理了税务登记的，税务机关不再发放扣缴税款登记证件，可以在税务登记中增加有关扣缴税款登记的内容，在税务登记证件上标注扣缴税款登记的标志。

2. 依法接受账簿、凭证管理。《税收征管法》第十九条和第二十条规定，扣缴义务人应当按照有关法律、行政法规和国务院财政、税务主管部门的规定设置账簿，根据合法有效凭证记账，进行核算。扣缴义务人的财务、会计制度或者财务、会计处理办法与国务院或者国务院财政、税务主管部门有关税收的规定相抵触的，依照国务院或者国务院财政、税务主管部门有关税收的规定计算代扣代缴和代收代缴税款。

3. 依法履行扣缴税款申报的义务。扣缴义务人应当按照国家有关规定如实向税务机关提供与代扣代缴、代收代缴税款有关的信息；按照规定的期限和申报内容报送代扣代收报告表以及税务机关根据实际需要要求扣缴义务人报送的其他有关资料。

4. 扣缴义务人因特殊原因，如发生不可抗力事件，不能按期办理报送代扣代缴、代收代缴税款报告表的，经税务机关核准，可以延期申报，但应当在纳税期内按照上期实际缴纳的税额或者税务机关核定的税额预缴税款，并在核准的延期内办理税款结算。

5. 依法代扣代缴、代收代缴税款。即按照规定的数额、时间将纳税人应缴纳的税款代扣、代收，并及时解缴入库。扣缴义务人未按照规定期限解缴税款的，从滞纳税款之日起，按日加收滞纳税款万分之五的滞纳金。未按规定解缴税款是指扣缴义务人已将纳税人应缴的税款代扣、代收，但没有按时缴入国库的行为。

6. 接受税务机关依法进行的检查。扣缴义务人应当接受税务机关依法对其代扣代缴、代收代缴税款账簿、记账凭证和有关资料，以及与代扣代缴、代收代缴税款有关的问题和情况。税务机关经县以上税务局（分局）局长批准，可查询扣缴义务人在银行或者其他金融机构的存款账户。

四、未按规定履行义务的管理

1. 对扣缴义务人不缴或者少缴应解缴税款的，采取强制执行措施并处罚款。扣缴义务人在规定的期限内不缴或者少缴应解缴的税款，由税务机关责令扣缴义务人限期缴纳；逾期仍未缴纳的，经县以上税务局（分局）局长批准，税务机关可以采取强制执行措施追缴其不缴或者少缴的税款，可以处不缴或者少缴的税款 50% 以上 5 倍以下的罚款。

2. 对扣缴义务人应扣未扣、应收未收税款行为予以处罚。扣缴义务人应当按期如实扣缴税款，但由于各种原因，应扣未扣、应收未收税款的现象还屡屡发生。过去发生此种情况，扣缴义务人只要补缴应扣、应收税款即可，纳税人不承担任何责任。《税收征管法》现在规定，税务机关在向纳税人追缴税款的同时，可对扣缴义务人处 50% 以上 3 倍以下的罚款，分清了纳税人和扣缴义务人的责任，加强了对扣缴义务人的管理。

3. 对扣缴义务人不配合税务机关检查的予以处罚。扣缴义务人逃避、拒绝或者以其他方式阻挠税务机关依法进行检查的，税务机关可对其处以 1 万元以下的罚款；情节严重的，如长时间不配合、多次不接受检查等，处以 1 万元以上 5 万元以下的罚款。不配合税务机关检查的行为包括：扣缴义务人借口会计不在逃避税务机关检查；借口账簿放在居住地、非生产经营地，不让税务人员进入；需要企业财务人员、主要负责人、财务负责人等到场而不到场；对税务机关依法调账检查予以拒绝；提供虚假资料，不如实反映情况或者拒绝提供有关各种资料；拒绝或阻止税务机关记录、录音、照相和复印与案件有关的情况和资料；在检查期间，转移、隐匿、销毁有关资料；等等。

第四节 税收保全、担保和强制执行

《税收征管法》第三十七条规定，对未按照规定办理税务登记的从事生产、经营的纳税人以及临时从事经营的纳税人，由税务机关核定其应纳税额，责令缴纳；不缴纳的，税务机关可以扣押其价值相当于应纳税款的商品、货物。扣押后缴纳应纳税款的，税务机关必须立即解除扣押，并归还所扣押的商品、货物；扣押后仍不缴纳应纳税额的，经县以上税务局（分局）局长批准，依法拍卖或者变卖所扣押的商品、货物，以拍卖或者变卖所得抵缴税款。税法采取税收保全和强制执行措施，以保证税收的实现。

一、纳税担保

纳税担保，是指经税务机关同意或确认，纳税人或其他自然人、法人、经济组织以保证、抵押、质押的方式，为纳税人应当缴纳的税款及滞纳金提供担保的行为。

纳税担保制度是民法的债权保障制度在税法中的引入，是现代各国税收立法上普遍采用的一项税收保障制度。近年来，我国税法理论界越来越倾向于将税看成一种公法上的债，因而将民事法律上与债有关的制度，尤其是债权保障方面的制度应用于税款征收中，担保制度就这样进入了我国税款征收制度中。纳税担保在税收征纳中的应用及相关制度，是税法理论的一个重大突破，体现了近年来我国税法理论界辛勤工作的成果，对税款的征纳起到重要的保障作用。

（一）纳税担保人与担保范围

纳税担保人包括以保证方式为纳税人提供纳税担保的纳税保证人和其他以未设置或者未全部设置担保物权的财产为纳税人提供纳税担保的第三人。

国家税务机关要求纳税担保范围包括税款、滞纳金和实现税款、滞纳金的费用。费用包括抵押、质押登记费用，质押保管费用以及保管、拍卖、变卖担保财产等相关费用支出。

用于纳税担保的财产、权利的价值不得低于应当缴纳的税款、滞纳金，并考虑相关的费用。纳税担保的财产价值不足以抵缴税款、滞纳金的，税务机关应当向提供担保的纳税人或纳税担保人继续追缴。

纳税人有下列情况之一的，适用纳税担保：

1. 税务机关有根据认为从事生产、经营的纳税人有逃避纳税义务行为，在规定的纳税期之前已经责令其限期缴纳应纳税款，在限期内发现纳税人有明显的转移、隐匿其应纳税的商品、货物以及其他财产或者应纳税收入的迹象，责成纳税人提供纳税担保的；
2. 欠缴税款、滞纳金的纳税人或者其法定代表人需出境的；
3. 纳税人同税务机关在纳税上发生争议而未缴清税款，申请行政复议的；
4. 税收法律、行政法规规定可以提供纳税担保的其他情形。

税法规定，下列纳税人必须依法向主管国家税务机关提供纳税担保：

（1）未领取营业执照从事生产、经营的纳税人，应当依法向主管国家税务机关提供纳税担保人或者预缴税保证金，按期进行纳税清算。

(2) 跨县（市）经营的纳税人，应当依法向经营地主管国家税务机关提供纳税担保人或者预缴税保证金，按期进行纳税清算。

(3) 欠缴税款的纳税人，应当依法向经营地主管国家税务机关提供纳税担保人或者预缴税保证金，按期进行纳税清算。

（二）纳税保证

纳税保证是指纳税保证人向税务机关保证，当纳税人未按照税收法律、行政法规规定或者税务机关确定的期限缴清税款、滞纳金时，由纳税保证人按照约定履行缴纳税款及滞纳金的行为。税务机关认可的，保证成立；税务机关不认可的，保证不成立。

纳税保证人是指在中国境内具有纳税担保能力的自然人、法人或者其他经济组织。法人或其他经济组织财务报表资产净值超过需要担保的税额及滞纳金 2 倍以上的，自然人、法人或其他经济组织所拥有或者依法可以处分的未设置担保的财产的价值超过需要担保的税额及滞纳金的，为具有纳税担保能力。

国家机关、学校、幼儿园、医院等事业单位、社会团体不得作为纳税保证人。企业法人的职能部门不得为纳税保证人。企业法人的分支机构有法人书面授权的，可以在授权范围内提供纳税担保。

有以下情形之一的，不得作为纳税保证人：

1. 有偷税、抗税、骗税、逃避追缴欠税行为被税务机关、司法机关追究过法律责任未满 2 年的。

2. 因有税收违法行为正在被税务机关立案处理或涉嫌刑事犯罪被司法机关立案侦查的。

3. 纳税信誉等级被评为 C 级以下的。

4. 在主管税务机关所在地的市（地、州）没有住所的自然人或税务登记不在本市（地、州）的企业。

5. 无民事行为能力或限制民事行为能力的自然人。

6. 与纳税人存在担保关联关系的。

7. 有欠税行为的。

纳税保证人同意为纳税人提供纳税担保的，应当填写纳税担保书。纳税担保书须经纳税人、纳税担保人签字盖章并经税务机关签字盖章同意为有效。

纳税担保从税务机关在纳税担保书签字之日起生效。保证期间为纳税人应缴纳税款期限届满之日起 60 日，即税务机关自纳税人应缴纳税款的期限届满之日起 60 日内有权纳税担保人承担保证责任，缴纳税款、滞纳金。

履行保证责任的期限为 15 日，即纳税保证人应当自收到税务机关的纳税通知书之日起 15 日内履行保证责任，缴纳税款及滞纳金。纳税保证期间内税务机关并未通知纳税保证人缴纳税款及滞纳金以承担责任的，纳税保证人免除担保责任。

纳税保证为连带责任保证，纳税人和纳税保证人对所担保的税款及滞纳金承担连带责任。当纳税人在税收法律、行政法规或税务机关确定的期限届满未缴清税款及滞纳金的，税务机关即可要求纳税保证人在其担保范围内承担保证责任，缴纳担保的税款及滞纳金。

（三）纳税抵押

纳税抵押，是指纳税人或纳税担保人不转移财产的占有，将该财产作为税款及滞纳金的担保。纳税人逾期未缴清税款及滞纳金的，税务机关有权依法处置该财产以抵缴税款及滞纳金。纳税人或者纳税担保人为抵押人，税务机关为抵押权人，提供担保的财产为抵押物。

1. 可以抵押的财产

（1）抵押人所有的房屋和其他地上定着物。

（2）抵押人所有的机器、交通运输工具和其他财产。

（3）抵押人依法有权处分的国有的房屋和其他地上定着物。

（4）抵押人依法有权处分的国有的机器、交通运输工具和其他财产。

（5）经设区的市、自治州以上税务机关确认的其他可以抵押的合法财产。

（6）以依法取得的国有土地上的房屋抵押的，该房屋占用范围内的国有土地使用权同时抵押。以乡（镇）、村企业的厂房等建筑物抵押的，其占用范围内的土地使用权同时抵押。

（7）学校、幼儿园、医院等以公益为目的的事业单位、社会团体、民办非企业单位的教育设施、医疗卫生设施和其他社会公益设施以外的财产为其应缴纳的税款及滞纳金提供抵押。

2. 不得抵押的财产

（1）土地所有权。

（2）土地使用权；但《纳税担保试行办法》第十六条规定的除外。

（3）学校、幼儿园、医院等以公益为目的的事业单位、社会团体、民办非企业单位的教育设施、医疗卫生设施和其他社会公益设施。

（4）所有权、使用权不明或者有争议的财产。

（5）依法被查封、扣押、监管的财产。

（6）依法定程序确认为违法、违章的建筑物。

（7）法律、行政法规规定禁止流通的财产或者不可转让的财产。

（8）经设区的市、自治州以上税务机关确认的其他不予抵押的财产。

纳税人提供抵押担保的，应当填写纳税担保书和纳税担保财产清单。纳税人担保财产清单应当写明财产价值以及有关事项。纳税担保书和纳税担保财产清单须经纳税人签字盖章并经税务机关确认。

纳税抵押财产应当办理抵押物登记。纳税抵押自抵押物登记之日起生效。纳税人应向税务机关提供由以下部分出具的抵押登记的证明及其复印件。

（四）纳税质押

纳税质押是指经税务机关同意，纳税人或纳税担保人将其动产或权利凭证移交税务机关占有，将该动产或权利凭证作为税款及滞纳金的担保。纳税人逾期未缴清税款及滞纳金的，税务机关有权依法处置该动产或权利凭证以抵缴税款及滞纳金。纳税质押分为动产质押和权利质押。

动产质押包括现金以及其他除不动产以外的财产提供的质押。

汇票、支票、本票、债券、存款单等权利凭证可以质押。

对于实际价值波动很大的动产或权利凭证，经设区的市、自治州以上税务机关确认，税务机关可以不接受其作为纳税质押。

纳税人以动产提供质押担保的，应当填写纳税担保书和纳税担保财产清单并签字盖章。纳税人以汇票、支票、本票、公司债券出质的，税务机关应当与纳税人背书清单记载“质押”字样。以存款单出质的，应由签发的金融机构核押。

（五）法律责任

纳税人、纳税担保人采取欺骗、隐瞒等手段提供担保的，由税务机关处以 1 000 元以下的罚款；属于经营行为的，处以 10 000 元以下的罚款。

非法为纳税人、纳税担保人实施虚假纳税担保提供方便的，由税务机关处以 1 000 元以下的罚款。

纳税人采取欺骗、隐瞒等手段提供担保，造成应缴税款损失的，由税务机关按照《税收征管法》第六十八条规定处以未缴、少缴税款 50% 以上 5 倍以下的罚款。

税务机关负有妥善保管质物的义务。因保管不善致使质物灭失或者毁损，或未经纳税人同意擅自使用、出租、处分质物而给纳税人造成损失的，税务机关应当对直接损失承担赔偿责任。

纳税义务期限届满或担保期间，纳税人或者纳税担保人请求税务机关及时行使权利，而税务机关怠于行使权利致使质物价格下跌造成损失的，税务机关应当对直接损失承担赔偿责任。

（六）案例分析

【案例 6－7】 2001 年 6 月 23 日某地方税务局接到群众电话举报，某私营企业，已中途终止与某公司的《承包协议》，银行账号也已注销，准备于近日转移他县。该局立即派员对该企业进行了调查，核准了上述事实，于是检查人员对该企业当月已实现的应纳税额 5 263. 13 元，作出责令其提前到 6 月 25 日前缴纳的决定。

问： 该地方税务局提前征收税款的行为是否合法？为什么？

分析： 该地方税务局提前征收税款的行为合法。根据《税收征管法》第三十八条的有关规定，本案中，该私营企业已终止了承包协议，注销了银行账号，并准备于近日转移他县，却未依法向税务机关办理相关的手续，可以认定为逃避纳税义务行为。该局采取提前征收税款的行为，是有法可依的。企业应按该地方税务局作出的决定提前缴纳应纳税。

二、税收保全措施

所谓税收保全措施，是指税务机关对可能由于纳税人的行为或某种客观原因，致使以后的税款征收不能保证或难以保证而采取的限制纳税人处理或转移商品、货物或其他财产的措施。《税收征管法》中规定可以采取税收保全措施的条款共有 3 个，即第三十七条、第三十八条、第五十五条，对其适用对象、执行程序和条件等分别作了规定。

（一）税收保全措施的适用对象

税收保全措施的适用对象有两类：一是从事生产、经营的纳税人，包括已经取得税务登记和未办理税务登记的从事生产、经营的纳税人和到外县（市）从事生产、经营而未向营业地税务机关报验登记的纳税人；二是临时从事经营的纳税人，包括临时从事经营的非生产、经营的纳税人。如机关团体、事业单位、部队、民办非企业和流动商贩等临时从事经营的单位和个人。

须注意的是，税务机关对扣缴义务人及其他当事人不能采取税收保全措施。

（二）税收保全措施的形式及要求

《税收征管法》第三十八条规定，税务机关有根据认为从事生产、经营的纳税人有逃避纳税义务行为的，可以在规定的纳税期之前，责令限期缴纳应纳税款；在限期内发现纳税人有明显的转移、隐匿其应纳税的商品、货物以及其他财产或者应纳税的收入的迹象的，税务机关可以责成纳税人提供纳税担保。如果纳税人不能提供纳税担保，经县以上税务局（分局）局长批准，税务机关可以采取下列两种形式的税收保全措施：

1. 书面通知纳税人开户银行或者其他金融机构冻结纳税人的金额相当于应纳税款的存款；所谓存款，包括独资企业投资人、合伙企业合伙人、个体工商户的储蓄存款以及股东资金账户中的资金等。

2. 扣押、查封纳税人的价值相当于应纳税款的商品、货物或者其他财产。其他财产包括纳税人的房地产、现金、有价证券等不动产和动产。纳税人在前款规定的限期内缴纳税款的，税务机关必须立即解除税收保全措施；限期期满仍未缴纳税款的，经县以上税务局（分局）局长批准，税务机关可以书面通知纳税人开户银行或者其他金融机构从其冻结的存款中扣缴税款。或者依法拍卖或者变卖所扣押、查封的商品、货物或者其他财产，以拍卖或者变卖所得抵缴税款。

《税收征管法》第五十五条规定：税务机关对从事生产、经营的纳税人以前纳税期的纳税情况依法进行税务检查时，发现纳税人有逃避纳税义务行为。并有明显的转移、隐匿其应纳税的商品、货物以及其他财产或者应纳税的收入的迹象的，可以按照本法规定的批准权限采取税收保全措施或者强制执行措施。

（三）税收保全的范围

税收保全的标的范围是指保全措施的实施数额，一般包括应纳税款、滞纳金。而不包括罚款。这里也分为两种情况：一是按照《税收征管法》第三十七条、第三十八条的规定采取保全措施时，由于发生在纳税期之前，标的范围只包括应纳税款，不包括滞纳金；二是按照第五十五条的规定采取保全措施时。标的范围应包括税款和滞纳金。

税务机关实施税收保全措施。不得查封、扣押纳税人个人及其所抚养家属维持生活必需的住房和用品。个人所抚养家属，是指与纳税人共同居住生活的配偶、直系亲属以及无生活来源并由纳税人抚养的其他亲属。维持生活必需的用品，不包括机动车辆、金银饰品、古玩字画、豪华住宅或者一处以外的住房。单价 5 000 元以下的其他生活用品不采取税收保全和强制执行措施。

扣押、查封价值相当于应纳税款的商品、货物或者其他财产时，参照同类商品的市场价、出厂价或者评估价估算。税务机关按照上述方法确定应扣押、查封的商品、货物或者其他财产的价值时，还应当包括滞纳金和扣押、在封、保管、拍卖、变卖时所发生的费用。如价值超过应纳税额且不可分割的商品、货物或者其他财产，税务机关在纳税人、扣缴义务人或者纳税担保人无其他可供强制执行的财产的情况下。可以整体扣押、查封、拍卖，以拍卖所得抵缴税款、滞纳金、罚款以及扣押、查封、保管、拍卖等费用。

（四）税收保全的程序

税收保全措施的程序可分为一般程序和简易程序。

1. 一般程序

根据《税收征管法》第三十八条的规定，只要纳税人有企图逃避纳税义务的行为，税务机关就可以采用这一手段。出于维护国家税收权益和保护纳税人合法权益的双重目的，法律对这一手段的行使规定了严格的使用条件和程序。具体可分为5道程序：

第一，税务机关只要有根据认为从事生产、经营的纳税人有逃避纳税义务行为的，就可以在规定的纳税期之前，责令其限期缴纳应纳税款。

第二，如果在限期内发现纳税人有明显的转移、隐匿其应纳税的商品、货物以及其他财产或者应纳税收入的迹象的，税务机关可以责成其提供纳税担保。

第三，如果该纳税人不能提供上述纳税担保，经县以上税务局（分局）局长批准，税务机关可以采取税收保全措施。

第四，如果纳税人在上述第一道程序税务机关规定的期限内缴纳税款的，税务机关必须立即解除税收保全措施。如果限期期满仍未缴纳税款，经县以上税务局（分局）局长批准，税务机关可以书面通知纳税人开户银行或者其他金融机构从其暂停支付的存款中扣缴税款；拍卖或者变卖所扣押、查封的商品、货物或者其他财产。以拍卖或者变卖所得抵缴税款。

第五，如果税务机关采取税收保全措施不当，或者纳税人在限期内已经缴纳税款，税务机关未立即解除税收保全措施，使纳税人的合法利益遭受损失的，税务机关应当承担赔偿责任，这种赔偿只限于给其造成的直接经济损失。

2. 简易程序

简易程序有两种：

第一种是《税收征管法》第三十七条规定的程序。在征收管理过程中，对未按照规定办理税务登记的从事生产、经营的纳税人以及临时从事经营的纳税人，由税务机关核定其应纳税额，责令缴纳；不缴纳的，税务机关可以扣押其价值相当于应纳税款的商品、货物。根据这一规定，税务机关发现纳税人存在上述情况的，可当场核定其应纳税额，只需有两名以上依法行使职务的税务人员在场即可；核定后，责令纳税人缴纳，如果不缴纳，就可以扣押其价值相当于应纳税额的商品、货物。这时不必经过县以上税务局（分局）局长批准，目的是保证税款安全。因为此类纳税人往往是“打一枪换一个地方”，在税务机关走程序过程中，他就“溜之大吉”了。

第二种是《税收征管法》第五十五条规定的程序。税务机关对从事生产、经营的纳税人以前纳税期的纳税情况依法进行税务检查时，发现从事生产、经营的纳税人有逃避纳税义务行为，并有明显的转移、隐匿其应纳税的商品、货物以及其他财产或者应纳税的收入的迹象的，可以按照本法规定的批准权限采取税收保全或者强制执行措施。在此情况下，只要经过县以上税务局（分局）局长批准，即可采取保全措施。而不必走一般程序。

（五）税收保全措施的终止

税收保全措施的终止有两种情况：

1. 纳税人在规定的期限内缴纳了税款的，税务机关必须立即解除税收保全措施。

2. 纳税人限期期满仍未缴纳税款的，经县以上税务局（分局）局长批准，税务机关可以书面通知纳税人开户银行或者其他金融机构冻结的存款中扣缴税款，或者依法拍卖或者变卖所扣押、查封的商品、货物或者其他财产，以拍卖或者变卖所得抵缴税款。

对于采取税收保全措施不当，或者纳税人在限期内已经缴纳税款，税务机关未立即解除税收保全措施，致使纳税人合法利益遭受损失的，税务机关应当按纳税人合法利益遭到的实际损失承担补偿责任，以确保纳税人的合法利益不受损害。

（六）实施税收保全措施应注意的其他事项

1. 对简易保全措施，当事人应当自扣押之日起 15 日内缴纳税款。对扣押的鲜活、易腐烂变质或者易失效的商品、货物，税务机关根据被扣押物品的保质期，可以缩短扣押期限。

2. 从事生产、经营的纳税人、扣缴义务人未按照规定的期限缴纳或者解缴税款的，纳税担保人未按照规定的期限缴纳所担保的税款的，由税务机关发出限期缴纳税款通知书，责令缴纳或者解缴税款的最长期限不得超过 15 日。

3. 纳税人在税务机关采取税收保全措施后，按照税务机关规定的期限缴纳税款的，税务机关应当自收到税款或银行转回的完税凭证之日起 1 日内解除税收保全。

4. 税务机关执行扣押、查封商品、货物或者其他财产时，应当由两名以上税务人员执行，并通知被执行人。被执行人是自然人的，应当通知被执行人本人或其成年家属到场；被执行人是法人或者其他组织的，应当通知其法定代表人或者主要负责人到场；拒不到场的，不影响执行。

5. 税务机关实施扣押、查封时，对有产权证件的动产或者不动产，可以责令当事人将产权证件交税务机关保管，同时可以向有关机关发出协助执行通知书，有关机关在扣押、查封期间不再办理该动产或者不动产的过户手续。

三、税收强制执行

所谓税收强制执行措施，是指从事生产经营的纳税人、扣缴义务人不按照规定的期限缴纳或者解缴税款，纳税担保人不按照规定的期限缴纳所担保的税款，或者当事人不履行税收法律、行政法规规定的义务，税务机关依法采取的强制追缴手段。

（一）税收强制执行措施的适用对象

与税收保全措施只适用于纳税人不同，税收强制执行措施的适用对象既包括纳税人，又包括扣缴义务人、纳税担保人及其他当事人。

1. 从事生产经营的纳税人、扣缴义务人。这里有两种情况：一是未按规定期限缴纳税款的；二是在税务机关依法进行检查时，有逃避纳税义务行为，并有明显的转移、隐匿其应纳税的商品、货物以及其他财产或者应纳税收入的迹象的。

2. 未按照规定期限解缴税款的从事生产、经营的扣缴义务人。

3. 未按照规定期限缴纳所担保税款的纳税担保人。

4. 对税务机关的处罚决定逾期不申请行政复议也不向人民法院起诉，又不履行的当事人。

《税收征管法》既有针对纳税人、扣缴义务人的处罚条款，也有对其他单位和个人违反税收法律、行政法规的处罚规定。因此，上述当事人的范围是非常广泛的，而不仅限于纳税人、扣缴义务人。

（二）税收强制执行的形式及要求

《税收征管法》第四十条规定，从事生产经营的纳税人、扣缴义务人未按照规定的期限缴纳或者解缴税款，纳税担保人未按照规定的期限缴纳所担保的税款，由税务机关责令限期缴纳，逾期仍未缴纳的，经县以上税务局（分局）局长批准，税务机关可以采取下列强制执行措施：

1. 书面通知其开户银行或者其他金融机构从其存款中扣缴税款；

2. 扣押、查封、依法拍卖或者变卖其价值相当于应纳税款的商品、货物或者其他财产，以拍卖或者变卖所得抵缴税款。税务机关采取强制执行措施时，对纳税人、扣缴义务人、纳税担保人未缴纳的滞纳金同时强制执行。

《税收征管法》第六十八条规定，纳税人、扣缴义务人在规定期限内不缴或者少缴应纳或者应解缴的税款，经税务机关责令限期缴纳，逾期仍未缴纳的，税务机关除采取强制执行措施追缴其不缴或者少缴的税款外，可以处不缴或者少缴的税款50%以上5倍以下的罚款。

《税收征管法》第八十八条规定，纳税人、扣缴义务人、纳税担保人同税务机关在纳税上发生争议时，必须先依照税务机关的纳税决定缴纳或者解缴税款及滞纳金或者提供相应的担保，然后可以依法申请行政复议；对行政复议决定不服的，可以依法向人民法院起诉。当事人对税务机关的处罚决定、强制执行措施或者税收保全措施不服的，可以依法申请行政复议，也可以依法向人民法院起诉。当事人对税务机关的处罚决定逾期不申请行政复议也不向人民法院起诉又不履行的，作出处罚决定的税务机关可以采取本法第四十条规定的强制执行措施，或者申请人民法院强制执行。

（三）税收强制执行措施的实施

根据《税收征管法》，税务机关可以采取的强制执行措施有两种：一是书面通知开户银行或其他金融机构从其存款中扣缴税款、滞纳金或者罚款；二是扣押、查封、依法拍卖或者变卖其价值相当于应纳税款、滞纳金或者罚款的商品、货物或其他财产。以拍卖或变卖所得抵缴税款、滞纳金或者罚款。

税务机关将扣押、查封的商品、货物或者其他财产变价抵缴税款时，应当交由依法成立的拍卖机构拍卖；无法委托拍卖或者不适于拍卖的，可以交由当地商业企业代为销售，也可以责令纳税人限期处理；无法委托商业企业销售，纳税人也无法处理的，可以有税务机关变价处理，具体办法由国家税务总局规定。国家禁止自由买卖的商品，应当交由有关单位按照国家规定的价格收购。拍卖或者变卖所得抵缴税款、滞纳金、罚款以及扣押、查封、保管、拍卖、变卖等费用后，剩余部分应当在3日内退还被执行人。

1. 税款、滞纳金的强制执行程序

（1）一般程序

第一，责令限期缴纳。纳税人、扣缴义务人、纳税担保人在规定的期限未缴纳、解缴税款或提供纳税担保的，主管税务机关应责令其限期缴纳。

第二，县以上税务机关批准。责令限期期满，仍未缴纳的，经县以上税务局（分局）局长审查批准，可执行强制措施。

第三，实施前述两项措施扣缴或抵缴税款、滞纳金。在强制执行措施中，扣押、查封、依法拍卖或者变卖等行为具有连续性，即扣押、查封后，不再给纳税人自动履行纳税义务的时间，税务机关可直接拍卖或者变卖，以其所得抵缴税款。

税务机关实施扣押、查封时，必须有2人以上在场，并通知被执行人或者他的成年家属到场，否则不能直接采取扣押和查封措施。但被执行人或者成年家属接到通知后拒不到场的，不影响执行。同时，税务机关应当通知有关单位和基层组织。他们是扣押、查封财产的见证人，也是税务机关执行工作的协助人。

另外，扣押、查封、拍卖被执行人的商品、货物或者其他财产，应当以应纳税额为限。对于被执行人的必要的生产工具，被执行人本人及其所供养家属的生活必需品应当予以保留，不得对其进行扣押、查封和拍卖。

（2）简易程序

根据《税收征管法》第五十五条规定，税务机关对从事生产、经营的纳税人以前纳税期的纳税情况依法进行税务检查时，发现纳税人有逃避纳税义务行为，并有明显的转移、隐匿其应纳税的商品、货物以及其他财产或者应纳税收入的迹象的，可以按照本法规定的批准权限采取税收保全或者强制执行措施。在此条规定的情况下，只要经过县以上税务局（分局）局长批准，即可采取强制执行措施，而不必先责令其限期缴纳。

2. 罚款强制执行的特殊规定

根据《税收征管法》的规定，税收违法当事人对税务机关的处罚决定逾期不申请复议也不向人民法院起诉又不履行的，作出处罚决定的税务机关可以采取本法规定的强制执行措施。须说明三点：一是该措施可采用简易程序，而无须具备前提条件和程序。二是做出处罚决定的条件下可以采取强制执行措施而不必经县以上税务局（分局）局长批准。根据《税收征管法》的规定，税务行政处罚决定一般由县以上税务机关做出，而2 000元以下的罚款，税务所即可决定。因此，作出处罚决定的机关既有县以上税务机关，也有县以下的机关。三是采取强制执行措施的范围限于相当于处罚的数额，不得扩大执行。

（四）抵税财产拍卖、变卖

1. 法律规定

《抵税财产拍卖、变卖试行办法》规定，税务机关拍卖、变卖抵税财物，以拍卖、变卖所得抵缴税款、滞纳金的行为，适合本方法。

拍卖是指税务机关将抵税财物依法委托拍卖机构，以公开竞价的形式，将特定财物转让给最高应价者的买卖方式。变卖是指税务机关将抵税财物委托商业企业代为销售、责令纳税人限期处理或由税务机关变价处理的买卖方式。抵税财产，是指被税务机关依法实施税收强制执行而扣押、查封或者按照规定应强制执行的已设置纳税担保物权的商品、货物、其他财产或者财产权利。被执行人是指从事生产经营的纳税人、扣缴义务人或者纳税担保人等税务行政相对人。

《抵税财产拍卖、变卖试行办法》规定，有下列情形之一的，税务机关依法进行拍卖、变卖：

（1）采取税收保全措施后，限期期满仍未缴纳税款的。

（2）设置纳税担保后，限期期满仍未缴纳所担保的税款的。

（3）逾期不按规定履行税务处理决定的。

（4）逾期不按规定履行复议决定的。

（5）逾期不按规定履行税务行政处罚决定的。

（6）其他经责令限期缴纳，逾期仍未缴纳税款。

对（3）~（6）项情形进行强制执行时，在拍卖、变卖之前（或同时）进行扣押、查封，办理扣押、查封手续。

税务机关按照拍卖优先的原则确定抵税财物拍卖、变卖的顺序：一是委托依法成立的拍卖机构拍卖；二是无法委托拍卖或者不适于拍卖的，可以委托当地商业企业代为销售，或者责令被执行人限期处理；三是无法委托商业企业销售，被执行人也无法办理的，由税务机关变价处理。国家禁止自由买卖的商品、货物、其他财产，应当交由有关单位按照国家规定的价格收购。

2. 税务机关拍卖、变卖抵税财物程序

（1）制作拍卖（变卖）抵税财物决定，经县以上税务局（分局）局长批准后，对被执行人下达拍卖（变卖）抵税财物决定书。

依照法律法规规定需要经过审批才能转让的物品或财产权利，在拍卖、变卖前，应当依法办理审批手续。

（2）查实要拍卖或者变卖的商品、货物或者其他财产。在拍卖或者变卖前，应当审查所扣押商品、货物、财产专用收据和所查封商品、货物、财产清单，查实被执行人与抵税财物的权利关系，核对盘点需要拍卖或者变卖的商品、货物或者其他财产是否与收据或清单一致。

（3）按照本办法规定的顺序和程序，委托拍卖、变卖，填写拍卖（变卖）财产清单，与拍卖机构签订委托拍卖合同，与受委托的商业企业签订委托变卖合同，对被执行人下达税务事项通知书，并按规定结算价款。

（4）以拍卖、变卖所得支付应由被执行人依法承担的扣押、查封、保管以及拍卖、变卖过程中的费用。

（5）拍卖、变卖所得支付有关费用后抵缴未缴的税款、滞纳金，并按规定抵缴罚款。

（6）拍卖、变卖所得支付扣押、查封、保管以及拍卖、变卖等费用并抵缴税款、滞纳金后，剩余部分应当在 3 个工作日内退还被执行人。

（7）税务机关应当通知被执行人将拍卖、变卖全部收入计入当期销售收入额并在当期申报缴纳各种应纳税款。

拍卖、变卖抵税财物，由县以上税务局（分局）组织进行。变卖鲜活、易腐烂变质或者易失效的商品、货物时，经县以上税务局（分局）局长批准，可由县以下税务机关进行。拍卖、变卖抵税财物进行时，应当通知被执行人到场；被执行人未到场的，不影响执行。税务机关及工作人员不得参与被拍卖或者变卖商品、货物或者其他财产的竞卖或收购，也不得委托他人为其竞买或购物。

（五）案例分析

【案例6-8】

案情：某服装厂逾期未缴纳税款，县国税局征管科送达了《催缴税款通知书》进行催缴，服装厂依然未按期缴纳税款，于是经该征管科长批准，扣押了服装厂价值相当于应纳税款的服装。

问：该征管科的做法是否合法？为什么？

分析：该征管分局的做法不合法。根据《税收征管法》第四十条规定，该征管科没有经县国税局局长批准，而是经征管科科长批准就决定对服装厂采取强制执行措施，显然是不符合法定程序的。

【案例6-9】

案情：2001年第二季度，某税务所在调查摸底的基础上，决定对某行业的定额从7月起至12月适当调高，并于6月底下发了调整定额通知。某纳税户的定额由原来的4万元调整为5万元。该纳税户不服，说等到7月底将搬离此地，7月份的税款不准备缴了。7月17日税务所得知这一情况后，书面责令该纳税户必须于7月25日前缴纳该月份税款。7月20日，税务所发现该纳税户已开始转移货物，于是责令该纳税户提供纳税担保，该纳税户没有提供纳税担保，于是税务机关书面通知该纳税户的开户银行从其存款中扣缴了7月份的税款。

问：

1. 你认为税务机关的行政行为是否合法？

2. 请你提出处理意见。

分析：

1. 税务所的行政行为不合法。因为，根据《税收征管法》第三十八条规定，税务机关有根据认为从事生产、经营的纳税人有逃避纳税义务行为的，可以在规定的纳税期之前，责令限期缴纳应纳税款；在限期内发现纳税人有明显的转移、隐匿其应纳税的商品、货物以及其他财产或者应纳税收入的迹象的，税务机关可以责成纳税人提供纳税担保。如果纳税人不能提供纳税担保，经县以上税务局局长批准，税务机关可以采取税收保全措施。而税务所采取了强制执行措施，显然是不合法的。

2. 7月20日，该税务所经县税务局局长批准，可以书面通知该纳税户开户银行冻结该纳税户相当于7月份应缴税款的存款，而不是直接采取强制执行措施。在7月25日后纳税人仍未缴纳税款的，方可对该纳税户采取税收强制执行措施，即该税务所经县税务局局长批准，可以书面通知该纳税户开户银行从其冻结的存款中扣缴7月份的税款。

思 考 题

1. 纳税申报方式有哪些？

2. 税款缴纳方式有哪些？
3. 扣缴义务人有哪些权利？
4. 扣缴义务人有哪些义务？
5. 纳税担保、纳税保证和纳税质押有何区别？
6. 税收保全的形式有哪些？

第七章　企业变更、终止阶段的税务管理

第一节　企业合并的税务处理

市场经济条件下，企业重组行为已成为一种较为普遍的经济现象。企业合并作为重组的一种重要形式，以其涉及利益相关方较多、重组力度大、业务复杂而备受关注。企业是追求利润最大化或股东财富最大化的经济实体，而通过企业合并有可能使企业迅速壮大起来，给股东创造巨大财富。一个成功的企业合并，应当能够给合并双方都带来经济利益或价值增值，因为只有这样，合并方企业才有动力去实施合并，而被合并方企业才可能乐于接受合并，这也是企业合并可以存在的前提条件。因此，从财务的角度考虑，企业合并要存在价值创造，即合并增值，企业合并才是可行的。而要实现合并增值这一目标，合并各方尤其是其财务部门应当从会计处理和财务运作两个方面综合考虑合并业务的处理方式以及可能带来的后果，并尽可能地在法律法规允许的范围内进行计划和安排。其中，企业合并的财务运作一般包括价值评估、合并融资和税务安排三个方面。其中价值评估和融资都有比较独立的理论和方法体系，而且在企业合并方面并没有太多的特别之处，而企业合并的税务安排则由于合并业务的特殊性以及相关法律法规的纷繁复杂而显得极具特色。本节选择企业合并的税务处理作为研究对象，以企业合并业务为线索，全面地分析研究与企业合并相关的税务处理问题。

一、企业合并概述

目前，国内外对企业合并这个概念并没有统一的界定，譬如在国内，公司法、税法与企业会计准则的相关规定中规范的企业合并的范围就有着明显的区别，因此，在分析企业合并的税务处理之前有必要对企业合并的概念和范围进行界定。

（一）企业合并的概念

在国外，与企业合并相对应的概念应当是“并购”，即英文 Merger & Acquisition（简称为 M&A）的通常译法。它是兼并（merger）、联合（consolidation）、收购（acquisition）以及接管（take over）等概念的统称。

在国内，对于企业合并这个概念的界定也还没有统一的标准。根据我国著名税务会计学家盖地给出的定义，企业合并是指两个或两个以上的企业，依据法律规定或合同的约定，合

并为一个企业的法律行为。合并有狭义和广义之分，狭义合并是指两个或两个以上的企业，依据有关法律合并为一个企业，包括吸收合并与新设合并；广义合并则是指两个或两个以上的独立企业，通过购买股权或交换股权等方式，成为一个依法需要编制合并会计报表的企业集团的法律行为，包括吸收合并、新设合并、控股合并等。这一合并概念的界定比较全面，其中的广义合并与国外的并购概念和我国企业会计准则中的合并概念基本一致，而狭义合并则与我国公司法和税法中的规定相吻合。

《公司法》对企业合并的相关规定是：公司合并可以采取吸收合并或者新设合并。一个公司吸收其他公司为吸收合并，被吸收的公司解散。两个以上公司合并设立一个新的公司为新设合并，合并各方解散。财政部、国家税务总局联合发布的《关于企业重组业务企业所得税处理若干问题的通知》（［2009］59 号）规定：企业合并是指一家或多家企业（以下称为被合并企业）将其全部资产和负债转让给另一家现存或新设企业（以下称为合并企业）被合并企业股东换取合并企业的股权或非股权支付，实现两个或两个以上企业的依法合并。而新颁布的《企业会计准则第 20 号——企业合并》中则规定：企业合并，是指将两个或两个以上单独的企业合并形成一个报告主体的交易或事项。

可见，从本质上看，企业合并是指在市场经济的体制条件下，两个或更多个企业根据特定的法律制度所规定的程序，通过鉴定一组市场合约的形式合并为一个企业的行为。

（二）企业合并的分类

不同的合并类型，其相应的纳税处理规定往往有所不同。因此准确地划分企业合并的类型，将对探讨企业合并的税务处理起到积极的作用。目前对企业合并类型的划分方式有很多，其中按照参与合并各方在合并前后是否存续，企业合并可分为吸收合并、新设合并和控股合并；按照合并中产权交换的支付方式不同，企业合并可分为换股合并和非换股合并；按照参与合并的企业在合并前后是否受同一方或相同多方的最终控制为标准进行分类，可以将企业合并分为同一控制下的企业合并与非同一控制下的企业合并。

1. 吸收合并、新设合并和控股合并

按照参与合并各方在合并前后是否存续，企业合并可分为吸收合并、新设合并和控股合并。

吸收合并指合并企业接纳一个或一个以上的被合并企业，被合并企业解散，合并企业存续的企业合并类型，即通常所说的兼并。合并方企业可以用现金、债权或发行股票的方式来换取被合并企业的所有者权益（股权）或净资产。吸收合并的结果是只有一个单一的经济主体和法律主体，且这个主体以合并企业的名义存续，因为被合并方企业已被解散。其代表形式是合并方企业以货币性资产购买被合并企业全部资产并承担全部债务，不存在合并价差的情况下，存续企业的净资产仍然等于合并前合并企业的净资产，只是其资产和负债同时增加了相当于被合并企业负债部分的数额。

新设合并是指参与合并的各方企业共同合并成立一个新企业，原合并各方解散的企业合并类型，即通常所说的联合。新成立的企业将接受已解散企业的资产，承担其债务，已解散企业的股东，按一定的比率以原企业股权或净资产换取新成立企业股权后，成为新企业的股东。新设合并的结果仍然是一个单一的经济主体和法律主体，只是这个新的主体不以原合并各方的任何一方的名义存续（尽管事实上往往存在取得合并后企业控制权的合并方和丧失控制权的被合并方之分），而是成立一个全新的企业。其代表形式是参与合并各方以自己的净资产（股权）按一定的比率换取新成立企业的股权，原来的企业均解散，这样一来，存续企业的资产总额、负债和净资产都分别相当于合并前合并各方的资产总额、负债和净资产之和。

控股合并是指合并企业通过购买被合并企业达到控股权比例的股份，将被合并企业变成自己的控股子公司，合并各方都存续的企业合并类型，即通常所说的收购。其代表形式是合并企业（收购方）以货币性资产等非股权支付手段购买被合并企业（被收购方）股东的股权，从而达到控制被合并企业的目标。在这种形式下，合并后合并企业货币性资产等非股权支付额的减少额正好等于长期股权投资的增加额（即使存在股权投资差额，也是作为长期股权投资的一部分在日后摊销），所以其资产总额、负债总额和净资产均不发生变化；被并企业实际上只是更换了股东，其资产、负债和净资产都不发生变动；只有出售被合并企业股权的原股东可能会因为股权转让损益而影响其资产、负债和净资产。但如果从合并双方这个整体考虑的话，合并后双方的净资产总额比合并前减少了，这是由于转让股权的股东退出了这个整体而引起的。

三种合并方式大致上可以用图 7－1 来表示。

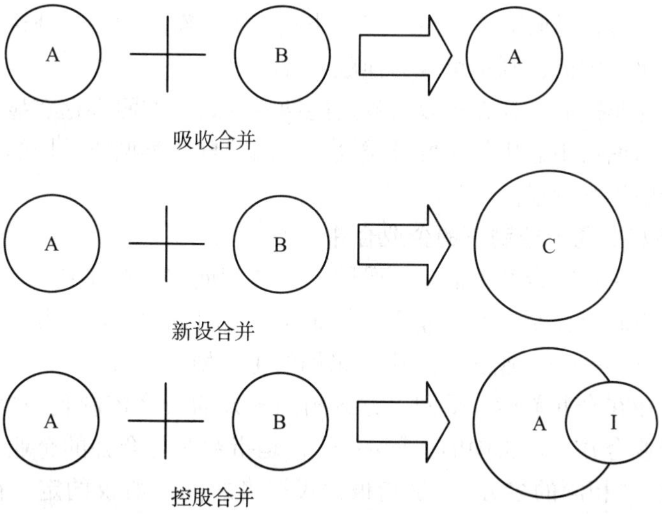

图 7－1　合并方式

从图 7－1 可以看出，前两种合并方式与控股合并存在较大差异，前者是两个或两个以上独立的法人企业经过合并成为一个法人（尤其是在换股合并方式下，吸收合并和新设合并在实质上并无差别，只是存续企业的名称有所不同而已），而后者则在合并后仍然保留了合并各方的法人主体地位，只是合并方企业因收购被合并企业的足够比例的股权而取得被合并企业的控制权，从而使合并各方企业成为一个需要编制合并报表的企业集团。因此狭义的企业合并只包含前两种合并方式，我国《公司法》所规定的企业合并就是指只包含吸收合并和新设合并的狭义企业合并。财政部、国家税务总局联合发布的《关于企业重组业务企业所得税处理若干问题的通知》（财税［2009］59 号）中定义的企业合并也主要是针对吸收合并和企业合并的会计、税务处理及税务筹划新设合并。而新颁布的《企业会计准则第

20号——企业合并》中规范的企业合并则是包括三种合并形式在内的广义的企业合并。

由于控股合并在合并日的会计处理上与狭义合并并无实质区别，在税务处理上主要涉及的是长期股权投资的取得与处置业务，这与其他长期股权投资业务的税务处理并无太大差异，不属于企业合并的特有项目。因此，在探讨企业合并的税务处理时主要是指狭义的企业合并，即吸收合并和新设合并。

2. 换股合并和非换股合并

按照合并中产权交换的支付方式不同，企业合并可分为换股合并和非换股合并。

换股合并是指合并方通过增发新股，以本公司新发行的股票替换目标企业的原股票，或通过向目标企业的股东支付本公司的股权证取代其在目标企业的原股权证从而达到企业间合并的目的。我国第一例换股合并案出现于1998年，清华同方定向发行股票15 172 328股，发行对象均为在山东证券登记的有限责任公司，其必须登记并办理鲁颖电子股权确认书。用其电子股权确认书换取鲁颖电子的全部股权，从而实现对鲁颖电子的吸收合并。自此之后，换股合并方式大量出现，新潮实业、华光陶瓷、青岛双星等上市公司陆续实行了换股合并。

而非换股合并则是指合并企业通过向目标企业的股东支付除合并企业股权以外的现金、有价证券和其他资产等非股权支付额，从而获得目标企业的所有权，以达到企业合并的目的。在实务中还存在着以一种方式为主、以另一种方式为辅的混合合并方式，如合并方在增发股票用于合并的同时，另向对方支付一定的非股权支付额作为交易补价，但如果非股权支付额占支付总额的比例较低，则仍可视为换股合并。

由于换股合并与非换股合并在税收法规定的纳税方式等方面都存在显著的不同，所以这种分类也将成为本书论述中运用的主要分类之一。两种合并类型所采用的不同的税务处理方法将在后面的部分中详细论述。

3. 同一控制下和非同一控制下的企业合并

按照参与合并的企业在合并前后是否受同一方或相同多方的最终控制为标准进行分类，可以将企业合并分为同一控制下的企业合并与非同一控制下的企业合并。这是我国新颁布的《企业会计准则第20号——企业合并》中所采用的主要划分方式。

参与合并的企业在合并前后均受同一方或相同多方的最终控制且该控制并非暂时性的，为同一控制下的企业合并。定义中的“同一方”，是指对参与合并的企业在合并前后均实施最终控制的投资者；“相同的多方”，是指根据投资者之间的协议约定，在对被投资单位的生产经营决策行使表决权时发表一致意见的两个或两个以上的投资者。控制并非暂时性，是指参与合并的各方在合并前后较长的时间内受同一方或相同的多方最终控制。总之，同一控制下的企业合并的主要特征是参与合并的各方，在合并前后均受同一方或相同的多方控制，并且不是暂时性的。

通常情况下，同一控制下的企业合并是指发生在同一企业集团内部企业之间的合并。如母公司将全资子公司的净资产转移至母公司并注销子公司，母公司将其拥有的对一个子公司的权益转移至另一子公司。

同一控制下企业合并的主要特点：其一，从最终实施控制方的角度来看，其所能够实施控制的净资产，没有发生变化，原则上应保持其账面价值不变；其二，由于该类合并发生于关联方之间，交易作价往往不公允，很难以双方议定的价格作为核算基础，因为如果以双方议定的价格作为核算基础的话，可能会出现增值的情况。

参与合并的企业在合并前后不受同一方或相同的多方最终控制的，为非同一控制下的企业合并。非同一控制下的企业合并的特征是不存在一方或多方控制的情况下，一个企业购买另一个或多个企业股权或净资产的行为。参与合并的各方，在合并前后均不属于同一方或多方最终控制。

非同一控制下企业合并的主要特点：其一，参与合并的各方不受同一方或相同的多方控制，是非关联的企业之间进行的合并，合并大多是出自企业自愿的行为；其二，交易过程中，各方出于自身的利益考虑会进行激烈的讨价还价，交易以公允价值为基础，交易对价相对公平合理。

二、企业合并的税务处理

（一）企业合并的所得税处理方法

企业合并的所得税处理主要涉及合并引起的被合并企业资产的转移是否视同销售并纳税、被合并企业资产的计税成本是否调整、被合并企业合并以前的所得税事项是否由合并企业承担、被并企业股东是否确认股权转让收益并纳税等问题。

1. 相关的法律规定

由于我国公司并购活动是从20世纪90年代开始逐步活跃起来的，对企业合并的税法规定始于1997年，相关的税收处理规则散见于国家税务总局发布的《企业改组改制中若干所得税义务问题的暂行规定》（国税发［1998］97号）、《关于企业股权投资业务若干所得税问题的通知》（国税发［2000］118号）、《关于企业合并分立业务有关所得税问题的通知》（国税发［2000］119号）、《关于外国投资者并购境内企业股权有关税收问题的通知》（国税发［2003］160号）、财政部和国家税务总局联合发布的《关于企业重组业务企业所得税处理若干问题的通知》（财税发［2009］59号）等文件中。其中最为重要的要数财政部和国家税务总局联合发布的《关于企业重组业务企业所得税处理若干问题的通知》（财税发［2009］59号），它对企业重组业务中的所得税处理做出了明确的规定。

（1）企业重组的税务处理区分不同条件分别适用一般性税务处理规定和特殊性税务处理规定。企业合并的当事各方应按下列规定处理：一是合并企业应按公允价值确定接受被合并企业各项资产和负债的计税基础。二是被合并企业及其股东都应按清算进行所得税处理。三是被合并企业的亏损不得在合并企业结转弥补。

（2）企业重组同时符合下列条件的，适用特殊性税务处理规定：一是具有合理的商业目的，且不以减少、免除或者推迟缴纳税款为主要目的。二是被收购、合并或分立部分的资产或股权比例符合本通知规定的比例。三是企业重组后的连续12个月内不改变重组资产原来的实质性经营活动。四是重组交易对价中涉及股权支付金额符合本通知规定比例。五是企业重组中取得股权支付的原主要股东，在重组后连续12个月内，不得转让所取得的股权。

企业股东在该企业合并发生时取得的股权支付金额不低于其交易支付总额的85%，以及同一控制下且不需要支付对价的企业合并，可以选择按以下规定处理：①合并企业接受被合并企业资产和负债的计税基础，以被合并企业的原有计税基础确定。②被合并企业合并前的相关所得税事项由合并企业承继。③可由合并企业弥补的被合并企业亏损的限额=被合并企业净资产公允价值×截至合并业务发生当年年末国家发行的最长期限的国债利率。④被合并企业股东取得合并企业股权的计税基础，以其原持有的被合并企业股权的计税基础确定。

2. 所得税处理方法

上述规定实际上为企业合并提供了两种税务处理方法，前一种习惯上称为“应税合并”即一般性税务处理，后一种习惯上称为“免税合并”即特殊性税务处理。这两种方法在适用范围、合并收益处理及被合并企业资产计税成本确定等方面都存在差异。

从税收方面分析，对于合并方来说，主要是一种支付行为，所以一般不涉及税收问题（非货币性资产支付一般需要视同销售）；对于被合并方来说，企业被合并注销后，企业资产被兼并转移，企业股东获得收入，因此，被合并企业涉及资产转移的税收问题。

（1）应税合并

应税合并可以适用于所有合并类型的税务处理。其基本思路是：对被合并企业转移的整体资产视作销售而计算应纳税所得额，合并企业并入该部分资产的计税成本以其公允价值（或评估确认值）为基础确定。这种处理方式类似于会计处理上的购买法。其税务处理主要包括以下几个方面：

①被合并企业的税务处理。计税时要求对被合并企业计算财产转让所得，即以合并企业为合并而支付的现金及其他代价减去被合并企业合并基准日净资产的计税成本，并将该财产转让所得计入当期应纳税所得额。如果被合并企业合并前存在尚未弥补的亏损，可以该财产转让所得抵补，余额应缴纳企业所得税，不足弥补的亏损不得结转到合并企业弥补。

②被合并企业股东（企业法人）的税务处理。被合并企业股东取得合并收购价款和其他利益后，应视为对原股权的清算分配，计算其股权投资所得和股权投资转让所得或损失。在这里要特别注意区分两种不同性质的所得。股权投资所得是指企业通过股权投资从被投资企业所得税后累积未分配利润和累积盈余公积中分配取得股息、红利性质的投资收益；而股权投资转让所得或损失是指企业收回、转让或清算处置股权投资的收入减除股权投资成本后的余额。对于前者，被合并企业股东只需在其适用的所得税税率高于被合并企业时，按税率差补缴所得税，若其税率低于或等于被合并企业的适用税率，则无须缴纳所得税；而对于后者，被合并企业股东应将该所得并入企业的应纳税所得，按适用税率全额缴纳企业所得税。

另外，根据《国家税务总局关于印发〈企业改组改制中若干所得税问题的暂行规定〉的通知》的有关规定，进行清算转让全资子公司时投资方应分享的被投资方累积未分配利润和累积盈余公积确认为投资方股息性质的所得，即股权投资所得，为避免对税后利润重征税，在计算投资方的股权转让所得时，允许从转让收入中减除上述股息性质的所得。在企业合并业务中，被合并企业已经按照取得的收购款与企业净资产计税成本间的差额缴纳了所得税，这样，因合并转让带来的收益便转化为被合并企业的未分配利润或盈余公积，因此，即便收购价款在实际中是支付给被合并企业股东的，也应当视作是支付给被合并企业，被合并企业股东只是在被合并企业取得全部资产转让所得并依法纳税后获得被合并企业以其全部净资产进行的利润分配。被合并企业股东应当以收到的分配支付额中属于合并企业累积未分配利润以及累积盈余公积的部分作为股权投资所得计缴所得税，将分配支付额中属于原投资成本的部分视为投资回收，不缴税，如果分配支付额超过了前两项之和，则超过部分视为股权投资转让所得计缴所得税。由此可见，企业合并业务中被合并企业股东取得的收益主要属于股权投资所得的性质，只需在其适用税率高于被合并企业税率时按税率差补缴税款，否则会造成重复征税的问题。

③合并企业的税务处理。合并企业支付的合并价款中如果包含非现金资产，则应对这部分非现金资产视同销售计缴所得税，除此之外，不发生所得税纳税义务。同时，合并企业接受被合并企业的有关资产，计税时可按评估确认的价值确定成本。

同时，财税［2009］59号文件第四条第四项规定，企业重组，除符合本通知规定适用特殊性税务处理规定的外，按以下规定进行税务处理：第一，合并企业应按公允价值确定接受被合并企业各项资产和负债的计税基础。第二，被合并企业及其股东都应按清算进行所得税处理。第三，被合并企业的亏损不得在合并企业结转弥补。以上处理，即一般性税务处理。

【案例7－1】 甲企业合并乙企业，乙企业被合并时账面净资产为5 000万元，评估公允价值为6 000万元。乙企业股东收到合并后新企业股权4 000万元，其他非股权支付2 000万元。此合并中，甲企业接受乙企业的净资产按公允价值6 000万元作为计税基础。乙企业资产评估增值1 000万元需要按规定缴纳企业所得税，税后按清算分配处理。

（2）免税合并

免税合并重组仅适用于满足特定条件下的企业合并，即非股权支付额不高于所支付的股权票面价值20%的情况下的企业合并，这种合并基本上可归属为换股合并。其基本思路是：对被合并企业因合并而转移的整体资产不视同销售处理，不交财产转让所得税，合并企业并入该部分资产的计税成本以合并前的账面价值为基础确定。其税务处理主要包括以下几个方面：

①被合并企业的税务处理。被合并企业不计算确认全部资产的转让所得或损失，其合并以前的全部企业所得税纳税事项由合并企业承担，未弥补完的以前年度亏损可由合并企业继续弥补。这里需要注意两点：第一，合并企业继承了被合并企业的全部所得税事项，而不仅仅是亏损弥补，还应当包含未缴税款的清缴、购买国产设备抵税等事项。第二，亏损弥补也有严格的限制条件，一方面，弥补期限不能超过法定的弥补期，弥补期限应连续计算；另一方面，弥补数额必须按弥补的被合并企业亏损的限额＝被合并企业净资产公允价值×截至合并业务发生当年年末国家发行的最长期限的国债利率这个公式计算出的弥补限额之内，而这个计算公式体现了弥补被合并企业亏损的所得应与被合并企业的资产相关的原则，每年可弥补亏损的限额受制于被合并企业净资产公允价值在合并后企业全部净资产公允价值中的比重，如果被合并企业净资产价值太小，则亏损弥补就很难实现。

②被合并企业股东的税务处理。被合并企业股东的换股行为不作视同销售处理，不缴所得税，被合并企业股东换得新股的成本，须以其所持旧股的成本为基础确定。但未交换新股的被合并企业的股东取得的全部非股权支付额，以及采取换股形式的股东在获取合并企业股权的同时取得的少数非股权支付额，都应视为其持有的全部或对应比例的旧股的转让收入，按规定计算财产转让所得或损失，依法缴纳所得税。

③合并企业的税务处理。合并企业除需对其少数非货币性质的非股权支付额按照视同销售计缴所得税外，基本上无须纳税。合并企业接受被合并企业全部资产的计税成本，须以被合并企业原账面净值为基础确定，实际上应当等于这些资产在被合并企业的原计税成本。

对于免税合并，应当注意两点：第一，所谓免税合并，并非真正意义上的免税，只不过是对被合并企业转移的资产暂免征税，因为合并后的企业在将来转让这些资产或者耗用资产结转成本时，要按照原计税成本计算应纳税所得，这部分资产的增值会在这时得以反映并被征税，所以严格来说，这种所谓的免税重组只是一种延迟纳税的规定，在会计上表现为一种时间性差异。但是如果考虑时间价值的话，这种延迟纳税会给合并各方带来收益。而且在免税合并方式下合并企业可以弥补被合并企业未弥补完的亏损，这种政策相对于应税合并来说则很可能带来税负绝对额的降低。第二，免税合并中，合并企业换入被合并企业全部资产在税收上被固定为原计税成本，这部分资产的隐含增值将在合并企业缴纳企业所得税，并由合并后企业的全体股东承担。因此，在免税合并方式下，应当考虑这一因素对合并双方股东利益的影响，并相应调整合并价款。

财税［2009］59号文件第五条规定，企业重组同时符合下列条件的，适用特殊性税务处理规定：（1）具有合理的商业目的，且不以减少、免除或者推迟缴纳税款为主要目的。（2）被收购、合并或分立部分的资产或股权比例符合本通知规定的比例。（3）企业重组后的连续12个月内不改变重组资产原来的实质性经营活动。（4）重组交易对价中涉及股权支付金额符合本通知规定比例。（5）企业重组中取得股权支付的原主要股东，在重组后连续12个月内，不得转让所取得的股权。该文件同时规定，符合通知第五条规定条件的企业合并，企业股东在该企业合并发生时取得的股权支付金额不低于其交易支付总额的85%，以及同一控制下且不需要支付对价的企业合并，可以选择对交易中股权支付暂不确认有关资产的转让所得或损失。

【案例7-2】 甲企业合并乙企业，乙企业被合并时账面净资产为5 000万元，评估公允价值为6 000万元。乙企业股东收到合并后企业股权5 500万元，其他非股权支付500万元，则股权支付额占交易支付总额比例为92%（5 500÷6 000×100%），超过85%，双方可以选择特殊性税务处理，即资产增值部分1 000万元不缴纳企业所得税。同时，甲乙双方的股份置换也不确认转让所得或损失。

特殊性税务处理中，非股权支付额要纳税。财税［2009］59号文件第六条第（六）项规定，重组交易各方按规定对交易中股权支付暂不确认有关资产的转让所得或损失的，其非股权支付仍应在交易当期确认相应的资产转让所得或损失，并调整相应资产的计税基础。非股权支付对应的资产转让所得或损失=（被转让资产的公允价值-被转让资产的计税基础）×（非股权支付金额÷被转让资产的公允价值）。按上例，乙企业股东取得新合并企业股权5 500万元，取得非股权500万元。假如乙企业股东原投入乙企业的股权投资成本为4 000万元，则增值2 000（5 500+500-4 000）万元。股东取得的非股权收入500万元对应的转让所得为：500÷6 000×2 000=166.7（万元）。股东取得新股的计税成本不是5 500万元，而是3 666.7（4 000-500+166.7）万元。这就是财税［2009］59号文件第六条第（四）项规定的“被合并企业股东取得合并企业股权的计税基础，以其原持有的被合并企业股权的计税基础确定”。

特殊合并的企业，由于被合并企业资产增值和损失税收上没有确认，所以，接收资产时也是按原企业资产账面价值作为计税基础。财税［2009］59号文件第六条第（四）项规定，企业合并，企业股东在该企业合并发生时取得的股权支付金额不低于其交易支付总额的85%，以及同一控制下且不需要支付对价的企业合并，可以选择按以下规定处理：（1）合并企业接受被合并企业资产和负债的计税基础，以被合并企业的原有计税基础确定。（2）被合并企业合并前的相关所得税事项由合并企业承继。如上例，甲企业合并乙企业，尽管乙企业净资产的公允价值为6 000万元，但其账面价值为5 000万元，合并后的企业只能以5 000万元作为接受资产的计税基础。

【案例7-3】 2008年9月，四川双马发布重大重组预案公告称，公司将通过定向增发，向该公司的实际控制人拉法基中国海外控股公司（以下简称拉法基中国）发行36 809万股A股股票，收购其持有的都江堰拉法基水泥有限公司（以下简称都江堰拉法基）50%的股权。增发价7.61元/股。收购完成后，都江堰拉法基将成为四川双马的控股子公司。都江堰拉法基成立时的注册资本为856 839 300元，其中都江堰市建工建材总公司的出资金额为214 242 370元，出资比例为25%，拉法基中国的出资金额为642 596 930元，出资比例为75%。根据法律法规，拉法基中国承诺，本次认购的股票自发行结束之日起36个月内不上市交易或转让。

此项股权收购完成后，四川双马将达到控制都江堰拉法基的目的，因此符合《通知》规定中的股权收购的定义。

尽管符合控股合并的条件，尽管所支付的对价均为上市公司的股权，但由于四川双马只收购了都江堰拉法基的50%股权，没有达到75%的要求，因此应当适用一般性处理：

（1）被收购企业的股东：拉法基，应确认股权转让所得。

股权转让所得=取得对价的公允价值－原计税基础=7.61×368 090 000－856 839 300×50%=2 372 745 250（元）

由于拉法基中国的注册地在英属维尔京群岛，属于非居民企业，因此其股权转让应纳的所得税为：2 372 745 250×10%=237 274 525（元）

（2）收购方：四川双马取得（对都江堰拉法基）股权的计税基础应以公允价值为基础确定，即2 801 164 900（7.61×368 090 000）元。

（3）被收购企业：都江堰拉法基的相关所得税事项保持不变。

如果其他条件不变，拉法基中国将转让的股权份额提高到75%，也就转让其持有的全部都江堰拉法基的股权，那么由于此项交易同时符合《通知》中规定的5个条件，因此可以选择特殊性税务处理：

①被收购企业的股东：拉法基中国，暂不确认股权转让所得。

②收购方：四川双马取得（对都江堰拉法基）股权的计税基础应以被收购股权的原有计税基础确定，即428 419 650（856 839 300×50%）元。

③被收购企业：都江堰拉法基的相关所得税事项保持不变。

可见，如果拉法基中国采用后一种方式，转让都江堰拉法基水泥有限公司75%的股权，则可以在当期避免2.37亿元的所得税支出。

需要注意的是，企业选择特殊性税务处理的，当事各方应在该重组业务完成当年企业所得税年度申报时，向主管税务机关提交书面备案资料，证明其符合各类特殊性重组规定的条件。企业未按规定书面备案的，一律不得按特殊重组业务进行税务处理。但企业发生涉及中国境内与境外之间（包括港澳台地区）的股权和资产收购交易，除应符合上述规定的条件外，还应同时符合下列条件，才可选择适用特殊性税务处理规定：一是非居民企业向其100%直接控股的另一非居民企业转让其拥有的居民企业股权，没有因此造成以后该项股权转让所得预提税负担变化，且转让方非居民企业向主管税务机关书面承诺在3年（含）内不转让其拥有受让方非居民企业的股权。二是非居民企业向与其具有100%直接控股关系的居民企业转让其拥有的另一居民企业股权。三是居民企业以其拥有的资产或股权向其100%

直接控股的非居民企业进行投资。四是财政部、国家税务总局核准的其他情形。文件同时规定，在企业吸收合并中，合并后的存续企业性质及适用税收优惠的条件未发生改变的，可以继续享受合并前该企业剩余期限的税收优惠，其优惠金额按存续企业合并前一年的应纳税所得额（亏损计为零）计算。

（二）其他税种的处理

企业合并的税务处理主要包括流转税和所得税的处理。企业产权整体转让过程中涉及的货物转移不征收增值税，非换股合并中随同整体产权转让到合并企业的不动产、无形资产不征收营业税，而换股合并中的不动产、无形资产的转移可以视作被合并企业股东以不动产、无形资产投资入股参与接受合并后企业对投资方的利润分配、共同承担风险的行为，也不征收营业税。

1. 增值税。企业合并是将其全部资产和负债转让给另一家现存或新设企业，为其股东换取合并企业的股权或其他财产。根据国家税务总局《关于转让企业全部产权不征收增值税问题的批复》（国税函［2002］420号）的规定，增值税是对销售货物或者提供加工、修理修配劳务以及进口货物的单位和个人就其实现的增值额征收的一个税种。增值税的征收范围为销售货物或者提供加工、修理修配劳务以及进口货物，而转让企业全部产权是整体转让企业资产、债权、债务及劳动力的行为，因此，转让企业全部产权包括债权、债务涉及的应税货物的转让，不属于增值税的征税范围，不征收增值税。此外，如果被合并企业在合并前有未抵扣的进项税，可以继续在合并企业抵扣。

2. 土地增值税。土地增值税是指转让国有土地使用权、地上的建筑物及其附着物并取得收入的单位和个人，以转让所取得的收入包括货币收入、实物收入和其他收入为计税依据向国家缴纳的一种税负，不包括以继承、赠与方式无偿转让房地产的行为。根据财政部、国家税务总局《关于土地增值税一些具体问题规定的通知》（财税［1995］48号）的规定，在企业兼并中，对被兼并企业将房地产转让到兼并企业的，暂免征收土地增值税。企业合并属于企业兼并的范畴，因此，对被合并企业将房地产转让到合并企业的，同样应当暂免征收土地增值税。

3. 营业税。营业税是对在我国境内提供应税劳务、转让无形资产或销售不动产的单位和个人，就其所取得的营业额征收的一种税。企业合并将其全部资产和负债转让给另一家现存或新设企业，为其股东换取合并企业的股权的，根据国家税务总局《关于转让企业产权不征营业税问题的批复》（国税函［2002］165号）的规定，转让企业产权是整体转让企业资产、债权、债务及劳动力的行为，其转让价格不仅仅是由资产价值决定的，与企业销售不动产、转让无形资产的行为完全不同，企业合并中所转让的不动产、无形资产不属于营业税的征税范围。因此，转让企业产权的行为不征收营业税。

4. 契税。契税是以所有权发生转移变动的不动产为征税对象，向产权承受人征收的一种财产税。两个或两个以上的企业，依据法律规定、合同约定，合并改建为一个企业，且原投资主体存续的，对其合并后的企业承受原合并各方的土地、房屋权属，免征契税。

5. 印花税。印花税是以经济活动中签订的各种合同、产权转移书据、营业账簿、权利许可证照等应税凭证文件为对象所征的税。根据财政部、国家税务总局《关于企业改制过程中有关印花税政策的通知》（财税［2003］183号）的规定，企业因改制（包括合并、分立等）签订的产权转移书据免予贴花。

三、企业合并税务处理与会计处理的比较

（一）企业合并业务所得税会计处理

新企业会计准则规定企业应采用资产负债表债务法对所得税进行会计处理。所谓资产负债表债务法，是从暂时性差异产生的本质出发，分析暂时性差异产生的原因及其对期末资产负债表的影响。当税率变动或税基变动时，必须按预期税率对“递延所得税负债”和“递延所得税资产”账户余额进行调整。计税基础是资产负债表债务法的关键，新企业会计准则规定“企业在取得资产、负债时，应当确定其计税基础。资产、负债的账面价值与其计税基础存在差异的，应当按照本准则规定确认所产生的递延所得税资产或递延所得税负债”。在明确了计税基础后，就可以计算暂时性差异。按照暂时性差异对未来期间应税金额的影响，分为应纳税暂时性差异和可抵扣暂时性差异。当资产账面价值小于其计税基础或负债的账面价值大于其计税基础时，产生应纳税暂时性差异，应确认为递延所得税负债。当资产账面价值大于其计税基础或负债的账面价值小于其计税基础时，产生可抵扣暂时性差异，应确认为递延所得税资产。

【案例7-4】鑫锐公司于2007年1月1日支付现金200万元，并以每股市价40元发行每股面值20元的普通股70万股，收购甲企业的全部资产，并承担其全部负债，甲、乙两公司的合并属非同一控制下的企业合并（吸收合并）。经税务机关审核确认，顺达公司不确认全部资产的转让所得或损失，不计算缴纳所得税。假定顺达公司在2009年1月1日的资产和负债的账面价值和公允价值如表7-1所示。且假定顺达公司的存货按照先进先出法计价，会计和税法对固定资产均采取直线折旧，折旧年限为5年，无残值。鑫锐公司从2007年至2011年的税前会计利润均为1 500万元，且在此5年期间没有发生其他造成会计与税法差异的事项。只考虑所得税影响下的会计处理方法（所得税税率为30%）。

1. 所得税不变情况下的会计处理。本例中，鑫锐公司的存货与固定资产在取得时，其会计入账金额就与税法认可的金额不一致，这种差异并不能归为时间性差异或永久性差异。

表7-1 **企业合并时的合并价差分配** 单位：万元

购买成本	2 800
所获净资产的账面价值	2 000
投资成本大于净资产账面价值的差额（合并价差）	800
合并价差分配：	公允价值－账面价值＝分配金额
存货（2007年出售） 减：所得税	1 000－700＝300 300×30%＝90
固定资产（按5年计提折旧） 减：所得税	1 200－800＝400 400×30%＝120
分配给可辨认净资产的数额	490
商誉（剩余金额）	310

（1）鑫锐公司2007年1月1日的会计分录为：

借：应收账款	9 000 000	
存货	10 000 000	
其他流动资产	6 000 000	
固定资产	12 000 000	
商誉	3 100 000	
贷：应付账款		2 000 000
应付债券		2 000 000
长期应付款		6 000 000
库存现金		2 000 000
股本		14 000 000
资本公积		14 000 000
递延所得税负债		2 100 000

（2）鑫锐公司2007年12月31日：

本年应交所得税＝（1 500＋300＋80）×30%＝564（万元）

年末固定资产的账面价值＝1 200－240＝960（万元）

年末固定资产的计税基础＝800－160＝640（万元）

年末暂时性差异＝960－640＝320（万元）

年末递延所得税负债应有余额＝320×30%＝96（万元）

应冲减递延所得税负债的金额＝210－96＝114（万元）

本年应确认所得税费用＝564－114＝450（万元）

借：所得税费用	4 500 000	
递延所得税负债	1 140 000	
贷：应交税费		5 640 000

（3）鑫锐公司2008年12月31日：

本年应交所得税＝（1 500＋80）×30%＝474（万元）

年末固定资产的账面价值＝1 200－480＝720（万元）

年末固定资产的计税基础＝800－320＝480（万元）

年末暂时性差异＝720－480＝240（万元）

年末递延所得税负债应有余额＝240×30%＝72（万元）

应冲减递延所得税负债的金额＝96－72＝24（万元）

本年应确认所得税费用＝474－24＝450（万元）

借：所得税费用	4 500 000	
递延所得税负债	240 000	
贷：应交税费		4 740 000

（4）鑫锐公司2009年12月31日：

本年应交所得税＝（1 500＋80）×30%＝474（万元）

年末固定资产的账面价值＝1 200－720＝480（万元）

年末固定资产的计税基础＝800－480＝320（万元）

年末暂时性差异 =480 - 320 =160（万元）

年末递延所得税负债应有余额 =160 ×30% =48（万元）

应冲减递延所得税负债的金额 =72 -48 =24（万元）

本年应确认所得税费用 =474 -24 =450（万元）

借：所得税费用　　4 500 000

　　递延所得税负债　　240 000

　　贷：应交税费　　4 740 000

（5）鑫锐公司 2010 年 12 月 31 日：

本年应交所得税 =（1 500 +80）×30% =474（万元）

年末固定资产的账面价值 =1 200 -860 =240（万元）

年末固定资产的计税基础 =800 -640 =160（万元）

年末暂时性差异 =240 -160 =80（万元）

年末递延所得税负债应有余额 =80 ×30% =24（万元）

应冲减递延所得税负债的金额 =48 -24 =24（万元）

本年应确认所得税费用 =474 -24 =450（万元）

借：所得税费用　　4 500 000

　　递延所得税负债　　240 000

　　贷：应交税费　　4 740 000

（6）2011 年 12 月 31 日，年末固定资产的账面价值和计税基础均为 0，所以不存在暂时性差异，即：

本年应交所得税 =（1 500 +80）×30% =474（万元）

年末暂时性差异、年末递延所得税负债应有余额 =0

应冲减递延所得税负债的金额 =24 -0 =24（万元）

本年应确认所得税费用 =474 -24 =450（万元）

借：所得税费用　　4 500 000

　　递延所得税负债　　240 000

　　贷：应交税费　　4 740 000

2. 所得税变化情况下的会计处理。假定鑫锐公司其他条件不变，所得税税率 2009 年变为 25%，则（1）、（2）、（3）分录同上。

（4）鑫锐公司 2009 年 12 月 31 日：

本年应交所得税 =（1 500 +80）×25% =395（万元）

年末固定资产的账面价值 =1 200 -720 =480（万元）

年末固定资产的计税基础 =800 -480 =320（万元）

年末暂时性差异 =480 -320 =160（万元）

年末递延所得税负债应有余额 =160 ×25% =40（万元）

应冲减递延所得税负债的金额 =72 -40 =32（万元）

本年应确认所得税费用 =395 -32 =363（万元）

借：所得税费用　　3 630 000

　　递延所得税负债　　320 000

贷：应交税费 3 950 000

（5）鑫锐公司2010年12月31日：

本年应交所得税 =（1 500 + 80）×25% = 395（万元）

年末固定资产的账面价值 = 1 200 - 860 = 240（万元）

年末固定资产的计税基础 = 800 - 640 = 160（万元）

年末暂时性差异 = 240 - 160 = 80（万元）

年末递延所得税负债应有余额 = 80 × 25% = 20（万元）

应冲减递延所得税负债的金额 = 40 - 20 = 20（万元）

本年应确认所得税费用 = 395 - 20 = 375（万元）

借：所得税费用 3 750 000

递延所得税负债 200 000

贷：应交税费 3 950 000

（6）2011年12月31日，年末固定资产的账面价值和计税基础均为0，所以不存在暂时性差异，即：

本年应交所得税 =（1 500 + 80）×25% = 395（万元）

年末暂时性差异、年末递延所得税负债应有余额 = 0

应冲减递延所得税负债的金额 = 20 - 0 = 20（万元）

本年应确认所得税费用 = 395 - 20 = 375（万元）

借：所得税费用 3 750 000

递延所得税负债 200 000

贷：应交税费 3 950 000

（二）吸收合并和新设合并下与会计处理的比较

会计上，合并方根据是同一控制下的合并还是非同一控制下的合并，将被合并方的资产按账面价值（同一控制）或公允价值（非同一控制）入账；税收上，合并方支付的对价中非股权支付额的份额，若超过了所支付股权面值的20%，则并入资产的计税基础为被合并方资产的公允价值；若未超过20%则并入资产的计税基础为被合并方资产的账面价值。

因此，同一控制下的合并且合并方支付的对价中非股权支付额的份额不超过所支付股权面值的20%时，资产的入账价值与计税基础一致（均为被合并方资产的账面价值）；非同一控制下的合并且合并方支付的对价中非股权支付额的份额超过所支付股权面值的20%时，资产的入账价值与计税基础一致（均为被合并方资产的公允价值）。同一控制下的合并且合并方支付的对价中非股权支付额的份额超过所支付股权面值的20%时，资产的入账价值为被合并方资产的账面价值，计税基础为被合并方资产的公允价值；非同一控制下的合并且合并方支付的对价中非股权支付额的份额不超过所支付股权面值的20%时，资产的入账价值为被合并方资产的公允价值，计税基础为被合并方资产的账面价值。假定A = 合并方支付的非股权支付额/合并方支付的股权面值，以上情况可概括见表7 - 2。

表 7－2 非同一控制与同一控制的比较

项目	非同一控制	同一控制下
A≤20%	①	③
A＞20%	②	④

注：
①账面价值＝被合并方资产的公允价值；计税基础＝被合并方资产的账面价值。
②账面价值＝计税基础＝被合并方资产的公允价值。
③账面价值＝计税基础＝被合并方资产的账面价值。
④账面价值＝被合并方资产的账面价值；计税基础＝被合并方资产的公允价值。

由此可见，如果被合并方资产的账面价值与公允价值不一致，①④情况下会产生暂时性差异。当资产的入账价值大于计税基础产生应纳税暂时性差异时，会计上可借记“资本公积”、贷记“递延所得税负债”，在被合并企业的资产耗用或处置时转销；当资产的入账价值小于计税基础产生可抵扣暂时性差异时，会计上可借记“递延所得税资产”，贷记“资本公积”，在被合并企业的资产耗用或处置时转销。

（三）控股合并下与会计处理的比较

控股合并可以通过以下几种交易类型来实现：类型一，并购方直接用自己的资产对目标公司投资，在目标公司增资扩股后，并购方获得控制性大股东地位；类型二，并购方和目标公司的大股东发生交易，改变目标公司的股权结构，取得目标公司控股股东地位。当控股方以非货币性资产对外投资取得股权时，若属于同一控制下获取的股权，会计上按账面价值结转，不确认转让损益，即不影响交易当期的会计利润。但在税法上却要分为按公允价值销售有关非货币性资产和投资两项经济业务进行所得税处理，即确认损益。也就是说，长期股权投资的入账价值为支付对价的账面价值，计税基础为支付对价的公允价值，账面价值与计税基础不一致。当账面价值大于计税基础产生应纳税暂时性差异时，会计上可借记“所得税费用”，贷记“递延所得税负债”，在投资收回、转让或处置时转销；当账面价值小于计税基础产生可抵扣暂时性差异时，会计上借记“递延所得税资产”、贷记“所得税费用”，在投资收回、转让或处置时转销。若属于非同一控制下获取的股权，会计上按支付对价的公允价值结转，确认非货币性资产的转让损益，税法上同样要确认损益，即长期股权投资的入账价值与计税基础相一致，均为投资方支付对价的公允价值。

第二节 企业分立的税务处理

公司进行组织改造之重要模型主要有合并与分立。合并与分立就其功能而一言，合并是指将两个以上公司的营业与资产合而为一成为公司，而分立是指将一个公司的营业和资产分割成为两个以上的公司，两者具有完全不同的目的和效用。在现今国际化、情报化的时代里企业环境日新月异，企业正处于跨越时间和空间限制的无限制竞争状态。这种环境的变化意味着在激烈的竞争中，企业为了其生存的唯一方法是保持其竞争力，而单靠量的膨胀的规模竞争则无法保障企业的生存。公司分立是公司为了在如此急剧变化的国内外企业环境中生存而依据公司内部的自发性意思决定而缩小其规模使之成为最适应于其经营能力形态的企业组织改造的手段。因此，恰当地选择并灵活运用合并与分立及其相互结合的结构调整方法，公司就能以最佳的姿态来适应变化着的经营环境。

相比合并而言，公司分立是实践中并没被人注视而且进入到公司法内的日期较晚、较新型的制度。公司分立制度由 1966 年法国上市公司法率先规定，然后普及到法国法系各个国家，于 1982 年欧盟公司法第六指令鼓励各成员国建立公司分立制度以后，逐渐进入到各个国家的公司法内，但实践中分立作为组织改造的手段引起各国的注目是最近的事。因为分立制度的历史短且各国采用的分立制度有相当大的差异，因此对分立制度下一个定义是颇有难度的事情。

一、公司分立概述

（一）公司分立的含义

公司法中公司分立可以理解为一种与公司合并相反的制度。即广义上的公司分立是指把进行分立的公司（以下简称“分立公司”）的积极、消极财产的全部或部分分立出来，部分概括承继为至少一个以上新设公司或既存公司（以下简称“新设公司、承继公司”），并作为对价将承继公司的股份以及社员权原则性地赋予分立公司的出资股东（或者社员）的公司法行为及制度。公司分立的概念可分为狭义的公司分立、广义上的公司分立及最广义上的公司分立。下面首先从具有普遍性的广义的公司分立开始逐个说明狭义的公司分立和最广义的公司分立。

广义的公司分立是指将分立公司的积极，消极财产的全部或部分分立出来，部分概括承继为各个不同的新设公司或既存公司，其承继公司作为对价将承继公司的股份（或者社员权）赋予分立公司的情况和赋予作为分立公司出资人的股东（或者社员）的情况均包括在内的概念，是一种最为普遍的公司分立概念。

狭义的公司分立是指特定公司将包括积极财产和消极财产在内的公司财产的一部分或全部分离出来，概括承继给新设公司或既存公司，并把作为对价将取得新设公司或既存公司的股份并将此分配给公司股东或社员，使一个公司分化为多个公司的公司行为。一般把承受分立公司财产的承继公司发行的股份（或社员权）归属于分立公司股东的分立形态视为基本的分立类型即狭义的公司分立。

另外，最广义上的公司分立是指从其功能性角度着眼的，一个既存公司将其营业或财产分离而分化成两个以上公司的各种各样组织改造形式都包括在内的概念。韩国、日本、中国台湾等地在引入公司分立法制之前，为了取得相同的法律效果与经济效用使用营业转让、现物出资及资产转移等迂回方法来分立公司的事业部门及总体社员并转移至承继公司从而形成组织改造。这不是公司法中明文规定的公司分立，因而与公司法中的公司分立区别而称为“事实上公司分立”。严格来说，这不属于公司法上的分立。但在学术上，通常把这种“事实上的公司分立”与公司法中的公司分立一同包括在最广义的公司分立概念范围内。

在承认公司法中的公司分立制度的各个国家中所采用的公司分立的具体形态各有不同。因此，有关公司分立的正确的法定概念，只能根据各个国家的现行法所定义。

我国1994年7月1日起颁布施行的《公司法》第七章中对公司合并、分立制度作了专门规定。可是《公司法》第七章中并没有对公司分立的定义形式作出界定。后来于1999年对外经济贸易合作部和国家工商行政管理局颁布的《关于外商投资企业合并与分立的规定》，对公司分立的内容则作了较为详细的规定。该规定第四条规定：本规定所称公司分立，是指一个公司依照公司法有关规定，通过公司最高权力机构决议分成两个以上的公司。公司分立可以采取存续分立和解散分立两种形式。存续分立，是指一个公司分离成两个以上的公司，本公司继续存在并设立一个以上新的公司。解散分立，是指一个公司分解为两个以上公司，本公司解散并设立两个以上新的公司。

（二）公司分立业务的类型

公司分立按照不同的标准，可以分为多种类型：按照分立后组织形式的变化，可分为存续分立和新设分立；按照分立后股权结构的变化，可分为让产分权式分立、让产赎权式分立、让产扩股式分立、股权分割式分立。

1. 按照分立后组织形式的变化，可分为存续分立和新设分立。存续分立，又称派生分立。是指一个公司将一部分财产或营业依法分出，成立两个或两个以上公司的行为。在存续分立中，原公司继续存在，原公司的债权债务可由原公司与新公司分别承担，也可按协议由原公司独立承担。新公司取得法人资格，原公司也继续保留法人资格。

存续分立可表示为：甲公司（变更公司）-甲公司（变更后的甲公司）+乙公司（新设公司）。

新设分立，又称解散分立，是指一个公司将其全部财产分割，解散原公司，并将其财产分别归入两个或两个以上新公司的行为。在新设分立中，原公司的财产按照各个新成立公司的性质、宗旨、业务范围进行重新分配组合。同时原公司解散，债权、债务由新设立的公司分别承担。新设分立，是以原有公司的法人资格消灭为前提，成立新公司。

新设分立可表示为：甲公司（注销公司）-乙公司（新设公司）+丙公司（新设公司）。

2. 按照分立后股权结构的变化，可分为让产分权式分立、让产赎权式分立、让产扩股式分立、股权分割式分立。

让产分权式分立，是指公司将没有法人资格的部分营业分立出去成立新公司，将新公司股权按比例分配给被分立企业的全部股东。分立企业的股权结构（股权人数及股权比例）与被分立企业相同。

让产分权式分立可表示为：甲（A、B、C、D）-甲（A、B、C、D）+乙（A、B、C、D）

让产赎权式分立，是指公司将没有法人资格的部分营业分立出去成立新公司，将新公司股权分配给被分立企业的部分股东，换回其在被分立企业的股份，从而这部分股东不再持有被分立企业的股份。

让产赎权式分立可表示为：甲（A、B、C、D）-甲（A、B）+乙（C、D）

让产扩权式分立，是指公司将没有法人资格的部分营业分立出去成立新公司，新公司的股权可能是按照比例分配给被分立企业的全体股东，也可能是分配给被分立企业的部分股东，但不管是哪种形式，分立后的企业同时还吸收部分新股东的投资。

让产扩权式分立常见的方式有：甲（A、B、C、D）-甲（A、B、C、D）+乙（A、B、C、D、E）；甲（A、B、C、D）-甲（A、B）+乙（C、D、E）

股权分割式分立，是指公司分割组成两家以上的新公司，原公司解散。这种分立方式实质上就是新设分立（解散分立）。其表现形式也有两种：分立企业的股权结构与被分立企业相同或不同。

即：甲（A、B、C、D）－乙（A、B、C、D）+丙（A、B、C、D、E）；甲（A、B、C、D）－乙（A、B）+丙（C、D）

综观以上各种分立方式，它们有一个共同的特点，那就是由一个法人分立为两个或两个以上的法人。

二、企业分立业务的税务处理

（一）分立业务的企业所得税处理

1. 企业分立需要解决的所得税问题

依据财税［2009］59 号文件，企业重组的税务处理区分不同条件分别适用一般性税务处理规定和特殊性税务处理规定，分立亦是如此。为了方便起见，将适用一般性税务处理规定的分立称为一般分立，将适用特殊性税务处理规定的分立称为特殊分立。

企业发生分立业务时涉及的主要所得税问题有以下四个方面：第一，被分离出去的资产是否确认在转让过程中的财产转让所得或损失，确认后应需并入企业当年损益，计算缴纳企业所得税。第二，分立企业得到被分立企业的资产如何确定其计税基础。第三，被分立企业存在的以前年度尚未弥补的税前亏损，如何在分立后得到弥补。第四，被分立企业的股东取得的分立企业的股权和原持有股权之间的成本确定。

财税［2009］59 号文件出台后，税务机关不再对企业分立实行事先审核确认，企业发生符合规定的特殊性分立条件并选择特殊性税务处理的，当事各方应在该分立业务完成当年企业所得税年度申报时，向主管税务机关提交书面备案资料，证明其符合各类特殊性分立规定的条件。企业未按规定书面备案的，一律不得按特殊分立业务进行税务处理。对于特殊性税务处理，税法不强制企业必须选择，如果企业认为特殊处理并非明智之选，亦可自行放弃。

在判断企业分立是否适用特殊性税务处理时，需要厘清一对关键概念——股权支付与非股权支付。股权支付，是指企业重组中购买、换取资产的一方支付的对价中，以本企业或其控股企业的股权、股份作为支付的形式；非股权支付，是指以本企业的现金、银行存款、应收款项、本企业或其控股企业股权和股份以外的有价证券、存货、固定资产、其他资产以及承担债务等作为支付的形式。在原国税发［2000］119 号文件中，符合免税条件的企业分立中，分立企业支付给被分立企业股东的交换价款中，除分立企业的股权以外的非股权支付额不得高于 20%，依据财税［2009］59 号文，上述比例限制调整到不高于 15%。

2. 特殊重组

特殊重组应同时满足下列基本条件：（1）具有合理的商业目的，且不以减少、免除或者推迟缴纳税款为主要目的。（2）企业分立后的连续 12 个月内不改变重组资产原来的实质性经营活动。（3）企业分立中取得股权支付的原主要股东，在重组后连续 12 个月内，不得转让所取得的股权。

公司分立符合上述基本条件，被分立企业所有股东按原持股比例取得分立企业的股权，分立企业和被分立企业均不改变原来的实质经营活动，且被分立企业股东在该企业分立发生时取得的股权支付金额不低于其交易支付总额的85%，可以选择按下列方法进行税务处理：

（1）分立企业接受被分立企业资产和负债的计税基础，以被分立企业的原有计税基础确定。

（2）被分立企业已分立出去资产相应的所得税事项由分立企业承继。

（3）被分立企业未超过法定弥补期限的亏损额可按分立资产占全部资产的比例进行分配，由分立企业继续弥补。

（4）被分立企业的股东取得分立企业的股权（以下简称“新股”），如需部分或全部放弃原持有的被分立企业的股权（以下简称“旧股”），新股的计税基础应以放弃旧股的计税基础确定。如不需放弃旧股，则其取得新股的计税基础可从以下两种方法中选择确定：一是直接将新股的计税基础确定为零；二是以被分立企业分立出去的净资产占被分立企业全部净资产的比例先调减原持有的旧股的计税基础，再将调减的计税基础平均分配到新股上。

（5）特殊重组交易中股权支付暂不确认有关资产的转让所得或损失的，其非股权支付仍应在交易当期确认相应的资产转让所得或损失，并调整相应资产的计税基础。

非股权支付对应的资产转让所得或损失 =（被转让资产的公允价值 - 被转让资产的计税基础）×（非股权支付金额 ÷ 被转让资产的公允价值）

由此可见，特殊重组除需满足“合理的商业目的”、“经营连续”、“权益连续”三个条件外，还要求分立企业的股权结构与被分立企业相同、股权支付额达到整体交易支付总额的85%。

存续分立中的交易支付总额是指所剥离的净资产（资产 - 负债）的公允价值，包括股权支付额和非股权支付额。其中，股权支付额是指被分立企业的股东持有分立企业股权的公允价值，非股权支付额是指被分立企业的股东从被分立企业直接取得的现金和非现金资产的公允价值。

新设分立（解散分立）中的交易支付总额实际就是被分立企业净资产的公允价值，其中股权支付额是指被分立企业的股东持有各个分立企业股权的公允价值。被分立企业的股东取得的除股权支付额之外的现金和非现金资产为非股权支付额。

依据财税［2009］59号文件，特殊分立需要进行如下所得税处理：

①分立企业接受被分立企业资产和负债的计税基础，以被分立企业的原有计税基础确定。

【案例7－5】 淮安公司由5个投资者（甲、乙、丙、丁、戊）分别投资200万元，各占股份的20%，共计1 000万元组成。2007年该公司有亏损100万元未在税前弥补。2008年1月该公司决定分立成为两个公司，分立时资产负债情况（假定账面价值与计税基础一致）：

淮安公司分立出去成立宿迁公司的资产；

淮安公司所保留的资产与负债；

假设淮安公司还继续经营，此分立为存续分立，如果淮安公司不继续经营，而将所余资产与负债另成立一个淮海公司则为新设分立。

经过了解，本次分拆出去的宿迁公司实际上是原淮安公司的软件分公司，分立的目的是以此软件业务为基础，组建新的公司，在创业板市场上市。可以认为企业分立不具有避税目的，而具有合理商业目的。如果宿迁公司支付给淮安公司股东的是宿迁公司100%的股份，没有非股权支付额，在同时满足其他条件的情况下，则可以选择适用特殊性税务处理规定。按照特殊分立处理时，宿迁公司在分立中取得的存货、固定资产、无形资产都以淮安公司的原有计税基础即本例中的账面价值确定，分别为50万元、100万元和450万元。淮安公司在分立业务中，不计算财产转让所得和损失。

②被分立企业已分立出去资产相应的所得税事项由分立企业承继。在例题中，分立给宿迁公司的有关资产由宿迁公司继续计提折旧并在税前扣除。如果有关资产享受投资抵免等所得税优惠政策，可以由分立企业宿迁公司继承。

③被分立企业未超过法定弥补期限的亏损额可按分立资产占全部资产的比例进行分配，由分立企业继续弥补。

这种按照比例分配亏损额的方法被称为“资产比较测试”。从法理上讲，在企业分立交易中，亏损的结转应该与经营资产的转让相联系。例如，在例题中，假定淮安公司继续原有的基本经营活动，而宿迁公司得到资产后从事其他完全不同的经营活动，此时淮安公司的分立前亏损不能分配给宿迁公司。采用“资产比较测试”确定企业分立可结转的亏损可能导致扭曲，因为被分立企业的全部债务可能被“堆放”在没有利润的分立企业，可能将其公允价值降得很低，甚至为零。而把全部被分立企业的亏损由有利润的分立企业继续使用。考虑到财税［2009］59号文件已经明确“分立企业和被分立企业在12个月内均不改变原来的实质经营活动”作为适用特殊性税务处理规定的前提条件，上述不利影响并不大，因此该文件依然采用“资产比较测试”来按比例分摊亏损额。

但是，财税［2009］59号文件，并未明确在计算上述比例时是依据分立资产的计税基础还是公允价值。在例题中，如果依据公允价值计算上述比例，宿迁公司分得的亏损额＝100÷［1 100÷（2 834－1 000）］＝60（万元），可以用以后年度的盈利弥补。余下40万元由淮安公司用以后年度的盈利弥补。如为新设分立则由新成立的淮海公司用以后年度的盈利弥补。

④被分立企业的股东取得分立企业的股权（以下简称“新股”），如需部分或全部放弃原持有的被分立企业的股权（以下简称“旧股”），新股的计税基础应以放弃旧股的计税基础确定。

如不需放弃旧股，则其取得新股的计税基础可从以下两种方法中选择确定：直接将新股的计税基础确定为零；或者以被分立企业分立出去的净资产占被分立企业全部净资产的比例先调减原持有的旧股的计税基础，再将调减的计税基础平均分配到新股上。

我们可以结合分立的三种不同技术方式，分别按以下方法处理：

第一，让产分股式分立，由于所有股东都不放弃旧股，可以直接将新股总投资成本确定为零；或者，以被分立企业分离出去的净资产占被分立企业全部净资产的比例先调整减低原持有的旧股的成本，再将调整减低的投资成本平均分配到新股上，新股的总计税成本＝被分立企业股东持有旧股的总成本×被分立企业分离出去的净资产的公允价值÷被分立企业全部净资产的公允价值。

第二，让产赎股式分立，由于有部分股东放弃旧股，所以这部分股东取得的新股的成本应以放弃的旧股的成本为基础确定；持有旧股的股东成本不变。

第三，股本分割式分立，被分立企业的股东无论是按原持股比例取得全部新设企业的股票，或部分股东取得一个分立企业的股权，另外的股东取得别的分立企业的股权。由于旧股注销，所有股东取得的新股的成本都应以放弃的旧股的成本为基础确定。

在例7－5中，5位股东取得新股与放弃旧股成本的确定，也需要视不同的分立方式而定：

采用让产分股式分立时，由于所有股东都不放弃“淮安股”，可以直接将“宿迁股”总投资成本确定为零，每个股东的“淮安股”成本仍为200，或者，先调整减“淮安股”的成本，再将调整减低的投资成本平均分配到“宿迁股”上，宿迁股的总计税成本＝200×1 100÷(2 834－1 000)＝120（万元），“淮安股”成本为80万元。

采用让产赎股式分立，假设丙、丁、戊三位股东以放弃“淮安股”代价，其各自取得的“宿迁股”的成本为200万元。甲、乙两位股东持有“淮安股”的成本不变。

采用股本分割式分立，由于“淮安股”注销，五位股东无论平均分配“宿迁”、“淮海”两股，其成本分别为120万元、80万元，或者甲、乙两位股东持有“淮海股”，丙、丁、戊三位股东持有“宿迁股”，五位股东的投资成本均为200万元。

⑤分立交易各方按上述规定对交易中股权支付暂不确认有关资产的转让所得或损失的，其非股权支付仍应在交易当期确认相应的资产转让所得或损失，并调整相应资产的计税基础。

非股权支付对应的资产转让所得或损失＝(被转让资产的公允价值－被转让资产的计税基础)
×(非股权支付金额÷被转让资产的公允价值)

⑥在企业存续分立中，分立后的存续企业性质及适用税收优惠的条件未发生改变的，可以继续享受分离前该企业剩余期限的税收优惠，其优惠金额按该企业分立前一年的应纳税所得额（亏损计为零）乘以分立后存续企业资产占分立前该企业全部资产的比例计算。

在例题中，假设淮安公司2007年实现盈利100万元，并按国家有关股东享受企业所得税两免三减半的定期优惠（2007年为第一年），分立后的存续企业淮安公司可以依据法定比例计算出可以享受的优惠金额＝100÷[1 100÷(2 834－1 000)]＝60（万元），也就是说，即使分立后存续公司实际盈利高于60万元，其享受减免优惠的金额仍应以60万元为限。比如，分立后2008年度淮安公司盈利70万元，其2008年继续享受免税，但该免税只能适用于其中的60万元，其余的10万元不适用免税。

【案例7－6】 甲公司由A、B股东投资组建，注册资本1 000万元（A公司出资700万元、B公司出资300万元，股权比例分别为70%、30%）。分立基准日，资产负债表显示资产总额3 000万元（公允价值3 800万元），负债2 000万元（公允价值2 000万元），净资产1 000万元（公允价值1 800万元）。甲公司将1 200万元资产（公允价值1 400万元）、负债300万元（公允价值300万元）剥离成立乙公司。也可以理解为甲公司将所剥离的净资产支付给A、B股东，再由A、B股东出资成立乙公司。如果A、B将所取得的净资产（资产－负债）全部用于设立乙公司，从而持有乙公司股权，说明股权支付额占整体交易总额的比例为100%，可适用特殊性税务处理办法。

乙公司账面反映资产总额1 400万元、负债300万元，实收资本1 100万元（A、B股东的股权比例仍为70%、30%）。实收资本以不低于公司法要求的最低金额为限，具体金额由股东确定，差额部分作为资本溢价处理。如果实收资本确定为500万元，则资本溢价为600万元。

（1）甲公司所剥离的资产不确认资产转让所得，相应的，乙公司取得资产的计税基础只能以原有计税基础（由于计提资产减值准备等原因，原有计税基础与原账面价值可能不同）确定。

（2）甲公司以前年度的亏损（应纳税所得额）可以按照分立资产（公允价值）占分立前总资产（公允价值）的比例划分，由分立企业和被分立企业在剩余的年限内继续弥补。

（3）A公司和B公司不视同转让旧股，购买新股处理。新股和旧股的计税基础按下列方法确定：

如果甲公司股本减少（剥离出去的净资产，依次冲减未分配利润、盈余公积、资本公积、实收资本），则将减少的股本作为A、B股东对乙公司投资的计税基础。如果甲公司股本不变，则A、B股东对乙公司投资的计税基础为零，或者按下列方法确定新股和旧股的计税基础：

A持有新股的计税基础 = 剥离净资产/总净资产 × 旧股计税基础 = 1 100/1 800 × 700 = 427.78（万元）。调整后A持有旧股的计税基础 = 700 − 427.78 = 272.22（万元）

B持有新股的计税基础 = 剥离净资产/总净资产 × 旧股计税基础 = 1 100/1 800 × 300 = 183.33（万元）。调整后B持有旧股的计税基础 = 300 − 183.33 = 116.67（万元）

3. 一般重组

在分立重组实务中，通常很少出现被分立企业的股东取得非股权支付额的情形，因此一般均符合特殊重组的条件。除符合适用特殊性税务处理规定的外，企业分立，当事各方应按下列规定处理：

（1）被分立企业对分立出去资产应按公允价值确认资产转让所得或损失。（2）分立企业应按公允价值确认接受资产的计税基础。（3）被分立企业继续存在时，其股东取得的对价应视同被分立企业分配进行处理。（4）被分立企业不再继续存在时，被分立企业及其股东都应按清算进行所得税处理。（5）企业分立相关企业的亏损不得相互结转弥补。

分立业务适用一般重组政策时相对简单，但需注意下列问题：存续分立下，被分立企业的股东取得的对价视同被分立企业分配处理。对价包括股权支付额（分立企业净资产的公允价值）和其他非股权支付额（现金、非现金资产公允价值）。该分配额不超过被分立企业留存收益份额的部分，属于股息性所得，免征企业所得税。超过股息所得的部分，视同投资成本的回收，相应冲减旧股（存续企业）的计税基础。新股的计税基础按照分立企业净资产公允价值的份额确定。

新设分立下，被分立企业需计算清算所得，被分立企业的股东视同转让旧股（解散企业），购买新股（分立企业）处理。取得的全部对价（分立企业净资产公允价值份额、非股权支付额的公允价值）扣除被分立企业留存收益份额和投资计税基础后的差额，确认股息所得或损失。如果留存收益为负数，按零计算。取得新股的计税基础按照公允价值确定（分立企业净资产公允价值份额）。

【案例7－7】A公司为有限责任公司，主要经营水泥生产及销售业务，拥有新型干法水泥资产、立窑水泥资产和水泥业务的相关资产，注册资本500万元。该公司共有31名股东，其中1名企业股东持有公司股份70%，其他30%的股份由30位自然人平均持有。为进一步做大做强，2009年5月，A公司准备将新型干法水泥的相关资产分立后成立新公司，由新公司和一家大型央企水泥企业合资经营。截至2008年年底，A公司未超过法定弥补期限的亏损额为50万元。A公司分立前资产总额账面价值为1 620万元，净资产账面价值为780万元。该公司自成立后未进行过增资和股息分配。

根据分立协议，A公司将下列资产、负债经评估后分立成立B企业，同时将100名员工划归B企业。A公司在工商部门办理了减资手续，并按2∶1的比例等比例缩股，即原股东持有2股，缩股后变为持有A公司1股。分立的新企业B的注册资本为1 170万元，股东结构维持不变。

从上述案例来看，首先，A公司的分立完全是有合理的商业目的的。同时，A公司以原有资产继续从事立窑水泥生产，也完全符合重组不改变原实质性经营活动的条件。其次，A公司分立后，其原有股东取得的全部是B企业的股权，无任何非股权支付，且仍是按原持股比例取得B企业股权的。假设分立后，取得B企业股权的股东承诺在分立后12个月内都不转让B企业股权，这样的分立就完全符合财税［2009］59号文件中特殊性税务处理的规定了。

A公司：被分立企业无须对分立出去的资产按公允价值确认资产转让所得或损失。A公司分立出去资产对应的相关所得税事项由B企业继承。B企业：分立企业接受被分立企业资产和负债的计税基础，以被分立企业的原有计税基础确定。因此，B企业取得的资产的计税基础为1 070万元，负债的计税基础为600万元。未弥补亏损的分配：50×1 110÷1 620＝34（万元）。因此，34万元和16万元亏损分别由分立企业B和被分立企业A在税法规定的剩余期限内弥补。

被分立企业股东取得B企业股权的计税成本：根据A公司的分立方案，分立后A公司进行了减资和缩股处理，因此，被分立企业的股东是以放弃旧股的方式获得新股。根据财税［2009］59号文件规定，新股的计税基础应以放弃旧股的计税基础确定。以A公司的企业股东为例，A公司企业股东初始投资为350万元，占公司70%的股份。由于A公司按2∶1的比例进行了等比例缩股，因此，A公司的企业股东在分立后持有的A公司股份的计税基础就变为175万元，其持有的B企业股份的计税基础按放弃旧股的计税基础确定，即用350万元减去175万元，得到其持有B企业股份的计税基础为175万元。

如果A公司只减资不缩股，采用让产分股式分立的，根据财税［2009］59号文件规定，A公司原有股东持有的B企业股份的计税基础有两种方式确定：一是直接将其持有的B企业股份的计税基础确定为零；二是以被分立企业分立出去的净资产占被分立企业全部净资产的比例先调减原持有的旧股的计税基础，再将调减的计税基础平均分配到新股上。仍以A公司企业股东为例，其取得的B企业股份的计税基础为500×（1 110－720）÷780×70%＝175（万元），其持有的原A公司股份的计税基础为350－175＝175（万元）。

假设该案例其他条件不变。A公司分立成立B企业后，需要引入央企作为战略投资者，如果A公司的企业股东在分立后3个月内按相关联营协议的要求，将其持有的B企业40%的股份转让给该央企，股份转让完成后，该央企再进一步增加注资，最终将其持有的B企业股份增加到60%以上不超过70%。

虽然该分立有合理的商业目的，分立后也从事原实质性经营活动，分立后全部是股权支付且持股比例不变，但是，在该分立中取得股权支付的原主要股东（即A公司持股70%的企业股东）在分立后3个月内就转让股份，短于12个月，不符合特殊性税务处理的条件，应按一般性税务处理规定执行。

A公司：被分立企业对分立出去资产应按公允价值确认资产转让所得或损失。资产转让所得为1 890－1 070＝820（万元）。

需要注意的是，虽然整体资产转让是有所得的，但是固定资产转让是损失70万元。此时，A公司仍需要根据国家税务总局《关于印发〈企业资产损失税前扣除管理办法〉的通知》（国税发［2009］88号）的规定，履行资产损失税前扣除的报批手续。否则，这笔资产损失不能在企业所得税前扣除。

B企业：分立企业应按公允价值确认接受资产的计税基础。因此，B企业取得资产的计税基础应按评估价格确认（假设评估价格和公允价值一致）。比如，其取得的无形资产的计税基础为850万元，所有资产合计的计税基础为1 890万元。

由于是一般性税务处理，A公司未超过法定弥补期限的亏损额50万元不得相互结转弥补。

本例属于存续分立，被分立企业股东取得的对价应视同被分立企业分配进行处理。

以A公司的企业股东为例，A股东取得了B企业70%的股权，该股权的公允价值为819万元（B企业注册资本1 170×70%），因此，A公司的企业股东取得的819万元股权应视为A公司对其的股息分配。由于符合条件的居民企业间的股息红利所得是免税的，因此A公司的企业股东取得B企业价值819万元的股权免于缴纳企业所得税。此时，该企业股东持有的A公司股份的计税基础仍为350万元，B企业股份的计税基础为819万元。但是，对于A公司30名自然人股东取得的合计351万元的B企业股份，A公司应适用“利息、股息、红利”税目按20%的税率扣缴个人所得税。

如果本案中，A公司在分立后注销，此时A公司以及A公司的所有股东都需要根据财政部、国家税务总局《关于企业清算业务企业所得税处理若干问题的通知》（财税［2009］60号）规定进行所得税清算。

4. 其他问题

（1）在企业存续分立中，分立后的存续企业性质及适用税收优惠的条件未发生改变的，可以继续享受分立前该企业剩余期限的税收优惠，其优惠金额按该企业分立前一年的应纳税所得额（亏损计为零）乘以分立后存续企业资产占分立前该企业全部资产的比例计算。

（2）企业在重组发生前后连续12个月内分步对其资产、股权进行交易，应根据实质重于形式原则将上述交易作为一项企业重组交易进行处理。

（3）企业发生符合本通知规定的特殊性重组条件并选择特殊性税务处理的，当事各方应在该重组业务完成当年企业所得税年度申报时，向主管税务机关提交书面备案资料，证明其符合各类特殊性重组规定的条件。企业未按规定书面备案的，一律不得按特殊重组业务进行税务处理。

（二）其他税种的处理

1. 营业税

《营业税暂行条例》及其实施细则：营业税的征收范围为有偿提供应税劳务、转让无形资产或者销售不动产的行为。企业分立不属于该征税范围，其实质是被分立企业股东将该企业的资产、负债转移至另一家企业，有别于被分立企业将该公司资产（土地使用权、房屋建筑物）转让给另一家企业的应征营业税行为，因此，企业分立不应征收营业税。

另外可以参考《国家税务总局关于转让企业产权不征收营业税问题的批复》（国税函［2002］165号）：根据《营业税暂行条例》及其实施细则的规定，营业税的征收范围为有偿提供应税劳务、转让无形资产或者销售不动产的行为。转让企业产权是整体转让企业资产、债权、债务及劳动力的行为，其转让价格不仅仅是由资产价值决定的，与企业销售不动产、转让无形资产的行为完全不同。因此，转让企业产权的行为不属于营业税征收范围，不应征收营业税。

2. 增值税

《增值税暂行条例》及其实施细则：增值税的征收范围为境内销售货物或者提供加工、修理修配劳务以及进口货物。企业分立不属于该征税范围，其实质是被分立企业股东将该企业的资产、负债转移至另一家企业，有别于被分立企业将该公司资产（存货、固定资产）转让给另一家企业的应征增值税行为，因此，企业分立不应征收增值税。

另外，根据《增值税暂行条例》及其实施细则的规定，增值税的征收范围为销售货物或者提供加工、修理修配劳务以及进口货物。转让企业全部产权是整体转让企业资产、债权、债务及劳动力的行为，因此，转让企业全部产权涉及的应税货物的转让，不属于增值税的征税范围，不征收增值税。

【案例7-8】 通达公司由佳乐公司和亿科公司共同投资成立，分别占80%和20%的股份。为满足经营需要，通达公司剥离部分净资产（账面价值300万元，公允价值400万元）给凯乐公司（增值税小规模纳税人）。凯乐公司确认佳乐公司和亿科公司的投资额分别为240万元和60万元，同时分别向佳乐公司支付一批本公司生产的服装（账面价值50万元，公允价值80万元），向亿科公司支付一辆本公司的小汽车（账面价值26万元，公允价值20万元）。按照财税［2009］9号文件和国税函［2009］90号文件的规定，凯乐公司需要就非股权支付的服装计算销项税 $80 \div (1+3\%) \times 3\% = 2.33$（万元）；需要就非股权支付的小汽车计算销项税 $20 \div (1+3\%) \times 2\% = 0.39$（万元）。

需要说明的是，企业分立是资产、负债、劳动力、技术等要素的同时转移，区别于一般的资产转让，按照国税函［2002］420号文件的规定不需要缴纳增值税。而国税函［2009］585号文件所说的企业在资产重组过程中将所属资产、负债及相关权利和义务转让给控股公司，但保留上市公司资格的行为，严格来说并不属于国税函［2002］420号文件中的转让企业产权的行为，因此需要就资产转移行为征收增值税，可以说两个文件规定的实质是一致的。

3. 土地增值税

《土地增值税暂行条例》规定：土地增值税的征收范围为转让国有土地使用权、地上的建筑物及其附着物并取得收入。企业分立涉及的土地所有权转移不属于土地增值税征税范围，并非被分立企业将土地转让给新成立企业，而是被分立企业的股东将该资产换股，因此，企业分立涉及的土地转移不征收土地增值税。

4. 契税

分立企业取得目标公司的房屋和土地使用权，需按3% ~5%的幅度比例税率缴纳契税。根据《财政部、国家税务总局关于企业改制重组若干契税政策的通知》（财税［2008］175号）：企业依照法律规定、合同约定分设为两个或两个以上投资主体相同的企业，对派生方、新设方承受原企业土地、房屋权属，不征收契税。

5. 印花税

根据《财政部、国家税务总局关于企业为改制过程中有关印花税政策的通知》（财税［2003］183号）第一条关于资金账簿的印花税的规定：已合并或分立方式成立的新企业，其新启用的资金账簿启用的资金，凡原以贴花的部分可不再贴花，未贴花的部分和以后新增加的资金按规定贴花。其中合并包括新设合并和吸收合并，分立包括存续分立和新设分立。

三、企业分立税务处理与会计处理的比较

（一）新设分立下与会计处理的比较

新设分立是指将被分立企业分立组成两个或两个以上的新公司（即分立企业），被分立企业不需要经过法定的清算程序即可宣告解散。

企业经批准采取新设分立方式时，应当对原企业各类资产进行全面清查登记，对各类资产及债权债务进行全面核对查实，编制分立日的资产负债表。分立后的两个或两个以上的分立企业，其资产、负债和股东权益均以评估价值作为入账价值，将注册资本计入“股本”或“实收资本”科目，评估价值高于注册资本的部分记入“资本公积”科目。

因此，应税新设分立情形下，由于分立企业接受被分立企业资产会计上按评估价值入账，税收上也允许按评估价值在税前扣除，会计与税法规定一致。然而，在免税新设分立下，分立企业接受被分立企业资产会计上按评估价值入账，税收上只允许按原账面价值在税前扣除。当资产的评估价值（入账价值）大于原账面价值（计税基础）时，形成递延所得税负债，即借记“所得税费用”科目，贷记“递延所得税负债”科目；当资产的入账价值小于计税基础时，形成递延所得税资产，即借记“递延所得税资产”科目，贷记“所得税费用”科目。在资产耗用或处置时递延所得税资产或递延所得税负债转销。

（二）存续分立下与会计处理的比较

存续分立是指将被分立企业的一个或多个没有法人资格的营业分支机构分离出去成立新的公司，将新公司的股份部分或全部分配给被分立公司的股东，且被分立公司依然存续经营。

无论分立企业有没有增加新的投资者，被分立企业只需将进入分立企业的资产、负债以原账面价值为基础结转确定，借记负债类科目，贷记资产类科目，差额借记权益类科目。如为免税分立，被分立企业无须就分离资产的所得缴税；如为应税分立，被分立企业需就分离

资产的所得缴纳所得税。

对于分立企业，当无新的投资者加入时，会计上可以按分离资产的原账面价值或评估价值作为入账价值；有新的投资者加入时，分立企业则以评估价值或各出资人商议的价值为基础确定接受被分立企业的资产和负债的成本。计税基础则因应税分立或免税分立而不同，具体情况如下：

在应税存续分立情形下，当有新投资者加入时，分立企业接受资产的入账价值与税法允许税前扣除的计税基础一致，均是评估价值。无新投资者加入时，分立企业接受资产的入账价值如为分离资产的原账面价值，则会计与税法存在差异，因为税收上允许按评估的价值在税前扣除；如为分离资产的评估价值，则会计与税法规定一致。

在免税存续分立情形下，当有新投资者加入时，分立企业接受资产的入账价值为评估价值，而税法允许扣除的只能是原账面价值，二者存在暂时性差异。无新投资者加入时，分立企业接受资产的入账价值如为分离资产的原账面价值，由于税收上也只允许按原账面价值在税前扣除，会计与税法规定一致；如为分离资产的评估价值，则会计与税法存在差异，因为税收上只允许按原账面价值在税前扣除。

当资产的入账价值大于计税基础时，形成递延所得税负债，即借记"所得税费用"科目，贷记"递延所得税负债"科目；当资产的入账价值小于计税基础时，形成递延所得税资产，即借记"递延所得税资产"科目，贷记"所得税费用"科目。在资产耗用或处置时递延所得税资产或递延所得税负债转销。

第三节 企业终止的税务处理

在现今社会，企业终止的现象越来越多。企业因违反法律、法规被责令撤销；政府主管部门依照法律、法规的规定决定解散企业；企业依法被宣告破产或其他原因而终止。随着我国市场机制的不断完善和经济全球化的发展，企业由于各种原因导致破产、倒闭、解散等现象已十分普遍。因此，企业破产清算也是现实中经常遇到的情况。

一、企业终止清算的概述

企业按照章程规定解散、破产或者其他原因宣布终止时，应对企业的财产、债权、债务进行清算。企业清算是指企业因为特定原因终止时，清算企业财产、收回债权、清偿债务并分配剩余财产的行为。清算财产的范围，包括宣布清算时企业的全部财产以及清算期间取得的资产。已经作为担保物的财产相当于担保债务的部分，可以不计入清算财产，但也不得从清算财产中减除担保负债。应进行清算的企业包括：按《公司法》、《企业破产法》等规定需要进行清算的企业；企业重组中需要按清算处理的企业。企业只要进入清算，会计核算的四大基本前提之一的持续经营假设将不复存在，应税所得额的计算应以清算期间作为独立纳税年度，税务处理应执行。

企业在宣布终止前 6 个月至终止之日的期间内，下列行为无效，清算机构有权追回其财产，作为清算财产入账：（1）隐匿私分或者无偿转让财产；（2）非正常压价处理财产；

(3) 对原有没有财产担保的债务提供财产担保；(4) 对未到期的债务提前清偿；(5) 放弃自己的债权。

（一）企业清算的分类

通常所说的企业清算一般包含两种情况：

第一种情况：按《公司法》、《企业破产法》等规定需要进行清算的企业。①企业解散。合资、合作、联营企业在经营期满后，不再继续经营而解散；合作企业的一方或多方违反合同、章程而提前终止合作关系解散。②企业破产。企业不能清偿到期债务，或者企业法人已解散但未清算或者未清算完毕，资产不足以清偿债务的，债权人或者依法负有清算责任的人向人民法院申请破产清算。③其他原因清算。企业因自然灾害、战争等不可抗力遭受损失，无法经营下去，应进行清算；企业因违法经营，造成环境污染或危害社会公众利益，被停业、撤销，应当进行清算。

第二种情况：企业重组中需要按清算处理的企业。《财政部、国家税务总局关于企业重组业务企业所得税处理若干问题的通知》（财税［2009］59号）规定：①企业由法人转变为个人独资企业、合伙企业等非法人组织，或将登记注册地转移至中华人民共和国境外（包括港澳台地区），应进行企业所得税清算。②不适用特殊性税务处理的企业合并中，被合并企业及其股东都应按清算进行所得税处理。③不适用特殊性税务处理的企业分立中，被分立企业不再继续存在时，被分立企业及其股东都应按清算进行所得税处理。

（二）企业清算的时限规定

《企业所得税法》规定，企业在一个纳税年度中间开业，或者终止经营活动，使该纳税年度的实际经营期不足12个月的，应当以其实际经营期为一个纳税年度。企业依法清算时，应当以清算期间作为一个纳税年度。同时，企业在年度中间终止经营活动的，应当自实际经营终止之日起60日内，向税务机关办理当期企业所得税汇算清缴。企业应当在办理注销登记前，就其清算所得向税务机关申报并依法缴纳企业所得税。《财政部、国家税务总局关于企业清算业务企业所得税处理若干问题的通知》（财税［2009］60号）规定，企业应将整个清算期作为一个独立的纳税年度计算清算所得，无论清算期间实际是长于12个月还是短于12个月都要视为一个纳税年度，以该期间为基准计算确定企业应纳税所得额。企业如果在年度中间终止经营，该年度终止经营前属于正常生产经营年度，此后则属于清算年度。

（三）企业清算的程序

关于清算程序依据《公司法》的规定，清算期间，公司存续，但不得开展与清算无关的经营活动。进行清算的企业应按照以下7个步骤履行清算程序。一是成立清算组，开始清算；二是通知或公告债权人并进行债权登记，债权人向清算组申报其债权；三是清算组清理公司财产、编制资产负债表和财产清单，并制订清算方案；四是处置资产，包括收回应收账款、变卖非货币资产等，其中无法收回的应收账款应作坏账处理，报经税务机关批准后才能扣除损失；五是清偿债务，公司财产（不包括担保财产）在支付清算费用后，应按照法定顺序清偿债务，即支付职工工资、社会保险费用和法定补偿金，缴纳所欠税款，清偿公司债务；六是分配剩余财产，公司财产在支付清算费用、清偿债务后有余额的，按照出资或持股比例向各投资者分配剩余财产，分配剩余财产应视同对外销售，并确认隐含的所得或损失。公司财产在未依照前款规定清偿前，不得分配给股东；七是制作清算报告，申请注销公司登记。

（四）清算财产视同变现处理

企业清算税务处理的核心是清算财产（资产）的处理。税法规定，企业将剩余财产分配给股东前要就清算所得缴纳企业所得税。所以，企业清算期间的资产无论是否实际处置，一律视同变现，确认增值或者损失。确认清算环节企业资产的增值或者损失应按其可变现价值或者公允价值进行计算。清算期间，企业实际处置资产时按照正常交易价格取得的收入可作为其公允价值。对于清算企业没有实际处置的资产，应按照其可变现价值来确认隐性的资产变现损益。

二、企业终止清算的税务处理

（一）所得税

2009年4月30日，财政部、国家税务总局联合颁布了《关于企业清算业务企业所得税处理若干问题的通知》（财税［2009］60号），对企业清算范围、企业清算所得税处理范围、清算所得的计算等具体问题进行了明确。2009年7月17日，国家税务总局颁布《关于印发〈中华人民共和国企业清算所得税申报表〉的通知》（国税函［2009］388号），发布了企业清算所得税申报表、附表及其填报说明。至此，企业清算业务所得税的实体法规和操作都有了明确规定。

1. 相关法律规定

企业清算的所得税处理，是指企业在不再持续经营，发生结束自身业务、处置资产、偿还债务以及向所有者分配剩余财产等经济行为时，对清算所得、清算所得税、股息分配等事项的处理。

下列企业应进行清算的所得税处理：按《公司法》、《企业破产法》等规定需要进行清算的企业；企业重组中需要按清算处理的企业。

企业清算的所得税处理包括以下内容：全部资产均应按可变现价值或交易价格，确认资产转让所得或损失；确认债权清理、债务清偿的所得或损失；改变持续经营核算原则，对预提或待摊性质的费用进行处理；依法弥补亏损，确定清算所得；计算并缴纳清算所得税；确定可向股东分配的剩余财产、应付股息等。

企业的全部资产可变现价值或交易价格，减除资产的计税基础、清算费用、相关税费，加上债务清偿损益等后的余额，为清算所得。

企业应将整个清算期作为一个独立的纳税年度计算清算所得。

企业全部资产的可变现价值或交易价格减除清算费用，职工的工资、社会保险费用和法定补偿金，结清清算所得税、以前年度欠税等税款，清偿企业债务，按规定计算可以向所有者分配的剩余资产。

被清算企业的股东分得的剩余资产的金额，其中相当于被清算企业累计未分配利润和累计盈余公积中按该股东所占股份比例计算的部分，应确认为股息所得；剩余资产减除股息所得后的余额，超过或低于股东投资成本的部分，应确认为股东的投资转让所得或损失。

被清算企业的股东从被清算企业分得的资产应按可变现价值或实际交易价格确定计税基础。

2. 所得税的计算

（1）清算所得不适用优惠政策。企业清算期间，正常的生产经营都已经停止，企业取得的所得已经不是正常的产业经营所得，企业所得税优惠政策的适用对象已经不存在，因而企业清算期间所得税优惠政策应一律停止，企业应就其清算所得依照税法规定的25%的法定税率缴纳企业所得税。比如，位于西部开发税收优惠区的某企业，在2010年年底以前正常经营期间享受的是15%的定期低税率优惠，如果企业2009年注销，其清算所得必须适用25%的企业所得税法定税率。同样，一个正常经营期间享受20%优惠税率的小型微利企业，在清算时应该依照25%的税率缴纳企业所得税。

（2）企业清算所得的计算。《企业所得税法实施条例》明确，清算所得是指企业的全部资产可变现价值或者交易价格减除资产净值、清算费用以及相关税费等后的余额。企业清算的所得税处理包括以下内容：①全部资产均应按可变现价值或交易价格，确认资产转让所得或损失；②确认债权清理、债务清偿的所得或损失；③改变持续经营核算原则，对预提或待摊性质的费用进行处理；④依法弥补亏损，确定清算所得；⑤计算并缴纳清算所得税；⑥确定可向股东分配的剩余财产、应付股息等。清算所得＝企业的全部资产可变现价值或交易价格－资产的计税基础－清算费用－相关税费＋债务清偿损益－弥补以前年度亏损，其中债务清偿损益＝债务的计税基础－债务的实际偿还金额，公式中的相关税费为企业在清算过程中发生的相关税费，不包含企业以前年度欠税。

【案例7－9】某项机器设备，原价为1 500 000.00元，预计使用年限为5年，会计处理时按照直线法计提折旧，税收处理允许加速折旧，企业在计税时对该项资产按年数总和法计提折旧，预计净残值为0。计提了2年的折旧。请分别计算该项资产的账面价值和计税基础。则：

账面价值＝1 500 000.00－600 000.00＝900 000.00（万元）

计税基础＝1 500 000.00－500 000.00－400 000＝600 000.00（万元）

【案例7－10】某一外资企业成立于2002年，实收资本210万美元，截至2007年12月31日，企业账面亏损额为12 097 138.59元。根据股东会决议，企业准备注销。2008年9月30日的资产负债情况如下：

（1）经营期企业所得税的申报。股东同意企业提前解散的股东会决议签署日期是2008年9月30日，并在当日成立清算组。则2008年1月1日至2008年9月30日为经营期未满12个月的一个纳税年度，按规定进行经营期企业所得税汇算清缴，2008年1月至9月企业会计利润总额为218 516.52元（假设与税法规定收入一致，没有其他纳税调整事项），在不考虑以前年度损益的情况下，企业应按规定进行2008年1月1日至2008年9月30日这一经营期的企业所得税汇算清缴，并缴纳企业所得税54 629.13元；按照《企业所得税法》及其实施条例的规定，企业每一纳税年度的收入总额，减除不征税收入、免税收入、各项扣除以及允许弥补的以前年度亏损后的余额，为应纳税所得额。2008年1月至9月企业虽盈利218 516.52元，由于税法规定，不超过5年的企业以前年度的亏损额，可以用以后年度所得弥补，假设2003～2007年度税务确认的可弥补亏损额合计为10 000 000.00元，2008年度的利润总额弥补税法允许的以前年度亏损后，其应纳税所得额为零，不需要缴纳企业所得税，但需要做企业所得税汇算清缴。

（2）清算期企业所得税的申报。2008年10月1日为清算期开始之日，2008年12月20日申请税务注销，即清算期为2008年10月1日至2008年12月20日。

①资产可收回金额（或者称可变现金额）为5 420 518.09元，其中：

货币资金：4 430 518.09元

应收账款：600 000.00元（部分货款无法收回）

其他应收款：300 000.00元（部分押金无法收回）

存货：70 000.00元（变卖价值）

固定资产：20 000.00元（变卖价值）

②资产计税基础5 906 164.54元（假设计税基础与账面价值一致）

③债务偿还金额为190 858.66元，其中

应付账款：16 266.29元（部分金额无法支付）

其他应付款：150 844.94元（部分金额无法支付）

应付工资：20 234.44元

应交税金：3 512.99元

应付福利费无须支付

处理债务损益＝402 849.64－190 858.66＝211 990.98（元）

④清算费用：

清算人员工资：30 000.00元

清算审计费用：8 000.00元

其他清算费用：20 000.00元

清算费用合计＝清算人员工资＋清算审计费用＋其他清算费用＝30 000.00＋8 000.00＋20 000.00＝58 000.00（元）

⑤没有发生相关税费：

根据上述资料，则

清算所得＝企业的全部资产可变现价值或者交易价格－资产计税基础－清理费用＋处理债务损益＝5 420 518.09－5 906 164.54－58 000.00＋211 990.98＝－331 655.47（元）

由于清算所得为负数，故就清算期作为一个纳税年度进行企业所得税申报，不需要缴纳企业所得税。

以前年度亏损弥补：清算期作为一个独立的纳税年度，按照《关于企业清算业务企业所得税处理若干问题的通知》（财税［2009］60号）的规定，清算所得可依法弥补以前年度亏损。税法规定，不超过5年的企业以前年度的亏损额，可以用以后年度所得弥补，即清算期之前5个纳税年度的税法认定的亏损额，可以在计算清算所得时弥补，以弥补以前年度亏损后的所得作为清算所得计算清算所得企业所得税。税法及其实施细则规定了清算期清算所得的确认方法，并就清算期作为纳税年度进行企业所得税申报，对大部分中小企业而言，清算期的资产可收回金额一般小于其账面净值，无法偿还的债务金额比较小，故清算所得是负数，只是进行正常的纳税申报流程，不需要缴纳企业所得税。

（二）增值税

企业清算时，其销售使用过的动产，根据《财政部、国家税务总局关于旧货和旧机动车增值税政策的通知》（财税［2002］29号）的第一条规定，纳税人销售自己使用过的应税固定资产，无论其是增值税一般纳税人或小规模纳税人，也无论其是否为批准认定的旧货调剂试点单位，一律按4%的征收率减半征收增值税，并且不得抵扣进项税额。所谓纳税人销售自己使用过的“应税固定资产”是相对于“免税固定资产”而言的。

根据《财政部、国家税务总局关于增值税、营业税若干政策规定的通知》（财税字［1994］26号）的规定，“单位和个体经营者销售自己使用过的（除游艇、摩托车和应征消费税的汽车之外）其他属于货物的固定资产，暂免征收增值税”。而《国家税务总局关于印发〈增值税问题解答（之一）〉的通知》（国税函发［1995］288号）规定，在实际征收中使用过的其他属于货物的固定资产应同时具备以下三个条件：①属于企业固定资产目录所列货物。②企业按固定资产管理，并确已使用过的货物。③销售价格不超过其原值的货物。也就是说，对同时符合上述三个条件的，就属于“免税固定资产”。反之，对不同时符合上述三个条件的，就属于“应税固定资产”。

由此可见，对销售自己使用过的机器设备，如果不同时符合上述三个条件的，则按简易办法征收增值税，即按照4%的征收率减半征收增值税；如果同时符合上述三个条件的，则免征增值税。企业清算时，其销售使用过的属于应征消费税的机动车、摩托车、游艇，售价超过原值的，按简易办法征收增值税，即按照4%的征收率减半征收增值税；售价未超过原值的，免征增值税。

企业清算时，其销售的存货，根据《国家税务总局关于印发〈增值税问题解答（之一）〉的通知》（国税函发［1995］288号）的规定，对纳税人倒闭、破产、解散、停业后销售的货物，应按现行税法的规定征税；对纳税人期初存货中尚未抵扣的已征税款，以及征税后出现的进项税额大于销项税额后不足抵扣部分，税务机关不再退税。增值税一般纳税人，如因倒闭、破产、解散、停业等原因不再购进货物而只销售存货的，或者为了维持销售存货的业务而只购进水、电的，其期初存货已征税款的抵扣，可按实际动用数抵扣。增值税一般纳税人申请按实际动用数抵扣期初进项税额，需提供有关部门批准其倒闭、破产、解散、停业的文件等资料，并报经税务机关批准。

同时，《关于期初存货已征税款抵扣问题的通知》（财税字［1995］042号）规定，“采用简易办法征收增值税的货物，不得抵扣其存货中的进项税额”。也就是说，对采用简易办法征收增值税的企业在清算时有增值税留抵税额的，如销售使用过的应税固定资产，其应缴的增值税不得用来抵扣增值税的留抵税额。

【案例7-11】某企业破产清算时出售自己已使用过的一台设备，该设备原值20万元，已计提折旧2万元，售价22万元。不考虑其他税费，企业应缴纳多少增值税？（此处该设备为应税固定资产）。

因为出售的旧固定资产售价高于原值，故按4%的税率减半计算应交增值税，即：$[220\,000 \div (1+2\%) \times 2\%] = 4\,314$（元）。

（三）土地增值税

按照税法，企业清算时，对有偿转让国有土地使用权及地上建筑物和其他附着物产权并取得增值性收入的行为，应当征收土地增值税。但按照《财政部、税务总局关于土地增值税一些具体问题规定通知》（财税字［1995］48 号）规定：①转让旧房的，应以土地成本、房屋评估价格及转让相关的税费之和为扣除项目计算增值额。由于破产财产处置属“快速变现”，所以实践中增值额多为负数，无须缴纳土地增值税。②企业破产后，其他企业接收破产财产、承担破产财产分配方案确定的破产企业债务并负责安置破产企业职工的，应享受企业兼并的优惠待遇，即：被兼并企业将房地产转让的兼并企业中，暂免征收土地增值税。

企业因合并或分立需要解散的，也同样涉及不动产或土地使用权的转让，但其合并、分立的土地增值税处理有所不同。企业合并的土地增值税处理：根据《财政部、国家税务总局关于土地增值税一些具体问题规定的通知》的规定，在企业兼并中，对被兼并企业将房地产转让到兼并企业的，暂免征收土地增值税。企业合并属于企业兼并的范畴，因此，对被合并企业将房地产转让到合并企业的，同样应当暂免征收土地增值税。

企业分立的土地增值税处理：企业分立时转让企业的资产涉及不动产、无形资产，为其股东换取分立企业的股权，对于以房地产进行投资、联营的，投资、联营的一方以土地（房地产）作价入股进行投资或作为联营条件，将房地产转让到所投资、联营的企业中时，暂免征收土地增值税。

但《财政部、国家税务总局关于土地增值税若干问题的通知》（财税［2006］21 号）规定，如果投资、联营企业将投资入股的土地用于房地产开发的，不仅所开发的房地产再转让时应当缴纳土地增值税，同时，对投资人以土地投资的，也不再列入暂免征收土地增值税的范围。对被分立企业将部分或全部房地产分离转让给两个或两个以上现存或新设企业，为其股东换取分立企业的非股权即其他财产的，应属于土地增值税的征税范围，应当征收土地增值税。

（四）营业税

企业清算时，其处置不动产，包括建筑物或构筑物以及建筑物或构筑物以外的其他附着于土地的不动产，属于营业税征税范围，应当按“销售不动产”税目征收营业税。在销售时连同不动产所占土地使用权一并转让的行为，比照销售不动产征税。转让土地使用权、商标权、专利权、著作权、商誉的行为，应当按“转让无形资产”税目按5%征收营业税。

企业因合并或分立需要解散的，也同样涉及不动产或无形资产的转让，但其合并、分立的营业税处理有所不同。企业合并的营业税处理：企业合并将其全部资产和负债转让给另一家现存或新设企业，为其股东换取合并企业的股权的，根据《国家税务总局关于转让企业产权不征营业税问题的批复》（国税函［2002］165 号）的规定，转让企业产权是整体转让企业资产、债权、债务及劳动力的行为，其转让价格不仅是由资产价值决定的，与企业销售不动产、转让无形资产的行为完全不同，因此，转让企业产权的行为不征收营业税。企业合并中所转让的不动产、无形资产不属于营业税的征税范围，不征收营业税。

企业分立的营业税处理：企业分立将部分或全部资产分离转让给两个或两个以上现存或新设企业，为其股东换取分立企业的股权。虽然被分立的企业转让的是部分或全部资产，并不包括债权、债务，但根据《财政部、国家税务总局关于股权转让有关营业税问题的通知》

（财税［2002］191号）的规定，以无形资产、不动产投资入股，参与接受投资方利润分配，共同承担投资风险的行为，以及投资人转让该股权的行为，均不征收营业税。但对被分立企业将部分或全部资产分离转让给两个或两个以上现存或新设企业，为其股东换取分立企业的非股权即其他财产的行为，应属于营业税的征税范围，应当按转让无形资产税目5%的税率征收营业税。

（五）消费税

企业清算时，其销售的存货如果属于应税消费品的，还应当征收消费税。企业因合并或分立需要解散的，也同样涉及存货的转让，但其合并、分立的消费税处理有所不同。企业合并时转让企业全部产权（包括债权、债务）涉及的应税消费品的转让也同样不属于消费税的征税范围，不征收消费税。企业分立时转让企业的资产涉及应税消费品的转让应视同销售货物，征收消费税。

消费税的征收范围包括了五种类型的产品：第一类：一些过度消费会对人类健康、社会秩序、生态环境等方面造成危害的特殊消费品，如烟、酒、鞭炮、焰火等；第二类：奢侈品、非生活必需品，如贵重首饰、化妆品等；第三类：高能耗及高档消费品，如小轿车、摩托车等；第四类：不可再生和替代的石油类消费品，如汽油、柴油等；第五类：具有一定财政意义的产品，如汽车轮胎、护肤护发品等。2006年3月21日，财政部、国家税务总局联合发出通知，对消费税的税目、税率进行调整。这次调整新增了高尔夫球及球具、高档手表、游艇、木制一次性筷子、实木地板等税目，取消了“护肤护发品”税目，并对部分税目的税率进行了调整。

【案例7-12】某酒厂2007年宣布破产，在进行破产清算时，处理白酒存货情况如下：销售粮食白酒20吨，不含税单价6 000元/吨，销售散装白酒8吨，不含税单价4 500元/吨。则该厂在清算时应纳消费税税额是多少？

酒类消费税适用复合征收的管理办法，白酒统一适用20%税率，定额税为0.5元每斤。所以，从价计征计算：(6 000×20+4 500×8)×20%=(120 000+360 000)×20%=96 000（元）。从量计算：(20+8)×1 000×2×0.5=28×2 000×0.5=28 000（元）。所以该厂在清算时应缴纳的消费税为：96 000+28 000=124 000（元）。

（六）印花税

企业清算时，其处置动产及存货而与对方签订的合同，应当按购销合同征收印花税，按购销金额万分之三贴花；其处置不动产、土地使用权，应当按“产权转移书据”征收印花税。根据《财政部、国家税务总局关于企业改制过程中有关印花税政策的通知》（财税［2003］183号）的规定，企业因改制（包括合并、分立等）签订的产权转移书据免予贴花。

三、企业破产清算中的税收优先权问题

根据传统破产法的规定，破产清算中的优先权涉及以下四类：一是担保物权优先权，它是基于维护交易安全和公平而成立的优先权；二是破产费用优先权，它是基于公有或共同费

用等经济原因而成立的优先权；三是劳动债权优先权，它是基于维护基本人权特别是生存权而成立的优先权；四是税收优先权，它是基于维护公共利益与社会需要而成立的优先权。上述四类优先权的债权人依法都享有就债务人的总财产或特定财产优先受偿的权利，其中，第一类优先权，即担保物权优先权，是就债务人的特定财产上成立的优先权，称为特别优先权；后三类优先权，是就债务人不特定的总财产上成立的优先权，称为一般优先权。在上述三类一般优先权中，破产费用是为债权人的共同利益而于破产程序中所支付的各种费用。一般情况下，没有破产费用，就没有破产程序的进行，也就谈不上作为破产债权的税收债权的清偿。劳动债权主要是破产债务人所欠职工工资和劳动保险费用等，相对于税收债权来说，保障劳动债权的优先实现尤为重要，它不仅关系到劳动者的切身利益，也是文明社会中国家和政府义不容辞的责任。因此，理论上，破产费用优先权和劳动债权优先权均应优先于税收优先权。具体到破产法实践中，对破产费用，各国破产法均规定享有绝对优先权，破产财产只有在已经拨付或预先提留破产费用后有剩余时，才能按照破产分配的顺位予以分配；对劳动债权，传统破产法也多规定为第一顺位优先权，在破产财产优先支付破产费用后首先用以支付劳动债权，不足支付时，按比例清偿。（不过，在许多发达国家，例如德国、奥地利、澳大利亚等国，已将劳动债权中的职工工资从优先权中取消，而改由社会保障体系承担。）

《破产法》第三十七条和《民事诉讼法》第二百零四条均规定，破产财产在优先拨付清算费用后，按下列顺序清偿：（1）职工工资和劳动保险费用；（2）所欠税款；（3）清偿债务。新破产法起草中，将此规定作了保留。可见，破产费用优先权和劳动债权优先权也是优先于税收债权优先权的。至于有财产担保债权，按照一般优先权理论，它是特别优先权，应当优先于一般优先权。在破产实践中，从各国的破产法看，一般也规定有财产担保债权优先于其他优先权的，自然也包括优先于税收优先权。因为，根据传统破产法的规定，有财产担保债权不属于破产债权而享有别除权，即在债务人破产情况下，原先享有担保物权的债权人仍然保留就担保物优先受偿的权利，而其他优先权属于破产债权，只能在不包括有担保财产的破产财产中优先偿付。破产法之所以如此规定，原因在于，以有财产担保债权即担保物权为核心内容的担保制度是市场机制的基础制度，其终极目的或价值在于确保交易安全和形式公平。在正常状态下，担保制度尚能保证债权人债权的实现，如果在债务人破产状态下，即债权人最渴望得到周全保护时，担保制度却不能给债权人提供保护，则会使人们怀疑担保制度的价值，进而会危及社会经济的安全运行。相对于保护社会经济的运行安全而言，其他优先权的重要性明显要逊色一些，特别是以行政权力为依托的税收优先权完全可以另觅其他（保护）途径，而不必损及担保制度。正如学者所言："别除权并非破产法所独设的权利，而是民法中的担保物权在债权人处于破产状态下的映现和复述。"

我国《企业破产法》第一百一十三条规定在破产清算中"破产人欠缴的除前项规定以外的社会保险费用和破产人所欠税款"优先于"普通破产债权"的清偿。这里所谓普通债权主要是指那些没有物的担保（如抵押、质押或留置）的债权。一般来说，在法律没有特别规定的情况下，税收优先权主要是指优先于普通债权。为了保障国家财政收入以满足社会公共经济生活的需要，各国立法普遍规定，税收优先于普通债权受偿。并且，税收债权无论成立先后，均优先于普通债权受偿。

思 考 题

1. 简述企业合并的所得税处理方法。
2. 比较吸收合并和新设合并下的会计处理。
3. 简述企业分立的所得税处理方法。
4. 简述企业分立的会计处理方法。

第八章　企业纳税风险的税务管理

第一节　企业纳税风险管理与中小企业税务风险管理

随着我国不断融入经济全球化潮流以及社会主义市场经济的逐步深化，企业的交易行为和交易模式越来越复杂，与此同时，国家税收法规政策体系越来越繁杂，税务机关的征管技术不断提高，也越来越严格，使得企业行为的各个环节都与涉税事项密不可分，企业税务问题逐渐突出，并已成为企业风险的制造者。稍有不慎，企业税务风险转化为利益损失，不仅会吞噬企业利润，阻碍商业目标的实现，还会给企业形象带来负面影响。因此，重视税务管理，控制和防范税务风险，已成为当今企业管理的重要事项。

我国税务机关也开始重视企业税务风险，2009 年 5 月 5 日，国家税务总局发布了《大企业税务风险管理指引（试行）》，明确指出税务机关会对企业建立与实施税务风险管理的有效性进行评价，并据以确定税收管理的应对措施，这使得企业提高税务风险管理水平迫在眉睫。

一、企业税务风险的含义

目前对税务风险这一概念还没有形成统一的定义。一部分认为税务风险是纳税人由于纳税违法、违规问题而导致补税、罚款甚至刑事处分的风险；一部分认为税务风险是纳税人没有充分利用税收政策或者税收筹划措施失败而付出的成本代价；还有部分认为税务风险是企业涉税行为未能正确有效遵守税收法规而导致企业未来利益的可能损失。

本书认为税务风险是企业或纳税人做出的相关涉税决定与涉税行为等未能正确履行税收法律法规的有关规定，所导致的企业未来经济或其他有形或无形利益的损失的可能性。企业纳税行为是企业生产过程中不可回避的，是与企业共生的，不可分离的，因此，税务风险是企业生产过程中必须正视的重要风险。

需要引起注意的一点是，税务风险性质与一般商业风险性质不同。一般商业风险的特点是风险越大，收益越大，同时未来可能的损失也越大。然而，税务风险不同，它的特点是损失收益不成正比，未来损失的风险远大于未来收益。这是由我国税收制度决定的。税法规定，纳税人多缴税款只允许在自结算缴纳税款之日起 3 年内，可以向税务机关要求退还。而纳税人少缴税款，尤其是偷漏逃税款，税务机关可以保留无限期追索的权力，一旦被查出来，企业则会面临巨额的罚款与滞纳金。因此，企业由于税务风险带来的收益往往伴随着更大的损失风险。

当然，我们也没有必要把税务风险视为洪水猛兽，对待税务风险正确的态度是：正视重视税务风险、识别评估税务风险、控制应对税务风险。

二、企业税务风险的分类

（一）客观税法环境引发的税务风险

1. 经济环境变化导致的风险。企业的生产与发展离不开其所处的经济环境，因此，企业的涉税事宜也与经济环境密不可分。经济环境一般存在两种情形：一种是，政府为了促进经济增长，实行积极的财政政策与货币政策，在税收层面上表现为制定减免税或退税等税收优惠政策，此时，企业的税负相对较轻或稳定；另一种是，政府为了引导或抑制某个产业的发展或调整整个宏观经济，实行紧缩的财政政策，在税收层面表现为利用税收杠杆调整税收政策，加大企业的税法。同时，在国民经济发展的不同阶段、不同时期以及不同地区，政府都会运用税收手段针对不同产品或行业实行差别税收政策，使得税收政策处于不断变化之中。所以企业相关的涉税行为会因经济环境变化而导致税务风险。

2. 我国税法体系自身缺陷导致的风险。我国整个税法体系建立在保障国家行政利益的基础之上，对于国家行政权力的保护远大于对纳税人利益的保护。税务机关与纳税人在法律地位上平等，但在权责关系上并不完全对等。税法赋予行政机关过多自由裁量权，从而使纳税人税务风险大大增加。同时，在税法体系建设上，我国还没有建立完善的税法体系，部分税收法规存在重复滞后的一面，没有全面统筹，往往引起税收规定与企业实际情况相背离；与此同时，部分税收法规变动太快，使企业及时掌握新政策的难度加大，从而使企业的税务风险不断加大。

3. 税收政策变化导致的风险。税收政策是政府根据经济和社会发展的要求而确定的指导制定税收法令制度和开展税收工作的基本方针和基本准则。随着经济发展的不同阶段，税收政策必须随着经济环境和经济条件的变化而不断调整，因此，税收政策尤其是优惠政策具有相对短暂的时效性。我国正处于经济转型期，税收政策作为国家重要的经济杠杆，调整更为频繁，呈现出期限短、变化快、分散细小的特点。而企业的决策往往具有一定的长期性与规划性，如果不能快速及时掌握政策变化的信息，很可能导致税收政策的错用滥用，从而导致税务风险。

（二）税收政策遵从引发的税务风险

1. 税务机关与纳税人信息不对称导致的风险。税务机关对于新政策的出台，往往缺乏提醒相关纳税人予以重视关注的说明，而对于一些具有适用性或比照性的政策往往处于半公开的状态，对于这些政策税务机关的宣传指导力度不够或者偏小，一般仅限于有限范围的解释，纳税人很容易忽视相关税收政策或者错误使用税收政策，从而跌入税务陷阱中。因此，税务机关与纳税人之间信息的不对称是增加企业税务风险的重要原因。

2. 税务机关行政执法偏差导致的风险。税务机关行政执法偏差主要表现在以下两个方面：

第一，我国税法体系尚不够完善，税收制度往往只对一些基本问题作出相关规定，而对于税收条款具体设置则不够完善。同时无法涵盖所有的税收征管事项，以及有些税法条款未能及时随客观经济环境变化而变化，因此可能导致税务机关同纳税人在对税法理解上存在不一致从而导致税务风险。

第二，税务机关执法人员的素质不一以及税法在一些具体税收事宜上给予税务机关自由裁量权大，因此税务机关执法可能出现偏差，从而导致企业税务风险。

3. 纳税人员专业素质有限导致的风险。企业在日常生产经营过程中，相关办税人员的素质有限，不能完全理解税收政策法规，对有关法律法规理解不深入、不细致，同时，由于自身素质的限制，不能及时掌握最新的政策变动导向，从而虽然在主观上没有偷漏税的企图，但在实际纳税行为上却违反了税收法律法规的规定，造成事实上的偷漏税，给企业带来税务风险。

（三）企业自身经营引发的税务风险

1. 管理层缺乏依法纳税观念导致的风险。企业管理层应树立依法诚信纳税的意识，某些企业管理者不能真正树立依法诚信纳税意识，不去认真履行纳税人应负的法律义务，存在以为处理好与税务机关的关系远甚于加强对税收政策的理解与掌握的误区。这种靠人情而不是真正依法纳税解决涉税事宜，反而增大了企业的税务风险。

2. 企业涉税人员专业素质与职业道德导致的风险。专业素质与职业道德会深深影响纳税人员的工作。专业素质指纳税人员对税法的理解与运用能力。由于税法体系的繁杂以及新政策的频繁出台，导致相关纳税人员不能及时准确把握法律法规政策精神，可能存在盲目纳税行为，造成企业税务风险的上升。纳税人员的职业道德更是重要，是约束纳税人员行为的无形方式。如果纳税人员缺乏职业道德，责任心缺失，如伪造、变造、隐匿记账凭证等，就会导致税务风险的产生，而且这种税务风险是很难控制与应对的，对企业的破坏作用也是极大的。

3. 企业财务管理水平导致的风险。企业的财务管理水平以及会计核算水平等，都会影响企业相关纳税人员税额的计算与缴纳。企业可能出现失真的会计信息与财务信息，从而影响涉税资料的真实性与合法性，而据此计算的税额也将失真，进而给企业带来税务风险。

4. 税收筹划方案选择导致的风险。税务筹划是指在税法规定的范围内，通过对经营、投资、理财等活动的事先筹划和安排，尽可能的获得节税的税收利益。但是，税务筹划必须在税法规定范围内，如果企业误解这一点，认为筹划就是尽可能少纳税或不纳税，甚至授意或唆使筹划人员通过非法手段达到所谓“节税”的目的，这实质上是一种偷税行为会给企业带来很大的税务风险。

5. 企业滥用税法及偷税行为导致的风险。追求利益的最大化是企业存在的最直接也是最重要的目标之一。而税收则是国家强制无偿参与企业利润分配，因而许多企业为获得更大的利益，铤而走险，采用偷漏税甚至其他违法行为方式进行避税。这是与国家税法相违背的，我国税收征管法对偷漏税行为的打击力度是强大的，因此，此种税务风险对企业危害是极大的。

三、企业税务风险产生的原因

企业税务风险的产生原因是多方面的。下面从企业外部与内部两方面进行分析：

（一）外部原因

企业税务风险产生的外部原因又可以分成以下三方面：

1. 宏观经济背景层面，经济环境、政策和法规环境、执法环境发生变化，以及社会意识、税务执法等都会造成一定的税务风险。为保持经济持续发展，在相当长一段时间内，我国税收政策、法规等将会不断调整和更新，在对财务、税收知识进行理解、认知、掌握和运用的过程中，企业财务人员难免因为对新出台的政策理解出现偏差而给企业带来风险。

2. 在税收立法层面，我国税法体系不够完善，给企业带来了税务风险。首先，我国现行税法还只停留在对一些基本问题的解释上，缺乏更细致的解释与规定，进而容易导致企业和税务机关在理解上出现差异；其次，税收法律法规变动方面，由于我国处于经济转型时期且原先税法不够完善，税收法规政策变动频繁，企业财务人员难免因为对新出台的政策理解出现偏差而给企业带来风险；最后，税法与财务会计存在一定差异，需要纳税调整，无形中加大了企业处理风险。

3. 税务机关执法有偏差，加大了企业的税务风险。首先，这主要是由于当前我国税收管理不够完善，对征收管理规定不够细致，给予税务人员自由裁量权过大，不同的税务局对同一事项的处理方法存在不一致，增加企业税务风险；其次是地方上税务人员部分存在以权谋私，不能秉公办理，在处理问题上存在多种标准，使得企业增加税务风险。

（二）内部原因

企业税务风险产生的内部原因包括以下几个方面：

1. 企业缺乏税务风险意识。企业税务工作往往深深嵌入生产过程中，税务工作烦琐复杂，涉及各项财务会计准则、税收法律法规以及税务部门的解释，而且税收法律法规还处于不断更新修订之中，这都大大增加了企业的税务风险。然而，有些企业缺乏税务风险意识，对税务工作控制管理不够，导致了税务风险。另外，企业管理者存在着对税务筹划理解扭曲，导致企业涉税行为出现偏差，产生税务风险。

2. 缺乏纳税专业性。一方面缺乏高素质的税务人才。财务人员具备过硬的专业知识和业务水平，是保证涉税资料真实、科学、合法的重要砝码，也是企业正确进行税务风险管理的基础，而许多企业缺乏受过所得税、内部控制、财务报告方面系统知识培训的专业人才，企业便会遇到较大的税务风险；另一方面缺乏独立的企业税务机构。企业税务机构有利于统筹企业税务工作，增加税务工作专业性。然而，很多企业都是由会计人员代为处理税务问题，身兼会计、税务两职，而财务人员往往不具备专业的税务知识，同时也不利于职责的明确划分，工作缺乏复核，加大了企业税务风险。

3. 部分企业缺乏税务方面的内部控制体系。这主要是由于税务工作需要一定的专业知识，而企业的内部审计人员往往缺乏相关的税务知识，难以对纳税活动进行有效监控。绝大多数企业缺乏对税务风险的足够重视，以及由于人力、财力等多方面的原因，也没有设立专门的税务内部控制制度。更多的企业都依赖会计师事务所、税务师事务所提供税务咨询相关服务。而内部控制的缺失容易给企业带来深层次的税务风险。

4. 企业税务部门在获取所必需的数据方面也存在问题。首先，纳税部门进行纳税申报、税务筹划所需要的数据并不能在公司财务会计体系中直接取用，还需要经过分析、加工。而分析、加工过程需要大量依赖工作人员的经验积累与主观判断，难免会存在误差，也就带来了风险。其次，纳税部门应参与商业决定的全过程，尤其是对一些复杂的交易如并购交易，才能正确处理相关税务问题，而实际上很多公司的纳税部门由于人手不足等原因，常常在商业决定的最后时刻才能参与，这也加大了税务风险。最后，纳税部门缺少对数据的控制。因为纳税部门处于企业数据处理链条的末端，而且对多数数据提供者和数据本身没有控制力，导致纳税工作不能及时、准确地获得有用的信息。

四、企业税务风险管理的含义

税务风险管理是企业在法律法规的许可范围内，通过对税务风险的识别和评估，采用合理的经济和技术手段对经营、投资、理财活动的事先筹划、事中控制、事后审阅和调整，对税务风险加以规避、控制或转移，以降低税务风险所带来的经济和名誉损失的一种管理活动。

企业税务风险管理的依据是税收法律法规及相关经济法规的规定，而进行风险管理的主体是企业自身，进行税务风险管理的方式是依据法律法规通过对企业的经营、投资、理财等活动的事先筹划、事中控制、事后审阅与调整来尽可能规避、控制或转移税务风险，降低税务风险损失。

企业税务风险管理具有的基本特点可以概括为五点：合法性、规划性、目的性、技术性和整体性。

1. 合法性。合法性表示税务风险管理只能在法律许可的范围内。企业作为纳税人，必须依法纳税。如果违反税收法律法规，逃避税收负担，会受到税法的制裁，给企业造成重大的损失。因此，企业税务风险管理的基本工作与基本方法都必须按照国家税收法律法规以及各项经济制度进行。

2. 规划性。规划性表示税务风险管理的开展要有计划、有规划。企业的经营、投资、理财等活动都是事先计划、事中控制、事后审查的，因此，针对这些活动的税务风险管理也应该是有规划的，从事前、事中、事后三个阶段进行全面管理。

3. 目的性。目的性是指企业进行税务风险管理，必须树立明确的目标，通过专业化的设计和安排，对每一项税务风险控制的关键点或风险点加以控制，针对不同的税务风险特点，设计执行不同的针对性措施，强化税务风险管理效果。

4. 技术性。技术性是指企业为开展税务风险管理，需要运用一系列的分析与评估技术，例如在税务风险评估阶段，需要运用到定性分析法等分析方法。企业进行税务风险管理，必须重视对相关评估技术的学习与掌握，从而增强对风险的认知，达到税务风险控制的目标。

5. 整体性。整体性是指企业进行税务风险管理，不仅仅从企业管理层面进行，更重要的是从企业整体层面上去防范控制税务风险，从治理层、管理层、执行层多角度、多层面进行税务风险管理，努力使税务风险降到最低。

五、企业风险管理的意义

对于企业来说，税务风险只是一种导致企业未来利益损失的可能性风险，只要企业做好税收风险防范工作，深入分析影响公司税务风险的各种因素，就能让企业在做好税收筹划的同时，降低企业的税务风险，达到控制企业税务风险的目的。因此，加强税务风险控制具有重要意义。

第一，积极进行税务控制，严格税务审计，有利于企业规避纳税风险，及时发现企业税收管理中存在的问题，有利于企业管理，合理、合法降低企业税负，在为企业节省税收的同时也为企业带来真正最大的社会经济效益。

第二，企业进行税务控制，可以避免发生不必要的经济损失。经常对企业进行税务审计，进行纳税风险控制，能够让企业依法纳税，避免受到税务机关的经济处罚。

第三，企业自身进行税务风险控制，可以避免发生不必要的信用损失。如果企业发生特殊情况，被税务机关认定为偷税、漏税，会对企业的信用造成严重影响，企业纳税信用将会受到严重损失，通过税务风险控制，就可以有效地避免企业纳税风险，维护企业纳税信用。

第四，税务风险可能带来公司管理层的变动和人员受损，引发公司和相关责任人的刑事责任。通过税务风险控制，有效降低税务风险，可以减少相关管理人员的错误，减小或消除税务风险给管理层带来的风险。

总之，企业实行税务风险控制，对于企业来说是意义重大的，企业通过纳税风险控制，力争实现涉税零风险，不仅可以减少不必要的经济损失以及信用损失，也可以令企业的管理更加有条理，账目更清楚，更能保证企业的健康发展。

六、中小企业税务风险管理的特征与重点

（一）中小企业税务风险管理的特点

1. 无法适应复杂多变的宏观环境。税务风险管理的宏观环境包括经济环境、法律环境、市场环境、社会文化环境、资源环境等因素，尤其是税收法律法规的变化，具有复杂性和多变性与频繁性，外部环境变化可能为企业带来某种机会，也可能使企业面临某种威胁。中小企业由于财力、物力、人力的限制，其税务风险管理不能适应复杂而多变的外部环境，必然会给企业税务风险管理带来困难。

2. 中小企业盈利能力弱，大多数都只是简单地注重销售额的增长和利润总额的实现，注重短期收益，企业管理者为了能短期获得资金减少支出，在涉税活动方面可能存在更多不合法的行为，为了利益存在偷漏税的行为，这种“只重眼前不顾未来”的思想导致中小企业可能存在较大的税务问题。

3. 中小企业规模较小，税务人才不足甚至没有，同时有关涉税人员风险意识落后，对税务风险的重要性缺乏认识，对税收法律法规本身的理解也不够深入，缺乏应有的税法知识结构与应用能力。

4. 中小企业往往将会计与税务职责划分不清，没有建立对企业税务活动评价分析与控制的专门机构，没有将企业税务活动进行明确的职责确认，简单地要求会计部门承担开展税务活动，负责税务风险预测、评估职责，然而有的会计部门缺乏专门的企业税务数据与分析，无法进行事先的风险评价与防范。

（二）中小企业税务风险管理的重点

1. 突出财会部门的作用。鉴于中小企业人力、物力、财力的有限，在税务风险管理时，没有能力也没有必要设立独立于财务部的税务部门，而是可以将相关部门设立于财务部之下，更好地利用已有的资源，突出财会部门的作用。毕竟财务部门有专门的会计方面人才，在接触税法相关法律法规会更容易上手，财会税务不分家。

2. 强化依法纳税思想。中小企业，由于其自身盈利能力较弱，为了节约成本，减少开支，会有意无意去偷漏税，而这个风险是很大的。因此，在中小企业税务风险管理时，首先从管理层领导的依法纳税思想做起，树立诚信纳税、依法纳税的思想，这样才能从根源上进行税务风险管理，防范化解税务风险。

3. 强调领导与控制。在中小企业，内部控制往往缺乏完善的设计，税务方面的内部控制更是几乎不存在。在这种情况下，企业进行税务风险控制要突出领导与控制，加强领导，对事前、事中、事后加强控制。

4. 紧紧依靠税务中介机构。中小企业人力物力等有限，在税务人才方面也会存在不足，在内部税务控制制度上也存在不足，因此，中小企业要紧紧依靠税务中介机构，加强与中介机构的合作，互利共赢。

第二节　企业纳税风险管理的步骤、方法和操作流程

一、企业税务风险管理系统

（一）企业税务风险管理流程

企业税务风险管理时一项渗透到企业各个纳税环节中的工作，整个税务风险管理系统大致包括 5 个重要组成部分，分别是税务风险管理目标、税务风险管理机构、税务风险评估系统、税务风险应对系统和税务风险管理考核系统（见图 8－1）。

第一，企业应设立税务风险管理目标，该目标作为进行税务风险管理的总计划与指向标。管理层在制定目标过程中起重要作用，要从企业上层到下层树立诚信依法纳税的思想。

第二，建立健全企业内部税务管理机构或税务管理岗位。企业可以视自身企业经营规模大小，建立相应的税务管理机构或设立税务管理岗位，以从组织上保证企业纳税风险管理的有效实施与进行。

第三，建立、完善企业税务风险识别评估的程序与方法，加强对企业具体经营行为涉及的税务风险进行鉴别、定性定量分析，并能够明确职责。能有效做到对税务风险的合理识别与评估，预测税务风险的大小以及可能会对企业带来的不利影响或损失。

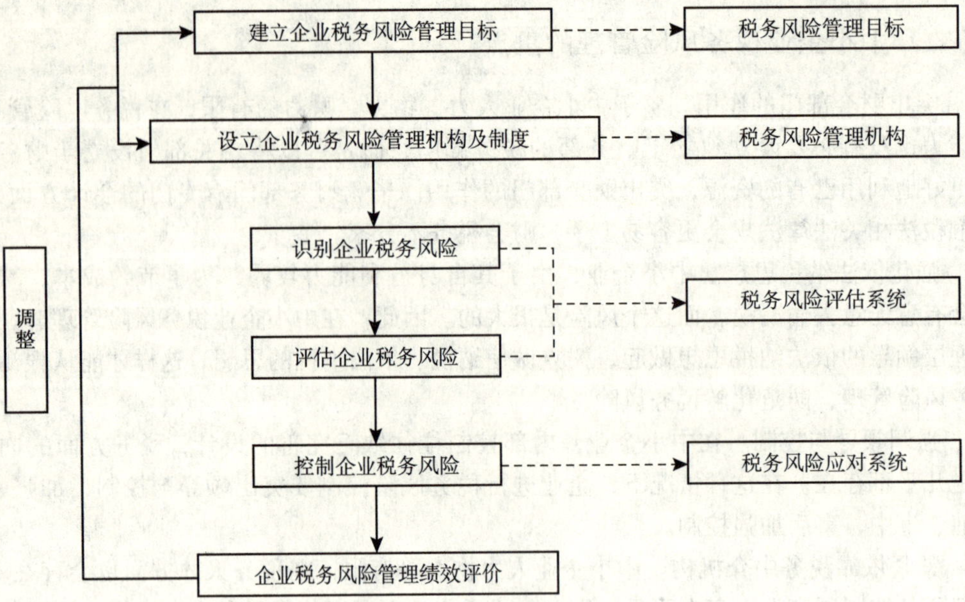

图 8－1　税务风险管理流程

第四，建立健全企业税务风险应对系统，在税务风险合理识别与评估的基础上，制定纳税风险控制方案，组织相关税务管理人员运作税务风险控制方案、监控税务风险控制方案的实施。

第五，建立税务风险管理绩效考核制度，全面考核税务风险管理的实施效果，反馈税务风险控制方案的实施效果，同时进行税务风险控制方案的再调整与运作，以及对税务管理目标与机构人员的调整，进而影响整个企业的税务风险管理理念与文化。

（二）税务风险管理目标

一般意义上，目标是指个人、部门或整个组织所期望的成果，也就是期望达到的成就和结果，同时也是行为的导向。企业税务风险管理目标，就是企业或整个组织在对企业自身进行税务风险管理中所期望达到的成就或结果，同时也是开展企业税务风险管理工作的导向。税务风险管理目标又可以分为长期目标与短期目标。

1. 制定企业税务风险管理长期目标，管理层的作用非常关键。税务风险管理是一项严密细致的规划性工作，必须依靠自上而下的紧密配合，在做出决策之前尽可能精密地计算各项行动方案的成本或代价，因而，需要由管理层从宏观全面的角度设立税务风险管理目标。

税务风险管理长期目标包括：在合法合规的前提下谋求税收收益最大化的同时争取税收损失的最小化，有效防范税务风险；了解分析引起企业税务风险的关键因素与指标，努力排除税务风险管理过程中的不确定性；降低税务风险对企业的影响，帮助改善企业经营；增加企业价值，不断改进税务风险的监督管理工作。

2. 短期目标更侧重于依据企业实际生产经营状况及未来发展目标，制定出可行的、易于操作的企业税务风险管理相关的管理目标，是对长期目标的细化。

（三）税务风险管理机构

国家税务总局2009年提出的《大企业税务风险管理指引》中指出，企业可结合生产经营特点和内部税务风险管理的要求设立税务管理机构和岗位，明确岗位的职责和权限。

1. 税务风险管理的专业性与技术性，决定了公司必须设立专门的机构与人员，才能既完成税务风险管理的规划、方案的制订，也实现对决策的组织、实施及对税务风险的处理。

企业可以按照自身规模大小及纳税业务的繁杂程度，建立企业税务风险管理机构或专职岗位。规模较大、纳税业务较繁杂的企业可以在财务部下设由3~4个专职人员组成的税务科，有的大企业甚至可以与财务部并行设立税务部，负责企业税务风险以及其他税务事务的管理工作。中小企业可以在财务部内设1~2个税务专职岗位，负责企业税务风险管理以及其他涉税事宜的管理工作。

2. 在设立税务风险管理机构的同时，应落实税务管理机构的职责与权限，税务管理机构应主要履行以下职责：

（1）制定和完善企业税务风险管理制度和其他涉税规章制度。

（2）参与企业战略规划和重大经营决策的税务影响分析，提供税务风险管理建议。

（3）组织实施企业税务风险的识别、评估，监测日常税务风险并采取应对措施。

（4）指导和监督有关职能部门、各业务单位以及全资、控股企业开展税务风险管理工作。

（5）建立税务风险管理的信息和沟通机制。

（6）组织税务培训，并向本企业其他部门提供税务咨询。

（7）承担或协助相关职能部门开展纳税申报、税款缴纳、账簿凭证和其他涉税资料的准备和保管工作。

3. 企业税务管理机构应建立科学有效的职责分工和制衡机制，确保税务管理的不相容岗位相互分离、制约和监督。税务管理的不相容职责包括：

（1）税务规划的起草与审批。

（2）税务资料的准备与审查。

（3）纳税申报表的填报与审批。

（4）税款缴纳划拨凭证的填报与审批。

（5）发票购买、保管与财务印章保管。

（6）税务风险事项的处置与事后检查。

（7）其他应分离的税务管理职责。

（四）税务风险评估系统

1. 税务风险评估系统的概念与意义

税务风险评估系统是针对税务风险进行识别与评估的系统，是依据税收法律法规的规定，企业定期对自身在一定期间内的纳税情况、纳税筹划等一系列涉税事项进行分析检查，从中识别已存在或潜在的税务风险，然后对识别的税务风险进行分析分类，用科学的方法测算税务风险的大小以及可能给企业带来的损失及影响的一整套流程与方法。

因此，税务风险评估系统具体可以分为税务风险识别与税务风险评估两个环节，而税务风险评估可以再细分为风险分析与风险测定两个程序。

税务风险评估系统在降低税务风险过程中的起着重要的作用，是企业加强税收管理工作的重要措施之一，是企业履行纳税义务情况进行事中控制监督的有效手段。税务风险评估系统能有效帮助纳税人利用对税务风险分析以及各项纳税评估指标，对企业自身的涉税情况进行分析评价，减少纳税失误、降低税务风险。

2. 税务风险评估应遵循的原则

为使税务风险识别评估达到预期的效果，识别评估时应遵循以下原则：

（1）合规合法性原则。税务风险评估必须依照税收法律法规以及相关经济法规进行。识别、分析与评估各个税务风险必须依据税法等规定，如果识别评估的方法与税法相违背，不仅不能正确识别评估税务风险，不能有效控制税务风险，为企业提高效益，反而会增加企业的税务风险，破坏企业的经营。因此，合规合法性是有效识别评估税务风险的基础条件与必备要求。

（2）方法科学性原则。为提高税务风险评估的有效性，税务风险评估系统应当遵循方法科学性原则。在设计税务风险识别与评估程序时，必须有一套严格、客观而且科学的税务风险识别评估程序与方法。在税务风险识别与评估实施过程中，也必须严格按照设计好的科学客观的程序与方法进行，从而保证税务风险识别与评估的科学性与有效性。

（3）人员独立性原则。为保证税务风险识别与评估结果的可靠性以及能被企业管理层所接受，在税务风险识别与评估过程中，必须要求相关人员遵守独立性原则。参与企业税务风险识别与评估的人员，无论是企业内部人员，还是外聘的税务风险评估专家，都应当遵守独立性原则，处于独立性地位，在识别与评估过程中，不受企业行政的相关制约与干预，可以查阅检查内部文档等，以便客观、正确的实施识别评估程序。只有确保税务风险评估的人员独立性，才能真正保证税务风险识别评估结果和改进措施的客观、公正与可靠。

（4）成本效益性原则。税务风险的识别评估过程的目的是减少企业的税务风险，降低税务风险对企业带来的损失，提高企业的效益。因此，税务风险评估系统必须尽量以较低的成本进行，而且，应在实施过程中，不断优化识别评估程序，不断降低评估成本。同时，税务风险评估的程序所需要付出的成本应当小于由评估带来的收益的原则进行选择，力求税务风险评估达到成本效益原则。

3. 税务风险识别评估的步骤

（1）税务风险识别过程

①风险识别准备阶段。

②相关资料收集阶段。

③实地调查分析阶段。

④落实查证问题阶段。

（2）税务风险评估过程

①分析风险识别过程中发现的问题。

②依据税法规定测算税务风险大小。

③依据税法规定测算税务风险引发的损失。

④对税务风险排序并建立企业税务风险数据库。

4. 税务风险评估方法概述

企业税务风险评估是建立在风险识别的基础之上，相应的评估方法可以大致分为两大类：

（1）定性评估方法：分析未来导致税务风险的潜在因素及原因，定性评价税务风险将对企业的正常经营活动产生的影响。企业是否存在潜在的成本支出，或是对企业未来的利润有潜在的影响？是否会影响企业未来的信誉及发展？企业从哪些方面着手可以减少这一风险的不利影响？对于关键税务风险驱动因素的分析将能够把握税务风险的根源所在。

（2）定量评估方法：精确测算企业税务风险的可能性、严重性，建立健全规避税务风险的防范体系。测算税务风险时，公司高层管理者要将主要精力放要社会整体税收环境、竞争对手的税收负担水平、公司整体的税务政策风险等重要的因素方面。

税务风险的评估过程，是一个精确分析风险来源和应用度量方法的过程，指明了公司策略和实施过程中固有的税务风险。

（五）税务风险控制与应对系统

税务风险控制与应对系统是一个控制、防范、化解企业税务风险的系统，即按照税务风险评估分析出来的结果，针对税务风险的大小、特征以及其对企业生产经营管理可能带来的影响或损失程度，确定税务风险控制方法，设计制定税务风险控制方案，组织税务风险控制方案的实施与落实，达到真正控制、防范、化解税务风险的目的。

在该系统中，主要是实施强化税务风险管理能力的措施，不断改进税务风险管理工作。

二、企业税务风险管理方法

诺贝尔经济学奖得主斯科尔斯的一项长期跟踪研究表明，税务风险管理做得较好的企业，平均每年为企业多创造高达35%的利润。企业税务风险管理的目标是在防范税务风险的同时为企业创造税收价值。

控制税务风险的第一步就是识别评估税务风险。税务风险评估方法包含定性和定量技术的结合。定量是对税务风险在数量上的分析，而定性则是对税务风险在质量上的分析。同时定性分析与定量分析又是紧密联系而且可以相互支撑和转化的。在不要求进行定量化的地方，或者在定量评估所需的充分可靠数据实际上无法取得或者获取和分析数据不具有成本效益性时，通常采用定性的评估技术。但定量技术能带来更高的精确度，通常应用在更加复杂和深奥的活动中，以便对定性技术进行补充。

现在国内的风险管理处于粗放式的管理阶段，今后必然向精细化管理方面转变。毕竟企业是一个以营利为目的的组织，必须考虑成本有效性的问题。其实就税务风险评估而言，定性是绝对的，定量是相对的。即使采用定量的方法，也无法完全量化。采用定量的方法确实存在一定的缺陷，因此在初期很多的企业倾向于采用定性的方法。虽然目前国内外的很多专家都在致力于量化的方法，但是目前仍没有一个能够让大多数人所接受的量化方法。定量评估技术一般需要更高程度的努力和严密性，有时采用数学模型。因此，在对税务风险进行定量评估时，需要有大量、有效的数据作为支持，这同时也需要企业长期收集并建立贡献率较高的税务风险评价指标数据库。

（一）企业税务风险的识别方法

税务风险识别，是企业税务部门通过风险评估手段，了解本单位以及本单位涉及的税务环境，目的是识别与评估企业涉税方面的重大风险。为了解本单位涉税情况以及涉税环境而实施的程序称为“税务风险评估程序”。简单地说，评估程序可以分为以下三类：询问本单位管理层与内部相关人员、分析程序、观察与检查。

结合2009年5月税务总局颁布的《大企业税务风险管理指引》，企业应全面、系统、持续地收集内部和外部相关信息，结合实际情况，通过风险识别、风险分析、风险评价等步骤，查找企业经营活动及其业务流程中的税务风险，分析和描述风险发生的可能性和条件，评价风险对企业实现税务管理目标的影响程度，从而确定风险管理的优先顺序和策略。

需要明白的一点是，税务风险不仅仅来自于涉税相关部门，而是来自于整个公司以及公司所面对的大环境。税务风险管理是企业整体风险管理的一个重要组成部分。首先，让我们来了解一下公司治理的结构与风险控制的环节。

从图8-2可知，一般公司风险控制分为三个层面，税务风险控制正包含三个层次的控制。分别是治理层风险控制、管理层风险控制和执行层风险控制。税务部门处于企业中层，无论是治理层、管理层或是执行层，都会对其产生影响进而可能产生税务风险。

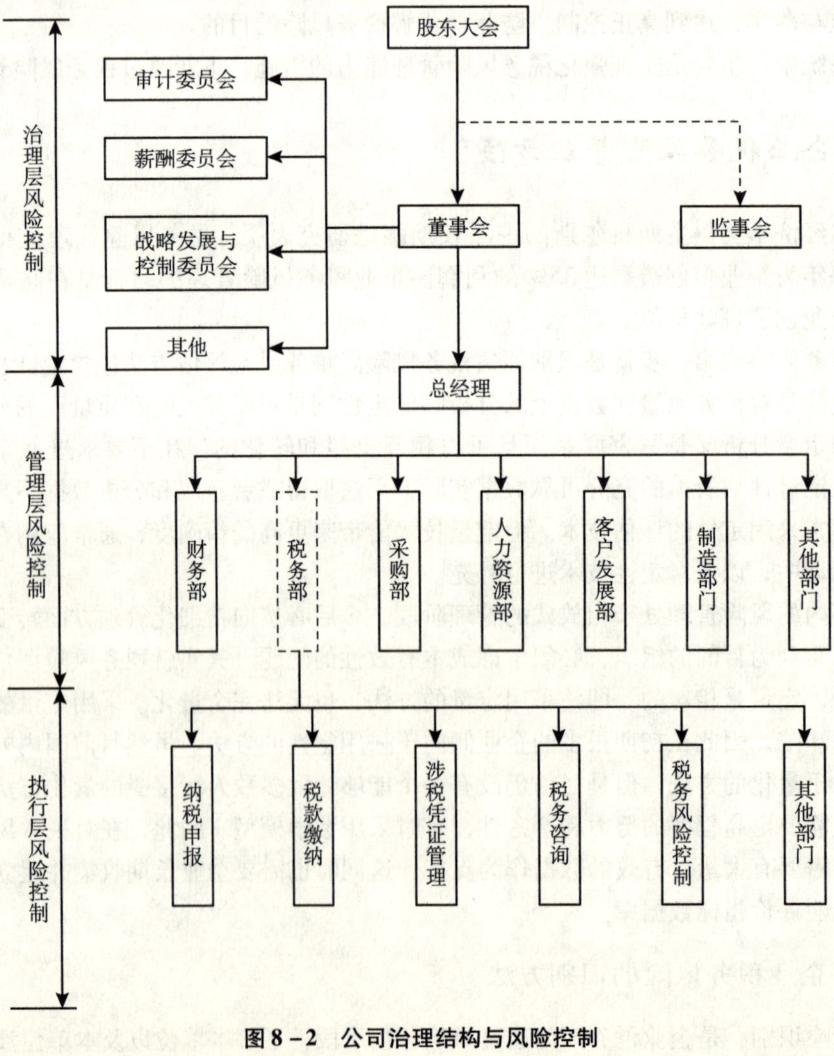

图8-2 公司治理结构与风险控制

治理层风险控制主要通过两个途径，第一是股东大会委托成立监事会，对整个企业进行监督并控制风险，如图中虚线所示。另一个是董事会下设的审计委员会，它对整个管理层以及执行层进行内部审计与外部审计，加强审计监督，防范并控制风险，包括税务风险。

管理层风险控制主要通过管理层设计执行内部控制进行风险控制。随着经济的不断发展，税务风险已越来越成为企业需要重视的风险。为了突出对税务风险的重视，在大企业中，专门将主管税务风险控制的税务部单列出来，与财务部门并行，财务部与税务部不是分离的关系，而是相互融合相互配合的关系，这样的分立有利于提升税务部门的授权地位，更好地控制税务风险。而对于中小企业或是初步设立试行税务部的企业，也可以将税务部设于财务部下面，受财务部管理。

执行层风险控制主要是执行层是否严格执行各项内部控制，主要还是依赖于管理层的及时监督与评价。

企业在税务风险识别评估过程中，应结合自身实际，重点识别以下7个方面的风险：

1. 企业治理层以及管理层的税收遵从意识和对待税务风险的态度

治理层对于税务部门乃至整个公司有着全局的影响，公司治理层与管理层的税收意识与风险态度决定了整个企业对待税务风险的基调，影响员工对税务风险控制的认识与措施。治理层与管理层对待税务风险良好的态度与意识是实施有效税务风险控制的基础。如果一个企业文化是不诚信或无视法律约束和不遵守社会公德的，那么这个企业就会有违反税法的可能性。在评估这个方面时，企业税务部门应当了解，管理层在治理层的监督下，是否营造并保持了诚实守信和合乎道德的税收遵从意识文化，以及是否建立了防止并发现纠正税务风险的恰当控制。可以考虑的因素可能包括：

（1）企业内部是否有书面的涉税行为规范并向相关员工传达。例如印花税税票购买使用规定，纳税申报表的填充与审批制度，财务印章保管等规定是否存在并实施。

（2）企业内部的税务文化是否强调诚信与遵纪守法的重要性。诚信的税务文化在税务风险管理中能起到无形的约束作用。

（3）治理层与管理层是否身体力行，高级管理人员在税务问题处理上是否起表率作用。例如某些高级管理人员自身可能存在逃税漏税行为。

（4）对违反有关政策和行为规范的情况，管理层是否采取适当的惩罚措施。奖罚分明是树立良好税务文化的重要因素。

2. 涉税员工的职业操守和专业胜任能力

胜任能力是指具备完成某一职位的工作所应有的知识与能力。企业管理层对涉税人员胜任能力的重视包括对于完成特定涉税业务所需的胜任能力水平的设定，以及对达到该水平必需的知识和能力的要求。

税务部门在评估该方面时可能主要考虑的因素包括：

（1）涉税员工以及相关税务信息管理人员是否具备与本公司业务性质和复杂程度相称的足够的胜任能力与培训，在发生错误时，是否通过调整人员或系统来加以处理。

（2）涉税人员是否具备理解和运用各项税法以及相关会计准则所需的技能，尤其是精通税法与会计的区别处理，是否能及时掌握更新的税收政策与法规。

（3）管理层是否配备足够的涉税人员以适应企业业务发展需要。

3. 组织机构、经营方式和业务流程

复杂的组织机构、经营方式和业务流程可能导致某些特定的税务风险。公司税务部门可以考虑的因素包括：

（1）关联方交易是否存在不合法的国际避税以及不合法的减轻税负行为。例如，有些客户是否为关联方；对关联方与非关联方是否采用不同的销售和采购条款；对这些关联方交易采用怎样的定价政策。

（2）联盟、合营和外包情况的涉税处理是否合法合规。例如外包情况下对税负的分担是否合理，对税负的缴纳责任是否清晰。

（3）地区和行业分布。是否涉及跨地区经营和多种经营，其经营方式与相应的税务处理是否匹配。跨行业跨地区容易导致经营方式复杂，容易出现重复缴税或漏缴等情况。

4. 技术投入和信息技术的运用

当前，企业在数据电算化方面都有所实践。与涉税业务相关的信息系统，包括用以生成、记录、处理和报告涉税交易完成税务情况以及税收上缴事项的程序和记录。其应当与公司业务流程相适应。内部税务部门可以了解以下因素：

（1）管理层是否凌驾于账户记录控制之上的风险。自动化程序和控制可能降低了发生无意错误的风险，但是并没有消除个人凌驾于控制之上的风险。例如，某些管理人员为了减少税负，可能篡改财务信息系统数据金额。当信息技术进行数据的传递时，篡改可能不会留下痕迹。某些高级管理人员可能篡改数据金额以达到影响税额的目的。

（2）在检查本单位经营过程中，了解对涉税事项具有重大影响的各类交易。例如各类交易的收入金额。

5. 相关内部控制制度的设计和执行

有效的税务内部控制是控制税务风险的制度保障。企业的税务内部控制应包括控制环境、税务风险评估、税务控制活动、信息与沟通和税务监督几个方面。

内部税务部门通常实施下列风险评估程序，以获取有关涉税内部控制的证据：

（1）询问本单位相关人员。通过询问普通员工，可以尽早了解内部税务风险。然而询问本身并不足以评价内部税务风险，还需要结合其他程序。

（2）观察特定控制的作用。例如观察纳税申报表的审批过程等。

（3）检查文件和报告。由于一般审批或授权都会留下“轨迹”，因而可以通过检查文件来评估控制的设计与执行。例如检查各个审批主管签字或盖章。

（4）追踪相关交易在税务信息系统中的处理过程（穿行测试）。税务部门可以通过穿行测试，很好地了解内部控制的设计与执行。例如可以模拟进行税款缴纳，查看企业现金控制、印章控制、审批程序控制等内部控制。

6. 经济形势、产业政策、市场竞争及行业惯例

企业所在的行业惯例、市场竞争、经济形势和产业政策构成了企业的大背景与大环境。这些外部因素可能影响到企业自身的目标、战略以及相关经营与税务风险。因而，通过了解这些外部因素有助于识别企业税务风险。

具体而言，税务部门可能需要了解以下情况：

（1）当前宏观经济状况以及未来的发展趋势如何？通过了解发展趋势，可以得出当前企业面临的经济环境如何，进而分析企业管理层是否会因经济形势差而偷漏税。

（2）企业所处市场的需求、市场容量和价格竞争如何？了解了这点，可以得出企业是否会因竞争需要，降低成本而出现税务风险。

(3) 竞争者是否采取了某些行动，如购并活动、降低销售价格、开发新技术等，从而对本企业经营活动产生影响?

(4) 与本企业相关的税务法规是否发生变化，对本企业有何影响? 这一点很重要，税收财务法规时常更新，企业若不能及时跟上，很容易产生税务风险。同时，掌握新政策付出的成本高从而使企业不理会新政策而产生风险。

其他的外部因素还有很多，内部税务部门在对经济形势等外部因素了解时应结合自身企业所处的行业、规模以及其他因素具体分析。对出口型企业，可能更关心进出口关税的变动；对制造业企业，可能更关心增值税等流转税的变动等。

7. 法律法规和监管要求

某些法律法规或监管要求可能对本企业经营活动有重要影响，如不遵守企业所得税相关规定，可能导致重大罚款。同时，某些法律法规与监管要求决定了本企业需要遵循的行业惯例和核算要求，如企业所得税法中应税所得额计算时可以抵扣的标准按照所得税法，而不是按照会计准则。

内部税务部门可能需要了解以下情况进行风险评估:

(1) 国家对某一行业的企业是否有特殊的监管要求，如对烟草行业有特殊监管要求；

(2) 是否存在新出台的法律法规，对本企业有何影响，如 2008 年新的企业所得税法；

(3) 国家货币、财政、税收和贸易等方面政策的变化是否会对本企业经营活动产生影响。

在了解这个方面，同样要根据本企业的行业特点、企业规模等去具体分析。

通过对以上 7 个方面的税务风险因素了解，应当可以对企业的税务风险有一个较为全面的认识与评估。企业应定期进行税务风险评估，而不是一劳永逸的。税务风险评估由企业税务部门协同相关职能部门实施，也可聘请具有相关资质和专业能力的中介机构协助实施。企业应对税务风险实行动态管理，及时识别和评估原有风险的变化情况以及新产生的税务风险。

在此基础上，税务部门应当与治理层与管理层进行深入的沟通，对发现的风险问题等及时告知管理层与治理层。

【案例 8－1】

根据消费税政策规定，为适应社会经济形势的客观发展需要，进一步完善消费税制，经国务院批准，对消费税税目、税率及相关政策进行调整，新增高档手表税目，适用税率为 20%。在消费税新增和调整税目征收范围注释中指出，高档手表是指销售价格（不含增值税）每只在 10 000 元（含）以上的各类手表。

某从事手表生产的企业主要产品为出厂价格为每只 11 000 元的 A 类高档手表和出厂价格为每只 1 500 元的 B 类手表，主要涉及增值税、消费税、企业所得税等税种，建立纳税风险识别模型如表 8－1 所示。

表 8－1　　纳税风险识别模型

征收对象	涉及的税种	税收政策是否发生变化	有无纳税风险
A 类手表	增值税	否	有
	消费税	是	有
	企业所得税	否	有
B 类手表	增值税	否	否
	企业所得税	否	否

通过环境分析法，可以清楚地看到，由于消费税相关政策的变动给该手表生产企业带来了消费税、增值税及企业所得税方面的纳税风险，A 类手表在消费税、增值税和企业所得税方面存在纳税风险。对于这一税收政策变化，从事手表生产的相关企业应立刻做出反应，及时采取措施，或者对 A 类手表的销售收入依照新规定缴纳消费税，相应调整应缴纳的增值税和企业所得税，或者降低 A 类手表的市场价格，使 A 类手表的出厂价格低于 10 000 元，以避免由此产生的纳税风险。

（二）企业税务风险的评估方法

上文提到，税务风险评估方法包含定性和定量技术的结合。定量是对税务风险在数量上的分析，而定性则是对税务风险在质量上的分析。同时定性分析与定量分析又是紧密联系而且可以相互支撑和转化的。在不要求进行定量化的地方，或者在定量评估所需的充分可靠数据实际上无法取得或者获取和分析数据不具有成本效益性时，通常采用定性的评估技术。我们认为，税务风险识别阶段，主要依靠定性分析方法，在税务风险评估阶段，则更侧重于定量的分析方法。因此，在对税务风险进行定量评估时，需要有大量、有效的数据为支持，这同时也需要企业长期收集并建立贡献率较高的税务风险评价指标数据库。

1. 税务风险评估指标的选取

一般情况下，税务风险评估指标可以分为 5 类，分别是收入类评估分析指标、成本类评估分析指标、费用类评估分析指标、利润类评估分析指标以及资产类评估分析指标。

第一类，收入类评估分析指标。

$$主营业务收入变动率=\frac{本期主营业务收入-基期主营业务收入}{基期主营业务收入}\times 100\%$$

如果主营业务收入变动率超出预警值范围，可能存在少计收入问题和多列成本等问题，可以运用其他指标进一步分析。

第二类，成本类评估分析指标。

$$（1）单位产成品原材料耗用率=\frac{本期投入原材料}{本期产成品成本}\times 100\%$$

分析单位产品当期耗用材料与当期产出的产成品成本比率，判断企业是否存在账外销售问题、是否错误使用存货计价方法、是否人为调整产成品成本或应纳所得额等问题。

$$（2）主营业务成本变动率=\frac{本期主营业务成本-基期主营业务成本}{基期主营业务成本}\times 100\%$$

$$其中：主营业务成本率=\frac{本主营业务成本}{本期主营业务收入}\times 100\%$$

主营业务成本变成率超出预警值范围，可能存在销售未计收入、多列成本费用、扩大税前扣除范围等问题。

第三类，费用类评估分析指标。

$$（1）主营业务费用变动率=\frac{本期主营业务费用-基期主营业务费用}{基期主营业务费用}\times 100\%$$

$$其中：主营业务费用率=\frac{主营业务费用}{主营业务收入}\times 100\%$$

与预警值相比，如相差较大，可能存在多列费用问题。

（2）销售（管理、财务）费用变动率 $= \frac{\text{本期销售（管理、财务）费用}}{\text{基期销售（管理、财务）费用}} \times 100\%$

如果销售（管理、财务）费用变动率与前期相差较大，可能存在税前多列支销售（管理、财务）费用的问题。

（3）成本费用率 $= \frac{\text{本期销售费用} + \text{本期管理费用} + \text{本期财务费用}}{\text{本期主营业务成本}} \times 100\%$

分析企业的期间费用与销售成本之间关系，与预警值相比较，如相差较大，企业可能存在多列期间费用问题。

（4）成本费用利润率 $= \frac{\text{本成费用总额}}{\text{利润总额}} \times 100\%$

其中：成本费用总额 = 主营业务成本总额 + 费用总额

成本费用利润率与预警值比较，如果企业本期成本费用利润率异常，可能存在多列成本、费用等问题。

（5）税前列支费用评估分析指标：工资扣除限额、“三费”（职工福利费、工会经费、职工教育经费）扣除限额、业务招待费的扣除限额、公益救济性捐赠扣除限额、研究开发费用加计扣除额、广告费扣除限额、业务宣传费扣除限额、财产损失扣除限额、呆（坏）账损失计提扣除限额、社会保险费扣除限额、无形资产摊销额、递延资产摊销额等。

如果申报扣除（摊销）额超过允许扣除标准，可能存在未按税法规定进行纳税调整，擅自扩大扣除（摊销）基数或比例等问题。

第四类，利润类评估分析指标。

（1）主营业务利润变动率 $= \frac{\text{本期主营业务利润} - \text{基期主营业务利润}}{\text{基期主营业务利润}} \times 100\%$

（2）其他业务利润变动率 $= \frac{\text{本期其他业务利润} - \text{基期其他业务利润}}{\text{基期其他业务利润}} \times 100\%$

上述指标若与预警值相比相差较大，可能存在多结转成本或不计、少计收入问题。

（3）税前弥补亏损扣除限额。企业应按税法规定审核分析允许弥补的亏损数额。如申报弥补亏损额大于税前弥补亏损扣除限额可能存在未按规定申报税前弥补等问题。

（4）营业外收支增减额。营业外收入增减额与基期相比减少较多，可能存在隐瞒营业外收入问题。营业外支出增减额与基期相比支出增加较多，可能存在将不符合规定支出列入营业外支出。

第五类，资产类评估分析指标。

（1）净资产收益率 $= \frac{\text{净利润}}{\text{平均净资产}} \times 100\%$

分析企业资产综合利用情况。如指标与预值相差较大，可能存在闲置未用资产计提折旧等问题。

（2）总资产周转率 $= \frac{\text{利润总额} + \text{利息支出}}{\text{平均总资产}} \times 100\%$

（3）存货周转率 $= \frac{\text{主营业务成本}}{0.5 \times (\text{期初存货成本} + \text{期末存货成本})} \times 100\%$

分析总资产和存货周转情况，推测销售能力。如总资产周转率或存货周转率加快，而应纳税税额减少，可能被税务机关认为存在隐瞒收入、虚增成本的问题。

（4）应收（付）账款变动率 $=\dfrac{\text{期末应收（付）账款额}-\text{期初应收（付）账款额}}{\text{期初应收（付）账款额}}\times 100\%$

分析企业应收（付）账款增减变动情况，判断其销售实现和可能发生坏账情况。如应收（付）账款增长率增高，而销售收入减少，可能被税务机关认为存在隐瞒收入、虚增成本的问题。

（5）固定资产综合折旧率 $=\dfrac{\text{基期固定资产折旧总额}}{\text{基期固定资产原值总额}}\times 100\%$

固定资产综合折旧率高于与基期标准值，可能存在税前多列支固定资产折旧额问题。要求企业提供各类固定资产的折旧计算情况，分析固定资产综合折旧率变化的原因。

（6）资产负债率 $=\dfrac{\text{负债总额}}{\text{资产总额}}\times 100\%$

其中：负债总额 = 流动负债 + 长期负债，资产总额是扣除累计折旧后的净额。

分析企业经营活动活力，判断其偿债能力。如果资产负债率与预警值相差较大，则企业偿债能力有问题，要考虑由此对税收收入产生的影响。

2. 指标的配比分析

（1）主营业务收入变动率与主营业务利润变动率配比分析

正常情况下，二者基本同步增长。

①当比值小于1且相差较大，二者都为负时，可能存在企业多列成本费用、扩大税前扣除范围问题。

②当比值大于1且相差较大，二者都为正时，可能存在企业多列成本费用、扩大税前扣除范围等问题。

③当比值为负数，且前者为正后者为负时，可能存在企业多列成本费用、扩大税前扣除范围等问题。

出现本疑点时，企业税务部可从以下几个方面进行分析：结合"主营业务利润率"指标进行分析，了解企业历年主营业务利润率的变动情况：对"主营业务利润率"指标也是异常的，应通过年度申报表及附表分析企业收入构成情况，以判断是否存在少计收入问题；结合资产负债表中"应付账款"、"预收账款"和"其他应付款"等科目的期初、期末数进行分析，如出现"应付账款"和"其他应付账款"红字和"预收账款"期末大幅度增长等情况，应判断存在少计收入问题。

（2）主营业务收入变动率与主营业务成本变动率配比分析

正常情况下二者基本同步增长，比值接近1。

①当比值小于1且相差较大，二者都为负时，可能存在多列成本费用、扩大税前扣除范围等问题；

②当比值大于1且相差较大，二者都为正时，可能存在多列成本费用、扩大税前扣除范围等问题；

③当比值为负数，且前者为正后者为负时，可能存在多列成本费用、扩大税前扣除范围

等问题。

出现本情况时，企业税务部门可以从以下几个方面进行分析：结合“主营业务收入变动率”指标，结企业主营业务收入情况进行分析，通过分析企业年度申报表及附表营业收入表，了解企业收入的构成情况，判断是否存在少计收入的情况；结合资产负债表中“应付账款”、“预收账款”和“其他应付账款”等科目的期初、期末数额进行分析，如“应付账款”和“其他应付账款”出现红字和“预收账款”期末大幅度增长情况，应判断存在少计收入问题；可以结合主营业务成本率对年度申报表及附表进行分析，了解企业成本的结转情况，分析是否存在改变成本结转方法、少计存货（含产成品、在产品和材料）等问题。

（3）主营业务收入变动率与主营业务费用变动率配比分析

正常情况下，二者基本同步增长。

①当比值小于1且相差较大，二者都为负时，可能存在企业多列成本费用、扩大税前扣除范围等问题；

②当比值大于1且相差较大，二者都为正时，可能企业存在多列成本费用、扩大税前扣除范围等问题；

③当比值为负数，且前者为正后者为负时，可能存在企业多列成本费用、扩大税前扣除范围等问题。

针对这种情况，企业税务部门对产生疑点的可从以下几个方面进行分析：结合资产负债表中“应付账款”、“预收账款”和“其他应付账款”等科目的期初、期末数进行分析。如“应付账款”和“其他应付账款”出现红字和“预收账款”期末大幅度增长等情况，应判断存在少计收入问题；结合主营业务成本，通过年度申报表及附表分析企业成本的结转情况，以判断是否存在改变成本结转方法、少计存货（含产成品、在产品和材料）等问题；结合“主营业务费用率”、“主营业务费用变动率”两项指标进行分析，与同行业的水平比较。通过损益表对营业费用、财务费用、管理费用的若干年度数据分析三项费用中增长较多的费用项目；对财务费用增长较快的，结合资产负债表中短期借款、长期借款的期初、期末数进行分析，以判断财务费用增长是否合理，是否存在基建贷款利息列入当期财务费用等问题。

（4）主营业务成本变动率与主营业务利润变动率配比分析

①当两者比值大于1，都为正时，可能存在多列成本的问题；

②前者为正，后者为负时，视为异常，可能被税务机关认为存在多列成本、扩大税前扣除范围等问题。

（5）资产利润率、总资产周转率、销售利润率配比分析

综合分析本期资产利润率与上年同期资产利润率，本期销售利润率与上年同期销售利润率，本期总资产周转率与上年同期总资产周转率。如本期总资产周转率－上年同期总资产周转率>0，本期销售利润率－上年同期销售利润率≤0时，说明资产使用率降低，导致资产利润率降低，可能被税务机关认为存在隐匿销售收入问题。

（6）存货变动率、资产利润率、总资产周转率配比分析

比较分析本期资产利润率与上年同期资产利润率，本期总资产周转率与上年同期总资产周转率。若本期存货增加不大，即存货变动率≤0，本期总资产周转率－上年同期总资产周转率≤0，可能被税务机关认为存在隐匿销售收入问题。

3. 通用指标使用方法

上文对税务风险评估指标进行了详细的分析，为了企业的税务部门更直观掌握纳税评估指标，更好地理解和动用税务风险评估分析指标降低税务风险，对税务风险评估通用指标及其使用方法总结如下（见表8－2）。

表8－2　税务风险评估通用指标

税务风险评估指标	计算公式	指标功能作用	备注事项
收入类指标	主营业务收入变动率＝（本期主营业务收入－基期主营业务收入）÷基期主营业务收入×100%	如该指标超出预警值范围，可能存在少计收入问题和多列成本等问题	注意该指标与主营业务利润变动率的配比分析
成本类指标	单位产成品原材料耗用率＝本期投入原材料÷本期产成品成本×100%	判断纳税人是否存大财外销售问题、是否错误使用存货计价方法、是否人为调整产成品成本或应纳所得额等问题	关注主营业务收入变动率与主营业务成本变动率配比关系，若后者变化较大，可能被税务机关认为存在企业多列成本费用、扩大税前扣除范围等问题
	主营业务成本变动率＝（本期主营业务成本－基期主营业务成本）÷主营业务成本×100% 注：主营业务成本率＝主营业务成本÷主营业务收入	主营业务成本变动率超出预警值范围，可能存在销售未计收入、多列成本费用、扩大税前扣除范围等	
费用类指标	主营业务费用变动率＝本期主营业务费用－基期主营业务费用÷基期主营业务费用×100%，其中，主营业务费用率＝主营业务费用÷主营业务收入×100% 营业（管理、财务）费用变动率＝［本期营业（管理、财务）费用－基期营业（管理、财务）费用］÷基期营业（管理、财务）费用×100%	与预警值相比，如相差较大，可能存在多列费用问题 如果营业（管理、财务）费用变动率与前期相差较大，可能存在税前多列支营业（管理、财务）费用问题	注意主营业务收入变动率与主营业务费用变动率配比分析还要分析费用的结构比例关系是否合理，是否出现大的波动
	成本费用率＝（本期营业费用＋本期管理费用＋本期财务费用）÷本期主营业务成本×100%	分析纳税人期间费用与销售成本之间关系，与预警值相比较，如相差较大，企业可能存在多列期间费用问题	
	成本费用利润率＝利润总额÷成本费用总额×100%，其中，成本费用总额主营业务成本总额＋费用总额	与预警值比较，如果企业本期成本费用利润率异常，可能存在多列成本、费用等问题	

续表

税务风险评估指标	计算公式	指标功能作用	备注事项
利润类指标	主营业务利润变动率 =（本期主营业务利润 - 基期主营业务利润）÷ 基期主营业务利润 ×100%	该指标若与预警值相比相差较大，可能存在多结转成本或不计、少计收入问题	分析主营业务成本变动率与主营业务利润变动率的比值，当两者比值大于 1，都为正时，可能存在多列成本的问题；前者为正，后者为负时，视为异常，可能存在多列成本、扩大税前扣除范围等问题
	其他业务利润变动率 =（本期其他业务利润 - 基期其他业务利润）÷ 基期其他业务利润 ×100%	该指标若与预警值相比相差较大，可能存在多结转成本或不计、少计收入问题	
资产类指标	净资产收益率 = 净利润 ÷ 平均净资产 ×100%	分析纳税人资产综合利用情况。如指标与预警值相差较大，可能存在隐瞒收入，或闲置未用资产计提折旧	进行资产利润率、总资产周转率、销售利润率的配比分析，注意三者之间的关系进行存货变动率、资产利润率、总资产周转率的配比分析，若本期存货增加不大，即存货变动率≤0，本期总资产周转率 - 上年同期总资产周转率≤0，可能被税务机关认为存在隐匿销售收入问题
	总资产周转率 =（利润总额 + 利息支出）÷ 平均资产 ×100% 存货周转率 = 主营业务成本 ÷ [（期初存货成本 + 期末存货成本）÷ 2] ×100%	分析总资产和存货周转情况，推测销售能力。如总资产周转率或存货周转率加快，而应纳税税额减少，可能存在隐瞒收入、虚增成本的问题	
	应收（付）账款变动率 =（期末应收（付）账款 - 期初应收（付）账款）÷ 期初应收（付）账款 ×100%	分析纳税人应收（付）账款增减变动情况，判断其销售实现和可能发生坏账情况。如应收（付）账款增长率增高，而销售收入减少，可能存在隐瞒收入、虚增成本的问题	
	固定资产综合折旧率 = 基期固定首次折旧总额 ÷ 基期固定资产原值总额 ×100%	固定资产综合折旧率高于基期标准值，可能存在税前多列支固定资产折旧额问题。要求企业提供各类固定资产的折旧计算情况，分析固定资产综合折旧率变化的原因	进行资产利润率、总资产周转率、销售利润率的配比分析，注意三者之间的关系进行存货变动率、资产利润率、总资产周转率的配比分析，若本期存货增加不大，即存货变动率≤0，本期总资产周转率 - 上年同期总资产周转率≤0，可能被税务机关认为存在隐匿销售收入问题
	资产负债率 = 负债总额 ÷ 资产总额 ×100%，其中，负债总额 = 流动负债 + 长期负债，资产总额是扣除累计折旧后的净额	分析纳税人经营活力，判断其偿债能力。如果资产负债率与预警值相差较大，则企业偿债能力有问题，要考虑由此对税收收入产生影响	
	资产负债率 = 负债总额 ÷ 资产总额 ×100%，其中，负债总额 = 流动负债 + 长期负债，资产总额是扣除累计折旧后的净额	分析纳税人资产综合利用情况。如指标与预警值相差较大，可能存在隐瞒收入，或闲置未用资产计提折旧问题。分析总资产和存货周转情况，推测销售能力。如总资产周转率或存货周转率加快而应纳税税减少，可能存在隐瞒收入、虚增成本的问题	

4. 税务风险评估的关键点与注意点

（1）风险重要性。企业管理者以及税务部门应根据企业能理解和接受的标准来确定税务风险对于其业务的重要性。对于已识别的税务风险，必须要去评估研究每一个明确的税务风险的潜在财务影响是什么；分析对实现业务目标和成功实施某项策略的影响是什么；分析在资本、收入和资金流方面的潜在成本是什么；分析存在的税务风险可能引发的未来事件是否有损于公司信誉或品牌；分析发现的税务风险是否会减少计划中应取得的经济收益等。

（2）时间因素。无论发现的税务风险的重要性如何，时间因素是必须明确的另一个重要因素。在税务风险管理过程中，由税务风险引发的时间价值是必须要进行考虑的。例如，企业由于违反税法而遭受到的处罚，其中按日征收的滞纳金可能是十分巨大的。因而，在税务风险识别评价过程中，时间因素是不容忽视的。

（3）风险可能性。税务风险识别评价过程中，除了对风险重要性的评价，很重要的一个因素是对风险发生的可能性进行评价。通过对发现的税务风险深入分析了解其发生的可能性的大小，按照发生的可能性进行重要性排序。这样便于集中分析被测定为最为重要的税务风险，同时为税务风险控制提供着眼点，也可以通过税务风险管理来调整业务目标的实现过程。

（三）企业税务风险的控制方法

税务风险源于税务方面的不确定性，税务风险涉及公司日常经济活动的各个环节，大到战略规划、重大经营决策，小到日常经营活动，税务风险贯穿企业经营管理的全过程。

税务风险的评估过程，是一个精确分析风险来源和应用度量方法的过程，指明了公司策略和实施过程中的固有的税务风险。税务风险控制是通过特定的政策来限定解释这些具体策略，修订和更新所有的发展政策，从而使公司能适应环境新的变化。

1. 宏观方面的税务风险控制方法

宏观方面的税务风险控制方法具体包括避免、保留、减少、转移和利用税务风险。

在税务风险评估是否重要性与发生可能性的基础上，企业首先应该决定的是接受还是防范控制该税务风险。若是风险重要性低同时发生可能性比较小的税务风险，那么，该税务风险为在企业正常经营过程中固有的税务风险，是可以采取保留的态度。若是识别的税务风险重要性高或发生可能性较高，则为企业需要控制或避免的税务风险。

（1）保留税务风险

风险重要性低且发生可能性也低的税务风险，对于企业而言，是可以接受的税务风险水平，也预示着税务风险水平可能不会进一步加大。

企业针对这种情况，可以通过三个手段实现税务风险保留：

第一，在保留税务风险的同时，及时进行税务风险识别与评估，及时了解税务风险的重要性与发生可能性。

第二，针对原先识别评估的税务风险进行跟踪分析，对其关键控制点进行分析。

第三，进行适当的税务筹划，在税务风险可以接受的范围内维持企业原有的业务生产。

（2）减少税务风险

风险发生可能性较高但是重要性较低的税务风险，企业可以通过措施减少控制税务风险。

首先，可以适当调整企业业务操作模式与生产管理模式，从而减少税务风险触发机会。

其次，可以通过从内部控制入手，建立完善一套税务风险内部控制体系，有效控制税务风险的出现，防范税务风险。

（3）避免税务风险

税务风险中那些重要性较高的风险，对企业生产、效益、品牌等会产生重大的影响，因此，针对这些风险，最好的办法是避免税务风险的发生。

第一，评估相关税务筹划方式的可行性，重新定义筹划目标、策略与配置资源，停止特定的、有可能产生的、重要性高的税务风险的活动。

第二，在企业投资资本决策时，严格评估，避免回报低同时会产生高税务风险的投资项目，即使能产生高回报，也应当权衡高税务风险带来的后果，尽量避免该类投资项目。

第三，完善企业内部控制，消除重要性高的税务风险。

（4）转移或利用税务风险

第一，通过有效的税务筹划方式，转化税务风险，并帮助企业产生税务收益。

第二，通过有效的企业内部管理，在企业内部化解税务风险。

第三，通过企业自身生产等方式的调整转变去适应新变化的税务政策，变税务风险为税务机会，获取税务筹划收益。

综上所述，通过对不同的宏观方面的税务风险控制方法的选择，可以有效针对不同重要性以及不同可能性进行有针对性的税务风险控制。

2. 微观方面的税务风险控制方法

微观方面的税务风险控制主要是突出对各个具体方法的介绍，与宏观的税务风险控制是相互支撑的。

国家税务总局的《大企业税务风险管理指引》为企业进行税务风险管理指明了方向，针对企业税务风险进行了规定。对此，在微观方面，我们提出以下税务风险控制方法。

（1）倡导诚信纳税理念，优化企业税务风险管理的环境

企业文化影响着企业待事方法或风格，企业对税务管理的态度也受其自身文化的影响，正如在风险评估中所提到，如果一个企业文化是不诚信或无视法律约束和不遵守社会公德的，那么这个企业就会有违反税法的可能性，也就是有可能存在税务风险或者税务风险较高。诚实守信遵纪守法的企业文化可以帮助企业避免或减少税务风险，企业文化会培养企业员工形成一套工作风格，包括遵守税法和恪守社会责任，诚信纳税。由于税务风险的重大后果通常只有在企业受到税务机关检查或稽查时才会爆发，而税务风险的隐形后果往往隐藏在企业的财务报表之中不被发觉，因此，长期以来税务风险及其管理得不到企业的正确理解和充分重视，对税务管理目标存在片面的或错误的观念。比如有的企业认为税务管理就是日常申报缴税，有的认为税务管理就是钻税法空子，想方设法避税、漏税和逃税；还有的认为税务管理就是和税务机关搞搞关系或应付稽查。因此诚信纳税文化的培养可以为企业建立和完善税务风险管理提供良好的基础与环境。

企业诚信纳税文化的培养和形成需要企业最高管理层的认同和支持，企业管理层的作用非常关键，是形成良好纳税文化的基调所在。企业治理层与管理层应彻底转变观念，积极倡导遵纪守法、诚信纳税的税务风险管理理念，增强全体员工的税务风险管理意识，并作为企业文化建设的重要组成部分。

（2）税务专门机构的设立

企业应设置独立负责的税务机构，落实税务管理机构的职责与权限，建立内部风险责任

追究机制。在大型企业或组织结构复杂企业中，该机构可以与审计、法律、风险控制以及其他核心部门共同组成企业控制部门，与财务部门平行。而对于小型企业，该机构也可以归属财务部门管理，由财务部统一管理，与会计、审计、信用控制部门平行。我国目前税法和会计存在一定差异并且随着我国会计制度向国际会计准则的靠拢，这种差异在未来将会不断加大，所以在新出台的《大企业税务风险管理指导》中对大企业提出建议有成立税务管理部门来处理涉税事项。

通过对税务专业机构的设立，可以提高对税务风险的重视程度和管理级次，公司治理层与管理层应将税务风险管理作为企业经营的一项重要内容，纳入公司重要决策程序。同时，将税务风险管理制度与企业其他内部风险控制和管理制度结合起来，把税务风险管理纳入企业全面风险管理体系，把税务风险管理作为一项常态性的工作纳入日常税收工作体系。

（3）实行涉税工作流程合理合法化

第一，定期编制税务管理报告。管理报告包括年度税务预测、税务工作计划报告以及企业年度实际纳税情况（包括结构分析和变动分析）。税务预测是以预期税务环境不变和预计管理层采取的措施为假定，表明本企业预期税务状况、运作结果和纳税现金流量表的预期税务报表。税务工作计划报告一般以年度为时点，对一年中的税务工作做出目标设定、工作内容描述、衡量标准以及成功预期说明，一般应以定性说明和定量指标相结合的方式进行，年中应定期进行目标完成测量以调整目标或工作进展进度。年度实际纳税报告是进行绩效考评税务工作的完成情况，并在此基础上分析企业在谈判、合同、交易等各方面的税务风险点，在计税、报税、缴税等纳税程序方面的税务风险点，在税收筹划、优惠政策利用等方面的税务风险点，以及针对各个税务风险点的控制措施、已发生的税务风险及其采用的措施和结果等。

第二，特殊情况报告和例外情况报告制度。例外情况报告应详细说明企业在特定时期所面临的税务问题与困难。这类报告一般在企业面临重大不确定或严重税务风险时编制，这份报告一般是面向企业高级管理层的。特殊情况报告是对一些出现的非常规税务事件所做的说明，比如税法变更、税务政策变更对企业的影响，出口退税率调整对企业未来营利预期的影响，这些报告应详尽问题的描述、进展、原因、判断对企业的影响程度以及测算对本会计期预算完成的影响，对未来企业发展的潜在影响以及风险等。

第三，编制企业月度税务工作安排时间及进度控制表。通过对企业月度税务日常性工作的定性来确保按时、高效地完成，企业税务操作人员可以根据该表结合个人工作计划来确保企业每项税务工作的完成。一般该表包括涉税事项及其工作内容说明，该事项相关负责人、预计完成时间、完成结果签名、延期时间及原因，税务部门应每月统计工作完成情况，分析经常发生差错、延迟的税务事项以找出工作漏洞和发生的根本原因，以不断改进税务日常工作的效率和效果。

第四，规范平时财务、会计管理，增强公司税务风险的可控性。财务、会计管理是公司税务风险管理的基础。因而税务风险与财务会计风险紧密相连。合法节税本身是实现财务管理目标的必要内容。虽然公司财务会计违法做假具有多重目的，除了偷税等税务违法之外，可能是为了吸引投资或者是为了融资目的等，但税务违法一定以财务会计的违法为前提。

3. 建立税务风险管理系统

企业不仅应把税务风险纳入日常管理中，而且需要在机制方面构建一整套完善的系统，一个好的税务风险管理系统能够实现对税务风险的有效管理。具体管理系统如图 8－3 所示。

（1）税务风险识别评估系统，主要是对企业业务活动建立税务风险模型，判断产生风险的可能性、重要性。不同企业面临的税务风险可能大不相同，即使是对同一个企业而言，由于受不同时期的内、外的各种因素的影响，其税务风险也会有所不同。建立一个有效的税务风险识别评估系统，可以及时准确地对企业当前所面临的税务风险进行判断和识别，使得税务风险管理方案的制订目的明确。这也是进行有效税务风险管理的必要前提和基础。

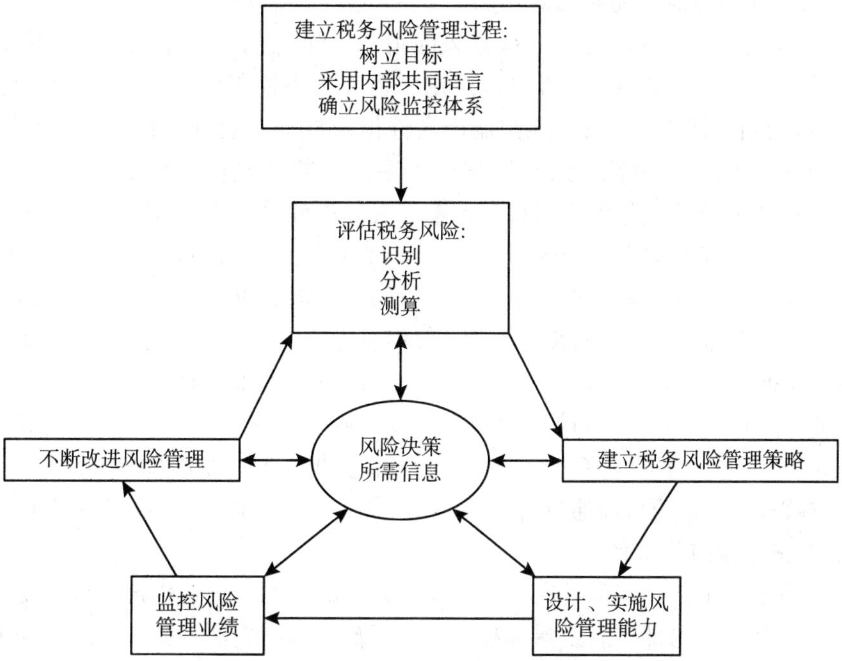

图 8-3 税务风险管理系统

（2）税务风险预警系统，主要是进行风险报告，传递风险信息并建立风险资料库。税务风险是企业风险管理中不可或缺的组成部分，它与企业的财务风险、经营风险既有交叉又有融合。建立良好的警示信号，及时向企业管理部门提示企业税务所面临的问题，这是企业确保能有效生存和发展的基本前提。税务风险预警系统的建立，能够为企业的经济运行提供一道可靠的“防火墙”，提醒管理人员关注和重视税务风险。

企业在经营过程中，有必要为一些特殊税务风险建立预警报告制度，同时在此基础上定期制作税务风险预警报告。定期税务风险预警报告是对一定期间如每季、半年和一年企业对过去一个时期企业存在的税务风险和下一时期预测可能存在的风险进行全面分析所作出的预警报告，而企业所处税务环境的复杂性和企业自身的风险偏好两方面决定了该报告的频率和时期长短。定期税务风险预警报告作为辅助资料一般用于年度审计、制定中长期计划等情况。而特殊税务风险报告是对那些特别的、紧急的情况，企业税务人员必须将该项情况的背景、内容、影响程度等用书面的报告形式呈给企业管理层。

（3）税务风险控制应对系统，就是具体实施风险控制行动，对风险进行降低或转移。规避税务风险是税务风险管理政策具体的实施行为。评价一个税务风险管理方案的合理性和有效性，主要依赖于这个方案实施的效果。也就是，是否达到了预期的目标。因此，税务风险的规避，绝不是一个独立的步骤，而应该是一个系统，一个包含能及时评估实施效果，以及评估当前税务风险的动态系统。

（4）税务风险监控系统，主要是对风险管理全过程进行全面监理和控制，并作出风险管理评估报告。对税务风险的监控，应该是贯穿于整个风险管理全过程的。不仅能监控当前的税务风险，还能检测到企业可能面临的潜在税务风险，同时，还能及时的对当前的税务风险管理方案进行准确、科学的评估，作出调整和更新。税务风险评估既是一个管理方案的结束，又是下一个管理方案的开始。税务风险管理的动态性和连续性得到了实现。

4. 完善内部税务控制活动和信息沟通

（1）在完成风险评估后，应设立税务风险清单，建立税务风险案例数据库，为持续进行税务风险评估进行数据支持。企业可以选用的内部税务控制活动通常包括组织规划控制、职责分工控制、授权控制、审核批准控制、文件记录控制、会计系统控制、绩效考评控制等。如明确税务相关的不相容职务，确定哪些涉税活动需要授权批准及如何进行，形成税务岗位说明书和每类业务的税务流程及税务档案的管理流程等。

（2）建立完善企业内部信息沟通机制。企业税务信息的有效沟通建立在企业整体沟通机制有效的基础上，如果没有完善有效的企业内部信息沟通机制，就不可能进行税务信息的有效沟通。在企业内部要求企业有良好的沟通和信息传递制度来支持风险管理，确保企业员工理解、获取、交换并记录企业管理和控制税务风险所需要的信息，确保管理层有足够的信息评估企业的税务风险管理是否达到目标。在内部信息沟通机制完善的前提下，内部税务控制要专注税务信息收集和利用。例如，企业可以通过税务机关报，如《中国税务报》等，了解税务法规及各类税收政策信息，还可以通过与税务、会计等中介机构合作获取有关税务信息。

5. 开展纳税工作内部审计

企业应重视纳税工作内部审计在税务风险管理中的作用，通过内部审计系统化、规范化的方式来对风险管理、内部控制及治理程序进行评价，提高它们的效率，从而帮助实现企业的目标。在起初阶段，可以由税务人员和内部审计师一同完成一些特定的工作，借助内部审计部门的部分工作，但由于税务的专业性较强，可以考虑至少有一名税务人员是内部审计委员会的组成人员。

6. 制订涉税员工定期培训计划

企业税务工作涉及复杂的法律法规规定，企业税务人员必须具备相应的财务会计基础和专业的税务知识，在此基础上还应熟悉内部控制制度并具备一定的从业经验。由于财务、税务相关法律法规的不断变化以及税务工作对员工素质的较高要求，企业必须对税务工作进行持续的后续教育，确保其及时、熟练掌握最新的财务、税务法律规定，为企业提高税务遵从提供坚实的基础。方式上，可以聘请专家为企业财务、税务人员进行专项知识培训，也可以鼓励员工自己接受在职教育或者参加相关专业考试，如CTA、CPA考试等。

【案例8-2】长江公司纳税风险控制

（一）长江公司背景资料

长江公司是一家家用电器商场，主要经营项目为空调销售与安装，增值税一般纳税人。

1. 主要业务

2009年4月，该厂发生主要业务如下：

2009年4月5日，从A空调厂购买空调2 000万元，A厂为增值税一般纳税人，长江公司货款已付，并且已取得A厂开具的增值税专用发票，但尚未经税务机关认证。

2009年4月长江公司共销售空调3 000万元，同时提供安装服务收取安装费120万元，价款中均不含增值税。

长江公司设有一个非独立核算的汽车运输队，负责给购货方送货，2009 年 4 月共取得运输收入 40 万元。

2. 相关资料

（1）企业纳税人员状况。长江公司增值税纳税事项负责人为李某，从事财务工作多年，有丰富的纳税经验。长江公司的增值税纳税事项长期由李某负责，未出现过违法情况。但是李某由于年纪偏大，对新制度、新政策接受较慢。营业税纳税事项负责人为张某，从事财务工作两年，曾学习过税收筹划理论，多次为企业设计税收筹划方案，为企业节约了大量税款。对于长江公司安装空调业务，张某认为这一业务属于营业税中的服务业税目，如果按照增值税纳税，则加重了企业的税收负担。因此，对空调安装收入按照营业税纳税。

（2）相关税收政策。增值税专用发票抵扣政策发生变动。2009 年 2 月，《国家税务总局关于增值税一般纳税人取得防伪税控系统开具的增值税专用发票进项税额抵扣问题的通知》规定：2009 年 3 月 1 日起，增值税一般纳税人申请抵扣的防伪税控系统开具的增值税专用发票，必须自该专用发票开具之日起 90 日内到税务机关认证，否则不予抵扣进项税额；不再执行《国家税务总局关于加强增值税征收管理工作的通知》中第二条有关进项税额申报抵扣时限的规定（即工业企业入库，商业企业付款的规定）。

3. 企业税务处理

长江公司已对相关业务进行了如下税务处理（此处不考虑企业所得税）：

对购买空调收入 2 000 万元按照 17% 的税率进行了增值税进项税额抵扣；

对销售空调收入 3 000 万元按照 17% 的税率计算了增值税销项税额；

对空调安装费收入 120 万元按 5% 的税率计算了营业税；

对运输收入 40 万元按 3% 的税率计算了营业税。

计算如下：

销项税额 $=3\,000\times17\%=510$（万元）

进项税额 $=2\,000\times17\%=340$（万元）

实纳增值税 $=510-340=170$（万元）

实纳营业税 $=40\times3\%+120\times5\%=7.2$（万元）

（二）长江公司纳税风险控制操作

1. 识别纳税风险

采用流程图法，对纳税事宜的每一个环节逐一进行调查分析，从中发现潜在的纳税风险。通过资料可知，长江公司 4 月份发生了三项经济业务，即购买空调、销售并安装空调和运输业务，涉及的税种为增值税和营业税。

经过以上分析，可知该企业 4 月份纳税风险点为：空调安装收入适用的税种及购买空调的进项税额抵扣问题。产生该纳税风险的外部风险因素在于增值税进项税额抵扣政策变动。而内部风险因素在于长江公司纳税人员业务素质不高。长江公司增值税纳税事项负责人李某忽视税收政策的变动，未深入了解有关进项税额抵扣政策的变动，仍采用旧的规定，按照付款时间进行进项税额抵扣，由此产生了纳税风险。而营业税纳税负责人张某对税法理解不足，盲目减轻企业税收负担，忽视了合法的原则，导致长江公司没能依法纳税。

由此可见，该企业纳税风险产生的原因一方面在于企业获取税收信息的渠道不顺畅，对国家税收法律、政策的变动敏感度不足，在国家税收政策变动的情况下，不能及时获取信息并准确适应新政策；另一方面在于企业纳税人员业务素质不高，对税法有关规定认识理解不准确，盲目降低企业税收负担，可能构成偷税行为，造成了企业经济利益损失。

2. 测算纳税风险

（1）企业应纳税款：

销项税额 =（3 000 +120）×17% =530.4（万元）

进项税额 =0

应纳增值税 =530.4（万元）

应纳营业税 =40 ×3% =1.2（万元）

企业应纳税款合计 =530.4 +1.2 =531.6（万元）

（2）企业实纳税款：

销项税额 =3 000 ×17% =510（万元）

进项税额 =2 000 ×17% =340（万元）

实纳增值税 =510 -340 =170（万元）

实纳营业税 =40 ×3% +120 ×5% = =7.2（万元）

企业实纳税款合计 =170 +7.2 =177.2（万元）

（3）企业少纳税款 =531.6 -177.2 =354.4（万元）

根据企业以往的经验，该企业的纳税行为被税务机关查获并接受处罚的概率如表 8 -3 所示。

表 8 -3　　税务机关查获并处罚的概率

处罚状况	未受到处罚	处以少纳税款的 50% 的罚款	处以少纳税款的 1 倍罚款	处以少纳税款的 3 倍罚款	处以少纳税款的 5 倍罚款
罚款额（万元）	0	177.2	354.4	1 063.2	1 772
概率（%）	10	40	20	20	10

（4）该项纳税风险的平均损失额 =177.2 ×40% +354.4 ×20% +1 063.2 ×20% +1 772 ×10% -354.4 ×10% =496.16（万元）

3. 制订并实施纳税风险控制方案

方案一：取消空调安装业务。

由于企业安装空调的业务已经发生，因此此项纳税风险已经无法避免，即不可采用风险纳税风险避免策略，但企业在以后的经营中，可以取消空调安装业务。例如企业对于安装空调收入缴纳增值税后，对企业利润影响较大，可以考虑取消安装空调业务，以此来避免由安装空调所带来的纳税风险。但通过成本—效益分析可知，安装空调为企业带来收入 120 万元，假设该企业的毛利润率 25%，则该企业的安装空调业务可获得利润 30 万元，大于纳税风险损失额 20.16 万元［少纳税额 =120 ×（17% -5%）=14.4（万元），平均损失额 =14.4 ×（0.5 ×40% +1 ×20% +3 ×20% +5 ×10% -1 ×10%）=20.16（万元）］。

收益大于成本，建议企业通过其他方法控制纳税风险。

方案二：接受纳税风险。

企业接受目前的纳税风险，不采用任何风险控制措施，属于纳税风险保留策略。该企业的纳税风险平均损失额为496.16万元，如果企业保留该纳税风险，企业遭受大量的税收罚款，很可能导致企业现金流中断，被税务机关进行公告，影响企业信誉。很明显，任何企业不可能采用这种策略。但是，仅对于空调安装收入纳税风险，由于损失额不大，企业可以暂时考虑采用保留风险策略。但从长期来看，从合法性的角度出发，企业应该主动改正违法行为，以免损失扩大，因为如果企业未改正该偷税行为，在将来被税务机关发现，还需要按日缴纳万分之五的滞纳金。

方案三：补缴少纳税款并建立纳税准备金。

对于企业增值税进项税额提前抵扣问题，企业应及时与税务机关沟通，说明情况，获得税务机关的同情并及时补缴少纳税款，尽可能避免受到罚款。如果双方沟通无效，企业预计税务机关对企业进行处罚的可能性较大时，应尽早准备纳税准备金，防止企业因现金不足，未及时缴纳税款而加收滞纳金。如果企业出现现金不足，确实无法负担高额的税款，无法履行纳税义务，应研究延期纳税相关政策，申请延期纳税，并为税务机关的税务检查做好准备。

方案四：购买保险企业可以在保险公司投保，如购买利润损失险。

当企业因受到税务行政处罚而影响企业利润的，使得企业利润低于保险合同规定的水平时，企业可以获得保险公司的赔偿，从而转移了企业纳税风险。这个方法的可行性较差，一方面，企业申请保险时，保险公司会对企业的经济情况进行调查，一旦得知企业的实际情况，不会签订有利于企业的保险合同；另一方面，企业纳税风险越大，企业为购买保险而支付的费用就越大，再加上保险公司不会对企业损失进行全额赔偿，因此，企业购买保险很可能得不偿失。

方案五：建立独立的空调安装公司。

长江公司设立独立的空调安装公司H公司，主营业务为空调的安装与维修，H公司独立核算、独立纳税。H公司由长江公司出资建立并完全控股，为长江公司的子公司，原有空调安装人员、设备等全部转移到H公司。长江公司的空调安装业务完全转移到H公司。从局部来看，长江公司失去了空调安装业务与收入。但实际上，H公司是长江公司的全额子公司，其取得的收入仍属于长江公司所有。这样，避免了由于空调安装收入的纳税风险，还降低了企业的税收负担。

通过比较，建议企业同时采用方案三及方案五。

在风险控制方案实施过程中，要加强纳税人员对税法和《国家税务总局关于增值税一般纳税人取得防伪税控系统开具的增值税专用发票进项税额抵扣问题的通知》的全面认识，提高整个企业依法纳税的意识，并加强与税务机关的咨询与沟通。

4. 评价纳税风险控制方案的效果

2009年5月，长江公司设立了独立的空调安装公司H公司。从2009年5月到2009年12月，H公司共发生安装收入600万元，缴纳营业税30万元，节约税款72万元。长江公司纳税人员素质明显提高，不仅密切关注税收政策变动情况，还深入对税法及税收筹划的学习。企业未发生违法纳税行为，并被评为“A级纳税信誉等级纳税人”。企业纳税风险控制措施的实施，不仅为企业降低了纳税风险，而且为企业降低了税收负担，带来了良好的纳税信誉，极大地推动了企业的发展。

第三节　纳税人权利与义务的基本内容

为便于纳税人全面了解纳税过程中所享有的权利和应尽的义务，帮助纳税人及时、准确地完成纳税事宜，促进纳税人与税务机关在税收征纳过程中的合作，根据《税收征收管理法》及其实施细则和相关税收法律、行政法规的规定，对纳税人的权利和义务规定如下：①

一、纳税人权利

纳税人在履行纳税义务过程中，依法享有下列权利：

1. 知情权

纳税人有权向税务机关了解国家税收法律、行政法规的规定以及与纳税程序有关的情况、现行税收法律、行政法规和税收政策规定；办理税收事项的时间、方式、步骤以及需要提交的资料；应纳税额核定及其他税务行政处理决定的法律依据、事实依据和计算方法；与税务机关在纳税、处罚和采取强制执行措施时发生争议或纠纷时，可以采取的法律救济途径及需要满足的条件。

2. 保密权

纳税人有权要求税务机关为其商业秘密和个人隐私的情况保密，主要包括其技术信息、经营信息和纳税人、主要投资人以及经营者不愿公开的个人事项。但根据法律规定，税收违法行为信息不属于保密范围。

3. 税收监督权

纳税人对税务机关或其工作人员违反税收法律、行政法规的行为，如税务人员索贿受贿、徇私舞弊、玩忽职守，不征或者少征应征税款，滥用职权多征税款或者故意刁难等，可以进行检举和控告。同时，对其他纳税人的税收违法行为也有权进行检举。

4. 纳税申报方式选择权

纳税人可以直接到办税服务厅办理纳税申报或者报送代扣代缴、代收代缴税款报告表，也可以按照规定采取邮寄、数据电文或者其他方式办理上述申报、报送事项。但采取邮寄或数据电文方式办理上述申报、报送事项的，需经其主管税务机关批准。

5. 申请延期申报权

纳税人如不能按期办理纳税申报或者报送代扣代缴、代收代缴税款报告表，应当在规定的期限内向税务机关提出书面延期申请，经核准，可在核准的期限内办理。经核准延期办理申报、报送事项的，应当在税法规定的纳税期内缴纳应交税额，并在核准的延期内办理税款结算。

6. 申请延期缴纳税款权

纳税人因有特殊困难，不能按期缴纳税款的，经省、自治区、直辖市国家税务局、地方税务局批准，可以延期缴纳税款，但是最长不得超过3个月。

---

① 为了便于税收征管，依法治税，提高纳税人和扣缴义务人的纳税意识，构建和谐的税收征纳关系，国家税务总局于2009年11月6日发布了《关于纳税人权利和义务的公告》。

纳税人满足以下任何一个条件，均可以申请延期缴纳税款：一是因不可抗力，导致发生较大损失，正常生产经营活动受到较大影响的；二是当期货币资金在扣除应付职工工资、社会保险费后，不足以缴纳税款的。

7. 申请退还多缴税款权

对纳税人超过应纳税额缴纳的税款，税务机关发现后，将自发现之日起 10 日内办理退还手续；如纳税人自结算缴纳税款之日起 3 年内发现的，可以向税务机关要求退还多缴的税款并加算银行同期存款利息。税务机关应自接到纳税人退还申请之日起 30 日内查实并办理退还手续，涉及从国库中退库的，依照法律、行政法规有关国库管理的规定退还。

8. 依法享受税收优惠权

纳税人可以依照法律、行政法规的规定书面申请减税、免税。减税、免税的申请须经法律、行政法规规定的减税、免税审查批准机关审批。减税、免税期满，应当自期满次日起恢复纳税。减税、免税条件发生变化的，应当自发生变化之日起 15 日内向税务机关报告；不再符合减税、免税条件的，应当依法履行纳税义务。

纳税人享受的税收优惠需要备案的，应当按照税收法律、行政法规和有关政策规定，及时办理事前或事后备案。

9. 委托税务代理权

纳税人有权就以下事项委托税务代理人代为办理：办理、变更或者注销税务登记、除增值税专用发票外的发票领购手续、纳税申报或扣缴税款报告、税款缴纳和申请退税、制作涉税文书、审查纳税情况、建账建制、办理财务、税务咨询、申请税务行政复议、提起税务行政诉讼以及国家税务总局规定的其他业务。

10. 陈述与申辩权

纳税人对税务机关作出的决定，享有陈述权、申辩权。如果有充分的证据证明自己的行为合法，税务机关就不得对纳税人实施行政处罚；即使纳税人的陈述或申辩不充分合理，税务机关也会向纳税人解释实施行政处罚的原因。税务机关不会因纳税人申辩而加重处罚。

11. 对未出示税务检查证和税务检查通知书的拒绝检查权

税务机关派出的人员进行税务检查时，应当向纳税人出示税务检查证和税务检查通知书；对未出示税务检查证和税务检查通知书的，纳税人有权拒绝检查。

12. 税收法律救济权

纳税人对税务机关作出的决定，依法享有申请行政复议、提起行政诉讼、请求国家赔偿等权利。

纳税人、纳税担保人同税务机关在纳税上发生争议时，必须先依照税务机关的纳税决定缴纳或者解缴税款及滞纳金或者提供相应的担保，然后可以依法申请行政复议；对行政复议决定不服的，可以依法向人民法院起诉。如纳税人对税务机关的处罚决定、强制执行措施或者税收保全措施不服的，可以依法申请行政复议，也可以依法向人民法院起诉。

当税收人员的职务违法行为给纳税人和其他税务当事人的合法权益造成侵害时，纳税人和其他税务当事人可以要求税务行政赔偿。主要包括：一是在限期内已缴纳税款，税务机关未立即解除税收保全措施，使纳税人的合法权益遭受损失的；二是税务机关滥用职权违法采取税收保全措施、强制执行措施或者采取税收保全措施、强制执行措施不当，使纳税人或者纳税担保人的合法权益遭受损失的。

13. 依法要求听证的权利

税务机关在对纳税人作出规定金额以上罚款的行政处罚之前，会向纳税人送达《税务行政处罚事项告知书》，告知已经查明的违法事实、证据、行政处罚的法律依据和拟将给予的行政处罚。对此，纳税人有权要求举行听证。如纳税人认为税务机关指定的听证主持人与本案有直接利害关系，有权申请主持人回避。

对应当进行听证的案件，税务机关不组织听证，行政处罚决定不能成立。但纳税人放弃听证权利或者被正当取消听证权利的除外。

14. 索取有关税收凭证的权利

税务机关征收税款时，必须给纳税人开具完税凭证。扣缴义务人代扣、代收税款时，纳税人要求扣缴义务人开具代扣、代收税款凭证时，扣缴义务人应当开具。税务机关扣押商品、货物或者其他财产时，必须开付收据；查封商品、货物或者其他财产时，必须开付清单。

二、纳税人义务

依照宪法、税收法律和行政法规的规定，纳税人在纳税过程中负有以下义务：

1. 依法进行税务登记的义务

纳税人应当自领取营业执照之日起 30 日内，持有关证件，申报办理税务登记。税务登记主要包括领取营业执照后的设立登记、税务登记内容发生变化后的变更登记、依法申请停业、复业登记、依法终止纳税义务的注销登记等。

在各类税务登记管理中，纳税人应该根据规定分别提交相关资料，及时办理。同时，应当按规定使用税务登记证件。税务登记证件不得转借、涂改、损毁、买卖或者伪造。

2. 依法设置账簿、保管账簿和有关资料以及依法开具、使用、取得和保管发票的义务

纳税人应当按照有关法律、行政法规和国务院财政、税务主管部门的规定设置账簿，根据合法、有效凭证记账，进行核算；从事生产、经营的，必须按照国务院财政、税务主管部门规定的保管期限保管账簿、记账凭证、完税凭证及其他有关资料；账簿、记账凭证、完税凭证及其他有关资料不得伪造、变造或者擅自损毁。

此外，纳税人在购销商品、提供或者接受经营服务以及从事其他经营活动中，应当依法开具、使用、取得和保管发票。

3. 财务会计制度和会计核算软件备案的义务

纳税人的财务、会计制度或者财务、会计处理办法和会计核算软件，应当报送备案。若财务、会计制度或者财务、会计处理办法与国务院或者国务院财政、税务主管部门有关税收的规定抵触的，应依照国务院或者国务院财政、税务主管部门有关税收的规定计算应纳税款、代扣代缴和代收代缴税款。

4. 按照规定安装、使用税控装置的义务

国家根据税收征收管理的需要，积极推广使用税控装置。纳税人应当按照规定安装、使用税控装置，不得损毁或者擅自改动税控装置。如未按规定安装、使用税控装置，或者损毁或者擅自改动税控装置的，税务机关将责令限期改正，并可根据情节轻重处以规定数额内的罚款。

5. 按时、如实申报的义务

纳税人必须依照法律、行政法规规定或者税务机关依照法律、行政法规的规定确定的申报期限、申报内容如实办理纳税申报，报送纳税申报表、财务会计报表以及税务机关根据实际需要要求报送的其他纳税资料。

扣缴义务人必须依照法律、行政法规规定或者我们依照法律、行政法规的规定确定的申报期限、申报内容如实报送代扣代缴、代收代缴税款报告表以及我们根据实际需要要求报送的其他有关资料。

纳税人即使在纳税期内没有应纳税款，也应当按照规定办理纳税申报。享受减税、免税待遇的，在减税、免税期间应当按照规定办理纳税申报。

6. 按时缴纳税款的义务

纳税人应当按照法律、行政法规规定或者税务机关依照法律、行政法规的规定确定的期限，缴纳或者解缴税款。

未按照规定期限缴纳税款或者未按照规定期限解缴税款的，税务机关除责令限期缴纳外，从滞纳税款之日起，按日加收滞纳税款万分之五的滞纳金。

7. 代扣、代收税款的义务

按照法律、行政法规规定负有代扣代缴、代收代缴税款义务的，必须依照法律、行政法规的规定履行代扣、代收税款的义务，依法履行代扣、代收税款义务时，纳税人不得拒绝。

8. 接受依法检查的义务

纳税人有接受税务机关依法进行税务检查的义务，应主动配合税务机关按法定程序进行的税务检查，如实地反映自己的生产经营情况和执行财务制度的情况，并按有关规定提供报表和资料，不得隐瞒和弄虚作假，不能阻挠、刁难税务机关的检查和监督。

9. 及时提供信息的义务

纳税人除通过税务登记和纳税申报向税务机关提供与纳税有关的信息外，还应及时提供其他信息。如有歇业、经营情况变化、遭受各种灾害等特殊情况的，应及时向税务机关说明，以便依法妥善处理。

10. 报告其他涉税信息的义务

为了保障国家税收能够及时、足额征收入库，税收法律还规定了纳税人有义务报告如下涉税信息：

第一，有义务就与关联企业之间的业务往来，向当地税务机关提供有关的价格、费用标准等资料。

有欠税情形而以财产设定抵押、质押的，应当向抵押权人、质权人说明欠税情况。

第二，企业合并、分立的报告义务。有合并、分立情形的，应当向税务机关报告，并依法缴清税款。合并时未缴清税款的，应当由合并后的纳税人继续履行未履行的纳税义务；分立时未缴清税款的，分立后的纳税人对未履行的纳税义务应当承担连带责任。

第三，报告全部账号的义务。如从事生产、经营，应当按照国家有关规定，持税务登记证件，在银行或者其他金融机构开立基本存款账户和其他存款账户，并自开立基本存款账户或者其他存款账户之日起 15 日内，向主管税务机关书面报告全部账号；发生变化的，应当自变化之日起 15 日内，向主管税务机关书面报告。

第四，处分大额财产报告的义务。如纳税人欠缴税款数额在 5 万元以上，在处分不动产或者大额资产之前，应当向税务机关报告。

思 考 题

1. 企业税务风险的含义是什么？
2. 企业税务风险产生的原因有哪些？
3. 企业税务风险管理方法有哪些？
4. 企业税务风险的控制方法有哪些？
5. 纳税人有哪些权利？请举例说明。
6. 纳税人有哪些义务？请举例说明。

第九章　企业纳税争讼的税务管理

第一节　企业纳税争讼管理概述

纳税人没有履行纳税义务或违反税法的规定，国家机关对其依法处罚；但如果执法机关的行为侵犯了纳税人的权益，纳税人也有权依法保护自身权利。《税收征收管理法》规定了纳税人拥有行政复议和上诉的权利。纳税人如果与税务机关就纳税问题存在分歧，有权要求税务复议机构进行复议，或上诉法庭。

面对繁杂、专业的税收政策以及征纳双方对税收政策理解上的偏差，二者对企业纳税行为与结果的认定和判断会出现不一致，从而导致纳税争议。税收是企业必须支付的外部成本，企业内在利益的驱动和其对降低税负的客观需要，促使企业必须正确、及时地解决纳税争议，否则会给企业经营造成不良影响，甚至导致经济或名誉上的损失。因此，企业应对纳税过程中发生的争讼问题进行管理，以保证纳税管理总体目标的实现。

企业税务管理分为事前、事中和事后三个阶段，企业纳税争讼管理属于纳税事后管理。企业纳税争讼管理是指企业对纳税过程中发生的纳税争议进行调查、分析、解决的一系列管理活动，主要包括调查分析争讼问题、制订解决方案、组织实施解决方案、分析与评估解决结果。

一、企业纳税争议

在税收征纳过程中，企业与税务机关之间经常会对税务机关实施的具体行政行为的合法性或适当性产生认识上的分歧，由此引发纳税争议。这种争议既涉及税务行政行为的有效性，同时又关系到税务行政相对人的合法权益，因此必须寻求适当、有效的方式予以及时解决，纳税争讼是解决税务争议的重要途径。

纳税争议是税务机关与税务管理相对人，包括纳税人、扣缴义务人、纳税担保人以及其他当事人在税务行政执法上发生的分歧。纳税争议有以下两种情形：

1. 当企业认为税务机关具体行政行为中，适用法律、法规、规章和具有普遍约束力的决定、命令错误，或者违反法定程序、超越法定权限的，便可以依法提起税务行政复议或税务行政诉讼，实施解决企业纳税争议的一系列活动。

这里所指税务机关具体行政行为包括：

（1）税务机关作出的征税行为，包括确认纳税主体、征税对象、征税范围、减税、免税、退税、抵扣税款、适用税率、计税依据、纳税环节、纳税期限、纳税地点和税款征收方式等具体行政行为，征收税款、加收滞纳金，扣缴义务人、受税务机关委托的单位和个人作出的代扣代缴、代收代缴、代征行为等。

（2）税务机关作出的行政许可、行政审批行为。

（3）税务机关税务发票管理行为，包括发售、收缴、代开发票等。

（4）税务机关作出的税收保全措施、强制执行措施。

（5）税务机关作出的税务行政处罚行为，包括罚款、没收财物和违法所得、停止出口退税权。

（6）税务机关不依法履行下列职责的行为：颁发税务登记，开具、出具完税凭证与外出经营活动税收管理证明，行政赔偿，行政奖励，其他不依法履行职责的行为。

（7）税务机关作出的资格认定行为。

（8）税务机关不依法确认纳税担保行为。

（9）税务机关作出的政府信息公开工作中的具体行政行为。

（10）税务机关作出的纳税信用等级评定行为。

（11）税务机关作出的通知出入境管理机关阻止出境行为。

（12）税务机关作出的其他具体行政行为。

2.《行政复议法》和新修订的《税务行政复议规则》规定，企业可以对税务机关作出的具体行政行为所依据的规定提出争议。当企业认为税务机关具体执行的一些地方性法规和部分自行制定的法规与国家法律、法规相抵触，企业可以依据《行政复议法》对税务机关的执法依据提起行政复议。

依据《行政复议法》和《税务行政复议规则》规定，行政复议的法规范围是：国家税务总局和国务院其他部门的规定，其他各级税务机关的规定，县级以上地方各级人民政府及其工作部门的规定，乡、镇人民政府的规定。但是，国务院部、委的规章和地方人民政府的规章不在此范围。

二、企业纳税争讼管理

企业纳税争讼管理是指企业对其与税务机关在税收征收管理过程中所产生的纳税争议，依据国家法律法规，选择正确的途径，采取积极有效的措施予以解决而实施的一系列活动的总称。企业纳税争讼管理的主体是企业，解决纳税争讼所依据的法律法规主要有：《宪法》、《行政复议法》、《行政诉讼法》、《税收征收管理法》、《税务行政复议规则》以及其他税收方面的法律法规。企业纳税争讼管理一方面能及时有效地解决税企双方的争议，维护企业在纳税过程中应享有的正当权益；另一方面，通过争议的解决，企业将对税收法律法规有更深刻的理解与认识，不断提高企业纳税管理水平。

纳税争讼解决方法包括纳税争议复议法和纳税争议诉讼法两种方法。企业应根据法律法规选择正确、有效解决问题的途径和方法。但是，无论企业通过何种方式解决纳税争议，都必须首先对税务机关的具体行政行为的合法性作出正确的判断。考察税务机关具体行政行为的合法性，主要从以下三方面进行判定：

（1）依据是否合法。指税务机关具体行政行为是否符合宪法、法律、法规的要求。

（2）主体是否合法。一方面，考察作出具体行政行为的主体是否是税务机关，对没有征税主体资格的其他行政机关作出的行政行为不服，企业不能向上一级税务机关申请复议或对税务机关提起诉讼。另一方面，考察税务机关征税时确定的纳税主体是否正确。

（3）是否超越权限。指不得超越税务机关的职权范围，不得超越自己的管辖范围，上下级税务机关之间不得相互替代行政职权。

第二节 企业纳税争讼解决方式

一、税务行政复议

（一）税务行政复议的概念

税务行政复议是指当事人（纳税人、扣缴义务人、纳税担保人及其他税务当事人）不服税务机关及其工作人员作出的税务具体行政行为，依法向上一级税务机关（复议机关）提出申请，复议机关经审理对原税务机关具体的行政行为依法作出维持、变更、撤销等决定的活动。

税务行政复议制度属于税务机关的内部监督纠偏制度。税务行政复议制度的设立有利于保障纳税人的合法权益，有利于对税务行政执法机关的行政管理活动，特别是对税收征管程序和税务执法程序实行法律制约和监督，保障税务机关依法行政，有利于纠正和防止税务机关的违法或不当的行政行为。

我国最早的税务行政复议制度是 1950 年政务院制定的《税务复议委员会组织通则》，当时的复议规则还相当简单粗糙，复议决定为终局决定，纳税人不得对复议决定提起诉讼。1958 年税务复议委员会被取消，但当事人可以向行政机关逐级申诉。1973 年由于受当时"无税论"的影响，税务行政复议制度一度被终止，直到改革开放后才逐步恢复和发展，但受到当时刚刚起步的整个国家民主法制建设环境的制约，仍处于初级阶段。1988 年全国首起税务行政诉讼案（纳税人支国祥告河南省驻马店地区税务局案）因税务机关没有严格按照规定的程序做好行政复议工作而以税务机关败诉告终，这从反面刺激和促进了税务行政复议工作的进展，最终由国家税务总局于 1989 年 10 月推出了《税务行政复议规则》（试行）。这是我国税务行政复议制度的第一个规范性文件。1999 年 4 月 29 日九届全国人大常委会第九次会议审议通过了《行政复议法》，国家税务总局根据新的《行政复议法》精神，于 1999 年 9 月 23 日修订发布了新的《税务行政复议规则》（试行），2004 年 1 月 17 日国家税务总局第一次局务会议审议通过，5 月 1 日施行了新的《税务行政复议规则》（暂行）。

为了进一步发挥行政复议解决税务行政争议的作用，保护公民、法人和其他组织的合法权益，监督和保障税务机关依法行使职权，根据《行政复议法》、《税收征收管理法》和《行政复议法实施条例》，结合税收工作实际，对原有税务复议制度进行修订，完善了税务复议申请制度，进一步畅通复议渠道；改进和创新了税务复议审理方式，鼓励采用和解、调解方式结案；要求加强对税务复议工作的组织领导、指导监督，充分发挥税务复议解决纳税争议的作用，力争把纳税争议化解在基层、化解在初发阶段、化解在行政程序中，维护社会稳定。2010年2月10日国家税务总局令第21号，公布新修订的《税务行政复议规则》，自2010年4月1日起实施。新修订的《税务行政复议规则》共12章105条，比修订前增加53条，这是我国目前税务行政复议制度的主体规范性文件。

（二）税务行政复议的特点、原则与作用

1. 税务行政复议的特点

税务行政复议是解决纳税争议的一种规范的行政司法活动，是行政复议制度的一个重要组成部分，与其他行政复议相比具有自己的特点：

（1）以征纳双方的纳税争议为调整对象。没有纳税争议，就无须复议。纳税争议是税务机关与税务管理相对人包括纳税人、扣税人、纳税担保人以及其他当事人在税务行政执法上发生的分歧。纳税争议的存在包括两个方面：一是税务机关作出了具体行政行为。所谓税务机关的具体行政行为，这里是指其作出的外部具体行政行为，不包括对内部工作人员进行管理所实施的内部具体行政行为。二是相对人认为该具体行政行为侵害了自己的合法权益，因而对具体行政行为不服，由于相对人不能自行改变税务机关的决定，即不能实施自力救济，只能请求上一级税务机关处理。可见，纳税争议是税务行政复议存在的前提。以税收征纳双方的纳税争议为调整对象，是税务行政复议区别于一般行政复议的重要特征。

（2）以企业履行税务行政决定和提出复议申请为必要条件。发生纳税争议的原因之一，是企业认为税务机关的具体行政行为不合法或不适当，这是企业的一种主观判断，而税务机关的具体行政行为是否合法或适当，需要经过一定的程序确认，这在客观上需要一段时间。税收具有强制性和非直接返还性，对于税务机关的具体行政行为，企业必须首先执行税务机关的具体行政行为，不允许拖延。企业只有履行税务行政决定，才有提请税务行政复议的权利，也只有在企业提出税务行政复议的申请后，复议机关才能对下级税务机关的具体行政行为进行审理，对于正确的予以维持，错误的予以撤销，从而解决纳税争议。

（3）必经复议与选择复议相结合。企业对税务机关的征税行为不服，应当先向复议机关申请复议，对复议决定不服，再向人民法院起诉，此为必经复议；对于税务机关征税行为以外的税务具体行政行为不服，当事人可以先申请复议，对复议决定不服，再提起诉讼，也可以不经复议，直接起诉，此为选择复议。

2. 税务行政复议的原则

我国税务行政复议遵循合法、公正、公开、及时、便民的原则。行政复议机关应当树立依法行政观念，强化责任意识和服务意识，认真履行行政复议职责，坚持有错必纠，确保法律正确实施。在具体操作上，税务行政复议实行以下原则：

（1）合法性原则。它包含两层含义：税务行政复议机关应当合法，即税务行政复议机关是依法律、法规赋予税务行政复议权的行政机关；审查案件的依据、复议程序必须合法。税务行政复议机关在受理行政复议申请、调查取证、审查具体税务行政行为以及作出行政复议决定等时候，都必须严格按照法律规定的程序和期限办理。

（2）独立复议原则。税务行政复议权只能由复议机关行使，其他机关或组织不能主持税务行政复议活动。税务机关行使税务行政复议权不受司法机关或社会团体、组织的干预。

（3）一级复议制原则。税务行政复议权由引起争议的税务机关的上一级税务机关行使，企业不得越级提出复议申请。同一案件的行政复议只进行一次，企业对复议决定不服，可以上诉，但不得再向同一复议机关或其上级复议机关重新提起复议。

（4）不停止执行原则。在税务行政复议期间，税务机关作出的有争议的具体行政行为不停止执行。除非被申请人或复议机关认为需要停止执行；或申请人申请停止执行复议机关认为其要求合理决定停止执行；或法律规定停止执行的。

（5）和解与调解原则。修订后的规则增加了税务行政复议和解与调解一章，规定对行使自由裁量权作出的具体行政行为、行政赔偿、行政奖励、存在其他合理性问题的具体行政行为申请人或被申请人均可发起或提出和解意向，只要和解内容不损害社会公共利益和他人合法权益的，行政复议机构应当准许。复议规则规定，允许申请人与被申请人在行政复议决定作出前自愿达成和解协议，经行政复议机构准许后终止行政复议，但申请人不得以同一事实和理由再次申请行政复议；行政复议机关可以按照自愿、合法的原则进行调解。

（6）便民原则。在税务复议过程中，要使申请人感到快捷、简便、省事。

3. 税务行政复议的作用

（1）它是一种内部约束机制，是征税主体为防止和纠正自己的违法或不当的行政行为而设计的制度。它既不是纯粹的行政行为，也不是纯粹的司法行为，而是一种行政司法行为，即准司法行为，是融司法程序和行政程序于一体，排除了行政程序的专断和司法程序的繁琐性的一种救济程序。

（2）它是专门为保障纳税人权益所设计的制度，在发起程序上方便快捷，只要纳税人主观上认为其合法权益受到侵害即可提出复议申请。

（3）税务行政复议的受案范围广泛，兼具合法性与合理性审查。复议机关不仅可以审查违法的税收行政行为，也可以审查不当的税收行政行为，不仅可以审查具体税收行政行为，也可以附带审查抽象行政行为。

（4）它的补救措施更为宽泛，复议机关可以撤销、变更，甚至代替原税务机关作出新的决定。

（5）它明确规定行政复议机关受理行政复议申请，不得向申请人收取任何费用。

（三）税务行政复议的受案范围

根据《税收征管法》、《行政复议法》及其实施细则和《税务行政复议规则》的规定，税务行政复议机关受理申请人对税务机关以下具体行政行为不服而提出的行政复议申请。税务具体行政行为是指税务机关及其工作人员在税务行政管理活动中行使行政职权，针对特定的公民、法人或者其他组织，就特定的具体事项，作出的有关该公民、法人或者其他组织权利义务的单方行为。主要包括：

1. 税务机关作出的征税行为：

（1）确认纳税主体等具体行政行为。包括确认纳税主体、征税对象、征税范围、减税、免税、退税、抵扣税款、适用税率、计税依据、纳税环节、纳税期限、纳税地点和税款征收方式等具体行政行为。

（2）征收税款、加收滞纳金行为。对纳税人、扣税人拖欠缴纳税款的行为，从滞纳之日起到缴税之日止按日加收一定比例滞纳金的行为。

（3）税务机关委托扣税人等作出的代扣、代收及代征行为。扣缴义务人、受税务机关委托的单位和个人作出的代扣代缴、代收代缴、代征行为等。

2. 税务机关作出的行政许可、行政审批行为。大体上，税务行政审批项目共分为四类：第一类是税款征缴，包括延期缴纳、延期申报、核定征收等；第二类是减免税，这是最大的审批项目；第三类是退税；第四类是征管方式与发票管理。通过对全部税务行政审批项目的清理，经国务院历次发布，目前税务系统共有以下4项为行政许可项目：一是指定企业印制发票，增值税专用发票的印制由国家税务总局指定，普通发票的印制由省级税务机关指定，与地市以下税务机关无关；二是印花税票代售许可，为地税系统许可项目；三是对发票使用和管理的审批，包括两个子项，临时经营申请使用经营地发票的许可和印制有本单位名称发票的许可；四是增值税防伪税控最高开票限额的审批。

3. 税务机关税务发票管理行为，包括发售、收缴、代开发票等。

4. 税务机关作出的税收保全措施、强制执行措施：

（1）税务机关作出的税收保全措施。为了防止纳税人在纳税之前，通过转移、隐匿应税商品、货物以及其他财产或应税收入而逃避纳税，在责成纳税人提供纳税担保无效的情况下，税务机关可以采取以下税收保全措施：

①书面通知银行或者其他金融机构冻结纳税人存款；

②扣押、查封商品、货物或其他财产。

（2）税务机关作出的税收强制执行措施。这是在纳税人、扣税人未按照规定期限缴纳或解缴税款，纳税担保人未按照规定期限缴纳所担保的税款，经税务机关责令限期缴纳仍未缴纳时，税务机关采取的一种强制执行措施，具体指：

①书面通知银行或者其他金融机构从当事人存款中扣缴税款。

②拍卖或者变卖扣押、查封的商品、货物或其他财产。

5. 税务机关作出的税务行政处罚行为：

（1）罚款。这是对未构成刑事犯罪的违法者作出的责令其缴纳一定款项的行为。

（2）没收财物和违法所得。这是税务机关对尚未缴税的纳税人、扣税人非法提供银行账户、发票、证明或其他方便，导致未缴或少缴税款，或骗取国家出口退税的行为所采取的一种惩戒性制裁行为。

（3）停止出口退税权。

6. 税务机关不依法履行下列职责的行为：

（1）颁发税务登记。

（2）开具、出具完税凭证与外出经营活动税收管理证明。

（3）行政赔偿。

（4）行政奖励。

（5）其他不依法履行职责的行为。

7. 税务机关作出的资格认定行为。税务机关作出的资格认定行为是指税务机关作出的所有类别资格认定行为，包括增值税一般纳税人资格认定、小规模纳税人资格认定、免税单位资格认定、出口退税资格认定等。

8. 税务机关不依法确认纳税担保行为。税务机关不依法确认纳税担保行为是指税务机关作出的责令纳税人提交纳税保证金或提供纳税担保行为，这是税务机关为了防止税款流失而采取的行政措施。比如，对未取得营业执照从事工程承包或者提供劳务的单位或个人，责令其提缴纳税保证金；对有逃避纳税义务倾向的纳税人，在责令缴款期限内有明显转移、隐匿应税商品、货物以及其他财产或应税收入迹象时，责令其提供纳税担保的行为。

9. 税务机关作出的政府信息公开工作中的具体行政行为。按照“以公开为原则、以不公开为例外”的要求，税务机关可以公开的政府信息分为两类：一类是主动公开的政府信息；另一类是依申请公开的政府信息。确立了 19 大项应公开的内容和详细的子项，基本上涵盖了税务部门应当主动公开的政府信息范围，包括领导简介、机构设置、税收政策法规、税收征管制度等。

10. 税务机关作出的纳税信用等级评定行为。税务机关按照依法、公平、公正、公开的原则进行纳税人纳税信用等级评审，并向社会公布。纳税信用等级的量化评定由评审委员会要根据纳税人的税务登记、纳税申报、账簿管理、税款缴纳、违反税收法律与行为处理等五个项目进行评审；以每两个纳税年度为一个纳税信用等级的评定周期，对纳税信用等级设置 A、B、C、D 四级。

11. 税务机关作出的通知出入境管理机关阻止出境行为。

12. 税务机关作出的其他具体行政行为。根据此项内容，不管现行税法有无规定，只要是税务机关作出的具体行政行为，纳税人均可申请税务行政复议。

另外，《税务行政复议规则》还规定，申请人认为税务机关的具体行政行为所依据的下列规定不合法，对具体行政行为申请行政复议时，可以一并向行政复议机关提出对有关规定的审查申请；申请人对具体行政行为提出行政复议申请时不知道该具体行政行为所依据的规定的，可以在行政复议机关作出行政复议决定以前提出对该规定的审查申请：

（1）国家税务总局和国务院其他部门的规定。

（2）其他各级税务机关的规定。

（3）县级以上地方各级人民政府及其工作部门的规定。

（4）乡、镇人民政府的规定。

但以上规定不含国家税务总局制定的规章以及国务院各部、委员会和地方人民政府制定的规章，也就是说，部、委规章一级的规范性文件不可以提请审查。

上述税务行政复议的受案范围分为必经复议和选择复议，其中第 1 项“税务机关作出的征税行为”属于必经复议，即纳税人对税务机关作出的征税行为不服，不能直接向人民法院起诉，必须首先向作出征税决定的税务机关的上一级税务机关申请复议，对上一税务机关作出的复议决定还不服的，方可向人民法院起诉。第 2 ~ 12 项均属于选择复议范围，即纳税人、扣税人、纳税担保人以及其他行政相对人就该范围内的具体行政行为发生争议时，既可以先申请税务行政复议，如果对复议决定不服，再向人民法院起诉；也可以不经复议直接向人民法院起诉。

（四）税务行政复议管辖与复议机构

1. 税务行政复议管辖

税务行政复议管辖是在各级税务机关之间划分税务行政复议案件职权的制度。税务行政复议应当做到就近、便民，尽可能方便复议申请人提出申请或者参加复议。应将管辖的稳定性和灵活性结合起来，以利于税务行政复议活动依法、及时、有效地开展。

（1）对各级国家税务局的具体行政行为不服的，向其上一级国家税务局申请行政复议。

（2）对各级地方税务局的具体行政行为不服的，可以选择向其上一级地方税务局或者该税务局的本级人民政府申请行政复议。

省、自治区、直辖市人民代表大会及其常务委员会、人民政府对地方税务局的行政复议管辖另有规定的，从其规定。

（3）对国家税务总局的具体行政行为不服的，向国家税务总局申请行政复议。对行政复议决定不服，申请人可以向人民法院提起行政诉讼，也可以向国务院申请裁决。国务院的裁决为最终裁决。

（4）对下列税务机关的具体行政行为不服的，按照下列规定申请行政复议：

①对计划单列市税务局的具体行政行为不服的，向省税务局申请行政复议。

②对税务所（分局）、各级税务局的稽查局的具体行政行为不服的，向其所属税务局申请行政复议。

③对两个以上税务机关共同作出的具体行政行为不服的，向共同上一级税务机关申请行政复议；对税务机关与其他行政机关共同作出的具体行政行为不服的，向其共同上一级行政机关申请行政复议。

④对被撤销的税务机关在撤销以前所作出的具体行政行为不服的，向继续行使其职权的税务机关的上一级税务机关申请行政复议。

⑤对税务机关作出逾期不缴纳罚款加处罚款的决定不服的，向作出行政处罚决定的税务机关申请行政复议。但是对已处罚款和加处罚款都不服的，一并向作出行政处罚决定的税务机关的上一级税务机关申请行政复议。

有前款②、③、④、⑤项所列情形之一的，申请人也可以向具体行政行为发生地的县级地方人民政府提交行政复议申请，由接受申请的县级地方人民政府依法转送。

2. 税务行政复议机构和人员

税务行政复议机关（以下简称“行政复议机关”），指依法受理行政复议申请、对具体行政行为进行审查并作出行政复议决定的税务机关。行政复议机关在申请人的行政复议请求范围内，不得作出对申请人更为不利的行政复议决定。申请人对行政复议决定不服的，可以依法向人民法院提起行政诉讼。各级行政复议机关可以成立行政复议委员会，研究重大、疑难案件，提出处理建议。行政复议委员会可以邀请本机关以外的具有相关专业知识的人员参加。

各级税务机关行政首长是行政复议工作第一责任人，应当切实履行职责，加强对行政复议工作的组织领导。行政复议工作人员应当具备与履行行政复议职责相适应的品行、专业知识和业务能力，并取得《行政复议法》及其实施条例规定的资格。

行政复议机关应当为申请人、第三人查阅案卷资料、接受询问、调解、听证等提供专门场所和其他必要条件。各级税务机关应当加大对行政复议工作的基础投入，推进行政复议工作信息化建设，配备调查取证所需的照相、录音、录像和办案所需的电脑、扫描、投影、传真、复印等设备，保障办案交通工具和相应经费。

各级行政复议机关负责法制工作的机构（以下简称“行政复议机构”）依法办理行政复

议事项，履行下列职责：

（1）受理行政复议申请。

（2）向有关组织和人员调查取证，查阅文件和资料。

（3）审查申请行政复议的具体行政行为是否合法和适当，起草行政复议决定。

（4）处理或者转送申请人认为税务机关的具体行政行为的依据不合法的审查申请。

（5）对被申请人违反《行政复议法》及其实施条例和《税务行政复议规则》规定的行为，依照规定的权限和程序向相关部门提出处理建议。

（6）研究行政复议工作中发现的问题，及时向有关机关或者部门提出改进建议，重大问题及时向行政复议机关报告。

（7）指导和监督下级税务机关的行政复议工作。

（8）办理或者组织办理行政诉讼案件应诉事项。

（9）办理行政复议案件的赔偿事项。

（10）办理行政复议、诉讼、赔偿等案件的统计、报告、归档工作和重大行政复议决定备案事项。

（11）其他与行政复议工作有关的事项。

（五）税务行政复议的参加人

税务行政复议的参加人，是指依法参加税务行政复议活动、保护自己合法权益或者维护法定职权的申请人（行政相对人）、被申请人（税务机关）、第三人和复议代理人等。

1. 申请人

税务行政复议的申请人是指认为税务机关的具体行政行为侵犯其合法权益，依法向税务行政复议机关申请复议的公民、法人或其他组织。一般情况下，税务具体行政行为侵害的当事人是税务行政复议的申请人。具体包括以下情形：

（1）合伙企业申请行政复议的，应当以工商行政管理机关核准登记的企业为申请人，由执行合伙事务的合伙人代表该企业参加行政复议；其他合伙组织申请行政复议的，由合伙人共同申请行政复议。该规定以外的不具备法人资格的其他组织申请行政复议的，由该组织的主要负责人代表该组织参加行政复议；没有主要负责人的，由共同推选的其他成员代表该组织参加行政复议。

（2）股份制企业的股东大会、股东代表大会、董事会认为税务具体行政行为侵犯企业合法权益的，可以以企业的名义申请行政复议。

（3）有权申请行政复议的公民死亡的，其近亲属可以申请行政复议；有权申请行政复议的公民为无行为能力人或者限制行为能力人，其法定代理人可以代理申请行政复议。

（4）有权申请行政复议的法人或者其他组织发生合并、分立或终止的，承受其权利义务的法人或者其他组织可以申请行政复议。

（5）非具体行政行为的行政管理相对人，但其权利直接被该具体行政行为所剥夺、限制或者被赋予义务的公民、法人或其他组织，在行政管理相对人没有申请行政复议时，可以单独申请行政复议。

（6）同一行政复议案件申请人超过 5 人的，应当推选 1 ~ 5 名代表参加行政复议。

2. 被申请人

被申请人是指其具体行政行为被行政复议申请人指控违法侵犯其合法权益，并被复议机关通知参加复议的行政主体。

在税务行政复议中，被申请人具有如下法律特征：被申请人一般是税务机关，而且被申请人必须是作出具体行政行为的税务机关。具体包括以下情形：

（1）申请人对具体行政行为不服申请行政复议的，作出该具体行政行为的税务机关为被申请人。

（2）申请人对扣缴义务人的扣缴税款行为不服的，主管该扣缴义务人的税务机关为被申请人；对税务机关委托的单位和个人的代征行为不服的，委托税务机关为被申请人。

（3）税务机关与法律、法规授权的组织以共同的名义作出具体行政行为的，税务机关和法律、法规授权的组织为共同被申请人。税务机关与其他组织以共同名义作出具体行政行为的，税务机关为被申请人。

（4）税务机关依照法律、法规和规章规定，经上级税务机关批准作出具体行政行为的，批准机关为被申请人。

（5）税务机关设立的派出机构、内设机构或者其他组织，未经法律、法规授权，以自己名义对外作出具体行政行为的，税务机关为被申请人。

3. 第三人

行政复议中的第三人，是指因与被申请复议的具体行政行为有利害关系而参加到行政复议之中的行政相对人。行政复议期间，行政复议机关认为申请人以外的公民、法人或者其他组织与被审查的具体行政行为有利害关系的，可以通知其作为第三人参加行政复议。行政复议期间，申请人以外的公民、法人或者其他组织与被审查的税务具体行政行为有利害关系的，可以向行政复议机关申请作为第三人参加行政复议。第三人不参加行政复议，不影响行政复议案件的审理。

4. 税务行政复议代理人

税务行政复议代理人是指接受当事人委托，以被代理人的名义，在法律规定或当事人授予的权限范围内，为代理复议行为而参加复议的个人。

申请人、第三人可以委托 1 ~ 2 名代理人参加行政复议。申请人、第三人委托代理人的，应当向行政复议机构提交授权委托书。授权委托书应当载明委托事项、权限和期限。公民在特殊情况下无法书面委托的，可以口头委托。口头委托的，行政复议机构应当核实并记录在卷。申请人、第三人解除或者变更委托的，应当书面告知行政复议机构。被申请人不得委托本机关以外人员参加行政复议。

（六）税务行政复议的申请与受理

1. 税务行政复议的申请

税务行政复议的申请是指申请人不服税务机关作出的具体行政行为，依法向税务行政复议机关提出并要求对税务机关作出的具体行政行为进行审查和裁决的意思表示。

税务机关作出的具体行政行为对申请人的权利、义务可能产生不利影响的，应当告知其申请行政复议的权利、行政复议机关和行政复议申请期限。对纳税人而言，为维护自己的合法权益，行使法律赋予自己的要求税务机关对其具体行政行为进行复议的权利，首先要依照法律法规的规定提出复议申请。申请人对税务行政复议的受案范围规定的第一项，即对税务机关作出的征税行为不服的，应当先向行政复议机关申请行政复议；对行政复议决定不服的，可以向人民法院提起行政诉讼。申请人对受案范围规定的其他具体行政行为不服，可以申请行政复议，也可以直接向人民法院提起行政诉讼。申请人对税务机关作出逾期不缴纳罚款加处罚款的决定不服的，应当先缴纳罚款和加处罚款，再申请行政复议。该规定强调先缴纳后复议的前置程序，并且只能向作出加罚的税务机关申请行政复议。申请人提出行政复议申请时错列被申请人的，行政复议机关应当告知申请人变更被申请人。申请人不变更被申请人的，行政复议机关不予受理，或者驳回行政复议申请。申请人向行政复议机关申请行政复议，行政复议机关已经受理的，在法定行政复议期限内申请人不得向人民法院提起行政诉讼；申请人向人民法院提起行政诉讼，人民法院已经依法受理的，不得申请行政复议。

（1）申请人税务行政复议申请期限的确定。申请人可以在知道税务机关作出具体行政行为之日起60日内提出行政复议申请。因不可抗力或者被申请人设置障碍等原因耽误法定申请期限的，申请期限的计算应当扣除被耽误时间。申请人按照规定申请行政复议的，必须依照税务机关根据法律、法规确定的税额、期限，先行缴纳或者解缴税款和滞纳金，或者提供相应的担保，才可以在缴清税款和滞纳金以后或者所提供的担保得到作出具体行政行为的税务机关确认之日起60日内提出行政复议申请。申请人提供担保的方式包括保证、抵押和质押。作出具体行政行为的税务机关应当对保证人的资格、资信进行审查，对不具备法律规定资格或者没有能力保证的，有权拒绝。作出具体行政行为的税务机关应当对抵押人、出质人提供的抵押担保、质押担保进行审查，对不符合法律规定的抵押担保、质押担保，不予确认。

行政复议申请期限的计算，依照下列规定办理：

①当场作出具体行政行为的，自具体行政行为作出之日起计算。

②载明具体行政行为的法律文书直接送达的，自受送达人签收之日起计算。

③载明具体行政行为的法律文书邮寄送达的，自受送达人在邮件签收单上签收之日起计算；没有邮件签收单的，自受送达人在送达回执上签名之日起计算。

④具体行政行为依法通过公告形式告知受送达人的，自公告规定的期限届满之日起计算。

⑤税务机关作出具体行政行为时未告知申请人，事后补充告知的，自该申请人收到税务机关补充告知的通知之日起计算。

⑥被申请人能够证明申请人知道具体行政行为的，自证据材料证明其知道具体行政行为之日起计算。税务机关作出具体行政行为，依法应当向申请人送达法律文书而未送达的，视为该申请人不知道该具体行政行为。

⑦申请人依照《行政复议法》第六条第（八）项、第（九）项、第（十）项的规定申请税务机关履行法定职责，税务机关未履行的，行政复议申请期限依照下列规定计算：有履行期限规定的，自履行期限届满之日起计算；没有履行期限规定的，自税务机关收到申请满60日起计算。

另外，有下列情形之一的，申请人应当提供证明材料：

①认为被申请人不履行法定职责的，提供要求被申请人履行法定职责而被申请人未履行的证明材料。

②申请行政复议时一并提出行政赔偿请求的，提供受具体行政行为侵害而造成损害的证

明材料。

③法律、法规规定需要申请人提供证据材料的其他情形。

（2）税务行政复议的形式。

①书面申请。税务行政复议申请一般应以书面形式提出。申请人书面申请行政复议的，可以采取当面递交、邮寄或者传真等方式提出行政复议申请。有条件的行政复议机关可以接受以电子邮件形式提出的行政复议申请。对以传真、电子邮件形式提出行政复议申请的，行政复议机关应当审核确认申请人的身份、复议事项。

申请人书面申请行政复议的，应当在行政复议申请书中载明下列事项：

申请人的基本情况，包括公民的姓名、性别、出生年月、身份证件号码、工作单位、住所、邮政编码、联系电话；法人或者其他组织的名称、住所、邮政编码、联系电话和法定代表人或者主要负责人的姓名、职务；

被申请人的名称；

行政复议请求、申请行政复议的主要事实和理由；

申请人的签名或者盖章；

申请行政复议的日期。

②口头申请。申请人口头申请行政复议的，行政复议机构应当依照上述规定的事项，当场制作行政复议申请笔录，交申请人核对或者向申请人宣读，并由申请人确认。

2. 税务行政复议的受理

税务行政复议的受理是指税务行政复议机关收到税务行政复议申请后，经过审查接受申请人的复议申请。行政复议申请符合下列规定的，行政复议机关应当受理：

①属于《税务行政复议规则》规定的行政复议范围。

②在法定申请期限内提出。

③有明确的申请人和符合规定的被申请人。

④申请人与具体行政行为有利害关系。

⑤有具体的行政复议请求和理由。

⑥属于收到行政复议申请的行政复议机关的职责范围。

⑦其他行政复议机关尚未受理同一行政复议申请，人民法院尚未受理同一主体就同一事实提起的行政诉讼。

行政复议机关收到行政复议申请以后，应当在5日内审查，决定是否受理。对不符合《税务行政复议规则》规定的行政复议申请，决定不予受理，并书面告知申请人。对不属于本机关受理的行政复议申请，应当告知申请人向有关行政复议机关提出。行政复议机关收到行政复议申请以后未按照规定期限审查并作出不予受理决定的，视为受理。对符合规定的行政复议申请，自行政复议机构收到之日起即为受理；受理行政复议申请，应当书面告知申请人。

行政复议申请材料不齐全、表述不清楚的，行政复议机构可以自收到该行政复议申请之日起5日内书面通知申请人补正。补正通知应当载明需要补正的事项和合理的补正期限。无正当理由逾期不补正的，视为申请人放弃行政复议申请。补正申请材料所用时间不计入行政复议审理期限。

上级税务机关认为行政复议机关不予受理行政复议申请的理由不成立的，可以督促其受理；经督促仍然不受理的，责令其限期受理。上级税务机关认为行政复议申请不符合法定受理条件的，应当告知申请人。上级税务机关认为有必要的，可以直接受理或者提审由下级税务机关管辖的行政复议案件。

对应当先向行政复议机关申请行政复议，对行政复议决定不服再向人民法院提起行政诉讼的具体行政行为，行政复议机关决定不予受理或者受理以后超过行政复议期限不作答复的，申请人可以自收到不予受理决定书之日起或者行政复议期满之日起 15 日内，依法向人民法院提起行政诉讼。需要延长行政复议期限的，以延长以后的时间为行政复议期满时间。

行政复议期间具体行政行为不停止执行。但是有下列情形之一的，可以停止执行：

①被申请人认为需要停止执行的；

②行政复议机关认为需要停止执行的；

③申请人申请停止执行，行政复议机关认为其要求合理，决定停止执行的；

④法律规定停止执行的。

（七）税务行政复议证据

1. 税务行政复议证据的类别

税务行政复议证据包括以下类别：

（1）书证。

（2）物证。

（3）视听资料。

（4）证人证言。

（5）当事人陈述。

（6）鉴定结论。

（7）勘验笔录、现场笔录。

在行政复议中，被申请人对其作出的具体行政行为负有举证责任。申请人对被申请人不履行法定职责和因受具体行政行为损害请求行政赔偿负有提供证明材料的责任，这就要求申请人提前做好相关证据收集工作。

2. 税务行政复议证据的审查

税务行政复议机关应当依法全面审查相关证据。行政复议机关审查行政复议案件，应当以证据证明的案件事实为依据。定案证据应当具有合法性、真实性和关联性。

（1）税务行政复议机关应当根据案件的具体情况，从以下方面审查证据的合法性：

①证据是否符合法定形式。

②证据的取得是否符合法律、法规、规章和司法解释的规定。

③是否有影响证据效力的其他违法情形。

（2）税务行政复议机关应当根据案件的具体情况，从以下方面审查证据的真实性：

①证据形成的原因。

②发现证据时的环境。

③证据是否为原件、原物，复制件（复制品与原件、原物是否相符）。

④提供证据的人或者证人与行政复议参加人是否具有利害关系。

⑤影响证据真实性的其他因素。

（3）行政复议机关应当根据案件的具体情况，从以下方面审查证据的关联性：

①证据与待证事实是否具有证明关系。

②证据与待证事实的关联程度。

③影响证据关联性的其他因素。

3. 税务行政复议证据的其他规定

下列证据材料不得作为定案依据：

（1）违反法定程序收集的证据材料。

（2）以偷拍、偷录和窃听等手段获取侵害他人合法权益的证据材料。

（3）以利诱、欺诈、胁迫和暴力等不正当手段获取的证据材料。

（4）无正当事由超出举证期限提供的证据材料。

（5）无正当理由拒不提供原件、原物，又无其他证据印证，且对方不予认可的证据的复制件、复制品。

（6）无法辨明真伪的证据材料。

（7）不能正确表达意志的证人提供的证言。

（8）不具备合法性、真实性的其他证据材料。

在行政复议过程中，被申请人不得自行向申请人和其他有关组织或者个人搜集证据。行政复议机构认为必要时，可以调查取证。行政复议工作人员向有关组织和人员调查取证时，可以查阅、复制和调取有关文件和资料，向有关人员询问。调查取证时，行政复议工作人员不得少于2人，并应当向当事人和有关人员出示证件。被调查单位和人员应当配合行政复议工作人员的工作，不得拒绝、阻挠。需要现场勘验的，现场勘验所用时间不计入行政复议审理期限。

申请人和第三人可以查阅被申请人提出的书面答复、作出具体行政行为的证据、依据和其他有关材料，除涉及国家秘密、商业秘密或者个人隐私外，行政复议机关不得拒绝。

（八）税务行政复议的审查与决定

1. 税务行政复议的审查

税务行政复议原则上采用书面审查的办法，但是申请人提出要求或者法制工作机构认为有必要时，应当听取申请人、被申请人和第三人的意见，并可以向有关组织和人员调查复议机关对被申请人作出的具体行政行为所依据的事实证据、法律程序、法律依据及设定的权利义务内容之合法性、适当性进行全面审查。

复议机关法制工作机构应当自受理行政复议申请之日起7日内，将行政复议申请书副本或者行政复议申请笔录复印件发送被申请人。被申请人应当自收到申请书副本或者申请笔录复印件之日起10日内，提出书面答复，并提交当初作出具体行政行为的证据、依据和其他有关材料。

行政复议决定做出前，申请人要求撤回行政复议申请的，可以撤回。申请人撤回行政复议申请的，不得再以同一事实和理由提出行政复议申请。但是，申请人能够证明撤回行政复议申请违背其真实意思表示的除外。

申请人在申请行政复议时，依据《税务行政复议规则》规定一并提出对有关规定的审查申请的，复议机关对该规定有权处理的，应当在30日内依法处理；无权处理的，应当在7日内按照法定程序转送有权处理的行政机关依法处理，有权处理的行政机关应当在60日内依法处理。处理期间，中止对具体行政行为的审查。

复议机关在对被申请人作出的具体行政行为进行审查时，认为其依据不合法，本机关有权处理的，应当在30日内依法处理；无权处理的，应当在7日内按照法定程序转送有权处理的国家机关依法处理。处理期间，中止对具体行政行为的审查。

行政复议期间被申请人改变原具体行政行为的，不影响行政复议案件的审理。但是，申请人依法撤回行政复议申请的除外。

2. 税务行政复议听证

对重大、复杂的案件，申请人提出要求或者行政复议机构认为必要时，可以采取听证的方式审理。

行政复议机构决定举行听证的，应当将举行听证的时间、地点和具体要求等事项通知申请人、被申请人和第三人。第三人不参加听证的，不影响听证的举行。听证应当公开举行，但是涉及国家秘密、商业秘密或者个人隐私的除外。行政复议听证人员不得少于2人，听证主持人由行政复议机构指定。听证应当制作笔录。申请人、被申请人和第三人应当确认听证笔录内容。行政复议听证笔录应当附卷，作为行政复议机构审理案件的依据之一。

3. 税务行政复议的决定

（1）申请人在申请行政复议时，依据规定一并提出对有关规定的审查申请的，行政复议机关对该规定有权处理的，应当在30日内依法处理；无权处理的，应当在7日内按照法定程序逐级转送有权处理的行政机关依法处理，有权处理的行政机关应当在60日内依法处理。处理期间，中止对具体行政行为的审查。

税务行政复议机关审查被申请人的具体行政行为时，认为其依据不合法，本机关有权处理的，应当在30日内依法处理；无权处理的，应当在7日内按照法定程序逐级转送有权处理的国家机关依法处理。处理期间，中止对具体行政行为的审查。

（2）税务行政复议机构应当对被申请人的具体行政行为提出审查意见，经行政复议机关负责人批准，按照下列规定作出行政复议决定：

①具体行政行为认定事实清楚，证据确凿，适用依据正确，程序合法，内容适当的，决定维持。

②被申请人不履行法定职责的，决定其在一定期限内履行。

③具体行政行为有下列情形之一的，决定撤销、变更或者确认该具体行政行为违法；决定撤销或者确认该具体行政行为违法的，可以责令被申请人在一定期限内重新作出具体行政行为：主要事实不清、证据不足的；适用依据错误的；违反法定程序的；超越职权或者滥用职权的；具体行政行为明显不当的。

④被申请人不按照本规则第六十二条的规定提出书面答复，提交当初作出具体行政行为的证据、依据和其他有关材料的，视为该具体行政行为没有证据、依据，决定撤销该具体行政行为。

（3）行政复议机关责令被申请人重新作出具体行政行为的，被申请人不得以同一事实和理由作出与原具体行政行为相同或者基本相同的具体行政行为；但是行政复议机关以原具体行政行为违反法定程序决定撤销的，被申请人重新作出具体行政行为的除外。

行政复议机关责令被申请人重新作出具体行政行为的，被申请人不得作出对申请人更为不利的决定；但是行政复议机关以原具体行政行为主要事实不清、证据不足或适用依据错误决定撤销的，被申请人重新作出具体行政行为的除外。

（4）有下列情形之一的，税务行政复议机关可以决定变更：

①认定事实清楚，证据确凿，程序合法，但是明显不当或者适用依据错误的。

②认定事实不清，证据不足，但是经行政复议机关审理查明事实清楚，证据确凿的。

（5）有下列情形之一的，行政复议机关应当决定驳回行政复议申请：

①申请人认为税务机关不履行法定职责申请行政复议，行政复议机关受理以后发现该税务机关没有相应法定职责或者在受理以前已经履行法定职责的。

②受理行政复议申请后，发现该行政复议申请不符合《行政复议法》及其实施条例和《税务行政复议规则》规定的受理条件的。

上级税务机关认为行政复议机关驳回行政复议申请的理由不成立的，应当责令限期恢复受理。行政复议机关审理行政复议申请期限的计算应当扣除因驳回耽误的时间。

（6）行政复议期间，有下列情形之一的，行政复议中止：

①作为申请人的公民死亡，其近亲属尚未确定是否参加行政复议的。

②作为申请人的公民丧失参加行政复议的能力，尚未确定法定代理人参加行政复议的。

③作为申请人的法人或者其他组织终止，尚未确定权利义务承受人的。

④作为申请人的公民下落不明或者被宣告失踪的。

⑤申请人、被申请人因不可抗力，不能参加行政复议的。

⑥行政复议机关因不可抗力原因暂时不能履行工作职责的。

⑦案件涉及法律适用问题，需要有权机关作出解释或者确认的。

⑧案件审理需要以其他案件的审理结果为依据，而其他案件尚未审结的。

⑨其他需要中止行政复议的情形。

行政复议中止的原因消除以后，应当及时恢复行政复议案件的审理。行政复议机构中止、恢复行政复议案件的审理，应当告知申请人、被申请人、第三人。

（7）行政复议期间，有下列情形之一的，行政复议终止：

①申请人要求撤回行政复议申请，行政复议机构准予撤回的。

②作为申请人的公民死亡，没有近亲属，或者其近亲属放弃行政复议权利的。

③作为申请人的法人或者其他组织终止，其权利义务的承受人放弃行政复议权利的。

④申请人与被申请人依照《税务行政复议规则》第八十七条的规定，经行政复议机构准许达成和解的。

⑤行政复议申请受理以后，发现其他行政复议机关已经先于本机关受理，或者人民法院已经受理的。

依照规定中止行政复议，满60日行政复议中止的原因未消除的，行政复议终止。

（8）行政复议机关责令被申请人重新作出具体行政行为的，被申请人应当在60日内重新作出具体行政行为；情况复杂，不能在规定期限内重新作出具体行政行为的，经行政复议机关批准，可以适当延期，但是延期不得超过30日。

公民、法人或者其他组织对被申请人重新作出的具体行政行为不服，可以依法申请行政复议，或者提起行政诉讼。

（9）申请人在申请行政复议时可以一并提出行政赔偿请求，行政复议机关对符合国家赔偿法的规定应当赔偿的，在决定撤销、变更具体行政行为或者确认具体行政行为违法时，应当同时决定被申请人依法赔偿。

申请人在申请行政复议时没有提出行政赔偿请求的，行政复议机关在依法决定撤销、变更原具体行政行为确定的税款、滞纳金、罚款和对财产的扣押、查封等强制措施时，应当同时责令被申请人退还税款、滞纳金和罚款，解除对财产的扣押、查封等强制措施，或者赔偿相应的价款。

（10）行政复议机关应当自受理申请之日起 60 日内作出行政复议决定。情况复杂，不能在规定期限内作出行政复议决定的，经行政复议机关负责人批准，可以适当延期，并告知申请人和被申请人；但是延期不得超过 30 日。

行政复议机关作出行政复议决定，应当制作行政复议决定书，并加盖行政复议机关印章。行政复议决定书一经送达，即发生法律效力。

（11）被申请人应当履行行政复议决定。被申请人不履行、无正当理由拖延履行行政复议决定的，行政复议机关或者有关上级税务机关应当责令其限期履行。

（12）申请人、第三人逾期不起诉又不履行行政复议决定的，或者不履行最终裁决的行政复议决定的，按照下列规定分别处理：

①维持具体行政行为的行政复议决定，由作出具体行政行为的税务机关依法强制执行，或者申请人民法院强制执行。

②变更具体行政行为的行政复议决定，由行政复议机关依法强制执行，或者申请人民法院强制执行。

（九）税务行政复议和解与调解

1. 对下列行政复议事项，按照自愿、合法的原则，申请人和被申请人在行政复议机关作出行政复议决定以前可以达成和解，行政复议机关也可以调解：

（1）行使自由裁量权作出的具体行政行为，如行政处罚、核定税额、确定应税所得率等。

（2）行政赔偿。

（3）行政奖励。

（4）存在其他合理性问题的具体行政行为。

2. 申请人和被申请人达成和解的，应当向行政复议机构提交书面和解协议。和解内容不损害社会公共利益和他人合法权益的，行政复议机构应当准许。

3. 经行政复议机构准许和解终止行政复议的，申请人不得以同一事实和理由再次申请行政复议。

4. 调解应当符合下列要求：

（1）尊重申请人和被申请人的意愿。

（2）在查明案件事实的基础上进行。

（3）遵循客观、公正和合理原则。

（4）不得损害社会公共利益和他人合法权益。

5. 行政复议机关按照下列程序调解：

（1）征得申请人和被申请人同意。

（2）听取申请人和被申请人的意见。

（3）提出调解方案。

（4）达成调解协议。

（5）制作行政复议调解书。

6. 行政复议调解书应当载明行政复议请求、事实、理由和调解结果，并加盖行政复议机关印章。行政复议调解书经双方当事人签字，即具有法律效力。调解未达成协议，或者行政复议调解书不生效的，行政复议机关应当及时作出行政复议决定。

7. 申请人不履行行政复议调解书的，由被申请人依法强制执行，或者申请人民法院强制执行。

（十）税务行政复议指导和监督

1. 各级税务复议机关应当加强对履行行政复议职责的监督。行政复议机构负责对行政复议工作进行系统督促、指导。

2. 各级税务机关应当建立健全行政复议工作责任制，将行政复议工作纳入本单位目标责任制。

3. 各级税务机关应当按照职责权限，通过定期组织检查、抽查等方式，检查下级税务机关的行政复议工作，并及时向有关方面反馈检查结果。

4. 行政复议期间行政复议机关发现被申请人和其他下级税务机关的相关行政行为违法或者需要做好善后工作的，可以制作行政复议意见书。有关机关应当自收到行政复议意见书之日起 60 日内将纠正相关行政违法行为或者做好善后工作的情况报告行政复议机关。

行政复议期间行政复议机构发现法律、法规和规章实施中带有普遍性的问题，可以制作行政复议建议书，向有关机关提出完善制度和改进行政执法的建议。

5. 省以下各级税务机关应当定期向上一级税务机关提交行政复议、应诉、赔偿统计表和分析报告，及时将重大行政复议决定报上一级行政复议机关备案。

6. 行政复议机构应当按照规定将行政复议案件资料立卷归档。行政复议案卷应当按照行政复议申请分别装订立卷，一案一卷，统一编号，做到目录清晰、资料齐全、分类规范、装订整齐。

7. 行政复议机构应当定期组织行政复议工作人员业务培训和工作交流，提高行政复议工作人员的专业素质。

8. 行政复议机关应当定期总结行政复议工作。对行政复议工作中做出显著成绩的单位和个人，依照有关规定表彰和奖励。

（十一）税务行政复议的其他有关规定

1. 行政复议机关、行政复议机关工作人员和被申请人在税务行政复议活动中，违反《行政复议法》及其实施条例和《税务行政复议规则》规定的，应当依法处理。

2. 外国人、无国籍人、外国组织在中华人民共和国境内向税务机关申请行政复议，适用《税务行政复议规则》。

3. 行政复议机关在行政复议工作中可以使用行政复议专用章。行政复议专用章与行政复议机关印章在行政复议中具有同等效力。

4. 行政复议期间的计算和行政复议文书的送达，依照《民事诉讼法》关于期间、送达的规定执行。《税务行政复议规则》关于行政复议期间有关“5 日”、“7 日”的规定指工作日，不包括法定节假日。

5.《税务行政复议规则》自2010 年4 月1 日起施行，2004 年2 月24 日国家税务总局公布的《税务行政复议规则（暂行）》（国家税务总局令第8 号）同时废止。

【案例9－1】 2009 年8 月16 日，某区地方税务局收到一封群众举报信，举报该区某实业有限公司在经营过程中，不按法律规定开具发票，偷逃了国家税收。税务局接到举报后，决定给予该公司10 000 元罚款。该公司不服，向区地方税务局的上一级行政机关某市地方税务局申请行政复议，经审查，符合复议条件，某市地方税务局受理了复议申请。

该公司称，他们没有违反规定开具发票，每一宗收入都按照法律规定开票，是其他人嫉妒他们公司的业绩，才编造谎言企图压垮他们公司。

行政复议机构受理复议后，按照《行政复议法》在受理后第5 天将该公司的复议申请书送达给区税务局，区税务局立即组织调查并搜集证据，发现该公司的确是违反规定开具发票，不仅开收据，而且就是发票也大头小尾。税务局广泛寻访有关人员，收集证人证言，以大量的证据坚持自己的处罚决定。行政复议机构经审查，该公司确实违反法律规定开具发票且证据确凿，区税务局的处罚适用法律适当，但由于区税务局在调查过程中程序违法，行政复议机构作出复议决定如下：撤销区税务局的处罚决定并重新作出行政行为。

评析： 为什么区税务局有足够的证据证明该公司有违反法律规定的事实，依此证据证明区税务局理应给予该公司相应的行政处罚，可行政复议机构还是决定撤销区税务局的处罚决定呢？问题的关键在于区税务局在整个税务检查中违反法律程序。根据我国有关法律规定，行政机关作出行政处罚前，一定要调查清楚事实才能作出行政处罚决定。《行政处罚法》第三十条规定：“公民、法人、其他组织违反行政管理秩序的行为，依法应当给予行政处罚的，行政机关必须查明事实。”《行政处罚法》第三十一条规定：“行政机关在作出行政处罚决定之前，应当告知当事人作出行政处罚决定的事实、理由及依据，并告知当事人依法享有的权利。”此外，《行政处罚法》第三十六条规定：“行政机关作出行政处罚时，必须全面、客观、公正地调查，收集有关证据。”可见，行政机关在作出行政处罚前，首先要调查清楚事实，只有在证据确凿的情况下，才能依法作出行政处罚。本案中，该实业有限公司虽然有违反规定开具发票的事实，但区地方税务局仅凭一封群众举报，没有全面、客观、公正地调查和搜集证据，就对该公司进行行政处罚，显然违反了《行政处罚法》的有关规定，理应撤销处罚决定。

《税务行政复议规则》第六十二条规定：“被申请人应当自收到申请书副本或者申请笔录复印件之日起10 日内，提出书面答复，并提交当初作出具体行政行为的证据、依据和其他有关资料。”第五十九条规定：“在行政复议过程中，被申请人不得自行向申请人和其他有关组织或者个人收集证据。”被申请人提交当初作出具体行政行为的证据、依据和其他有关资料，是因为被申请人作为负有国家管理职责的行政机关，在依法治国、建设法治国家的今天，必须严格依法行使自己的职权，其所作出的每一项具体行政行为都应当符合法律的规定，特别是在作出涉及公民、法人或者其他组织权益的具体行政行为如罚款等，必须有充分的证据、相应的法律依据，否则即为违法行政或者不当行政，必须受到追究。这就是说，被申请人即行政机关必须先有证据，然后才可依法作出具体行政行为，而不能先作出具体行政行为，而后再搜集证据来证明自己作出的具体行政行为合法。因此，公民、法人或者其他组织在提出行政复议申请并经受理以后，如果被申请人自行来搜集证据的，有权予以拒绝。本案中，区地方税务局在实业有限公司提起复议申请后才搜集证据，虽然所收集的证据足以证明该公司的违法行为，并可据此对该公司作出行政罚款决定，但因区税务局所收集的证据程序不合法，因而是一种没有法律效力的证据，从而导致区地方税务局的处理决定被撤销。

【案例9-2】2008年11月，经市国税局稽查局查实，乙生产企业在2008年1~6月期间，少缴增值税86 500元。2009年2月15日，市国税局稽查局下达税务处理决定，要求乙企业自接到税务处理决定书之日起15日内补缴增值税86 500元。市国税局稽查局于2009年2月18日将税务处理决定书送达乙企业，乙企业于2009年3月12日将税款移缴入库，并于2009年4月18日向市国家税务局申请行政复议。市国家税务局对乙企业的行政复议申请进行了审查，作出不予受理的决定。乙企业对此十分不解，向人民法院提起行政诉讼，请求撤销市国家税务局不予受理行政复议的决定。人民法院受理此案后，经审理，认定市国家税务局不予受理行政复议的决定是合法的，驳回了乙企业的诉讼请求，判决市国家税务局胜诉。

评析：本案中，乙企业的行政复议申请不符合税务行政复议申请受理的有关规定。《税收征管法》规定：纳税人、扣缴义务人、纳税担保人同税务机关在纳税上发生争议时，必须先依照法律、行政法规的规定缴纳或者解缴税款及滞纳金，然后可以在收到税务机关填发的缴款凭证之日起60日内向上一级税务机关申请复议。上一级税务机关应当自收到复议申请之日起60日内作出复议决定。对复议决定不服的，可以在接到复议决定之日起15日内向人民法院起诉。《税务行政复议规则》第三十三条规定："申请人对本规则第十四条第（一）项规定的行为不服的，应当先向行政复议机关申请行政复议；对行政复议决定不服的，可以向人民法院提起行政诉讼。申请人按照前款规定申请行政复议的，必须依照税务机关根据法律、法规确定的税额、期限，先行缴纳或者解缴税款和滞纳金，或者提供相应的担保，才可以在缴清税款和滞纳金以后或者所提供的担保得到作出具体行政行为的税务机关确认之日起60日内提出行政复议申请。申请人提供担保的方式包括保证、抵押和质押。作出具体行政行为的税务机关应当对保证人的资格、资信进行审查，对不具备法律规定资格或者没有能力保证的，有权拒绝。作出具体行政行为的税务机关应当对抵押人、出质人提供的抵押担保、质押担保进行审查，对不符合法律规定的抵押担保、质押担保，不予确认。"

根据上述规定，乙企业未能在税务机关根据法律、行政法规确定的期限内缴纳税款，不符合税务行政复议受理的条件。乙企业最迟应于2009年3月3日前缴纳税款，因此市国家税务局作出不予受理的决定是正确的。当然，乙企业还可以提供相应的担保，担保的方式可以考虑保证、抵押和质押，乙企业只要在税务机关规定缴纳税款的期限之前能够提供相应的担保，并经税务机关认可，同样可以申请税务行政复议。

二、税务行政诉讼

（一）税务行政诉讼的性质、特点与原则

1. 税务行政诉讼的性质

在我国，税务行政诉讼尚未形成相对独立的法律制度，税务行政诉讼与其他行政部门所发生的诉讼，都是行政诉讼制度的组成部分，都适用《行政诉讼法》。税务行政诉讼是指公民、法人和其他组织认为税务机关及其工作人员的税务具体行政行为违法或者不当，侵犯了其合法权益，依法向法院提起行政诉讼，由法院对税务具体行政行为的合法性和适当性进行审理并作出裁决的司法活动。简言之，税务行政诉讼就是人民法院按司法程序处理纳税争议的活动。

从性质上讲，税务行政诉讼既是一种司法救济手段，又是一种司法监督手段。

（1）从税务行政管理相对人的角度看，税务行政诉讼是一种司法救济手段。税务行政管理相对人在税务行政管理中虽然享有一定的权利，但却处于被管理者的地位，他们的合法权益可能会受到作为管理者和执法者的税务机关的侵犯。当其法定权利受到税务机关侵犯时应有相应的手段予以救济。这种救济主要包括司法救济、行政救济和其他方式的救济。实践证明，单靠行政机关的自身所作出的行政救济，很难充分、有效地保护当事人的合法权益，因而行政诉讼便成为维护当事人合法权益的一种重要的司法救济手段。通过税务行政诉讼，法院可以通过行使司法审判权，以保护税务管理相对人的合法权益免受非法和不当的税务行政行为的侵犯，并对已经或可能受到侵犯的合法权益予以补救。

（2）从税务行政机关角度看，税务行政诉讼又是一种司法监督手段。税务机关依法拥有行政管理职权，但这种行政权不受监督则容易产生违法和权力滥用的现象。对行政机关的行政行为进行监督，是保证行政机关依法行政的客观需要。这种监督通常包括行政机关的自我监督、司法监督、权力机关监督等方式。税务行政诉讼是一种重要的司法监督手段。在税务行政诉讼中，司法机关根据当事人的请求，通过对税务机关的具体税务行政行为的合法性进行审查，可以有效制约税务机关的非法或不当行为，从而促使税务机关依法行政。

2. 税务行政诉讼的特点

（1）税务行政诉讼的原告是认为税务行政机关的具体行政行为侵犯其合法权益的税务行政相对人。

建立税务行政诉讼制度的主要目的就是为了防范税务行政机关滥用职权，保护税务行政相对人的合法权益。因为税务行政相对人相对于税务行政机关，处于被管理、被约束的地位。在税务行政机关的税务具体行政行为过程中，税务机关掌握着强制性的征税权和处罚权，无须通过诉讼的方式达到目的，因而不能成为税务行政诉讼的原告。能成为税务行政诉讼原告的，只能是税务行政相对人。

（2）税务行政诉讼的被告是税务行政机关。税务行政诉讼中的被告只能是作出具体税务行政行为的税务机关，以及依法成立并经授权的派出机构或是作出复议决定的税务机关。这是确定税务行政诉讼性质的主要特征。应该指出，税务机关工作人员因民事纠

纷而被诉时，不属于税务行政诉讼，而是一般的民事诉讼。即使是代表税务行政机关实施的具体行政行为，被告也不能是该工作人员，而只能是他所代表的税务机关。至于工作人员的工作过失问题应按税务行政机关的内部制度来处理，而不属于税务行政诉讼的受案范围。

（3）税务行政诉讼以纳税争议为内容。税务行政诉讼要解决的争议是具体税务行政行为是否侵犯了税务管理相对人的利益。要解决的争议发生在税务行政管理过程中，对因征税问题发生的争议，还须先复议再诉讼。如果是因为纳税争议以外的其他争议引发的诉讼，就不能称其为税务行政诉讼。例如因为税务行政机关的人事行为引发的诉讼就不属于税务行政诉讼。

（4）税务行政诉讼的客体是具体税务行政行为。具体行政行为是我国行政诉讼的受案范围，作为行政诉讼的一种，税务行政诉讼自然也不例外。就税务机关而言，它对行政相对人实施的税务行政行为包括抽象行政行为和具体行政行为。纳税人和其他税务当事人只能对税务机关作出的具体税务行政行为提起诉讼，而不能对税务机关根据法律法规制定的具有普遍约束力的规范性文件的抽象行政行为提起诉讼。

（5）税务行政诉讼的裁判者是具有管辖权的人民法院。税务行政诉讼是一种司法制度，是由人民法院适用司法程序解决税务行政争议的活动。在税务行政诉讼的过程中，作出具体行政行为的税务机关作为被告，与原告在法律上的地位是平等的。整个诉讼的审理裁判等均应按照司法程序由人民法院主持进行。

3. 税务行政诉讼的原则

（1）诉讼期间税务具体行政行为不停止执行的原则。在税务行政诉讼中这一原则表现得尤为明显。税务行政相对人对税务机关作出的具体税务行政行为不服，向人民法院提起诉讼，在诉讼期间，税务机关作出的具体税务行为不停止执行。确定这一原则的原因是：第一，税务机关是在国家法律的规定范围内，行使国家税收行政管理权，作出的具体税务行政行为具有确定力，行政行为一经作出并发生效力，非经法定程序，行政行为不得任意变更或撤销，无论税务行政机关还是相对人都受到税务具体行政行为的约束。税务行政相对人如果对具体行政行为不服，必须经过法定程序提出，由有权处理的国家机关审查其合法性。只有经有权处理的国家机关认定其违法或不当而予以撤销或变更时，该具体行政行为才失去其法律效率。第二，为了保证国家税收收入及时、足额入库，防止国家财政资金的流失。如果行政相对人不服税务机关的决定起诉到人民法院，具体行政行为停止执行可能给相对人转移、隐匿、变卖其财产提供机会，从而让国家的税收落空。第三，有些税务纠纷对社会具有危害性，如果停止执行这些具体行政行为就可能会对社会造成更大的危害。税务行政诉讼确定这一原则，有利于税务机关行使职权，保障国家税收征收管理活动的正常进行。

当然，诉讼期间不停止具体税务行政行为的执行，只是作为税务行政诉讼的一项基本原则，并不意味着在任何条件下，诉讼期间的税务具体行政行为都不停止执行。在有以下法定情况出现时，诉讼期间可以停止执行税务具体行政行为：税务机关认为需要停止执行的；原告申请停止执行，人民法院认为该税务具体行政行为的执行会造成难以弥补的损失，并且停止执行不损害社会公共利益，裁决停止执行；法律、法规规定停止执行的。

（2）不适用调解和反诉原则。调解原则是民事诉讼中的一个重要原则，但不适用于税务行政诉讼。这是因为税务机关的行政行为是代表国家的，是一种执法行为，对税务机关来说税收征收管理权不仅是一种职权，而且是一种职责，所以，不允许税务机关在调解中妥协，放弃法定职责，或用国家的公益满足个人的私益，因此，对税务行政诉讼不能适用调解。

需要注意的是，应当把法院主持的调解与当事人之间主动进行的和解区分开来，税务行政诉讼不能适用调解，也就是说法院不能撮合双方当事人解决争议；但是税务行政诉讼却可以进行和解。税务行政机关可以在其自由裁量权范围内与相对人和解。例如相对人因偷税而被罚款，不服提起诉讼，后来在和税务机关的交涉中，认识了自己的行为性质，其认错态度较好，并且主动补缴偷漏税款，因此税务行政机关在职权范围内减轻了处罚幅度，相对人予以接受并撤销了诉讼。只要是在职权范围内进行，这种和解应当允许。

不适用反诉，这是行政诉讼的一项原则在税务行政诉讼中的反映。这是因为税务机关拥有行政管理的强制权力，它无须直接依靠法院的强制力制裁违法者，完全可以依靠其职权处罚。而且税务行政行为是依法作出的，不能在已经作出行政行为之后，又因原告向人民法院起诉而要求人民法院加重对原告的处罚。另外按法律规定，行政机关不享有起诉权，因此也就不适用反诉。

（3）被告负有举证责任的原则。税务行政诉讼过程，如果税务行政管理相对人（原告）认为税务机关某一具体行政行为侵犯了其合法权益，对此税务机关作为被告就要拿出没有侵犯其合法权益的事实证据和法律依据。这就要求税务机关行政要以事实为根据，以法律为准绳。如果税务机关不提供或不能提供证据，税务机关就可能败诉。

由税务机关承担举证责任，其主要原因在于：一方面，“先取证，后裁决”是行政机关进行行政管理活动的基本原则，同样也是税务机关必须遵守的原则，即税务机关在作出裁决前，应当充分搜集证据，然后根据事实，依据法律作出裁决，而不能在毫无证据的情况下，对税务行政相对人作出行政行为。另一方面，在税务行政活动中，税务机关属于主导者和支配地位，而纳税人、扣缴义务人处于附属者和被支配地位。因而税务行政法律关系的发生以税务机关掌握税务行政管理权和有关的专业知识为前提，税务机关在行政活动中较易收集到有关证据、事实，而纳税人处于弱者地位，不易收集对自己有利的证据、事实，即使是收集到，也可能难以保全。因而要求税务机关负有举证责任，这对提高税务诉讼的效率、保护税务行政相对人的合法权利有着重要的意义。

（4）实行复议前置和选择复议或诉讼的原则。依据《行政诉讼法》的规定，公民、法人或者其他组织认为行政机关和行政机关的工作人员的具体行政行为侵犯其合法权，可以依法向上一级行政机关或法律、法规规定的行政机关申请复议，对复议不服的，再向人民法院提起诉讼；也可以直接向人民法院提起诉讼。但是法律、法规规定应当先向行政机关申请复议，对复议结果不服再向人民法院提起诉讼的，必须先经过复议程序。税务行政诉讼就有一部分内容属于这一例外。《行政复议法》和《税收征管法》对必须先经过税务行政复议的具体税务行政行为已经作出了明确的规定，即纳税人、扣缴义务人、纳税担保人以及其他当事人对税务机关的征税行为不服的，必须先依法向其上一级税务机关申请复议。对复议决定不服的，才可以在法定期间内向人民法院提起诉讼。对征税行为实行复议前置的原因在于：

首先，征税行为的专业性和技术性较强，税务机关对相关税法知识的掌握具有自身优势。其次，有利于密切征纳双方的关系。我国的税收性质是“取之于民、用之于民”，征纳双方的根本利益是一致的。由于税务行政复议是行政救济手段，是行政系统内部上级机关对下级机关的执法监督行为，在税务行政复议阶段处理好税务行政争议，能增强税务行政相对人对税务机关的信任感及依法纳税的义务感，使征纳双方互相理解和尊重，并树立税务机关在纳税人中的威信。再次，便于上级税务机关对下级税务机关的工作进行监督，有利于及时解决问题。最后，大部分税务行政争议解决于复议阶段，可以减轻人民法院办理税务行政案件的负担，提高行政效率。这也符合税务行政主体在行使行政职权时，依法享有一定的行政优先权和行政受益权的要求。对于其他争议由相对人选择，实际上是给予相对人在选择解决税务行政争议方式上以更大的权利。因此，纳税人、扣缴义务人、纳税担保人以及其他当事人对税务机关作出的处罚决定、税收保全措施、强制执行措施、责令其提供保证金或提供纳税担保、拒绝颁发税务登记证、拒绝发售发票、通知出境管理机关阻止其出境等行为不服的，可以在法定时间内向税务复议机关申请复议或者直接向人民法院提起诉讼。

（二）税务行政诉讼的管辖

税务行政诉讼的管辖，是指在人民法院系统内部受理第一审税务行政案件的分工和权限。依法确定税务行政诉讼的审判管辖权，是当事人充分行使诉讼权，维护自身合法权益的客观需要，也是法院正确行使审判权的客观需要，它对于提高法院审判效率和接受人民群众的监督制约具有重要意义。

1. 级别管辖

级别管辖是指划分上下级人民法院之间受理一审行政案件的分工和权限。根据《行政诉讼法》第十三至十六条的有关规定，税务行政诉讼级别管辖的主要内容是：基层人民法院管辖一般的行政诉讼案件；中高级人民法院管辖本辖区内重大、复杂的行政诉讼案件；最高人民法院管辖全国范围内重大、复杂的行政诉讼案件。据此，对国家税务总局作出的具体税务行政行为以及在本辖区重大、复杂的税务行政案件原则上由中级人民法院管辖。高级人民法院和最高人民法院的主要职责是审理第二审案件以及对下属各级人民法院进行监督和指导，因而基本上不受理一审税务行政案件，但对在本辖区内重大、复杂的税务行政案件和在全国范围内有重大影响或极其复杂的个别税务行政案件也可分别由高级人民法院和最高人民法院行使管辖权。

2. 地域管辖

地域管辖是确定同级人民法院之间审理第一审行政案件的分工和权限。包括一般地域管辖、特殊地域管辖、专属管辖、选择管辖四种。根据《行政诉讼法》第十七条规定，一般地域管辖的具体内容是“行政案件由最初作出具体行政行为的行政机关所在地人民法院管辖。经复议的案件，复议机关改变原具体行政行为的，也可以由复议机关所在地人民法院管辖。”税务行政诉讼案件，由最初作出具体行政行为的税务机关所在地人民法院管辖，如果复议机关改变了原具体行政行为的，也可以由复议机关所在地人民法院管辖。根据《行政诉讼法》第十八条规定，特殊地域管辖内容为“对限制人身自由的行政强制措施不服提起诉讼由被告所在地或原告所在地人民法院管辖。”在税务行政诉讼案件中，未结清税款，又不提供担保的原告对税务机关通知出境管理机关阻止其出境的行政强制措施不服而提起的诉讼，由作出通知行为的税务机关所在地或原告所在地人民法院管辖。其中“原告所在地”包括原告户籍所在地和经常居住地。

根据《行政诉讼法》第十九条的规定，专属管辖的内容是指因不动产提起的行政诉讼由不动产所在地人民法院管辖。因不动产的转让、出租的确认行为而发生的行政诉讼，由不动产所在地人民法院管辖。

根据《行政诉讼法》第二十条的规定，选择管辖是指对两个以上的人民法院都有管辖权的税务行政诉讼案件，可由原告选择其中一个人民法院提起诉讼。原告向两个以上有管辖权的人民法院提起税务行政诉讼的，由最先收到起诉状的人民法院管辖。

3. 裁定管辖

裁定管辖是指人民法院依法自行裁定的管辖。它包括移送管辖、指定管辖及管辖权的转移三种情况。根据《行政诉讼法》第二十一条规定，移送管辖的具体内容是人民法院发现受理的案件不属于自己管辖时，应当将所受理的税务行政诉讼案件移送有管辖权的人民法院，受移送的人民法院不得再自行移送。

根据《行政诉讼法》第二十二条的规定，指定管辖的内容是有管辖权的人民法院由于特殊原因，不能行使对税务行政诉讼的管辖权的，由其上级人民法院指定管辖；人民法院对管辖权发生争议，由争议双方协商解决。协商不成，报由其共同的上级人民法院指定管辖。例如，作出税务具体行政行为的税务机关所在地发生严重水灾或其他自然灾害，中级人民法院即可指定由复议机关所在地人民法院受理。再如，由于有管辖权的两个人民法院争夺或者推诿对某税务案件的管辖权，同时又协商不成，只得由其共同的上级人民法院确定管辖法院。根据《行政诉讼法》第二十三条的规定，上级人民法院有权审判下级人民法院管辖的第一审税务行政案件，也可以把自己管辖的第一审税务行政案件移交下级人民法院审判，下级人民法院对其管辖的第一审税务行政案件，认为需要由上级人民法院审判的，可以报请上级人民法院决定。

（三）税务行政诉讼的受案范围

税务行政诉讼的受案范围是指公民、法人或者其他组织可以向人民法院提起行政诉讼的税务机关的具体税务行政行为的范围，也就是税务机关作出的可受司法审查的具体税务行政行为的范围。

根据《行政诉讼法》的规定，并结合《税收征管法》第五十六条及相关规定，税务行政诉讼的受案范围具体包括：

1. 税务机关作出的征税行为。具体包括征收税款、加收滞纳金、审批减免税和出口退税。

2. 税务机关作出的责令纳税人提交纳税保证金或提供纳税担保行为。

3. 税务机关作出的行政处罚行为，具体包括：罚款；销毁非法印制的发票，没收违法所得；对为纳税人、扣缴义务人非法提供银行账户、发票、证明或者其他方便，导致未缴税款或者骗取国家出口退税款的，没收其非法所得。

4. 税务机关作出的通知出境管理机关阻止出境行为。

5. 税务机关作出的税收保全措施。具体包括：书面通知银行或者其他金融机构暂停支付存款；扣押、查封商品、货物或者其他财产。

6. 税务机关作出的税收强制执行措施。具体包括：书面通知银行或者其他金融机构扣缴税款；拍卖所扣押、查封的商品、货物或者其他财产以抵缴税款。

7. 税务机关委托扣缴义务人所作出的代扣代收税款行为。

8. 认为符合法定条件申请税务机关颁发税务登记证和发售发票，税务机关拒绝颁发、发售或不予答复的行为。

9. 法律、法规规定可以提起行政诉讼的其他税务具体行政行为。

依照《行政诉讼法》和《税收征管法》的规定，对于上述属于人民法院受案范围的行政案件，当事人可以先申请复议，对复议不服的，再向人民法院起诉；也可以直接向人民法院起诉。但纳税人、扣缴义务人及其他当事人对税务机关的征税决定不服的，则只能先经复议，对复议结果不服的，才能向人民法院起诉。

（四）税务行政诉讼的起诉和受理

起诉和受理是税务行政诉讼程序的开始，是纳税争议事实经由税务行政相对人提出请求，人民法院受理立案成为税务行政诉讼案件的过程。

1. 税务行政诉讼的起诉

起诉是指税务行政相对人认为税务机关的具体税务行政行为侵犯了自己的合法权益，依法向人民法院提出诉讼请求，要求人民法院行使国家审判权予以保护和救济的诉讼行为。提起税务行政诉讼必须符合法定的期限和经过必经的程序。对税务机关的征税行为提起诉讼必须先经过复议；对复议决定不服的，再向人民法院起诉。对其他具体行政行为不服的，当事人可以选择复议，也可以直接向人民法院起诉。

（1）起诉的时限。

①纳税人及其他行政相对人不服复议决定的，可以从收到复议决定书之日起 15 日内向人民法院起诉。提交《复议申请书》后，复议机关逾期不作决定的，申请人可以从复议期满之日起 15 日内向人民法院起诉。

②纳税人及其他行政相对人对税务机关作出的税收保全措施、强制执行措施及其他行政处罚措施不服而向人民法院起诉的，可以从收到处罚决定起 15 日内提交起诉状。税务机关作出具体行政行为时，未告知当事人诉权和起诉期限，致使当事人逾期向人民法院起诉的，其起诉期限从当事人实际知道诉权或者起诉期限时计算，但最长不得超过 1 年。

（2）诉由的确定。撤销之诉。即原告认为税务机关的具体行政行为违法，要求人民法院通过审判程序予以撤销而提起的诉讼。

请求重新作出具体行政行为之诉。即原告认为税务机关作出的具体行政行为违法，请求人民法院判决，责令被告重新作出合法的具体行政行为的诉讼。

请求变更之诉。即原告认为税务机关对其作出的行政处罚显失公平，请求人民法院判处被告变更的诉讼。

请求赔偿之诉。即原告认为被告税务机关作出的具体行政行为损害其合法权益，并造成损失的，请求人民法院依法判决被告税务机关予以赔偿的诉讼。

（3）起诉的条件。税务行政相对人依法享有起诉权，不允许任何人的非法限制和剥夺，然而，起诉权也不能任意使用。根据《行政诉讼法》的规定，税务行政诉讼的起诉必须具备如下条件：

①原告是认为具体税务行为侵犯其合法权益的公民、法人或者其他组织。

②有明确的被告。

③有具体的诉讼请求和事实、法律根据。

④属于人民法院的受案范围和受诉人民法院管辖。

（4）起诉的方式。起诉应采取递交书面《起诉状》的方式。《起诉状》的内容主要包括：诉讼当事人的基本情况；依原告和被告分别列明；诉讼请求；事实及理由；证据及证据来源；证人的自然情况。

2. 税务行政诉讼的受理

受理是指人民法院接到诉讼请求后，经审查认为符合法定起诉条件，决定予以立案审理的行为。

（1）人民法院在接到原告的起诉状后，应在7日内作出审查结果，裁定立案受理或不予受理。

（2）人民法院应当从税务行政诉讼案件立案之日起5日内，将起诉状副本发送被告税务机关。

（3）被告应当在收到起诉状副本之日起10日内，向人民法院提交作出具体行政行为的有关材料，并提出答辩状。被告不提出答辩状的，不影响人民法院审理。

（4）人民法院应当在收到答辩状之日起5日内将答辩状副本发送给原告。

（五）税务行政诉讼的审理和判决

审理和判决是税务行政诉讼程序的核心部分，人民法院在受理税务行政诉讼案件后，就要进行审理，并要从立案之日起3个月内作出判决。由于税务行政诉讼实行“两审终审制”，因此，这里所说的审理和判决是指一审庭审和一审判决。

1. 税务行政诉讼的审理

（1）审理前的准备。人民法院在审理之前，应做好相应的准备工作，包括依法组成合议庭、阅卷、查证及通知被告应诉等。其中，通知被告应诉是一项重要的准备工作。

（2）审理的方式和依据。根据《行政诉讼法》的规定，人民法院审理一审行政案件应采用开庭审理的方式，即在人民法院审判人员的主持下，在诉讼参加人和其他参与人的参加下，依法定程序对被诉的税务具体行政行为进行审查并作出裁判。开庭审理又细分为审理开始、法庭调查、法庭辩论、合议庭评议和判决裁定等阶段。

在税务行政诉讼案件的审理和判决过程中，诉讼活动主体依据的法律主要有：《行政诉讼法》、税收法律和法规、《税收征管法》及其实施细则等。

（3）审理的范围。这是指法院在审理税务行政案件时，能够对哪些事项和问题进行审查并作出裁判。根据《行政诉讼法》的规定，法院在行政诉讼中的主要任务是对具体行政行为是否合法进行审查，即审查行政行为的合法性。这一主要任务决定了审查范围的核心，也指明了确定税务行政诉讼审查范围的原则。从我国《行政诉讼法》的有关规定和国外行政诉讼司法实践来看，税务行政诉讼的审查范围主要包括行政机关的法定职权、作出具体税务行政行为的事实和证据、适用法律和法规以及法定程序等内容。

①对税务机关法定职权的审查。行政机关是否依照法定职权实施具体行政行为是判断具

体行政行为合法与否的重要标准。如果法院不对行政机关的法定职权进行审查，就无法判断该行政机关是否超越职权、滥用职权或不履行法定职责。在税务行政诉讼中，法院对税务机关的法定职权进行审查，主要就是确定税务机关是否有行政失职、行政越权或滥用职权等行为。

②对事实和证据的审查。事实和证据是认定具体税务行政行为是否合法的另一个重要方面。根据我国法律规定，行政机关和行政机关工作人员必须以事实为根据作出具体行政行为。在司法审查时，如果没有事实根据或主要证据不足而作出的具体行政行为属于予以撤销或部分予以撤销的行政行为，因此，要确定具体税务行政行为是否合法，必须对赖以作出该具体行政行为的事实和证据进行审查。这就要求被告对作出该具体行政行为负有举证责任，即向法院提供作出该具体行政行为的证据和所依据的规范性文件。

③对适用法律、法规的审查。根据“依法行政”的原则，行政机关作出具体行政行为必须有特定的法律依据，没有法律依据或适用法律、法规错误的具体行政行为是不合法的行政行为。所以，对作出具体行政行为所适用的法律、法规依法进行审查，是对具体行政行为的合法性进行审查的一个重要内容。

④对作出具体税务行政行为的程序的审查。行政机关作出具体行政行为，必须依照法定程序。法定程序不仅体现行政机关和行政管理相对人之间的权利义务关系，也体现了国家和人民对行政执法法定化和规范化的要求。违反法定程序不仅是一种违反程序法律规范的行为，也会直接侵害或影响行政管理相对人的利益，从而构成具体行政行为不合法的理由，因而，对作出具体税务行政行为的程序进行审查，同样至关重要。违反法定程序的情形主要包括：不遵守法定期限，不遵守法定程序中各个环节的顺序，不按规定的形式要求作出具体行政行为等。

⑤对税务行政处罚决定的合理性或适当性的审查。《行政诉讼法》第五十四条规定，法院在审理行政案件的过程中，发现行政处罚显失公正的，可以判决变更。因此，对于税务行政处罚行为，人民法院不仅要从以上几个方面审查其处罚决定的合法性，在必要时还应审查其合理性，即税务行政处罚决定是否公正。这实际上是法院对税务机关的行政自由裁量权所进行的司法审查。所谓行政自由裁量权，是指法律、法规对某个具体行政行为没有规定是否可以作出或规定在一定幅度内作出的情况下，行政机关根据法律、法规规定的原则或职权范围，进行自主权衡、裁量而作出该具体行政行为的权力。它是适应行政执法需要而由法律赋予行政机关的一种特殊权力。但自由裁量权不是任意裁量权，使用行政自由裁量权不能违背法律规定的目的、原则、职权范围。自由裁量权应当代表和体现着社会公正。因此，自由裁量权必须控制在合理的范围内，对那种显失公正的行政自由裁量行为，同样是法律规定应予以变更的行政行为。但是，应该强调的是，对行政自由裁量权的审查，其目的并非以司法来代替行政，而是对显失公正的行政自由裁量行为的一种必要的匡正，应加以严格的控制。

2. 税务行政诉讼的判决

根据《行政诉讼法》的规定，人民法院对一审案件，经审理后，根据不同情况，分别作出如下判决：

（1）维持判决，即税务具体行政行为证据确凿、适用法律、法规正确、符合法定程序的，判决维持。

（2）撤销判决，即税务具体行政行为的主要证据不足或者适用法律、法规错误，或者违反法定程序，或者超越职权，或者滥用职权的，判决撤销或者部分撤销，并可以判决被告重新作出具体行政行为。

（3）履行判决，即被告不履行或者拖延履行法定职责的，判决其在一定期限内履行。

（4）变更判决，即税务行政处罚显失公正的，可以变更判决。

3. 税务行政诉讼的二审和再审

（1）二审。即税务行政诉讼的第二审程序，又称上诉审程序、终审程序，是指上级人民法院对下级人民法院的第一审判决、裁定，在其发生法律效力之前，基于当事人的上诉，对案件进行重新审理的程序。

（2）再审。即税务行政诉讼的再审程序，又称审判监督程序，是指人民法院对已发生法律效力的判决、裁定，发现违反法律、法规的规定，依法进行重新审判的程序。它是与二审程序完全不同的诉讼程序，是为了纠正人民法院的判决、裁定的错误而设置的一个特殊的审判程序，不是行政诉讼的必经程序；但它对于贯彻实事求是原则，保证人民法院正确行使行政案件的审判权，具有重要作用。

4. 税务行政诉讼的执行

执行是指人民法院作出的裁定、判决发生法律效力后，一方当事人拒不履行人民法院的裁定、判决，而由人民法院根据另一方当事人的申请实行强制执行的活动。根据《行政诉讼法》的规定，当事人必须履行人民法院已经发生法律效力的裁定和判决。原告拒绝履行判决、裁定的，作为被告的行政机关可以向第一审人民法院申请强制执行，或者依法强制执行。作为被告的税务机关拒绝履行判决、裁定的，第一审人民法院可以采取下列措施：

（1）对应当归还的罚款或者应给付的赔偿金，通知银行从该税务机关的账户内划拨。

（2）在规定的期限内不履行的，从期满之日起，对该税务机关按日处50～100元的罚款，直到该税务机关执行判决或裁定为止，以督促其履行义务。

（3）向该税务机关的上一级税务机关或者监察人事机关提出司法建议。接受司法建议的机关，根据有关规定进行处理，并将处理情况告知人民法院。

（4）拒不执行判决、裁定，情节严重构成犯罪的，依法追究主管人员和直接责任人员的刑事责任。这里的“依法”，主要指依照《刑法》，如《刑法》第三百一十三条规定，对人民法院的判决、裁定有能力执行而拒不执行，情节严重的，处3年以下有期徒刑、拘役或者罚金。

【案例9－3】厦门某玩具有限公司属于增值税小规模纳税人，其纳税方式采用定期定额和开具发票销售额部分按实征收。2007年1～12月间，该公司共申报销售额96 500元，缴纳增值税5 790元。2007年10月厦门市集美区国家税务局查实该公司在2007年2～6月实际履行了漳州永发公司与集美区某工艺品厂的生产订单，总价含税销售额共计533 270元；2007年6～12月接受晋江恒盛玩具有限公司的委托加工，共计含税加工费266 526.43元；2007年1～9月零售部分玩具共计含税销售额71 555元。上述3笔，该公司均隐瞒未报。另查实，该公司开具“大头小尾”的《厦门市工业产品销售专用发票》3份，3份发票的差额122 627.98元未申报纳税。厦门市集美区国家税务局于2008年6月19日作出税务处理决定，对该公司未如实申报纳税的行为，认定为偷税行为，应补缴增值税43 531.77元，并处罚款 21 765.89 元；开具“大头小尾”发票的行为亦认定为偷税行为，追缴增值税 6 941.21 元，并处罚款 6 941.21 元，并按照《发票管理办法》第三十六条的规定，认定其行为属未按规定开具发票，应处罚款 8 000 元。该公司不服，向厦门市集美区人民法院提起诉讼。

原告厦门某玩具有限公司诉称：(1) 漳州永发公司是香港88 企业有限公司在漳州的代表处，具有独立的法人资格。香港88 企业有限公司与集美区某工艺品厂之间的订货单的权利与义务转由漳州永发公司和该公司承担，属事实不清，证据不足；从实际履行的情况看，漳州永发公司与该公司之间的关系实为加工承揽关系，并非销售关系，该处理决定明显错误。(2) 税务处理决定既认定该公司与晋江恒盛玩具有限公司的业务往来为加工关系，又将运杂费、辅料费及加工费认定为纳税金额，其处理决定与法不符。

被告厦门市集美区国家税务局辩称：对于厦门某玩具有限公司违反税务管理的行为所作出的处理决定是正确的，证据是充分的，适用法律法规正确，处罚适当。厦门某玩具有限公司对纳税数额有争议，应先申请复议，方可向法院起诉。

厦门市集美区人民法院审理认为：2007 年度漳州永发公司即香港88 企业有限公司漳州代表处向集美区某工艺品厂发出14 份订单，均由原告实际履行，但双方未签订明确的加工承揽合同，订单的总价为双方实际往来的销售价。原告在与漳州永发公司、晋江恒盛玩具有限公司进行业务往来中存在偷税行为的事实清楚，证据确凿。被告依照《税收征收管理法》第四十条、《发票管理办法》第三十六条的规定，对原告进行处罚是正确的，应予维持。原告提出被告认定的事实错误的证据不足。根据《税收征收管理法》第五十六条、《行政诉讼法》第三十七条第二款的规定，原告同税务机关在纳税上有争议的，应在法定期间内向上级税务机关申请复议，对复议决定不服的，才能向人民法院提起诉讼。为此，依照《行政诉讼法》第三十七条第二款、第五十四条第一款之规定，于2009 年1 月6 日作出判决如下：(1) 驳回原告要求撤销被告厦门市集美区国家税务局2008 年6 月19 日作出的关于补交税款 50 472.98 元的诉讼请求。(2) 维持厦门市集美区国家税务局2008 年6 月19 日作出的关于对原告处以 36 707.1 元罚款的具体行政行为。

一审判决后，该公司不服，向厦门市中级人民法院提起上诉称：(1) 一审判决认定事实不清，证据不足。其系增值税小规模纳税人，纳税数额均与税务所商定，不存在偷税的行为；(2) 一审判决违反法定程序，影响案件正确处理。请求撤销一审判决。

被上诉人厦门市集美区国家税务局在庭审中口头答辩称：上诉人的上诉理由不能成立。其对纳税有争议，应先申请复议，方可向法院起诉。请求维持一审判决。

厦门市中级人民法院经审理认为：根据法律规定，纳税人对纳税数额有争议，应在缴纳完税款后向上一级税务机关申请复议，如对复议决定不服，方可向人民法院起诉。上诉人厦门某玩具有限公司对被上诉人作出的税务处理决定不服，对税款部分因未按照法定的要求缴纳税款，本院依法不作审查。上诉人认为被上诉人在计算偷税数额上存在错误的理由，本院不作审查与认定。税务处理决定第一项的罚款，上诉人的偷税行为已触犯刑事法律，被上诉人作出罚款处理不当。税务处理决定书第二项罚款，被上诉人认定的事实清楚，适用法律正确，上诉人对此亦无异议。另经审查，一审判决不存在违反法定程序问题，上诉人的上诉理由，本院不予采纳。据此，依照《行政诉讼法》第五十四条第（二）项第2 目、第六十一条第（三）项之规定，该院于2009 年3 月26 日作出判决：(1) 维持厦门市集美区人民法院行政判决第一项；（2）维持厦门市集美区国家税务局税务处理决定第二项的罚款部分；（3）撤销厦门市集美区人民法院行政判决第二项；（4）撤销厦门市集美区国家税务局税务处理决定第一项的罚款部分。

评析：本案涉及的问题主要有：第一，是否为法院的受案范围。本案税务机关认定厦门某玩具有限公司的行为是偷税行为，并由此决定追缴其所偷税款。而厦门某玩具有限公司在未缴纳税款及未申请复议前，即直接向法院提起诉讼，应否受理？根据《税收征管法》第五十六条第一款规定："纳税人、扣缴义务人、纳税担保人同税务机关在纳税上发生争议时，必须先按照法律、行政法规的规定缴纳或者解缴税款及滞纳金，然后可以在收到税务机关填发的缴款凭证之日起60日内向上一级税务机关申请复议。上一级税务机关应当自收到复议申请之日起60日内作出复议决定。对复议决定不服的，可以在接到复议决定书之日起15日内向人民法院起诉。"按此规定，对于不服税务机关作出缴纳税款的处理决定，实行复议前置原则，且行政相对人依照法律应先缴纳完应缴税款后，方可申请复议。本案原告未完成上述法律规定的程序，对税款的征收不服直接向法院提起诉讼的请求，法院依法不予受理。但对于税务处理决定作出的罚款部分，当事人依法可直接向法院起诉。第二，是否存在"以罚代刑"的问题。根据《税收征管法》第四十条第一款的规定，"……偷税数额占应纳税额的10%以上并且偷税数额在1万元以上的……除由税务机关追缴其偷税款外，依照关于惩治偷税、抗税犯罪的补充规定第一条的规定处罚……"全国人民代表大会常务委员会关于惩治偷税、抗税犯罪的补充规定第一条："……偷税数额占应纳税额的10%以上并且偷税数额在1万元以上的……处3年以下有期徒刑或者拘役，并处偷税数额5倍以下的罚金；……"本案税务机关认定原告销售货物及加工玩具收取加工费应补交的税款已超过法律规定构成刑事犯罪的条件，原告的行为已涉及刑事责任问题，对此，税务机关用罚款的形式取代对当事人追究刑事责任是不妥的，该项处理决定对原告作出罚款是错误的。对于原告开具"大头小尾"发票偷税的行为，决定追缴税款并处罚款，原告并无异议，经审查亦符合法律规定。根据《行政诉讼法》的规定，被告作出的具体行政行为部分适用法律错误，二审法院依法作出改判是正确的。

【案例9-4】县国税局稽查人员在对甲公司进行税务检查时，发现该公司2008年8月从A市乙公司取得的3份增值税专用发票有虚开的嫌疑，稽查人员通过金税工程协查系统进一步检查，发现该公司上一年度也有4份从乙公司取得的增值税专用发票。税务机关对这7张增值税专用发票所列进项税额25万元不予抵扣，并在履行相应告知和听证程序后，对甲公司作出《税务行政处罚决定书》，决定处罚款12.5万元。

甲公司不服，向县人民法院提起诉讼。法院认为县国税局只能对甲公司2008年8月从A市乙公司取得的3张增值税专用发票作出处理（有证据定为虚开），而另外4张从乙公司取得的增值税专用发票没有证据证实为虚开，不宜处罚。于是，法院判决撤销县国税局作出的处罚决定，并要求县国税局重新作出处理决定。

县国税局对一审判决不服，提起上诉。二审期间，经中级人民法院许可，县国税局对甲公司另外4份从乙公司取得的增值税专用发票也开展调查，并取得证据，证明也属于虚开。据此，中级人民法院撤销一审法院判决，维持上诉人（县国税局）的处罚决定。

本案二审判决有误，理由为：

行政诉讼中，被告举证是应尽的责任。《行政诉讼法》第三十二条规定，行政诉讼的被告对作出的具体行政行为负有举证的责任。因此，行政诉讼中，被告向人民法院要求主张自己的合法权益时，必须向法院提交能证明自己主张的所有证据，也就是说，证据是当事人主张能否得到法律保护的依据。同时，举证时间有限制，当事人应当在举证时间内向人民法院提交证据，不提交的视为放弃举证权利。本案中，县国税局应当提供作出具体行政行为的证据和所依据的规范性文件。证据在法律上有明确的规定，《行政诉讼法》第三十一条规定，证据包括书证、物证、视听材料、当事人的陈述、鉴定结论、勘验笔录、现场笔录等。不是所有的证据都有效，作为定案的证据须经法庭审查核实。

根据《行政诉讼法》第五十四条第二项规定，行政机关的具体行政行为的主要证据不足，法院经过审理后判决撤销或者部分撤销，并可以判决被告重新作出具体行政行为。本案中，初审法院认为上年度另外4张从乙公司取得的增值税专用发票没有证据定为虚开，以此为由判决撤销县国税局作出的处罚决定，并要求县国税局重新作出处理决定，是正确的。

但是，在随后的二审程序中，二审法院要求被告自行收集证据，与法理相悖。虽然《行政诉讼法》第三十四条规定，人民法院有权要求当事人提供或者补充证据，但该法第三十三条还明确规定，在诉讼过程中，被告不得自行向原告和证人收集证据。所以，在行政诉讼中法院要求被告自行收集证据，这与行政诉讼的基本原则相违背。因此，在诉讼过程（二审阶段）中，县国税局显然不能自行向原告和证人收集证据。

根据《最高人民法院关于执行〈中华人民共和国行政诉讼法〉若干问题的解释》第三十二条第三款规定，被告在二审中向法院提交一审中没有提交的证据，不能作为二审法院变更或者撤销一审判决的依据。

第三节　企业纳税争讼管理的操作

一、企业纳税争讼管理操作流程

企业纳税争讼管理应坚持积极主动、依法解决的原则按照下列流程进行：

1. 争议发生后，纳税管理人员应对双方产生争议的问题进行认真分析，对于不清楚的问题向有关税务机关或税务咨询机构进行咨询，正确判定税务机关具体行政行为所依据法规存在的错误，判定错误的性质及给企业带来的危害。

2. 依据所争议问题的性质及企业纳税管理人员的实际情况，确定解决争议问题的方式。如果所争议的问题情况复杂，不易处理，企业考虑成本效益之后，可以聘请专业的纳税咨询机构代理办理；如果所争议的问题情况较清楚，易于处理，企业可以指定自己的纳税管理人员进行办理。如果决定由专业的纳税咨询机构代为办理，则应认真选择合适的代理人，签订利于操作、能充分保护企业利益的代理合同。

3. 无论选择哪一种解决争议的方式，都必须依据法律法规的规定，认真分析争议问题，找出解决争议问题正确、快速的途径。对于必须先复议的争议问题，应对照法律法规，确定可以接受复议申请的税务机关；对于可以选择先复议，也可以先诉讼的争议问题，企业应从各种角度慎重选择，尽可能选择有利于快速解决问题的途径。

4. 如果选择复议方式来解决纳税争议，企业应指定专人认真收集材料，准备复议申请书。如果选择诉讼方式来解决纳税争议，企业也应指定专人认真收集材料，准备起诉书。

书面的复议申请书应按照国家税务总局统一规定的格式填写，必须载明以下内容，否则税务行政复议机关有可能不予受理。

（1）申请人，即企业法定的名称全称、地址、法定代表人的姓名。

（2）被申请人，即税务机关的名称全称、地址。

（3）企业提出的具体复议请求和事实依据。企业的复议请求一般可以分为要求撤销、变更或履行税务机关的具体行政执法行为以及行政赔偿请求。例如，返还多缴的税款，退还滞纳金，罚款，取消税收保全，行政强制执行以及予以行政赔偿等。提出具体而明确的复议请求，企业未提自己要达到的目的及要求，会不利于复议机关受理案件。

（4）属于必须先复议才能提起诉讼的纳税争议，要注明是否已按照税务机关根据法律、法规确定的税额缴纳或解缴税款及滞纳金，并附有关证明材料。

（5）提出复议申请的日期。

在提交复议申请时还应注意：首先，纳税争议问题应属于法定受案范围，超出法定复议受案范围的纳税争议，税务行政复议机关将无法接受申请复议；其次，所提交的纳税争议问题应属于受理复议机关管辖，企业必须向有管辖权的复议机关申请复议，否则将影响受理；最后，复议申请书必须在法定期限内提出，否则税务行政复议机关将无法接受申请复议。税务行政复议制度规定复议机关自收到复议申请之日起5日内，要对复议申请分别作出受理或不予受理以及限期对复议申请书进行补正的决定。对需要补正的，将复议申请书发还申请企业，限期对有关情况补正，企业在期限内不予补正的，复议机关视为未申请。

在法律允许的条件下，如果企业直接对纳税争议问题提起诉讼，企业必须指定专人以书面形式起草起诉状，其内容必须包括：

①原告企业法定的名称全称、地址、法定代表人的姓名。

②被告税务机关的名称全称、地址、负责人姓名等基本情况。

③诉讼请求和所依据的事实与理由。

④证据与证据来源、证人姓名与住址。

⑤提出诉讼的日期。

按照税务行政诉讼规定，原告要先缴纳诉讼费，待诉讼结束后，再转由败诉一方负担。人民法院在接到原告的起诉状后，应在7日内作出审查结果，裁定立案受理或者不予受理，予以受理的进入第一审程序。

5. 无论企业选择了哪一种解决争议的途径，当复议机关或人民法院受理了企业提出的申请或诉讼后，企业均应做好相应的准备，接受有关的调查，迎接答辩。

在税务行政复议程序中，如果税务行政复议机关采取书面审理方式，在复议机关调查取证时，应尽力配合复议机关的工作提供更详尽有力的证据；如果复议机关采取公开审理方式，企业应选择纳税专业知识素养较高、口才较好的纳税管理人员准备参加驳论，注意在公开审理前，必须充分做好书面资料的准备，驳论中应条理清楚、据理力争，以维护企业自身利益。

在税务行政诉讼程序中，按规定第一审要经过开庭审理前的准备、宣布开庭审理、法庭调查、法庭辩论、合议庭合议几个环节。一般人民法院在立案之日起5日内，须将起诉状副本发送被告，要求被告在收到起诉状副本之日起10日内提交答辩状及有关材料，人民法院要在收到答辩状之日起5日内，将答辩状副本发送原告企业，原告企业应充分做好书面资料的准备，选择专业知识素养较高、有丰富经验的律师代其进行答辩。

6. 无论企业选择了哪一种解决争议的途径，当企业接到复议决定或裁定书后，不管结果是否与自己向复议机关或法院提出的请求吻合，均应认真对待并及时处理。

（1）如果复议机关作出维持原具体行政行为的复议决定，等于否定了企业的复议申请，对此企业应组织相关人员做客观冷静的分析；如果属于上级税务机关审查失职，有意偏袒下级税务机关，企业应在接到复议决定书之日起15日内向法院起诉，以维护企业正当利益；如果属于企业自身认识不足，而导致复议申请被否定，则应认真总结，主动同税务机关沟通，配合税务机关做好有关工作。

（2）如果复议机关作出变更、撤销原具体行政行为的复议决定，表明企业原复议申请全部或部分被复议机关肯定。如涉及退还企业已纳的税款、滞纳金或罚款的，企业纳税管理人员应积极配合税务机关，尽早办理完毕，以减少企业经济上的损失。

（3）如果复议机关认为原具体行政行为有程序上的不足，作出请被申请人补正的决定，企业应组织相关人员进行分析讨论。如果认为原具体行政行为除了有执法程序上的不足外，还存在着依据的事实、根据不足或相互矛盾或滥用职权等问题，侵害了企业合法权益，但复议决定中未加纠正，企业可以通过行政诉讼加以解决。

（4）如果复议机关作出对税务机关的不作为行为，作出决定要求被申请人在一定期限内履行该行政行为，企业纳税管理人员应尽快与税务机关沟通，将所请求办理的涉税事项尽早办理成功。

（5）如果企业纳税争议问题已提起诉讼，人民法院应当在立案之日起3个月内作出第一审判决，因特殊情况需要延长的，由高级人民法院批准；高级人民法院审理第一审案件需要延长的，由最高人民法院批准。企业不服人民法院第一审判决的，有权在判决书送达之日起15日内向上一级人民法院提起上诉。企业不服人民法院第一审裁定的，有权在裁定书送达之日起10日内向上一级人民法院提起上诉。逾期不上诉的，人民法院的第一审判决或裁定发生法律效力。企业不履行已经发生法律效力的第一审判决，可以申请人民法院强制执行。第二审的审理期限为2个月，第二审程序是终审程序，即经过第二审后，法律不支持企业新的诉讼请求，不管企业是否满意，诉讼到此为止，企业只能向司法机关申诉。在实际运行过程中，企业应充分考虑运行成本与精力代价，尽可能减少再诉再审过程。

二、企业纳税争讼管理操作流程图

企业纳税争讼管理的具体操作流程见图9－1。

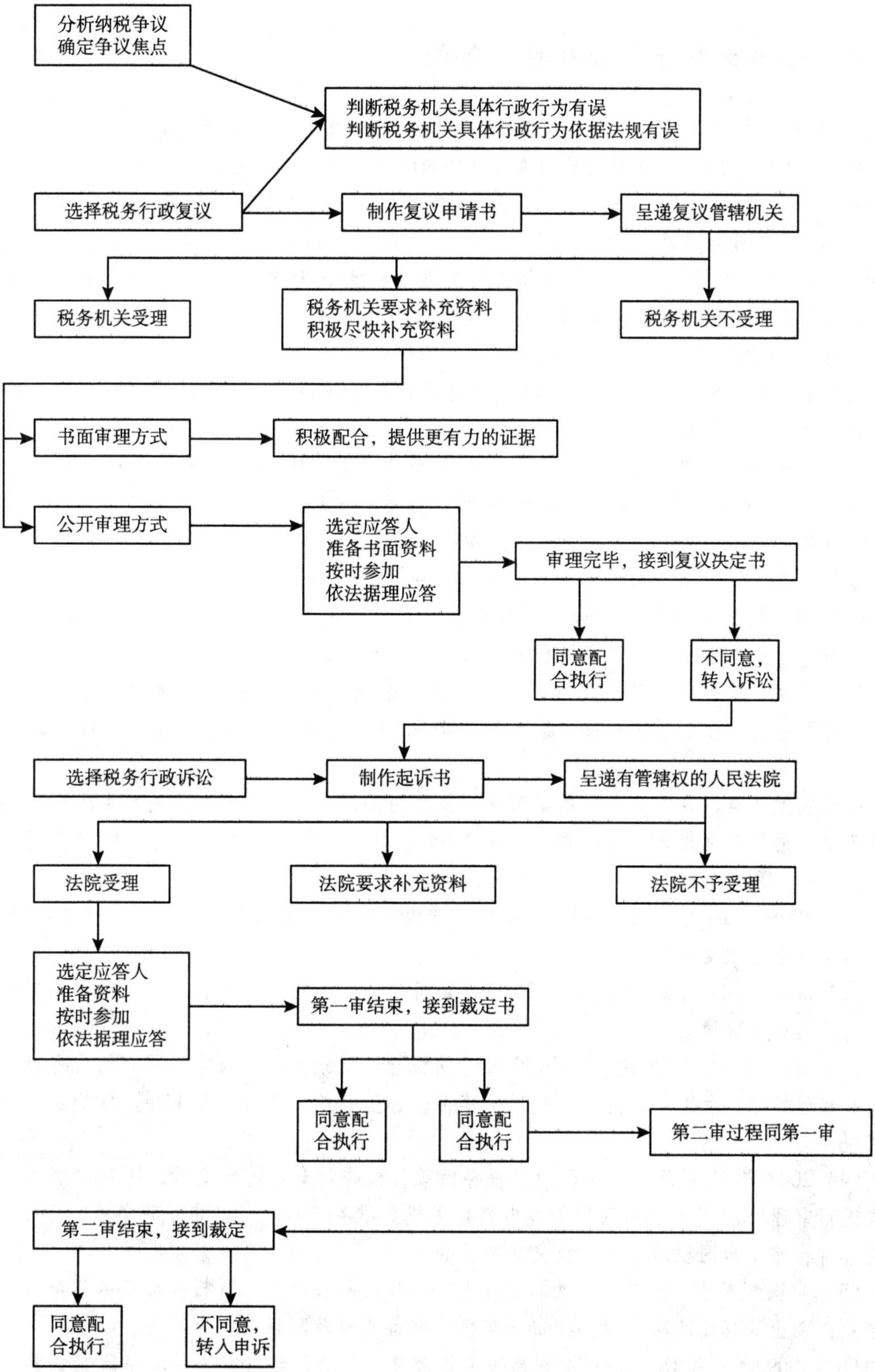

图 9－1　企业纳税争讼管理操作流程

三、企业纳税争讼管理操作范例

【案例9-5】 大华机械制造厂于2008年8月22日接到所在县国税局作出的《税收处理决定书》，称该厂2007年多提坏账准备金135 800元，应补缴企业所得税33 950元，滞纳金21 558.25元。要求企业于2008年8月28日前将应补税款及滞纳金55 508.25元缴到税务机关。由于企业对此处理决定存在疑惑，多次与税务机关沟通，但是终未取得结果，企业到2008年9月27日前未能到税务机关结缴税款与滞纳金。2008年9月28日，该县国税局在未向企业下达税务行政处罚决定书及催缴税款通知书的情况下，从该厂的开户银行中划走税款及滞纳金55 508.25元。

划款事件产生后，2008年9月30日，企业首先组织相关人员对此事进行了认真的核查与分析，确认了以下几点：

(1) 经核查，企业2007年应提坏账准备金为112 999.07元，实提154 420元，多提41 420.93元，税前已自行调整54 670.94元，实际少提13 250.01元，而不是《税收处理决定书》认定的多提135 800元。因此，税务机关核查有误，事实根据存在严重的错误，不应当补缴税款33 950元，更不应该缴纳所谓的滞纳金21 558.25元。

(2) 税务机关没有在依法送达税务行政处罚事项告知书的情况下，就作出处罚决定，非法剥夺了企业依法享有的陈述权和申辩权。

(3) 税务机关在没有依法送达催缴税款通知书或者限期缴纳税款通知书的情况下，直接从企业开户行中扣划了税款及滞纳金55 508.25元，不符合法律关于直接扣缴税款的程序规定。

根据以上几点，企业认为此项事实及所使用的法律法规十分清晰，决定由企业财务科长王某负责、纳税管理员张某具体办理，在2008年10月30日前向上级税务机关提出税务行政复议申请。具体操作程序如下：

(1) 2008年10月31日~11月10日，纳税管理员张某收集资料，进一步核实有关账目，草拟税收行政复议申请书。

(2) 2008年11月11日~11月25日，财务科长王某对草拟税收行政复议申请书进行审改，交厂长审批同意。

(3) 2008年11月25日~11月30日，纳税管理员张某将厂长审批同意的税务行政复议申请书整理打印，加附相关附件，交厂长签字，加盖企业公章后，于11月30日正式递交市国家税务局。

(4) 2008年12月7日，市国税局税务行政复议委员会经过审议后，决定以书面审理的方式进行审理，12月8日书面通知被申请税务机关准备答辩状。被申请税务机关于12月17日将答辩状递交市国税局税务行政复议委员会。

(5) 市国税局税务行政复议委员会于12月20日将被申请税务机关准备的答辩状副本送给企业，企业认真阅读研究后，指定张某积极准备资料及账目，配合审查。

(6) 2009年1月18日，市国税局税务行政复议委员会经过审查后决定撤销该县国税局于2008年8月22日作出的××县国税处字［2008］第034号《税务处理决定书》，退还所扣该厂的所得税税款33 950元和滞纳金21 558.25元，合计55 508.25元。

（7）企业接到复议决定书后，应指定纳税管理人员积极主动与税务机关沟通，尽早取得退还款项55 508.25元。

税收行政复议申请书

申请人：大华机械制造厂　　　　地址：××县光华街52号

法定代表人：李某（厂长）　　　联系方式：99887766

被申请人：××县国家税务局　　地址：××县迎宾路1号

法定代表人：赵某（局长）

申请复议的要求及理由：

××市国家税务局税务行政复议委员会：

××县国税局于2008年7月10日至7月30日对我厂2007年企业所得税缴纳情况进行了检查，于2008年8月22日下达了××县国税处字［2008］第034号《税务处理决定书》，称我厂2007年多提坏账准备金135 800元，应补缴企业所得税33 950元，滞纳金21 558.25元。要求我厂于2008年8月28日前将应补税款及滞纳金55 508.25元缴到税务机关。我厂组织相关人员核查发现，本厂2007年未多提坏账准备金，2008年8月28日~2008年9月27日多次与其沟通无果。2008年9月28日，××县国税局在未下达税务行政处罚决定书及催缴税款通知书的情况下，从中国工商银行××县支行我企业的账户中扣划税款33 950元、滞纳金21 558.25元，共计55 508.25元。对此，我厂对县国税局的行政行为持有异议，请求复查审议如下：

一、复议申请要求

1. 依法撤销被申请人作出的《税收处理决定书》和扣缴税款及滞纳金的行政强制措施；

2. 退还扣缴的全部款项。

二、复议申请事实与理由

县国家税务局于2008年6月22日作出了××县国税处字［2008］第034号《税务处理决定书》，2008年9月28日通过中国工商银行县支行扣划我企业税款33 950元、滞纳金21 558.25元，共计55 508.25元。对此我厂认为县国税局的行政行为存在以下问题：

1. 处理决定书程序违法。县国税局对我厂2007年度纳税情况检查后，在没有依法送达税务行政处罚事项告知书的情况下，就作出处理决定书，非法剥夺了我厂依法享有的陈述权和申辩权，严重违反了法定程序。

2. 决定书认定事实不清。我厂依据2007年12月底应收账款余额按规定的比例及方式应提取坏账准备金为112 999.07元，实提154 420元，多提41 420.93元，当时我厂在2008年1月所得税汇算清缴前已自行调整54 670.94元，最终实际少提13 250.01元，而不是决定书认定的多提135 800元。因此，县国税局核查有误，事实、根据存在严重的错误，我厂不应当补缴税款33 950元，更不应该缴纳所谓的滞纳金21 558.25元。

3. 扣缴行政强制措施违法。县国税局没有依法向我厂送达催缴税款通知书或者限期缴纳税款通知书，在扣缴手续不完备的情况下，直接从我厂开户行扣划，不符合法律关于扣缴税款的程序规定。

综上所述，被申请人处理决定违反法定程序，认定事实错误，扣缴行政强制措施违法。我厂特依据《中华人民共和国行政复议法》和《税务行政复议规则》的有关规定提出复议申请，请贵局本着“以事实为根据、以法律为准绳”的原则，纠正被申请人的错误处理决定和行政强制措施，维护我厂的合法权益。

申请人：大华机械制造厂

申请日期：2008 年 10 月 30 日

附件：

1. 我厂已备案执行会计制度副本。
2. 2007 年企业所得税纳税申报表及纳税调整表副本。
3. 我厂复查账目工作底稿副本。

在此案中，企业还可以在复议要求中提出要求被申请人在依法返还强制扣缴的税款及滞纳金 55 508. 25 元的同时，依法赔偿按照银行同期存款利率孳生的利息。可在附件中加入赔偿申请书。

思 考 题

1. 纳税争议的概念如何理解？
2. 企业纳税争讼解决方法有哪些？
3. 简述行政复议的范围。
4. 简述行政诉讼的原则。
5. 简述企业纳税争讼管理的操作流程。

参考文献

1. 赵军红：《企业纳税管理》，上海财经大学出版社 2007 年版。
2. 《税务管理》编写组：《税务管理》，中国财政经济出版社 1988 年版。
3. 高培勇：《税收管理》，经济科学出版社 2002 年版。
4. 蔡昌：《税务风险：防范、化解与控制》，机械工业出版社 2007 年版。
5. 贾康、赵全厚：《中国财税体制改革 30 年回顾与展望》，人民出版社 2008 年版。
6. 吴旭东：《税收管理（第三版）》，中国人民大学出版社 2008 年版。
7. 钱晟：《税收管理》，中国人民大学出版社 2002 年版。
8. 李大明：《税收管理学》，经济科学出版社 2008 年版。
9. 曾国祥：《税收管理学》，中国财政经济出版社 2003 年版。
10. 王希颖：《税收征收管理及案例分析》，中国人民大学出版社 2008 年版。
11. 樊勇：《税收征收管理制度》，清华大学出版社 2009 年版。
12. 马国强：《税收政策与管理研究文集》，经济科学出版社 2000 年版。
13. 张中秀：《税务筹划教程》，中国人民大学出版社 2009 年版。
14. 中国注册会计师协会：《税法》，经济科学出版社 2013 年版。
15. 任寿根、周瑶：《公司税务管理与筹划》，中国纺织出版社 2006 年版。
16. 周叶：《企业税收筹划》，上海财经大学出版社 2007 年版。
17. 王韬、刘芳：《企业税收筹划》，经济科学出版社 2009 年版。
18. 李大明：《企业税收筹划原理与方法》，武汉大学出版社 2008 年版。
19. 王家贵：《企业税务管理》，北京师范大学出版社 2007 年版。
20. 刘佐：《2013 中国税制概览》，经济科学出版社 2013 年版（本书资料截止日期：2013 年 6 月）。
21. 李燕、杨成新：《债务重组中会计处理与税务处理的区别》，载《财会研究》2004 年第 9 期。
22. 田珺、李伟毅：《解读企业重组业务企业所得税处理政策》，载《财会研究》2009 年第 6 期。
23. 刘海霞：《破产清算中的税收优先权问题研究——以与破产清算中外部债权之比较为视角》，载《法制与社会》2008 年第 5 期。
24. 江素芳：《税收筹划在企业财务管理中的运用》，载《中国环境管理干部学院学报》2010 年第 1 期。
25. 张敏：《企业税收筹划新审视》，载《经济研究导刊》2009 年第 30 期。
26. 马国强：《税收管理的职能》，载《涉外税务》2001 年第 7 期。

27. 李红静:《浅议企业税务管理》，载《科技资讯》2009 年第 33 期。

28. 何倩:《青岛市“走出去”企业税收管理情况调查及对策》，载《涉外税务》2007 年第 8 期。

29. 廖建生:《解读大企业税收管理与服务》，载《中国税务》2009 年第 5 期。